ZBIRKA RADOVA U VEDSKOJ ASTROLOGIJI

KNJIGA PRVA

SANĐAJ RATH

Prevela

Branka Larsen

RAMA

Izdavač:
RAMA
Signalvej 125
2860 Søborg
Tel: +45 22965939
www.rama-edu.com

Naslov originala

COLLECTED PAPERS IN VEDIC ASTROLOGY

Prevod: Branka Larsen

Lektura: Marija Gungor

Ilustracija na korici: Mladen Lubura

Štampano u Velikoj Britaniji
Lightningsource

म् घृणिः सूर्य आदित्यः॥

om ghṛṇiḥ sūrya ādityaḥ॥

घृणिः सूर्य आदित्योमर्चयन्ति तपः सत्यं मधु क्षरन्ति तद्ब्रह्म तदापो आपो
ज्योती रसोऽमृतं ब्रह्म भूर्भुवः सुवरोम्॥

ghṛṇiḥ sūrya ādityomarcayanti tapaḥ satyaṁ madhu kṣaranti
tadbrahma tadāpo āpo jyotī raso'mṛtam brahma bhūrbhuvaḥ
suvarom॥

Aditja je vrhovni uzrok univerzuma, davaoc svetla i vode, i izvor sve energije. Njemu je dodeljen slog OM. Bogovi ga obožavaju kao Tapas i Istinu. (Zbog ovog) On one koji ga obožavaju blagosilja blaženstvom. (Ili mu podanici nude med i slatke darove). Ovaj oblik sunca je Brahman. To je prožimajući uzrok svega. To je voda, vatra, ukus i božanski nektar. Tri vjagriti predstavljaju tri sveta dok pranava koja predstavlja uzrok univerzuma dodeljuju ovo Brahmanu.

Svami Vivekananda,
Mahanarajana Upanišad (šloka 15.2), Ramakrišna Misija

Zbirka radova u Vedskoj astrologiji

Posveta

....Sari
Koja je Sarasvati, Šri i Šarada

Predgovor

Namera ove knjige je da prikupi radove koje sam prezentovao na različitim konferencijama i radionicama širom sveta, u toku mojih putovanja u periodu od 2001. do 2005. godine. Neki od tih radova su o istim ili sličnim temama te su ažurirani i spojeni u veće celine, i planirano je da se prezentuju kroz dve ili tri knjige. Ova je prva od planiranih knjiga.

Ovi radovi pružaju uvid u različite aspekte i alate Vedske astrologije. U njima se mogu pronaći neka od mojih istraživanja, kao i mnoga znanja koja za osnovu imaju Orisa tradiciju. Ovu su radovi jedinstveni u tom smislu što je materija u ovim radovima po prvi put predstavljena, o njoj se ranije nije ni diskutovalo, niti je bilo koji autor iz polja Vedske astrologije objavio bilo u vidu knjige ili putem časopisa.

Ovo je svakako pionirski projekat i bilo je potrebno uložiti velike napore da se ovo veliko znanje iznedri iz lavirinta šloka tajne hinduističke literature. Tokom mračnog srednjovekovnog doba one su bile apsolutni tabu za Mleče, možda zbog ksenofobnih stavova koji su nastali kao posledica uništavanja hramova i drugih centara tradicionalnog učenja. Napominjem da nije sve što je zapisano na narednim stranicama deo usmene tradicije, moja lična istraživanja su uključena u radove i to je jasno naznačeno i obeleženo zarad budućih generacija.

Veoma je lako zauzeti kritički stav u vezi sa bilo kojom teorijom, ali ove teorije koje smo ovde predstavili deluju primenljivo i naučno opravdano. Čitaoci su dobrodošli da ih primene i provere. Hteo bih da podsetim čitaoca na činjenicu da je Darvinova teorija, koju danas ismevaju, činila osnovu za razvoj nauke duže od veka. To što budućnost može da pokaže da nešto nije potpuno tačno ne treba da spreči učene astrologe da eksperimentišu i budu inovativni, dok god se ti eksperimenti kreću unutar granica Vedske astrologije. Ukoliko astrolozi koriste druge paradigme, čak i ako potvrde njihovu primenljivost, to je u redu ali se ne može nazvati Đotišem ili Vedskom astrologijom.

Radovi iz ove knjige na temu Sarvatobadra čakre ili Hora Lagne mogu delovati obimno, ali su zapravo samo vrh ledenog brega. Uključio sam i bitne šloke iz Jamale zarad budućih referenci.

Sa ovim rečima nudim naredne stranice na ljubazan pregled svim učenim astrolozima sveta uz molitvu da budu od dobrobiti čovečanstvu, kao i svim dušama koje se obrate ovim učenim astrolozima za pomoć i savet.

Šri Đaganata arpanamastu

Sanđaj Rath

15B Gangaram Hospital Roud
Nju Delhi 110060
WebPages http://srath.com

Sadržaj

1

Osnove Vedske astrologije: Filozofija

„Putovanje od hiljadu milja počinje jednim korakom" – Lao-ce

1.1 Kreacija

Kreacija Univerzuma je popularna tema među filozofima, pa je tako i u Vedskoj astrologiji. Parašara[1] nas podučava da je ceo manifestovani[2] Univerzum samo jedna osmina tela Narajane[3]. Veličina nemanifestovanog Narajane je beskonačna i, baš kao što deljenjem beskonačnosti bilo kojim brojem za rezultat dobijemo beskonačnost, tako je veličina manifestovanog Narajane beskonačna[4]. U biti, apsolutni Narajana je Nirguna[5] ali kao deo Njegovog užitka[6] on poprima tri gune[7] zbog joge, unije, sa tri vrste Šakti[8].

Telo Narajane podeljeno je na četiri dela koji se zovu (1) Param-Brahma, (2) Maha-Višnu, (3) Sada-Šiva i (4) Vasudeva. Ovi delovi se ne razlikuju od celine, budući da ih sve prožima čist nektar, a imena su tu isključivo zarad njihovog boljeg razumevanja. Dakle, Narajana sa Šri[9]

---

1   BPHŠ 1.9

2   Manifestovano nazivamo „Maja" ili iluzija, i u Bhagavad Giti se zove Akšara (slog), nepromenjiv Brahma. Za Narajanu se kaže da je iznad ovog sloga.

3   Narajana se sastoji od dve reči; 'Nara' što znači 'bilo koje telo' i 'Ajana' što znači 'cilj'. Dakle, u celosti reč Narajana znači konačni cilj kome teži svako telo, bilo da je živo ili neživo, pokretno ili nepokretno. Na suptilnijem nivou odnosi se na individualnu dušu (mikrokosmos). Dakle, Narajana ujedno znači i individualna duša, ili vrhovni Bog.

4   Poornamada poornamidam poornatapoornamudachyate; poornasya poornamadaya poornamevavasisyate.

5   Nirguna znači nedirnuta materijalnom kontaminacijom – (Prabhupada). Ono što je iznad guna ili bez guna.

6   Bhagavat Gita 9.8

7   Gune su materijalni kvaliteti Prakriti (personifikovane prirode), i to su Satva (dobrota), Rađas (strast) i Tamas (neznanje).

8   Šakti doslovno znači snaga ili moć, i konkretno se odnosi na snagu za postizanje cilja. Tri primarna cilja su kreacija, održavanje i destrukcija.

9   Šri Šakti je fonema koja daje Satva gunu i personifikacija je Maha-Lakšmi. Satva guna

Šakti zove se Maha-Višnu, i ima čistu[10] satva gunu; Narajana sa Bhu[11] Šakti je Param-Brahma i ima rađas guru; dok je Narajana sa Nila[12] Šakti Sada-Šiva i ima tamas gunu. Ova tri dela su nemanifestovani i puni su nektra. Četvrti deo Narajane je Vasudeva. Ova četvrtina se dalje deli na dva dela – prvi, manifestovani, deo (sa tri Šakti: Šri Šakti, Bhu Šakti i Nila Šakti, i tri isprepletene gune) i drugi deo koji je nemanifestovan (sa dve Šakti: Šri Šakti i Bhu Šakti).

1.2 Ekspanzija Vasudeve

Manifestovani deo Vasudeve je Karanodakšaji-Višnu, ili glavni tvorac, i prva namera kreacije se vidi kroz evoluciju šesnaest principa materijalnih akcija[13]. Šrila Prabhupada[14] je smatrao da su brojni Univerzumi na ovaj način izašli iz pora kože Karanodakšaji-Višnua. Ovo je prva ekspanzija Višnua, prva Pada od ukupno tri pade[15] , tri koraka kojima se Gospod manifestuje. Nakon što je stvorio univerzume Vasudeva/Višnu je ušao u njih kako bi nastavio proces stvaranja. U sledeće dve faze, ili dva koraka, On je poznat kao Garbodakšaji Višnu i Kširodakšaji Višnu.

Ova podela na tri nastavlja se i na sledećem nivou usled ekspanzije ovog manifestovanog dela Vasudeve koji ima nameru da uđe u svaki unverzum. Vasudeva uzima oblik Garbodakšaji Višnua koji leži preko pola univerzuma i koji je pun vode nastale od znoja usled napora u toku Njegovih višestrukih rođenja. Vasudeva, ili Garbodakšaji Višnu, sa Nila Šakti koja predstavlja tamas razvija se kao Šankaršana; sa Bhu Šakti se širi na Pradjumnu, rađas, i sa Šri Šakti se širi kao Aniruda, satva guna[16]. Prisutno je i preplitanje guna, raspoloženja prirode, i dominantno raspoloženje dominira prirodom ekspanzije.

---

ima prirodu dobrote koja donosi održavanje.

10   Reč 'čista' se koristi kako bi se ukazalo na prisustvo Amrite, nektra koji daje besmrtnost ili doživljaja besmrtnosti u relativnom konceptu vremena.

11   Bhu Šakti je fonema koja daje Rađas gunu i personifikacija je Maha-Sarasvati. Rađas guna ima strasnu prirodu koja uzrokuje kreaciju.

12   Nila Šakti je fonema koja daje Tamas gunu i personifikacija je Maha-Kali. Tamas guna ima prirodu neznanja koja donosi destrukciju.

13   SB 1.3.1

14   SB 1.3.1 smisao

15   Trinipada vichakrame Vishnur-gopa adabhya. Atho dharmani dharayen. RV

16   Parašarinu pretpostavku (BPHS 1.14 – 1.17) podržava šloka: Om namastubhyam Bhagavate Vasudevaaya dhimahi. Pradyumnayaaya, Aniruddhaaya namah Sankarshanaya cha. U dodatku prethodnom, poučeni smo da se 'Dhi' razvija sa ovim ekspanzijama, koje zauzvrat rezultiraju kreacijom (a) Brahme i 14 Loka, (b) Ahamkara koji stvara sva živa stvorenja i (c) Maha Tatva. Ove ekspanzije su spontane bez vremenskih odlaganja.

Slika 1: Narajana i Kreacija

Satwa Guna
MAHA VISHNU
(Narayana + Sri Shakti)

Rajas Guna
PARAM BRAHMA
(Narayana + Bhu Shakti)

Tamas Guna
SADA SHIVA
(Narayana + Nila Shakti)

VASUDEVA
Narayana + Sri = Satwa Guna
Narayana + Bhu = Rajas Guna

VASUDEVA

Narayana + Sri	Narayana + Bhu	Narayana + Nila
↓	↓	↓
Aniruddha (Satwa)	Pradyumna (Rajas)	Sankarsana (Tamas)
↓	↓	↓
Ahamkara Murti (Brahma)	Ahamkara	Maha Tatwa
	↓	
Ahamkara + Sri	Ahamkara + Bhu	Ahamkara + Nila
↓	↓	↓
33 Deva	Ten Indriya's & Mana	Tanmatra & Bhoota

◢ *Parts having Amrita (Pure nectar) and imperceptible (7/8th part of Narayana)*

▢ *1/8th Part that is perceptible and is involved in the process of creation*

Ekspanzija Sankaršana (Nila Šakti – tamas) se dalje razvija u Maha tatvu, ili u primarnih pet stanja fizičke egzistencije, dok se Pradjumna (Bhu šakti – rađas) razvija u Ahamkar, individualni ego, a Aniruda (Šri šakti – satva) se razvija u Brahmu, Ahamkara murti. Ovo je zamišljeno kao stabljika lotosa, nalik pupčanoj vrpci, koja raste iz pupka Garbodakšaji Višnua, kao Anirude. Stabljika lotosa ima hiljadu latica na vrhu, poput Sahasrara čakre – lotosa sa hiljadu latica na lobanji, i na njima boravi Brahma. Stabljika se povezuje sa tri Loke, tri ravni postojanja, ili sa četrnaest Loka, u zavisnosti od konteksta. Ovako savršen prikaz je od velike pomoći za razrešenje brojnih nedoumica. Na primer, stalno se vodi debata o tome šta je tačno vreme rođenja, da li je to (a) Garba praveša - izlazak iz materice, (b) Nadi sodhana – presecanje pupčane vrpce ili (c) Prathama rodana – prvi plač? Ako treba da prihvatimo ovaj prikaz Brahme koji je na pupku Garbodakšaji

Višnua, koji simboliše rođenje, onda je vreme presecanja pupčane vrpce tačno vreme rođenja.

Slika 2: Karanodakšajai Višnu

Ahamkara rođen iz dominantne rađas gune dalje se razvija na tri dela, i to je zasnovano na gunama. Dominantno satvična ekspanzija, rođena iz satve ili dobrote, se razvija u Deve; ekspanzija rađasa, rođena iz rađasa ili strasti, se razvija u Indrije (postoji pet gjanaindrija ili čula znanja, i to su (1) miris, (2) ukus, (3) vid, (4) sluh i (5) dodir, i pet karmaindrija ili pet primarnih aktivnosti (1) govor, (2) hvatanje, (3) hodanje, (4) izbacivanje ili čišćenje i (5) reprodukcija); i tamas ekspanzija, rođena iz tamasa ili neznanja, na Panča bute, pet stanja fizičke egzistencije, koji se zovu (1) Agni – vatra/energija, (2) Pritivi – zemlja/čvrsto stanje, (3) Đala – voda/tečno stanje, (4) Vaju – vetar/gasovito stanje i (5) Akaš – etar/vakum. Dhi, vrhovna inteligencija Vasudeve, ulazi u process kreacije putem Ahamkara i pored toga što kreira Tanmatre (pet suptilnih elemenata: (1) energija – Agni, (2) čvrsto stanje – Pritivi, (3) tečno stanje – Đala, (4) gasovito stanje – Vaju i (5) akaš – vakum u fizičkom smislu, kao i eterične supstance u metafizičkom smislu) i Indrije, on takođe stvara i Mana, što je um ili svesnost. Sve pomenute kreacije su 'aktivne', jer se uzdižu uz individualni Šakti. Zapravo, Ahamkara je stvoren od rađasa Pradjumne i zato njegova kreacija zauzvrat ispoljava takve odlike, a sve zarad stvaranja aktivnih elemenata i tela koja su u osnovi rađastična. Tako su sva stvorenja i živa tela stvorena iz Ahamkara.

Slika 3: Garbodakašaji Višnu

Višnu purana potvrđuje ovu pretpostavku i dodaje da je 'Paramatma' 'Puruša' kao i da je On 'Kala' ili vreme, kontrolor šesnaest zakona materijalnih akcija. Odatle potiče i napredan concept Kala Puruše, personifikovanog vremena kao jednog od aspekata Boga, i Bhu čakre, Zodijaka, kao božanskog sata koji ne predstavlja samo Kala Purušu, već i kvalitet vremena. Kširodakašai Višnu, ili Paramatma, se širi od Vasudeve/Garbodakašai Višnua na telo Brahme, preko satvične inkarnacije Aniruda, i zato ulazi u telo svakog živog bića i boravi u srcu (lotos)[17]. Sličnim procesom i Đivatma, ili individualna duša, takođe ulazi u telo i boravi pored Paramatme u srcu. Parašara[18] je smatrao da Paramatma boravi u svim đivama, tj. da sva živa bića imaju deo Višnuove božanske iskre u svojim srcima. Moć ove iskre zovemo Paramtama-amša, dok se moć njegove ili njene individualne duše naziva Điva-amša.

Sankja šastra iznosi sličnu postavku koja se tiče ekspanzija Garbodakašai Višnua a to je učenje Šri Krišne u Šrimad Bhagavat Giti i Kapila Muni, inkarnacija Višnua u Šrimad Bhagavatamu. Ovo učenje se bitno razlikuje od fundamentalnog ateizma Sankja šastre iznesenog u Sankja Karika Isvarakrišna koja se pripisuje Kapili. Kapila Muni je legendarni pronalazač ovog filozofskog[19] sistema koji je ovo znanje dao svojoj majci Devahurti, ali to nije isti Kapila Muni koji se pominje u Bhagavatamu. Osnovna razlika je u posmatranju Puruše kao primarnog kreatora (Krišna/Kapila), ili kao pasivnog posmatrača

---

17   Ref. Prilog – 1, Srčani lotos je Hridaja Padma ili centar psihičke energije srca.
18   BPHŠ 1.21 - 24
19   Postoji šest sistema filozofije pod imenom Šad-Daršan. Pogledati Prilog – 4 za više detalja.

evolucije Prakriti (Isvarakrišna).

Ekspanzija Vasudeve je zasnovana na dvadeset pet principa (tatve). Prvi princip je (1) Puruša ili Vasudeva kao osnovni kreator koji gleda na (2) Prakriti, Šakti – personifikaciju Majke Prirode, dok leži na Karana Sagaru, okeanu uzročnosti. Puruša ima tri oblika[20]: (a) Maha Višnu ili Karanodakašai Višnu, (b) Garbodakašai Višnu i (c) Kširodakašai Višnu na tri nivoa evolucije. Na prvom nivou, izdah Karanodakašai Višnua stvara nebrojene univerzume koji nastaju kao seme i šire se ploveći po Uzročnom okeanu. Na drugom nivou, Garbodakašai Višnu ulazi u svaki od ovih Univerzuma i intereaguje sa Prakriti kroz svoja tri osnovna kvaliteta koji se zovu gune, zarad stvaranja (3) Inteligencije, Dhi ili budhi koji zovemo Maha 'Veliki'. Od inteligencije nastaje (4) Ahamkara koja predstavlja samosvesnost.

Ahamkara dolazi u kontakt sa Nila Šakti u tamas raspoloženju i stvara tanmatre (a to je pet materijalnih oblika u vidu čestica). Tanmatra ili oblik čestica formira fizičku egzistenciju kao (5) akaš – vakum ili etar, u zavisnosti od konteksta, (6) vaju – gas, (7) đala – tečno stanje, (8) pritivi – čvrsto stanje i (9) agni – energiju. Pet oblika ukupne fizičke materija zovemo Maha Buta, i oni su nastali od ovih molekularnih oblika. Oni se još zovu i molekularnim oblicima, jer se ne razlikuju od konstitutivnih molekula, kao (10) akaš – vakum ili etar, (11) vaju – gasovito stanje, (12) pritivi – čvrsto stanje i (14) agni – energija.

Ahamkara dolazi u kontakt sa Bhu šakti u rađas raspoloženju da bi proizveo pet organa čula koja se zovu Gjanaindrije (15) sluh, (16) dodir, (17) vid, (18) ukus i (19) miris, i pet organa delovanja pod imenom karmaindrije (20) govor, (21) hvatanje, (22) hodanje), (23) razmnožavanje i (24) pražnjenje. Svaki od ovih organa i čula odgovara Tanmatrama/Maha Buti, datim redom. Finalni proizvod Ahamkara je Mana (um) koji komunicira sa različitim gjanaindrijama i karmaindrijama i pod uticajem je Tanmatra i Maha Buta, tj. um je veza između čula i organa koji su u neprestanoj interakciji sa molekulima, kao i sa svim materijalnim oblicima.

1.3 Šakti

Pod Šakti podrazumevamo osnovno polje evolucije, i u tom smislu ona se tumači kao ženska ličnost u kontekstu vrste snage ili energije. Narajana, vrhovni Gospod, ima dve vrste energija od kojih je prva

---

20   Laghu Bhagavatamrita, Purva Khanda, 33

vrhovna duhovna energija, a druga je podređena manifestovana materijalna energija. Duhovna energija se dalje deli na unutrašnju i marginalnu. One se zovu Antaranga šakti, unutrašnja duhovna energija, Tatasta šakti, marginalna duhovna energija, i Bhiranga šakti ili spoljašnja materijalna energija. Svetlo gubi svoju snagu udaljavanjem od lampe ili izvora svetlosti, a Antaranga šakti se smatra koncentrisanim sjajem koji postoji unutar Boga i koji se zove Para šakti, jer postoji samo na Para nivou. Tatasta šakti je poput svetla izvan lampe, izvan staklene opne ili sijalice, i takođe je duhovna u smislu da njena svrha nije osvetljavanje predmeta. Svetlo koje je izvan sijalice nam pomaže da vidimo predmete zbog refleksije svetla o njihovu površinu. Na sličan način Bahiranga šakti je izvorno svetlo, polje ili snaga koja je umešana u proces stvaranja.

Antaranga šakti, unutrašnja duhovna energija, ima tri svojstva. Jedno se zove Hladini šakti i ono je poput Nila šakti, ili snage užitka, i ova unutrašnja četvrtina vrhovnog Boga je poput Sadašive. Drugo svojstvo se zove Sandini šakti i nalik je Šri šakti, ili egzistencijalnoj snazi, i ova četvrtina vrhovnog Boga je Maha Višnu. Treće svojstvo duhovne energije zove se Samvit šakti i nalik je Bhu šakti, ili kognitivnoj snazi, i ova četvrtina vrhovnog Boga je Param Brahma.

Videti sliku 1. gde je sve što je prethodno objašnjeno prikazano šematski kroz tri kompletne četvrtine u nemanifestovanom delu. Padma Purana govori o ovome kao o Tri Pada Vibhuti, tri četvrtine, i navodi njihov detaljan opis. Dodaje i da je materijalna manifestacija u Eka Pada Vibhuti, jedna četvrtina.

Tatasta šakti je prisutna u četvrtom delu kao margina, ili tačka susreta između unutrašnje Antaranga šakti i spoljašnje Bahiranga šakti. Kao što je prethodno pomenuto, ovo je ujedno i duhovna energija, i Parašara je vidi kroz dva svojstva: Šri šakti i Bhu šakti. Narajana je u svojoj interakciji sa Tatasta šakti poznat kao Vasudeva i predstavlja polovinu četvrtog dela u šematskom dijagramu (Slika 1). Ovaj deo je ujedno i nemanifestovan. Vasudeva je, u svojim višestrukima ekspanzijama kao Kširodakašaji Višnu, Paramatma (Univezalna duša ili ekspanzija makrokosmosa). Ime Kširodakašaji 'Višnu' se odnosi na jogu, uniju, Vasudeve i Šri šakti, i pokazuje doživljaj Paramatme kao čiste Satva gune. Ovo se vidi kao čisto belo svetlo, kao što i samo ime sugeriše – Kširodakašai[21]. Druga joga Vasudeve je sa Bhu šakti i ova višestruka

---

21   Kšira znači mleko, a Kširodakašai znači spavati na okeanu mleka, a to se sve odnosi na čisto belo svetlo Paramatme.

ekspanzija se zove Đivatma (individualna duhovna duša ili ekspanzija mikrokosmosa). One su nalik različitim bojama vidljivog svetla, kao i nevidljivog 'tamnog' ultravioletnog. Baš kao što su različite boje svetla iste kao i originalno belo svetlo u svakom smislu, osim u kontekstu širine njihovog spektra, tako i Đivatma ima potencijal Paramatme samo što se njihova individualna snaga razlikuje.

Ove Đivatme ili Đive su poput čestica vode koje su stekle višak energije ('rađas' od Bhu škti), a onda postale para i napustile površinu uzavrele vode. Jednom udaljene od površine vode, ove malene čestice vode poprimaju razne oblike u raznim supstancama i počinju da veruju u svoje nezavisno postojanje u ovim supstancama, kao i u svoju različitost od vodene posude iz koje su potekle. Na sličan način, Đivatme koje stanuju u materijalnim supstancama počinju da veruju u svoje nezavisno postojanje kao različito od Paramatme. Najbliži kontakt koje bilo koje biće ima sa Bogom je dodirivanje Đivatme i Paramatme u srcu (lotosu).

Spoljnja Bahiranga šakti prisutna je u drugoj polovini pomenutog četvrtog dela i u jogi je sa Vasudevom kao Šri, Bhu i Nila šakti zarad procesa stvaranja.

Dok Šri Điva Gosvami navodi dvadeset šakti u Bhagavat Sadarba, Parašara navodi četrdeset šakti koje su grupisane u dve grupe od po dvadeset, svaka kao različite snage duhovne energije. Ovo će biti predmet diskusije u posebnom delu pod imenom Vimšamša.

1.4   Deva

Većina učenih astrologa pogrešno tumači reč 'Deva' kao 'Bog'. U stvarnosti, postoje 33 Deve sa otprilike 330 miliona oblika. Sama reč je izvedena iz korena Divu koji ima deset značenja[22] (za bolje razumevanje pogledajte rečnik):

1.   Krida - sportski

2.   Vijigisha - potraga

3.   Vyavahar – zanimanje/potraga

4.   Dyuti – intelektualna inspiracija ili genijalnost

---

22   Dathupata

5. Stuti – veličanje

6. Moda – užitak

7. Mada – ushićenje, opijenost

8. Swapna – san

9. Kanti – raskoš

10. Gati – pravac, kretanje

Ove reči definišu svrhu Deva. Đaimini definiše Deve ili Devate kroz indikacije Devata karaka[23] planete. Ovo je treća po redu planeta u hijerarhiji duhovnih potreba, posle Atmakarake, i pomaže da se definiše Išta/Iša koja vodi do oslobađenja iz ciklusa rađanja i Amatja karaka (devata koja simbolično predstavlja održavanje na ovom svetu). Dakle, Deva ili Devata je Guru i on vodi ili rasvetljava određene urođene sposobnosti koje će se razviti u ovom životu, ili vodi duhovni put ili ono što vodi ka ispunjenju želja i sl. Nirkuta[24] definiše Deve kao one koje (a) daju dobrobiti (Danada), (b) prosvetljuju (Dipanad) ili (c) su izvor sličnog znanja ili osveštenosti (Djutanad). Dakle, prevesti Deva kao "Bog" je konceptualno pogrešno. Ovaj pogled je van svake sumnje potvrđen u Aitreja Brahmana[25] kao i u Satapata Brahmana[26]. Prirodno pitanje glasi 'ako Deve nisu Bog, onda ko ili šta su Deve i na koji način su povezane sa Đotišom'?

Satapata Brahmana 14.16:

Katame te trayastrimshat iti ashtou vasavah; ekadasa Rudra, dwadasa-Adityah ta ekatrimshat; Indraschaiva Prajapatischa trayatrimshaviti.

(Mi) govorimo o trideset tri Deve od kojih je osam Vasua, jedanaest Rudri i dvanaest Aditja što daje ukupno trideset jedan. Kada uključimo Indru i Prađapati dobijamo broj trideset tri.

1.4.1 Asta Vasava (osam Vasua)

Satapata Brahmana 14.16:

---

23   Videti Poglavlje 8.
24   Ibid 7.16
25   Šloka 1.6 Satyasamhita Vai Deva
26   Šloka 3.7.3.10 Vidmanso hi deva

Katame Vasava iti. Agnischa prithivi cha vayusch-antarikshamchaadityascha dyouscha chandramascha nakshatrani chaite Vasava aeteshu hidam sarve vasu hitam aete hidam sarve vasayante taddyudidam sarve vasayante tasmad Vasava iti.

Satapata Brahmana daje listu osam Vasua a to su: (1) Agni, (2) Pritivi, (3) Vaju, (4) Antarikša, (5) Aditja, (6) Djou, (7) Ćandrama i (8) Nakšetra. Na prvi pogled ova lista može delovati kontradiktorno budući da je Aditja pomenuta zasebno, ali ovde se ona odnosi na Sunce, Ćandra se odnosi na Mesec, Nakšetra su lunarne kuće ili konstelacije, dok preostalih pet predstavlja stanje materijalne egzistencije. Ovih osam formiraju primarni izvor prosvetljenja o samom sebi. Oni predstavljaju osnovne promenljive koje definišu svaku kreaciju i njen originalni izvor rasvetljavanja i izvor svesti na deset načina ranije definisanih kao svrha deva. Višnu Purana čini ovo preglednijim kroz definiciju Vasua kao:

11. Apa – Đala tatva ili tečno stanje,

12. Dhara – Pritivi tatva ili čvrsto stanje,

13. Anila – Vaju tatva ili gasovito stanje,

14. Anala – Agni tatva ili energija,

15. Dhruva – Polarna Zvezda koja predstavlja

(a)   Akaš tatvu – nebo ili Vakum, i

(b)   Fiksnost zodijaka tj. relevantnost Ajanamše,

16. Soma – Mesec,

17. Pratjuša –svitanje koje predstavlja,

(c)   Sunce – kao uzročnika dana i noći tj. izvor svetla u svitanje,

(d)   Lagna – ascedent ili tačku na istočnom horizontu koja predstavlja sopstvo i izjednačuje se sa izlaskom sunca,

18. Prabasa – sjajna svetla zvezda grupisana u 27/28 nakšatri (konstelacija).

Ova lista je prvi princip Đotiša i u njoj su definisana sva tela koja stvaraju i vode sva bića kroz različite aktivnosti. Ona uključuje (a) Sunce, (b) Mesec, (c) konstelacije pod imenom Nakšatre i (d) Panča tatve ili (vođstvo/pravac) pet stanja postojanja sve materije i energije. Dakle, svetleća tela, Sunce i Mesec, pet planeta Mars, Merkur, Jupiter, Venera i Saturn, i pet stanja kojima te planete vladaju, a to su: energija (Agni), čvrsto stanje (Pritivi), etar (Akaš), vodeno stanje (Đala) i gasovito stanje (Vaju), datim redom i 27 (ili 28) lunarnih kuća pod imenom Nakšatre, zajedno formiraju prvi princip. Rođenje podrazumeva kreaciju i ovo je satva princip održavanja rođenog ili stvorenog bića.

1.4.2 Ekadaša Rudra

Satapata Brahmana 14.16:

Katame Rudra iti. Dasheme purushe praanaa atmaikadashah te yadasmat martyaacchreeradtkramanti atha rodanti tad yad rodayanti tasmad Rudra iti.

Jedanaest Rudri[27] se definišu kao Deve. Deset od njih su Rudre, i one su odgovorne za čuvanje 'Prane',vazduha ili vitalne životne energije koja se nalazi unutar tela i koja održava disanje i život. Dakle, njihova priroda je poput Maruta ili boga oluja, i na određeni način je slična Vajuu, elementu vazduha. Jedanaesta Rudra je Mahešvara, i ona je odgovorna za Atmu, dušu. One se nazivaju Rudre, a to ime je nastalo iz korena reči Rud, što znači plakati, jer njihov 'odlazak' rezultira smrću osobe i plačom bližnjih.

Ovih jedanaest Rudri, uključujući i Mahešvaru, odgovorne su za destrukciju svega stvorenog i formiraju drugi Đotiš princip. U prvoj fazi nastaje destrukcija fizičkog tela nakon 'odlaska' bilo koje od deset Rudri. Posle toga se Atma, duša, odvaja od Mane, uma, zajedno sa Mahešvarom, Šivom, ili jedanestom Rudrom. Dva Mesečeva čvora, pod imenom Rahu i Ketu, su razarači. Rahu ima odgovornost da uništi svetleća tela i znakove, Dvadaša Aditje. Ketu uništava materijalnu kreaciju koji predstavlja Panča Tatva, a koji u Đotišu predstavljaju pet planeta (Mars, Merkur, Jupiter, Venera i Saturn) i Nakšatre. Rudra se može posmatrati kao vezivna sila u bilo kom biću, bilo živom ili neživom. Rudre simbolišu snagu Boga, a ujedno su i snaga stvorenih bića, jer njihov odlazak rezultira slabošću tela i njegovim uništenjem.

---

27   Đaimini je dao puno detalja u vezi sa računanjem ovih jedanaest Rudri (u stvari, deset Rudri dok se jedanaesta zove Mahešvara ili Šiva i odgovoran je za isporuku duše). Ovo je tema diskusije u Trećem poglavlju (Ajur Kandha – Dugovečnost).

1.4.3 Dvadaša Aditja

Satapata Brahmana 14.16:

Katame Aditya iti. Dwadasamasah samvatsarasya

Aeta Adityah aete hidam sarvamadadaanayanti taddwididam sarvamadadaana yanti tasmaditya iti.

Dvadaša znači dvanaest i masa znači mesec – tako da je dvadaša (dvanaest) Aditja, dvanaest meseci, a to je predstavljeno sa dvanaest zodijačkih znakova. U Đotišu se mesec definiše na različite načine, a pomenuta definicija se odnosi na kretanje između perioda dve uzastopne konjukcije sa Mesecom. Ovo je sinodički mesec i traje otprilike 29,5 dana, a dalje zarad lakšeg računanja to računamo kao 30 dana. Pošto je prosečno geocentrično kretanje Sunca tokom 30 dana 30 stepeni, ovo definiše Saura masu, solarni mesec, koji je treći princip Đotiša. Posle dvanaest ovakvih kretanja od 30 stepeni Sunce se vraća na originalnu poziciju i ovo kretanje definiše Samvatsaru ili 'solarnu godinu'. Dakle, treći princip Đotiša jeste da vreme i prostor definišu Dvadaša Aditje, dvanaest znakova Zodijaka sa Suncem kao vladarom. Solarni mesec i solarna godina su temelji Vedske astrologije, i svaka naredna podela vremena računa se na osnovu solarnog kretanja. Reč Samvatsara znači 'godina', i to konkretno 'solarna godina', budući da je računanje zasnovano na Dvadaša Aditjama. Ovo znanje je od ogromne važnosti kod određivanja vremenskog perioda uticaja planeta ili 'daša'. Astrolozi se često zaglibe na pogrešnim shvatanjima u vezi sa solarnom ili lunarnom godinom, ili pak na definicijama ostalih vremenskih perioda. Ovo ukazuje na pomanjkanje u razumevanju koncepta odnosa vremena i prostora u smislu u kome je to definisano preko Dvadaša Aditja.

One se nazivaju Aditjama jer su u pitanju distributeri hrane i svih materijala neophodnih za stvaranje i održavanje (Dana), kao i inspiraciju, ushićenje, opijenost, seksualnu vitalnost i energiju (Mada). Aditje su davaoci i sve dolazi od njih. Dakle, dvanaest znakova predstavlja sve oblike materijalne kreacije.

1.4.4 Indra i Prađapati

Sathapatha Brahmana 14.16:

Katama Indrah katamah prjapatiriti. stanayitnurevendro yagyah prajapatiriti. Katama eko deva iti sa Brahma tyadityachakshate.

Stanajitnu znači grom ili sevanje, i odnosi se na električne impulse kojima mozak kontroliše čula. Indra je polubog koji kontroliše čula kao i funkcionisanje mozga i inteligenciju celokupne kreacije. Jagjam je obožavanje ili spev kojim se obožava Prađapati koji je praotac. Ovo je četvrti princip Đotiša i zove se Lagna ili ascedent, a ona predstavlja sedište Prađapatija, praoca 'hvale vrednog'. Indra je smešten na tronu zodijaka, a taj tron se nalazi na tački koja je u sredini neba. Ovo je područije desete kuće, gledano u odnosu na Lagnu ili ascedent.

Zodijak se, u bilo kom trenutku u vremenu, deli linijom horizonta na dve polovine. Budući da se Zemlja rotira sa zapada ka istoku, deluje kao da se planete i druge zvezde kreću u suprotnom pravcu od bilo koje fiksne tačke ili posmatračnice na zemlji. Sunce izlazi ujutro na istoku, uzdiže se ka središtu neba oko podne, a onda počinje da zalazi sve do potpunog zalaska na zapadnom horizontu. Lagna je tačka na istočnom horizontu koja se upravo pomalja ili izdiže na nebu, što predstavlja vidljivu polovinu Zodijaka i nalik je izlasku Sunca. Ovo se zove ascendent. Na sličan način posmatra se i tačka na zapadnom horizontu, na putu ka zalasku, i ona se naziva descendent. Zodijak se deli na dve polovine koje se nazivaju Drušja, vidljiva polovina, i Adrušja, nevidljiva polovina, u odnosu na liniju horizonta sa nebom u vidljivom delu, i delu ispod horizonta u nevidljivom delu. Drušja rašiji, ili znaci zodijaka, bilo u celini ili delimično, u vidljivom delu su nebesa ili Loka, dok su Adrušja rašiji ili zodijački znaci, u celini ili delimično, u nevidljivom delu ili ispod horizonta zovu pakao ili Tala. Postoje dve postavke zasnovane na (1) materijalnoj ili fizičkoj egzistenciji i (2) duhovnoj egzistenciji kojima se opisuju nebesa i pakao.

TRI MATERIJALNA SVETA

Fizički univerzum se može klasifikovati na tri dela koji se nazivaju Bhu loka (Zemlja), Bhuva loka (nebeski svod ili solarni sistem u kome se nalaze nava grahe) i Svarga loka (nebo sa fiksnim zvezdama gde obitavaju polubogovi). Geocentrični Zodijak, i Bhu loka kao njegov centar, ograničen je na Bhuva loku i naziva se Višnu čakra (to je tropski Zodijak gde se mogu iskusiti meterološki i drugi atmosferski fenomeni). Geocentrični Zodijak zasnovan na fiksnim zvezdama na nebu zove se Narajana čakra (sideralni Zodijak). Ovi termini se pominju u Višnu Purani. Pobožni Hindus svakog jutra recituje molitvu "Om Bhur-bhuva-svah" kako bi dobio blagoslove ove materijalne kreacije, a ovo se recituje kao prefiks Gajatri mantre.

ČETRNAEST DUHOVNIH SVETOVA

Dakle, postoji sedam nebesa i sedam paklova. Nebesa, koja zovemo loka[28], su podeljena na sedam delova:

(e) *Vidljivi delo Lagne (znaka ascendenta/kuće) u kom je ascendent tj. od početka znaka do longitude ascendenta zove se Satja loka, i predstavljena je sa hiljadu lotosa na kojima obitava Prađapati, oblik Brahme, ili praotac. Ovo je sedište stvaraoca i On je hvaljen od strane cele kreacije. Pokazuje slavu kao posledicu hvale, zdravlja i vitalnosti.*

(f) *Vidljivi deo sedme kuće/znaka koji zalazi ili prelazi u nevidljivu polovinu tj. od longitude descendenta do kraja znaka zove se Bhu loka, ravan panete Zemlje. Pokazuje smrt i ponovno rođenje budući da je ovo ujedno i Mritju loka ili 'mesto smrti'.*

(g) *Deseta kuća/znak, sa sredinom neba u kojoj se nalazi Indrin tron, zove se Svah ili Svarga loka.*

(h) *Preostali znaci/kuće u vidljivom delu (8, 9, 11 i 12) su Bhuva, Maha, Gjana i Tapa loka.*

Dakle, sedam nebesa su Bhu, Bhuva, Svah, Maha, Đanah, Tapa i Satja loka[29] i devate planeta Mars, Sunce, Venera, Merkur, Mesec, Saturn i Jupiter, datim redom, vladaju ovim lokama. Sedam paklova su ujedno i sedam znakova u nevidljivom delu Zodijaka i zovu se: Atala, Bitala, Sutala, Talatala, Rasatala, Mahatala i Patala, datim redom. Ispod sedam Tala postoji i sedam Narki, a to su najinferiorniji paklovi za kažnjavanje, i oni se nalaze na nadir tački tj. tački koja je suprotna središtu neba ili u četvrtoj kući. Produhovljeni Hindusi svakodnevno

---

28   Imena sedam loka koja su prethodno navedena potiču iz Markandeja Purane. Ljudska bića borave na Bhu loki, a to je zemaljska ravan, dok ptice, oblaci i polubogovi borave na Bhuva loki. Imena dodeljena ovima sedam nebesa, a pokazana sa sedam znakova razlikuju se od onih iz druge Vedske literature. Ipak, imena data ovde prihvaćena su kao autentična budući da je Riši Markandeja primio Vedsko znanje od Maharišija kroz Riši Ćjavan i Dakša Prađapatija. On je takođe bio i Parašarin deda.

29   Imena sedam loka prethodno navedenih potiču iz Markandeja Purane. Ljudska bića borave na Bhu loki (zemljaska ravan) dok ptice, oblaci i polubogovi borave na Bhuva loki. Imena dodeljena sedam nebesa a pokazana sa sedam znakova razlikuju se od onih iz druge Vedske literature. Ipak, imena data ovde prihvaćena su kao autentična budući da je Riši Markandeja primio Vedsko znanje od Maharišija kroz Riši Ćjavan i Dakša Prađapatija. On je takođe bio i Parašarin deda.

recituju mantru "Om Bhur - Om Bhuva – Om svah – Om Maha – Om Gyana – Om Tapah – Om Satyam" kao prefiks Gajatri mantri time težeći ka najvišim lokama.

Dakle, u bilo kom čartu, sedma kuća se posmatra da bi se procenila smrt i ponovno rođenje osobe. Ukoliko se smrt dogodi u toku perioda planete koja je u sedmoj kući ili vladara sedme kuće, tada će se osoba sigurno ponovo roditi. Mesto novog rođenja se može analizirati preko planete/znaka u sedmoj kući. Ako je Mars u sedmoj kući, tada će se osoba ponovo roditi na ostrvu, poput Šri Lanke. Druge indikacije se mogu pronaći u standardnim tekstovima. Upravo iz ovog razloga Parašara preporučuje Mritjunđaja mantru sa molitvom za Mokšu, oslobađanje od ciklusa rađanja, tokom perioda planeta koje su povezane sa sedmom kućom. Dvanaesta kuća, ili deo neposredno pre Lagne, je Satja loka ili najviša duhovna tačka, i iza toga je duhovno područje bez povratka. Zato osoba koja redovno ponavlja Om Tat Sat i živi život zasnovan na istini dostiže Satja Loku, kao i najviša nebesa, a posle toga nema više povratka na ovu Mritju Loku.

Dakle, zaključujemo da su 33 Deve osnovna paradigma Đotiša, kao i da se mogu grupisati u odnosu na pokretljivost. Ove grupe čine:

c.   *Nepokretne ili fiksne zvezde koje formiraju grupu od 27 (ili 28) Nakšatri,*

d.   *Podela vremena i prostora formira grupu Rašija ili Dvadaša Aditja i*

e.   *Svetleća tela (1) Sunce i (2) Mesec, Panča tatva kontrolori (3) Mars, (4) Merkur, (5) Jupiter, (6) Venera i (7) Saturn i predstavnici Rudra (8) Rahu i (9) Ketu formiraju treću grupu pokretnih tela pod imenom Graha. Budući da ih ima devet, zovemo ih Nava Graha. U daljem tekstu ćemo, kad govorimo o ovih devet pokretnih tela, koristiti termin "planeta" iako je to samo prisilna definicija. Sunce nije pokretno u okviru solarnog sistema, ali se iz ugla geocentričnog sistema tj. Sistema koji pretpostavlja da je Zemlja nepokretna, kretanje Zemlje se tumači kao kretanje Sunca.*

1.5   Panča tatva

Pet osnovnih formi postojanja celokupne materije i energija, koje su fizička manifestacija iz tamasa, zovemo Panča tatva (u prevodu: pet elemenata). Ovih pet oblika postojanja su: Agni (energija), Pritivi (čvrsto stanje), Đala (tečno stanje), Vaju (gasovito stanje) i Akaš (vakum). Dakle, svako telo ili fizička manifestacija unutar ovog univerzuma mora postojati u jednom ili više ovih pet osnovnih formi fizičkog postojanja. Ovo je dobro poznat zakon fizike, kao i to da su ovi oblici postojanja međusobno promenljivi tj. da se materija i energija mogu menjati iz jednog oblika u drugi, ili da se tatve neprestano menjaju iz jedne forme u drugu. Benzin je primarno tečna suspstanca (đala tatva) koja se pali u motoru automobila i pretvara se u energiju (Agni tatva) koja pokreće taj auto. Ljudi konzumiranju čvrstu hranu (pritivi tatva) kao i različite tečnosti (đala tatva) koje se probavljaju na različitim nivoima, a potom se neophodni elementi apsorbuju u krv, a tu je pre svega glukoza (ili benzin za ljudsko telo). Za pokretanje je neophodno prisustvo kiseonika koji se uzima iz vazduha koji udišemo (Vaju tatva). Kiseonik se dalje rastvara u krvi, koja je poput motora unutar tela, gde se sreću glukoza i kiseonik i tako se stvara energija (Agni tatva) koja je potrebna mišićima za obavljanje poslova.

Panča tatve nisu Deve u svojoj fizičkoj manifestaciji, ali njihova sposobnost da povedu životne procese kroz različite oblike i manifestacije jeste Deva. Na primer, voda je Đala tatva i primarno je fizički element (Bhuta) rođen iz tamasa. Ipak, znanje da voda može da ugasi žeđ je Deva. Ova razliku između fizičkog elementa i znanja u vezi sa njim treba shvatiti kao razliku između Bhuta i Deva. U ljudskom telu ni konzumirana hrana, kao ni tečnosti, ni vazduh koji udišemo, kao ni pokretanje energije nije Deva. Ovo su prosto tatve ili elementi koji deluju u skladu sa prirodnim zakonima.

1.6   Guna

Guna je stanje bivanja tela, ili elementa sastavljenog od osnovnih oblika postojanja. U pitanju je mera energije, kao i priroda kretanja. Ukoliko je kretanje balansirano, onda se ono može nastaviti bez otpora na neograničeno vreme, poput vekovne rotacije planeta oko Sunca. Ovakva tela poseduju Satva gunu, ili kvalitet dobrote, u velikoj meri koja čini da se ovo savršeno kretanje nastavlja kroz dug vremenski period. Upravo iz ovog razloga Parašara podučava da planete poseduju dobrotu koja je uzrokovala to da upravo one predstavljaju Dasavatara (deset oblika Višnua – Održavalac, ili otelotvorenje Dobrote). Druga tela imaju tendenciju ubrzavanja kada imaju višak energije, i potom usporavanja zbog potrošene energije sve dok ne dođu do potpunog mirovanja. Proces neravnomernog kretanja se zove Rađas guna i znak je života (Brahma – Stvaralac). Tačka u kojoj planete dođu u stanje mirovanja i postanu nepokretne zove se Tamas guna i stanje je nalik smrti (Šiva – Uništitelj).

Iz heliocentrične tačke gledanja, planete poseduju Satva gurnu, ali se ovo menja ako posmatramo iz geocentrične tačke gledišta, odakle nalazimo da planete ubrzavaju, usporavaju i dolaze u stanje mirovanja. Ova kretanja su predmet proučavanja i dodeljena su im različita mentalna raspoloženja. Na primer, za planetu koja ubrzava i kreće se jako brzo kažemo da je u Bita avasti tj. da je uplašena i da beži.

1.7 Božanske inkarnacije

Iz prethodnog postaje evidentno da je svaki aspekt ovog manifestovanog univerzuma deo Višnua, te da je tako i svako biće inkarnacija Boga. Postoje nebrojene inkarnacije Višnua navedene u Bhagavad Giti[30], Šrimad Bhagavatamu[31] i drugoj literaturi. Prevodi Šrila Prabhupada se preporučuju zarad njihovog daljeg proučavanja i ovo zahteva detaljne komentare kako bismo u potpunosti cenili i shvatili svaku od inkarnacija iz Đotiš ugla. Bhagavatam je najbolji izvor za razumevanje principa kreacije, i ono što je ovde dato je kratki sažetak.

Jedno od veoma bitnih učenja Bhagavatama jeste da se različite inkarnacije i oblici Boga obožavaju od strane ljudi kako bi se ostvarile različite želje.

Preporučena literatura:

Brihat Parašara Hora Šastra 1 & 2

Satapata Brahmana

Šrimad Bhagavatam

---

30   BG 10.19 – 10.37
31   SB 1.1.7

Primarne podele

"Ne smemo zaboraviti da su Hindusi otkrili ono što danas znamo kao presek ekvinocija, i u njihovim kalkulacijama ovaj fenomen se dogodi svakih 25,827 godina. Naša moderna nauka, nakon nekoliko stotina godina napornog rada, samo potvrđuje da su u pravu. " Grof Viskon Čeiro

2.1 Vreme i prostor

Vreme i prostor su poput beskrajnih krugova bez početka i kraja. Definicija početka linearne vremenske skale, ili početka Univerzuma, je sporno pitanje mnogih mislilaca i ova misao navodi um na razmišljanje o nemanifestovanom Bogu. Veliki Vedski mudraci predstavili su Boga kao Kalapurušu[32] i time harmonizovali koncepte vremena i prostora u četvorodimenzionalni model Bhačakre (geocentrični Zodijak). Bhačakra se na papiru obično predstavlja kao dvodimenzionalna slika zarad njenog lakšeg čitanja, ali su njome predstavljne, zabeležene i ispitane i druge dimenzije dinamike lineranog vremena, kao i veritikalna deklinacija planeta. Dakle, prva i najvažnija stavka koju treba imati na umu jeste da svaka podela Zodijaka ima sličnu ili odgovarajuću podelu vremena. Kako budemo saznavali o svakoj od podela, proučavaćemo i vremenske mere njima predstavljene, čime dobijamo i dodatne alate u interpretaciji rezultata, kao i opise efekata vremena na podele.

2.2. Raši i Nakšatra

Podela zodijaka na dvanaest znakova i dvadeset sedam (ili dvadeset osam nakšatri) je primarna podela u paradigmi Vedske astrologije. Svako malo uoči se nova planeta i sa tim se javlja sumnja u umovima učenih o daljoj validnosti zodijaka koji se sastoji od dvanaest znakova. Kako bi uklonili bilo kakve sumnje, neophodno je razumeti osnove

---

32   Kala – vreme, Puruša – Bog predstavljen kao Čovek. Kalapuruša je personifikacija vremena kao konačna slika Boga.

primarne podele pod imenom Raši. Zodijak od dvanaest znakova i dvadeset sedam konstelacija pažljivo je napravljen nakon pomnog posmatranja kretanja Sunca i Meseca u geocentričnom modelu Univerzuma.

2.2.1 Raši – dvanaest sunčevih znakova

Relativno kretanje između Sunca i Meseca pokazuje da sinodički mesec (od mladog meseca do mladog meseca, ili od punog meseca do sledećeg punog meseca) traje 29D 12H 44M 3S = 29.53059D. Zaokruživanjem na sledeći celi broj dobijamo 30 dana, tokom kojih Sunce u proseku prelazi 30 stepeni. Konačno, deljenjem Bhačakre koja ima 360 stepeni sa 30, dobijamo 12 znakova, ili 12 sunčevih znakova budući da Sunce[33] dobija upravu nad svim znacim, kao njihova preteča. Dvanaest znakova su Meša (Ovan), Vrišaba (Bik), Mituna (Blizanci), Karka (Rak), Simha (Lav), Kanja (Devica), Tula (Vaga), Vriščika (Škorpija), Dhanu (Strelac), Makara (Jarac), Kumbha (Vodolija) i Mina (Ribe).

Slika 4: Zodijak – sunčevi znaci

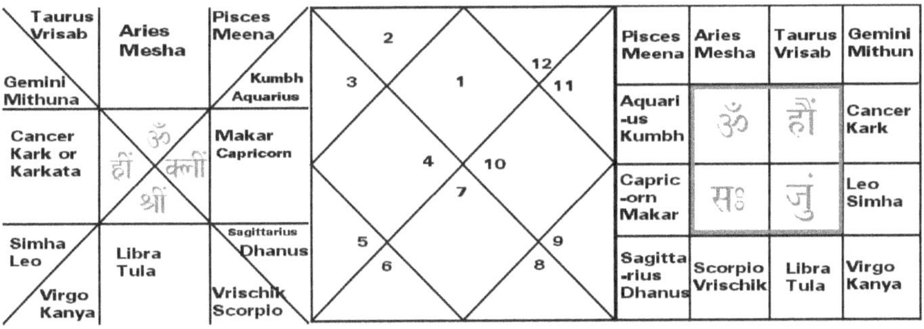

2.2.2. Hora (na osnovu Ekliptike)

Metod podele Zodijaka na dve polovine bazira se na udaljenosti Sunca od Zemlje. To deli Zodijak na dva dela duž zamišljene linije koja prolazi kroz nula stepeni Lava i nula stepeni Vodolije. Polovina ili Hora dolazi iz reči Aho-Ratra[34] koja pokazuje podelu na dve jednake polovine, na svetlu i tamnu. Dakle, ovo je podela Zodijaka na dva dela pod imenom Solarna i Lunarna polovina[35] ili Surja hora i Čandra hora,

---

33   Otuda i ime Raši gde se Ra odnosi na Boga Sunca.
34   Aho znači dan i Ratra znači noć.
35   Kaljan Verma – Saravali 3.09 - द्वादश चक्रं भणस्तस्यार्धे सिंहस्तो रविनैथः। कर्कताकात् प्रतिलोमं शशी

datim redom. Solarna polovina, ili Surja hora, uključuje šest znakova Zodijaka redom od Lava do Jarca, i Lunarna polovina, ili Ćandra hora, uključuje šest znakova od Raka do Vodolije, obrnutim redom. Ova podela nema veze sa Ajanom.

Slika 5: Hora (Aho – Ratra)

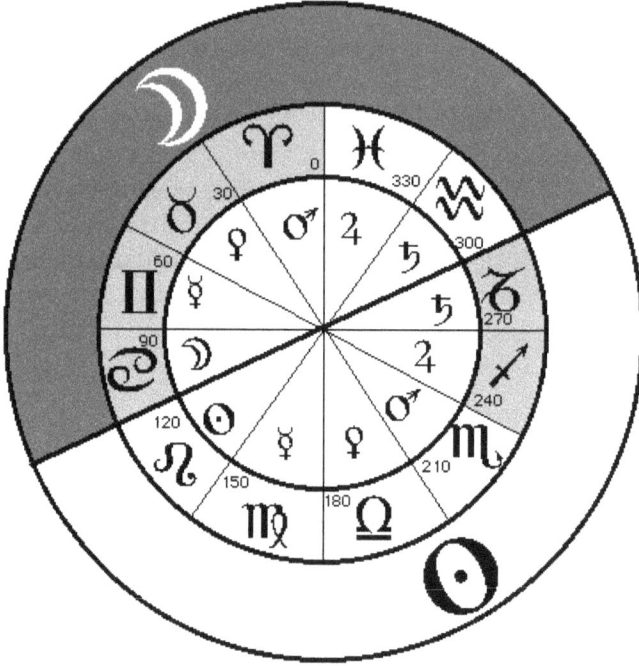

Sunce i Mesec vladaju pograničnim znacima (tj. Lavom i Rakom, datim redom) u svojim horama dok preostalih pet planeta Merkur, Venera, Mars, Jupiter i Saturn (redosled je zasnovan na na geografskoj udaljenosti od Sunca tj. Merkur je najbliži, a Saturn najudaljeniji) vladaju znacima redom od Lava ili Raka, brojano zodijačkim ili obrnutim redom[36] (Slika 2).

2.2.3 Hora (na osnovu kratkodnevnice)

Rišiji su uočili i kratkodnevicu (zimski solisticijum)[37] i dugodnevicu

---

तथान्येऽपि तत्स्थानात्॥९॥

36   Kaljan Verma – Saravali 3.10 - भानोरर्धे विहगैः शूरास्तेजस्विनश्च साहसिकाः। शशिनो मृदवः सौम्याः सौभाग्ययुताः प्रजायन्ते ॥ १० ॥

37   Treba da primetimo da se termini letnja i zimska odnose na severnu hemisferu i da su zapravo obrnuti na južnoj hemisferi. Letnji solsticijum obeležava kraj leta tj. trenutak kad Sunce

(letnji solisticijum), dane kada je dužina dana, tj. trajanje dnevnog svetla najduže i najkraće, datim redom. Letnji solsticijum (dugodnevica) je najduži dan i obeležava kraj vruće letnje sezone i početak kišne sezone. Tako i zimski solsticijum (kratkodnevica) obeležava kraj dugih noći. Dakle, Zodijak je podeljen na dve polovine zamišljenom linijom koja prolazi kroz nula stepeni Raka i nula stepeni Jarca, što pokazuje poziciju Sunca u ove dve ekstremne tačke najdužeg dana i najduže noći.

Slika 6: Ajana

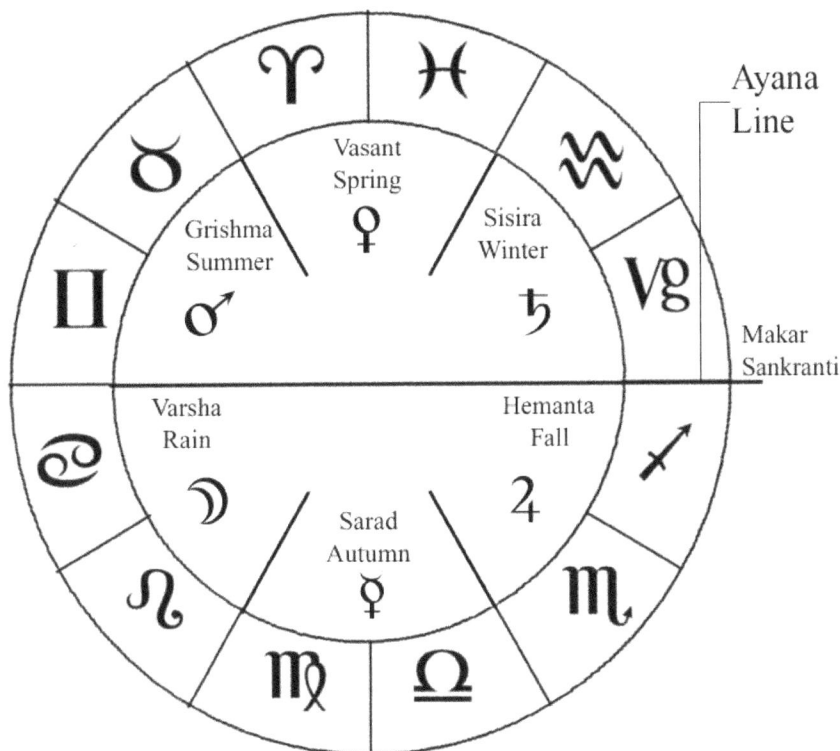

Ovo je formiralo dve Ajane, ili dve polovine Zodijaka, od kojih se svaka sastoji od tri sezone. Konkretni termini koji se upotrebljavaju su Utar-Ajana ili Severni tok, i Dakšin-Ajana ili Južni tok, i to se odnosi na Sunčev 'cilj' jer ono teži najsevernijoj tački Zodijaka, ili nultom stepenu Raka, ili najjužnijoj tački Zodijaka, ili nultom stepenu Jarca.

---

dostiže svoju najseverniju latitudu, dok zimski solsticijum obeležava kraj zime kada Sunce dostiže svoju maksimalnu južnu latitudu.

Ovo može da se odnosi i na cilj traženja najsevernije latitude[38] koja odgovara letnjem soslticijumu, ili najjužnije latitude[39], koja odgovara zimskom solsticijumu.

2.2.4 Kendra (kvadrat)

Početak Zodijaka fiksiran je pozicijom Sunca na ravnodnevici tj. na poziciji na kojoj su dani i noći jednake dužine, a to je nulti stepen Ovna i Vage. Na ovaj način su određene četiri ključne tačke Zodijaka, i to su nulti stepeni Ovna, Raka, Vage i Jarca. Rišiji su shvatili da zapravo postoje dva Zodijaka, jedan u kome je solarni sistem nezavisan sistem, i drugi, u kome se solarni sistem kreće oko druge elipse pod imenom Višnu Nabhi. Pomenuta dva zodijačka sistema zovu se Sajana (tropski) i Nirajana (sideralni) Bhačakra. Primarna razlika između njih je kretanje solarnog sistema u univerzumu, a to se kretanje meri periodom precesije ravnodnevice – ili 25,800 godina računato od nulte tačke tj. od poklapanja sideralnog i tropskog Zodijaka. Tu razliku zovemo Ajanamša[40]. Znači, razliku između početnih tačaka oba Zodijaka u bilo kom momentu u vremenu zovemo Ajanamša. U Hindu kalendaru[41], shvatamo da je Varahamihirino zagovaranje primene Šuklanta mase povezano sa nomenklaturom meseci na osnovu normalne nakšatra pozicije punog meseca, i da je ovo odredilo početak svakog lunarnog meseca (a ne Amanta masa koja se danas primenjuje u najvećem delu Indije). U bilo kom slučaju zvezda 'Ćitra' je uzeta kao fiksna tačka i 'Ćitra pakša' se odnosi na tačku suprotnu od 'Ćitre'[42] i predstavlja početak Zodijaka.

Osnovni zaključak je da se Zodijak deli na četiri dela od kojih svaki ima po devedeset stepeni, kao i da pomenute četri tačke predstavljaju početak Ovna, Raka, Vage i Jarca. Ove četiri tačke predstavljaju četiri cilja ljudskog postojanja, a to su (a) Darma – ispravnost i poštovanje prirodnih i društvenih principa, (b) Mokša – duhovnost i oslobađanje od ciklusa rađanja, (c) Kama – postojanje želja i njihovo ispunjavanje

---

38   Tropski Rak na 230 27′ N latituda.

39   Tropski Jarac na 230 27′ S latituda.

40   Ajanamši su dodeljene različite prosečne vrednosti precesije, ali ostaje činjenica da je Surja Sidhanta veoma blizu istini kad koristi vrednost od 24.000 godina!. Prosečna vrednost od 360 stepeni podeljena sa 25800 godina = 50.232558 sekundi u toku godine. Primetimo i to da je reč sačinjena od 'Ajana' + 'Amša' ili doslovno, deo Ajane.

41   Pogledati Prilog 1 za više detalja.

42   Ovo se odnosi na jogataru Ćitre.

ili uskraćenost kao uzrok ponovnog rođenja i (d) Arta – bogatstvo. Četiri dela, sa druge strane, dele život na četiri ašrama koji čine temelje Hinduizma. Ovo je ujedno i koncept 'Čatušpada darme'[43].

Sankja šastra naširoko podučava o Panča tatvama, o pet oblika postojanja svih tela. Ovi oblici postojanja su (1) Pritivi ili čvrsto stanje, (2) Đala ili tečno stanje, (3) Vaju ili vazduh, (4) Agni ili energija i (5) Akaš, etar ili stanje vakuma. Vakuum prožima ceo Univerzum te je Akaš prisutan u celokupnoj Bhačakri. Preostale četiri tatve dominiraju u obliku Ovna (Agni), Raka (Đala), Vage (Vaju) i Jarca (Pritivi).

2.2.5 Trikona (trigon)

Na sličan način, trikone (trigon) treba shvatiti kao podelu vremena na tri aspekta: prošlost, sadašnjost i budućnost. Ako primenimo (a) Manu Smriti navode koji kažu da je dan Bogova jednak godini ljudskog života, dolazimo do osnovne jednačine da 1 stepen (= dnevno kretanje Sunca) predstavlja godinu dana ljudskog života, (b) Parašarinu izjavu da je param ajus za ljude 120 godina, dobijamo ugao od 120 stepeni koji predstavlja trenutni život, sledećih 120 stepeni predstavlja budućnost i 120 stepeni predstavlja prošlost. Raspon od 120 stepeni Zodijaka pokriva 9 nakšatri i zbog toga grupa od devet nakšatri pre đanma nakšatre (nakšatre na rođenju) predstavlja prošlost, grupa od devet nakšatri od đanma nakšatre predstavlja sadašnjost, dok preostalih devet nakšatri predstavlja budućnost.

Ova podela na tri je sami temelj Vedske astrologije jer imamo i tri tipa znakova, a to su: Čara (pokretni), Stira (fiksni) i Dvišabava (dvojni). Budući da su ova tri tipa bazirana na Parašarinoj originalnoj jednačini dugovečnosti (120 stepeni = pun životni vek), ovo znanje se primenjuje u osnovnim procenama dugovečnosti.

2.2.6 Ritu – šest sezona

Smene sezona sačinjavaju osnovni temelj Hindu kalendara gde je godina podeljena na šest sezona koje se nazivaju Ritu. Kiše se smatraju božijim blagoslovom, te se i sezona kiše smatra periodom u toku kog život dolazi na Zemlju. Ovaj princip je u pozadini određivanja

---

43   Čatušpada doslovno znači četvoronožni i odnosi se na znak Strelca koji je u devetoj kući i predstavlja sreću ili Bagju osobe. Četiri stopala Darme definisana su kao dužnost prema (a) Univerzumu/naciji, (b) društvu, (c) porodici i (d) sebi, redom od bitnijeg ka manje bitnom. Bitno je primetiti da Parašara koristi termin 'Bagja' u svojim poukama na temu Čaturtamša rezultata.

dela Zodijaka koji daje život, kao i u pozadini koncepta spuštanja individualne duše sa nebesa putem kišnih kapi[44]. Tabela 1. pokazuje podelu sezona u svakoj od Ajana, njihov raspon, kao i planete koje njima vladaju. Nadalje, Ritu treba posmatrati iz ugla solarnih meseci[45] (tj. Sunčevog tranzita), a ne lunarnih meseci. Budući da je Sunce uzrok svih sezona, po prirodi stvari mu se dodeljuje i vladavina nad sezonama.

Tabela 1: Podela sezona

Ajana	Sezona	Vladar sezone	Sunčevi znaci	Vladar
Zima	Varša/Kišna	Mesec	Rak, Lav	Mesec, Sunce
	Šarad/Jesen	Merkur	Devica, Vaga	Merkur, Venera
	Hemanta/Zima	Jupiter	Škorpija, Strelac	Mars, Jupiter
Leto	Šišira/Hladna	Saturn	Jarac, Vodolija	Saturn, Saturn
	Vasant/Proleće	Venera	Ribe, Ovan	Jupiter, Mars
	Grišma/Leto	Mars & Sunce	Bik, Blizanci	Venera, Merkur

2.2.7 Nakšatra – lunarne kuće

Nakon podele Zodijaka na dvanaest znakova na osnovu Sunčevog kreatanja, ostaje da podelimo Zodijak na osnovu Mesečevog kretanja

---

44   Brihadaranjaka Upanišad objašnjava teoriju Karme sa referencom u transmigraciji duše (samsara). Poštene i pobožne duše koje su živele darmički život odlaze u sferu predaka i drugih sličnih loka. Nakon perioda privremenog blaženstva, nastavljaju ka praznini putem Meseca. Od praznine se spuštaju na zemlju putem kiše i ulaze u hranu koju konzumira potencijalni otac. Od hrane nastaju spermatozoidi koji su ponuđeni potencijalnoj majci na oltaru vatre (proces kopulacije). Potom dolazi do rođenja. Upanišad dodaje da se nepošteni inkarniraju kao ptice, insekti, životinje ili biljke na osnovu karme iz prošlih života. U osnovi se smatra da ponašanje i pridržavanje moralnog koda određuju ove promene. Dakle, povoljna karma obećava sjajnu budućnost, dok loša karma ima tendenciju degradiranja duše u kontekstu 'kako siješ tako ćeš i žeti'. Ova doktrina karme (u doslovnom prevodu 'akcija') daje veoma zadovoljavajuće objašnjenje različitih društvenih nejednakosti koje postoje, kao i nevolje ili tuge sa kojima se osoba nosi kao posledicu ličnih dela ili nedela iz prošlosti. Ove karme su podeljene na različita nebesa pod imenom Sančita i Prarabda. Rezultati Sančita karme se mogu iskusiti na različitim nebesima i paklima posle smrti, dok samo njihovo iskustvo može da umanji rezultate Prarabda karme. Dakle, Prarabda karma je uzrok ponovnog rođenja.

45   Izvor Mukunda Daivagja u Našta Đataki.

i proučavanja rezultata tog kretanja. Nezavisno gledano, Mesecu treba 27D 7H 43M 11,5S kako bi obišao Zemlju. Ovo se zove sideralni mesec. Uzimajući ceo broj dobijamo 27 nakšatri ili lunarnih kuća (raspona od 13° 20′ luka). Svaka nakšatra određena je zvezdom (ili zvezdanim jatom), odakle dobija i ime. Manjak od 7-3/4h u sideralnom lunarnom tranzitu nadoknađen je kraćom ubačenom (hipotetičkom) nakšatrom pod imenom Abiđit. Raspon Abiđit nakšatre određen je porporcionalno kao (7h 43m 11,5s/24h) x 130 30′ = 40 17′ 20″. Ovaj raspon od 2760 40′ do 2800 75′20″ koja delom prelazi preko dvadeset prve nakšatre (Utarašada). Ovo postaje dvadeset osma nakšatra, koja se koristi u određenim čakrama poput Kala čakre, Sarvatobadra čakre itd.

Tabela 2: Nakšatra - lunarna kuća

Br.	Nakšatra	Devata	Planetarni vladar (Vimš.)	Pada 3° 20′	Raspon unutar rašija	Raši
1.	Ašvini	Ašvini Kumar	Ketu	4	13° 20′	Ovan/Meša
2.	Bharani	Jama	Venera	4	16° 40′	
3.	Kritika	Angi	Sunce	1	30°	
				3	10°	Bik/Vrišaba
4.	Rohini	Brahma	Mesec	4	23° 20′	
5.	Mrigašira	Ćandra	Mars	2	30°	
				2	6° 40′	Blizanci/ Mithun
6.	Ardra	Rudra	Rahu	4	20°	
7.	Punarvasu	Aditi	Jupiter	3	30°	
				1	3° 20′	Rak/Karkata
8.	Pušja	Brihaspati	Saturn	4	16° 40′	
9.	Ašleša	Sarpadeva	Merkur	4	30°	
10.	Makha	Pitri	Ketu	4	13° 20′	Lav/Simha
11.	P. Phalguni	Bhaga	Venera	4	16° 40′	
12.	U. Phalguni	Arjama	Sunce	1	30°	
				3	10°	Devica/Kanja
13.	Hasta	Savitur	Mesec	4	23° 20′	
14.	Ćitra	Tvasta	Mars	2	30°	

Br.	Nakšatra	Devata	Planetarni vladar (Vimš.)	Pada 3° 20′	Raspon unutar rašija	Raši
15.	Svati	Vaju	Rahu	2	6° 40′	Vaga/Tula
				4	20°	
16.	Višakha	Mitra	Jupiter	3	30°	
				1	3° 20′	Škorpija/ Vrišćik
17.	Anuradha		Saturn	4	16° 40′	
18.	Đešta	Indra	Merkur	4	30°	
19.	Mula	Nirriti	Ketu	4	13° 20′	Strelac/ Dhanu
20.	P. Ašada	Đala	Venera	4	16° 40′	
21.	U. Ašada	Višvadeva	Sunce	1	30°	
				3	10°	Jarac/Makara
22.	Šravana	Višnu	Mesec	4	23° 20′	
23.	Dhaništa	Asta Vasava	Mars	2	3° 20′	
				2	6° 40′	Vodolija/ Kumbha
24.	Satabišađ	Varuna	Rahu	4	20°	
25.	P. Badrapada	Ađaikapada	Jupiter	3	16° 40′	
				1	3° 20′	Ribe/Mina
26.	U. Badrapada	Ahirbudanja	Saturn	4	16° 40′	
27.	Revati	Pušan	Merkur	4	30°	

2.3 Podele znaka

Podela se odnosi na uređenu podelu znaka od 30 stepeni na delove koje zovemo Amša. Čartove formirane na osnovu vladavine nad ovim podelama[46] zovemo podelni čartovi ili D-čartovi. Znak je podeljen na 'N' broj delova gde se 'N' odnosi na broj varge. Svaki deo zovemo amša i on odgovara određenom znaku u D-N čartu. Ukoliko je bilo koja planeta ili lagna smeštena u određenoj amši, onda je ujedno i u odgovarajućem znaku D-čarta.

Zarad boljeg razumevanja, pogledajmo čart osobe rođene 7. avgusta 1963. godine. Neke od planetarnih pozicija su sledeće, lagna 14° Riba, Jupiter 26° 07′ Riba, Mesec 19° 57′ Vodolije i Saturn 26° 50′ Jarca. U raši čartu (D-1 čart) Jupiter se nalazi na ascedentu u Ribama, Mesec je u dvanaestoj kući u Vodoliji i Saturn je u jedanaestoj kući u Jarcu.

---

46   Vladavina planeta nad individualnim podelama i znacima pomenuta je u tradicionalnoj literaturi: Vjankateš Šarma - Sarvata Ćintamani (šloka 1.06) "Mars, Venera, Merkur, Mesec, Sunce, Merkur, Venera, Mars, Jupiter, Saturn, Saturn i Jupiter vladaju sa dvanaest rašija počevši od Ovna. Ove planete (istim redom) vladaju amšama (podelama)".

Pokušajmo da odredimo Drekana podelu ili D-3 čart. Ovde 'N' = 3 i svaki znak od 30° longitude je podeljen na tri dela od kojih svaki ima 10°. Svaku od ovih podela zovemo amša ili još konkretnije Drekana ili 'trigon podela'. Tri drekane svih znakova nalaze se u rasponu longituda od (1) 0-10°, (2) 10°-20° i (3) 20°-30°. Prva drekana znaka nalazi se u samom znaku, druga se nalazi u znaku u petoj kući odatle i treća se nalazi u znaku u devetoj kući od pomenutog znaka.

Dakle, Lagna na 14° Riba je istovremeno u drugoj drekani ili u znaku Raka u petoj kući od Riba. Jupiter na 26° se nalazi u trećoj drekani Riba i ovo je Škorpija u D-3 čartu. Mesec je u drugoj drekani Vodolije i nalazi se u Blizancima u D-3 čartu. Saturn na 27° je u trećoj drekani Jarca i nalazi se u devetoj kući od Jarca (tj. u Vodoliji) gde je u D-3 čartu.

Slika 7: Konstrukcija D-čarta

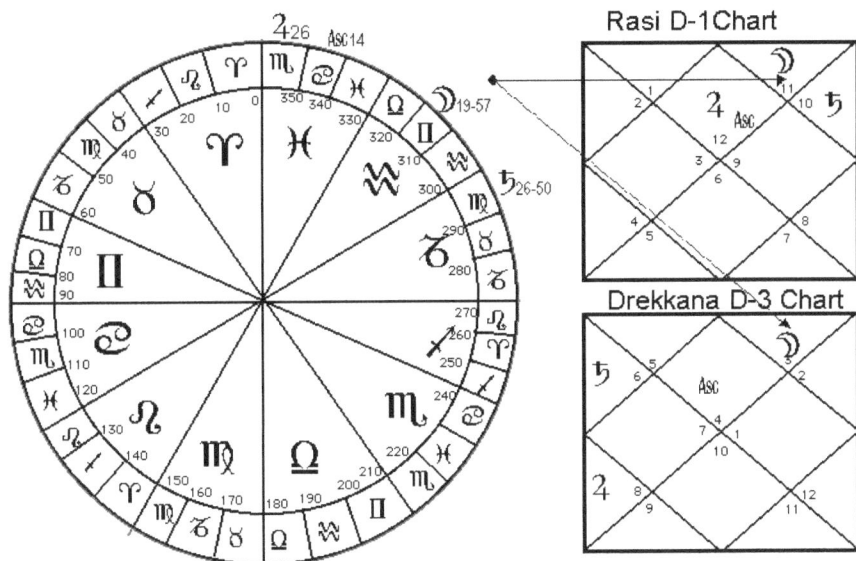

2.3.1 Nomenklatura

Podele Zodijaka, kao i podelni čartovi konstruisani na osnovu vladavine nad ovim podelama, dobile su imena na osnovu različitih kriterijuma. Ovo uključuje:

1. Broj podele: ovo je broj kojim je znak podeljen na manje delove. Na primer 'Saptamša' je reč koja dolazi od sapta, što znači sedam, i amša, što znači podela. Dakle, ovo je podela na jednu sedminu znaka.

2. Drugih referentnih brojeva: na primer, dobro je poznato da postoji 27 nakšatri. Otuda dolazi ime Nakšatramša, od nakšatra i amša (deo) i odnosi se na dvadeset sedmi deo znaka (1/27) ili na podelni čart formiran ovom podelom u kome se nalazi lagna i devet planeta.

3. Primena i fokus: svaki podelni čart (ili podela) ima konkretnu primenu i jasno definisan fokus na određeni aspekt života ili aktivnosti. Na primer, Sidamša se odnosi na podelu/podelni čart u kome analiziramo proces učenja. Ovo je 24. podela (D-24 čart). Ona se ujedno zove i Bhamša, što dolazi reči 'Bha' (poput Bha-čakre koja primarno predstavlja Zodijak sastavljen od 27 nakšatri).

4. Višestruka imena: podele (D-čartovi) mogu imati višestruka imena na osnovu bilo koje od prethodnih metoda. Na primer, podelu znaka na šesnaest zovemo Šodašamša (Šodas - šesnaest i amša – podela). Ona se ujedno zove i Kalamša, a to je ime dobijeno na osnovu šesnaest Kala koje postoje u toku dana od 24 časa.

5. Rao Metod: nomenklatura koju je predstavio Dr. K. N. Rao povezuje ime svakog podelnog čarta sa brojem podele. Na primer, Sidamša se prosto zove D-24 čart ili samo D-24, na osnovu podele znaka na dati broj delova.

Tabela 3: Nomenklatura

Podela	Primarno ime	Druga imena
D-1 čart	Raši	Bhagana, Bha čakra
D-2 čart	Hora	
D-3 čart	Drekana	
D-4 čart	Čhaturtamša	Turijamša
D-5 čart	Pančamša	
D-6 čart	Šastamša	Kauluka
D-7 čart	Saptamša	
D-8 čart	Astamša	
D-9 čart	Navamša	Dharmamša
D-10 čart	Dašamša	Svargamša

Podela	Primarno ime	Druga imena
D-11 čart	Rudramša	Labhamša
D-12 čart	Dvadašamša	Surjamša
D-13 do D-15	Ne koriste se u Vedskoj astrologiji	
D-16 čart	Šodašamša	Kalamša
D17 do D-19	Ne koriste se u Vedskoj astrologiji	
D20 čart	Vimšamša	
D21 do D23	Ne koriste se u Vedskoj astrologiji	
D-24 čart	Sidhama	Čaturvimšamša
D-25 do D26	Ne koriste se u Vedskoj astrologiji	
D-27 čart	Nakšatramša	Bhamša, Saptavimšampa
D-28 do D29	Ne koriste se u Vedskoj astrologiji	
D-30 čart	Trimšamša	
D-31 do D-39	Ne koriste se u Vedskoj astrologiji	
D-40 čart	Khavedamša	Svavedamša
D-41 do D-44	Ne koriste se u Vedskoj astrologiji	
D-45 čart	Akšavedamša	
D-46 do D-59	Ne koriste se u Vedskoj astrologiji	
D-60 čart	Šastijamša	
D-72 čart	Asta-Navamša	
D-81 čart	Nav-Navamša	
D-108 čart	Aštotaramša	Nav-dvadašamša, Dvadas-Navamša (dva metoda konstrukcija čarta)
D-144 čart	Dvadaš-Dvadašamša	
S-150 čart	Nadiamša	ĆandrakKala amša
D-300 čart	Ardha-Nadiamša	

6. Ostali sistemi: postoje i drugi, potpuno različiti Varga čartovi formirani na osnovu drugih kriterijuma. Na primer – aštakavarga ili varga čartovi koji su konstruirani na osnovu toga koliko rekha[47] i bindua[48] doprinosi svaki od ovih osam faktora, tj. lagna i sedam planeta od Sunca do Saturna.

2.3.2 Tehnički termini

Kao i u svakom drugom sistemu, i kod proučavanja podelnih čartova postoje različiti tehnički termini. Upoznavanje različitih termina

---

47   Rekha doslovno znači vertikalna linija.
48   Bidnu doslovno znači tačka. Dakle, rekha i bindu se odnose na linije i tačke koje pokazuju doprinose od strane sedam planeta i lagne.

pomaže razumevanju upotrebe i primene tog sistema.

1.Varga: generalna podela ili podelni čart.

2. Amša znači deo i generalno se odnosi na podelu znaka. Istovremeno se odnosi i na individualne D-čartove, kada je u vezi sa podelom. Na primer: navamša – nav (devet) + amša (podela) se odnosi na podelu znaka na devet delova znaka i konkretno na D-9 čart.

3. Joga znači unija i odnosi se na povezanost dva tela, bilo da su u pitanju pokretne planete/lagna ili fiksni znaci u bilo kojoj od četiri Sambande49. Bilo koju planetu koja povezuje lagnu, Hora lagnu i Gatika lagnu bilo vladavinom, smeštenošću ili aspektom zovemo Jogada.

4. Šubapati: šuba znači benefik i konkretno se odnosi na Mesec, na onog koji održava život. Šubapati je Mesečev dispozitor i njegovo dostojanstvo analiziramo kroz različite podelne čartove zarad određivanja zdravlja i dugovečnosti osobe. Ukoliko šubapati aspektuje lagnu ili atmakaraku, ili je u konjukciji sa lagnom ili atmakarakom, on dobija novi status - Kevala. Zatim, ukoliko je u vezi sa Hora lagnom (HL) ili Gatika lagnom (GL) dobija još višu poziciju i status Kevala jogade a ukoliko su oboje, i HL i GL, povezani sa Kevalom, tada je u pitanju Kevala Mahajogada planeta.

5. Karja raši je kuća, koja je centar fokusa aktivnosti u vezi sa podelnim čartom. D-čart može imati više bitnih kuća, poput Dašamše u kojoj se se šesta kuća ispituje u vezi sa službom, ili sedma kuća u vezi sa biznisom, ali fokus je i dalje deseta kuća, i zato je za Dašamšu deseta kuća Karja raši. Vladar Karja rašija iz Raši čarta treba da je povoljno postavljen u posmatranom podelnom čartu kako bi data aktivnost (Karja) imala prosperitet.

6. Karješa je signifikator Karje (aktivnosti) i razlikuje se od čarta do čarta u zavisnosti od posmatrane aktivnosti. Na primer, u Dašamši, koja se tiče profesije, osoba može imati više Karješa u zavisnosti od aktivnosti sa kojima je povezana. Uzmimo kao primer predsednika Bila Klintona. On je političar, ali i advokat. U zavisnosti od smeštenosti i snage ovih planeta u Dašamša čartu, rast ili pad, ili promene u karijeri mogu se prostudirati i na osnovu toga dati predikcije. Koncept argale je od ključnog značaja za određivanje koji od ovih Karješa napreduje

---

49   Dve planete povezane (a) konjukcijom, (b) međusobnim aspektom, (c) izmenom znakova ili nakšatri ili (d) aspektom ili smeštenošću u uzajamnim znacima.

ili iščezava u bilo kom trenutku u vremenu kroz smene daša.

7. Karaka znači signifikator i karake se mogu klasifikovati u tri kategorije: Naisargika, Čara i Stira karake. Detalji u vezi sa karakama i drugi osnovni principi poput raši i graha drištija, argala itd. mogu se prostudirati iz bilo kojeg Đotiš klasika.

2.4. Sekvence podelnih čartova

Budući da je podela na dvanaest znakova ujedno i primarna podela, dobijamo da se sve naredne podele znaka uklapaju u ponovljene sekvence posle svakih dvanaest podela. Dakle, na primer, D-16 čart (Šodašamša ili Kalamša) postaje prva celina (ili drugi ciklus) D-4 čarta (Čaturtamša). Ovo se može i matematički izraziti kao $16 = (12 \times 1) + (4)$; gde 1 predstavlja prvu celinu. Slično, D-40 (Kavedamša) čart je treća celina (ili 4 ciklus) D-4 čarta, jer je $40 = (12 \times 3) + (4)$.

Tabela 4: Ciklusi podelnih čartova

Nivo svesti	Ciklus/sekvence	Rang podelnih čartova
Fizički nivo	Primarni	(D1 do D12)
Svesno stanje	Sekundatni/prva sek.	(D-13 do D24)
Pod-svesno stanje	Trećestepeni/ druga sek.	(D-25 do D-36)
Super-svesno stanje	Kvartarni/treća sek.	(D-37 do D-48)
Supra-svesno stanje	Petostepeni/četvrta sek.	(D-49 do D-60)

Prvi ciklus podelnih čartova od Raši čarta (D-1) do Dvadašamša (D-12) čarta upravlja fizičkom ravni i pokriva područja koja se odnose na fizičko telo (D-1), materijalno bogatstvo (D-2), braću i sestre (D-3), nepokretnu imovinu (D-4), decu (D-7), autoritet nad drugima (D-5), supružnika (D-9), posao (D-10) i roditelje (D-12). Drugi ciklus, ili prva sekvenca, upravlja svesnom ravni. Tehnički, to pokriva čartove D-13 do D-24, ali je Parašara ograničio ovaj raspon na tri primarna područja mentalne aktivnosti, a to su: Šodašamša ili Kalamša (D-16) koja upravlja pitanjima generalne mentalne sreće, luksuzom, vozilima, itd; Vimšamša (D-20) u kojoj su pokriveni duhovnost, okultno učenje itd. i Čaturvimšamša (D-24) koja se tiče svih vrsta učenja (koje se obično smatra nasleđem društva). Treći ciklus, ili druga sekvenca, upravlja podsvesnom ravni i pokriva čartove od D-25 do D-36. Parašara savetuje da se fokusiramo na dva čarta u ovoj grupi, na Nakšatramšu (D-27) koja se tiče snaga i slabosti, i na Trimšamšu (D-30) koja opisuje sva zla. Na primer, ako je Mesec egzaltiran i nalazi se u kendri u D-27 čartu, možemo pretpostaviti da je osoba mentalno veoma jaka. Slab Merkur u ovom čartu pokazuje probleme sa govorom ili slab govor. Četvrti ciklus, ili treća sekvenca, upravlja nadsvesnom ravni i pokriva čartove od D-37 do D-48. Ipak, nagomilano dobro i loše u sudbini individue zbog karme sa majčine strane, koja se vidi u Kavedamša, D-40 čartu (kao 40 = (12 x 3) + 4) kao i sa očeve strane, koja se vidi u Akavedamši D-45 čart (45 = (12 x 3) + 9) smatraju se veoma bitnim u Parašarinoj Šodasavarga šemi. Peti ciklus, ili četvrta sekvenca, upravlja ravni super-svesti i pokriva čartove D-49 do D-60. Na ovom nivou, nasleđe (ekvivalent D-12) karme iz prošlih života postaje bitno, i Šastijamša čart (D-60) je ključan. Parašara daje najviše poena ovom čartu u Šodasavarga šemi. Postoje i više ravni svesti i za njih se koriste drugi podelni čartovi poput Nava-navamša (D-81), Aštoramša ili Navamša-dvadašamša (D-108) i Dvadašamša-dvadašamša (D-144).

OM TAT SAT

2

Badak

Koncept

Badha znači onaj koji uznemirava ili muči, poput Rahua; on je izvor neprijatnosti, nemira i prepreka, poput Ketua; zlostavljanja, afliktuje, boli, nevolja ili ženskih bolesti, poput Venere; on je uzrok ozlede, štete, povrede, oštećenja ili pak opasnosti po život, poput gubitka prane, kao Mars ili Saturn; on predstavlja i isključenost iz grupe ili društva, što daju čvorovi ili Saturn; suspendovanje ili poništenje pravila i sl, kao što to čine kraljevske planete Sunce i Mesec; kontradikcije ili primedbe usled rezonovanja Merkura; apsurdi i isključenja (ekskluzija) usled logičke superiornosti kroz inteligenciju Jupitera. U suštini, govorimo o manifestaciji najnegativnijih kvaliteta bilo koje planete. Badhaka ili (žensko) Badhika se odnosi na biće koje ugnjetava, maltretira ili čini sve pomenuto, jer se bhada šatru badaka odnosi na sve ono što se protivi, ometa razvoj, povređuje ili ima predrasude. Badhata se odnosi na čin odvajanja, obustavljanja ili poništavanja pravila ili reda (poretka), čime se nanosi bol ili patnja, ili na objašnjavanje duhovnosti i filozofije kao da nemaju dovoljno odgovarajućih dokaza ili se suočavaju sa superiornijim ili boljim dokazima. Badatva se odnosi na konkretnu žensku bolest.

Ponekad nailazimo na znatne prepreke bez obzira na to čime se bavimo, i zbog toga ne uspevamo da završimo željeni posao. Sudbina donosi smetnje i, uprkos konstantnim naporima, prepreke ostaju. Badak znači opstrukcije i ovo može poprimiti različite forme, od obične iritacije u određenom momentu, do groznih neizlečivih bolesti.

Raši badhaka (opstrukcije znaka)

Svaki znak ima i znak koji ga opstruira a koji zovemo badhaka raši, a njegovog vladara zovemo Badhakeša[1]. Ovo je objašnjeno dalje u tabeli A7-1. Na primer, ako je u pitanju lagna Blizanci, tada je badaka znak Strelac, i njegov vladar, Jupiter, postaje badakeš.

Tabela 5: Badaka znak

Raši	Badaka raši	Badakeša
Ovan	Vodolija	Rahu & Saturn
Bik	Jarac	Saturn
Blizanci	Strelac	Jupiter
Rak	Bik	Venera
Lav	Ovan	Mars
Devica	Ribe	Jupiter
Vaga	Lav	Sunce
Škorpija	Rak	Mesec
Strelac	Blizanci	Merkur
Jarac	Škorpija	Ketu & Mars
Vodolija	Vaga	Venera
Ribe	Devica	Merkur

Lista badaka rašija je veoma sistematična i lako se pamti. Dakle, za pokretne znake znak opstrukcije, badaka, se nalazi u jedanaestoj, za fiksne u devetoj i za dvojne u sedmoj kući.

Slika 1: Višnu pravi tri koraka od Ovna do Blizanaca, Rahu (destrukcija) pravi tri koraka unazad (uvek retrogradan) od Vodolije (svoje kuće).

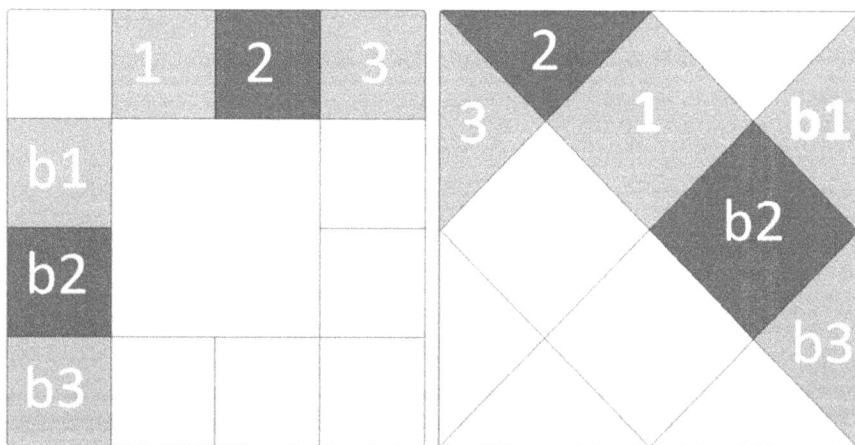

---

1   Badhak znači opstrukcija i Iša znači Vladar. Dakle, badakeš se odnosi na vladara znaka opstrukcije. Drugi sinonim za badhak je Vigna i za badakeša je Vigneša, što se odnosi na Ganešu, ili onog koji uklanja prepreke. Zato uvek obožavamo Ganešu pre nego što uradimo molitve ili pudu. Dvanaest imena Ganeša (koja je dao Narada Muni) data su u Ganeša jantri (slika 5-6) i uklanjaju prepreke iz dvanaest znakova.

Slika 2: Višnu pravi sledeća tri koraka prelazeći iz Blizanaca u Rak, Rahu pravi skok od šest kuća iz Strelca u Blizance. Višnu pravi tri koraka od Raka do Device i Rahu pravi tri koraka unazad od Bika do Riba.

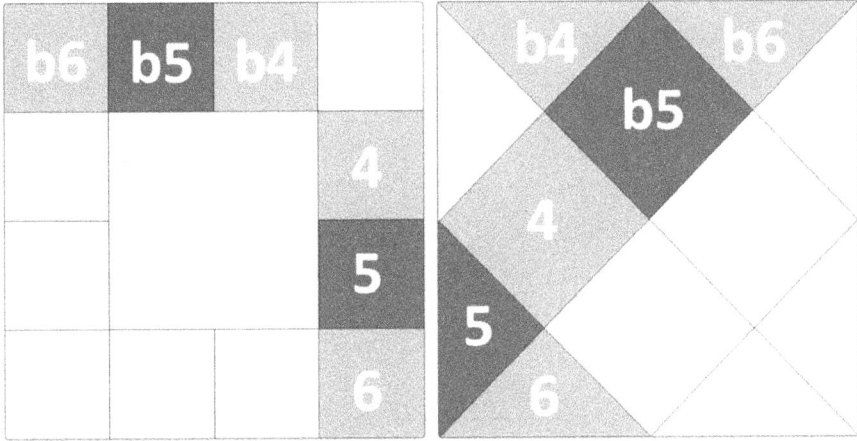

Slika 3: I dok Višnu pravi sledeća tri koraka prelazeći iz Device u Vagu, Rahu skače preko šest kuća od Riba do Lava. Višnu prelazi tri koraka od Vage do Strelaca i Rahu prelazi tri koraka unazad od Lava do Blizanaca.

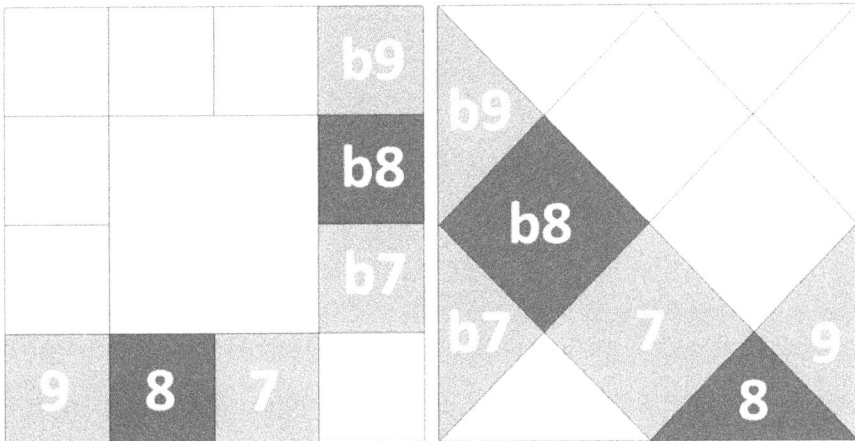

Slika 4: I dok Višnu pravi sledeća tri koraka prelazeći od Strelca do Jarca, Rahu skače preko šest kuća od Blizanaca do Škorpije. Višnu pravi tri koraka od Jarca do Riba i Rahu pravi tri koraka unazad od Škorpije do Device.

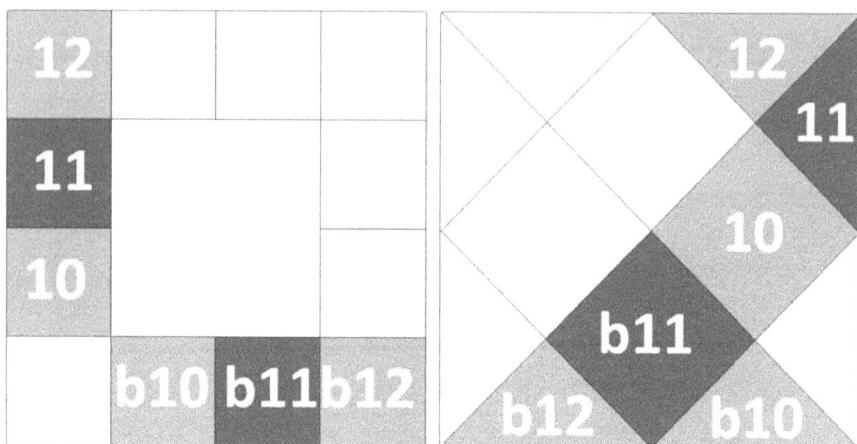

idaṁ visnurvicakrame tredhā ni dadhe padam‖ samūḻhamasya pāṁsure‖ ṛk veda

tanau tanaḥ daṇḍa hara‖ jaimini upadeśa sūtra

Dvadeset druga drekana: Khara

Vladar dvadeset druge drekane je Kareša[2] i on može da donese badaka efekte, tj. može da donese prepreke i aktivaciju badakeša i drugih nevolja.

Druga gledišta

Harihara (Prašna Marga) navodi i druge dve teorije za određivanje 'kuće povrede' ili badaka rašija (tabela – 2). Postoji i gledište po kome su planete u kendrama od badaka rašija takođe badaka znaci. Ovo gledište je za većinu astrologa neprihvatljivo. Umesto toga, na osnovu principa Paraspara Karaka, a to je da će planete ili znaci međusobno razmenjivati poslove koje treba da obave kada se te planete ili znaci nalaze u međusobnim kendra kućama, tako i planete koje se nalaze u kendrama od badaka deluju kao saradnici i mogu podstaći badak da se aktivira.

---

2   General vojske demona ili lider suprotnih sila/zla.

Tabela 6: Badaka raši - II

Znak	Zla kuća
Svi pokretni znaci	Vodolija
Lav/ Devica/ Škorpija/ Strelac	Škorpija
Jarac	Bik
Blizanci/Ribe	Strelac

Gnev božanstva

Gnev božanstva se može analizirati na osnovu različitih faktora. Poznato je da je dvanaesta kuća od Atmakarake mesto Išta Devate, te da u dvanaestoj kući od badakeša možemo videti istoriju održavanja te devate iz prethodnog života. Ako je badakeš nepovoljno postavljen i afliktovan, i ukoliko se malefik nalazi u dvanaestoj kući od badakeša, to pokazuje da je slika devate bila oštećena. Ovo donosi gnev devate koji će pokazati badakeš. U zavisnosti od toga koje su malefične[3] planete i/ili upagrahe[4] umešane, možemo doneti sledeće zaključke:

(1)   *Gulika/Rahu: pokazuje kletvu devate Zmija, ili to da je zmija dotakla sliku božanstva i time je uprljala.*

(2)   *Saturn: zagađenje ili prljavština na slici ili u hramu.*

(3)   *Mars: svađe, loše upravljanje sadhanom, slikom ili hramom, i sl.*

Tabela 7: Planete i devate

Planeta	Mesto	Devata
Sunce	Svi znaci osim 1. i 2. drekana dvojnih znakova	Siva
	Prva drekana dvojnih znakova	Kartikeja
	Druga drekana dvojnih znakova	Ganeša

---

3   U ovom slučaju, prirodni malefici su Rahu, Saturn i Mars. Ovde treba uzeti u obzir i nesvetleću upagrahu, Guliku.
4   Tačke Zodijaka bez svetla koje su nalik grahama, otuda i ime upagraha.

Mesec	Jak	Durga
	Slab	Kali
	Marsovi znaci (Ovan i Škorpija)	Ćamundi
Mars	Neparni znaci	Muške devate poput Kartikeje i Bhairave
	Parni znaci	Ćamundi, Bhadrakali
Merkur	Pokretni i dvojni znaci	Śri Višnu avatar
	Prva i druga drekana fiksnih znakova	Śri Krišna
Jupiter	Svi znaci	Mahavišnu ili Narajana (planete koje su povezane mogu ovo promeniti budući da Jupiter uopšteno vlada devatama)

Utvrđivanje greške

U zavisnosti od smeštenosti badakeša[5],

- Ako je badakeš na lagni i pod uticajem je malefičnih planeta, to pokazuje da je statua oštećena. Ako Mars aspektuje badakeš ili je u konjukciji sa njim, tada je u pitanju lomljenje statue, slike ili svetog objekta. Treba postaviti novu statuu u hramu. Ako su Saturn, Gulika ili Rahu u vezi sa badakešom, prljavština i nečistoća su učinili statuu nečistom. Ako je Sunce povezano sa badakešom, tada se ovo dešava zbog ptica.

- Ako je badakeš u četvrtoj kući, to pokazuje da je hram polomljen ili oronuo (Marsova aflikcija) i zahteva popravke, ili je zaboravljen i nečist (Saturn/Rahu) i treba ga ponovo osveštati.

- Ako je badakeš u drugoj ili jedanaestoj kući, tada je ukradeno ili pronevereno bogastvo devate. Ova imovina je bilo Dhatu[6] (nežive stvari), Mula (zasadi, drveće, zemljište itd) ili Điva (ljudi, životinje itd) u zavisnosti od toga da li je u pitanju pokretni, fiksni ili dvojni

---

5   Videti Prašna Margu (Poglavlje 15, Śloka 11).
6   Dhatu doslovno znači metal, dok se u širem smislu odnosi na nežive objekte.

znak na lagni, ukoliko na lagni nema planeta. Ako se na lagni nalazi planeta, tada će Merkur i Jupiter predstavljati Đive, Sunce i Venera će predstavljati Mula i ostale planete, Mesec, Mars, Saturn i Rahu, predstavljaće Dhatu. Slično tome, zvezde - brojano od Ašvini - imaju redosled Dhatu, Mula i Điva.

- Na sličan način se mogu izvesti i zaključci u vezi sa drugim kućama.

U zavisnosti od vladara znaka u kom se badakeš[7] nalazi, tatva (element) pokazuje sledeće:

Tabela 8:

	Dispozitor	Element	Remedijalna mera
1	Sunce/Mars	Agni (Vatra)	Lampa, sveća
2	Venera/Mesec	Đala (Voda)	Mleko, ghi, slatkiši, itd.
3	Merkur	Pritivi (Zemlja)	Sandalova pasta, parfimisana ulja, itd.
4	Jupiter	Akaš (Etar)	Cveće, venac
5	Saturn	Vaju (Vazduh)	Dhupa, haljina, ornamenti, itd.

Remedijalne mere

U slučaju da je utvrđeno da postoji dovoljno dokaza za to da je devata gnevna, remedijalnu meru određujemo na osnovu smeštenosti badakeša u različitim kućama od lagne, kao što je prikazano u tabeli 4, i planeta koje su sa njima u vezi u tabeli 5.

Tabela 9: Badhaka u kući

Kuća	Remedijalna mera		
	Položaj	Transliteracija	Prevod
1	Stajanje	Pratibimbadana	Poklanjanje statue ili slike
2	Jahanje	Đapa	Mantra đapa

---

7   Ref. Prašna Marga (Poglavlje 15, šloka 12).

3	Sedenje	Puđa	Obožavanje
4	Spavanje	Dhama	Renoviranje hrama
5	Stajanje	Santarpana	Darivanje ulja/darova, odeće itd.
6	Hodanje	Prathikara Bali	Remedijalna nuđenja i posveta
7	Plesanje	Nritja	Ples[2] za devatu
8	Spavanje	Buta Bali ili puđa	Obožavanje tatve[3]
9	Stajanje	Devopasana	Obožavanje darma devate
10	Puzanje	Danti-Skanda Bali ili puđa	Bali Karma ili Ganeša puđa (ili Subramanja/Kartikeja)
11	Sedenje	Tarpana	Ritualno nuđenje i posveta
12	Spavanje	Gitam-Vadja	Bez aflikcija (mogu se ponuditi muzika i pesma)

Tabela 10: Opstrukcija planeta

Planeta/ dispozitor	Remedijalna mera	
	Transliteracija	Prevod
Sunce	Devaradhana,	Obožavanje devate
Mesec	Sankabišek i Dana	Abišek uz pomoć školjke i doniranje pirinča i vode[5]
Mars	Dipa samarpan i havan	Osvetljavanje i nuđenja vatre
Merkur	Nritja karma	Organizovanje festivala i ples za devatu
Jupiter	Dviđa bođanam	Služba i hranjenje bramina, sveštenika i učenih ljudi, nuđenje ornamenata, itd.
Venera	Rogasjamanajanam pradejam	Hranjenje naroda i bolesnika
Saturn	Ničanamnadanam	Hranjenje siromašnih i potlačenih ljudi

U datom primeru šizofrenije (čart ispod), Jupiter je debilitiran i u rašiju i u navamši. Jupiter je ujedno i retrogradan, što pokazuje veliku verovatnoću da je devata gnevna, i da, ako do toga dođe, neće biti moguće da se pronađe olakšanje, zbog Jupiterove retrogradnosti (češa bala).

Čart 1: Šizofrenija

Ra	GL		Ma
Mo	Rasi Lunacy		AL Su
(Ju)	August 10, 1949 9:00:00 (5:30 east) 86 E 20, 20 N 51		Ve Sa Me

SL
  HL
	Gk
	  Md
		Ke
		As	

As:	13 Vi 30	Su:	24 Cn 01 (AmK)	Mo:	9 Aq 17 (PiK)	Ma:	18 Ge 47 (BK)
Me:	8 Le 14 (PK)	Ju (R):	1 Cp 33 (DK)	Ve:	24 Le 23 (AK)	Sa:	13 Le 32 (MK)
Ra:	26 Pi 35 (GK)	Ke:	26 Vi 35	HL:	13 Sc 02	GL:	26 Ar 45

Na lagni je znak Device, koja je dvojni znak, i sedma kuća odatle, Ribe, je badak znak, a Jupiter je vladar Riba i to ga čini badakešom. Dvanaesta kuća od Jupitera prima aspekt Marsa, što pokazuje da je statua devate polomljena. Čvorovi istovremeno raši drištijem aspektuju Strelca, dvanaestu kuću od badakeša, i pokazuju strašan gnev devate. Ovaj bes pokazuju Mars i čvorovi koji formiraju neprekinutu sarpa jogu i pokazuju da će osoba biti upetljana u siromaštvo i zdravstvene probleme, kao i Pisača badak (Ketu je u kendri, a Mars aspektuje lagnu). Stepen ljutnje treba ispitati u odnosu na loše joge koje se formiraju zbog aspekata malefičnih planeta na dvanaestu kuću od badakeša.

Svaki mračni oblak ima i svoju svetlu stranu, i u ovom čartu nalazimo lepu darmakarmaadipati jogu koja uključuje vladare devete i desete kuće, kao i vladare lagne i druge kuće. Umešanost vladara pete, Saturna, u pomenutu jogu pokazuje blagoslove kroz dobru decu, kao i njihov prosperitet.

Osoba gubi mentalni balans neposredno nakon incidenta u vezi sa požarom, Jupiterova ljutnja se uvek ispoljava kroz vatre i religioznu mržnju. I pored najbolje medicinske nege, osoba je bespovratno izgubila zdrav razum. Srećan splet okolnosti donosi mu dobru ženu koja odlučuje da se uda za njega, i iz tog braka dobijaju dva sina. Narednih trideset godina njegova žena ga neguje i brine o njihovoj deci. Uprkos njegovom mentalnom zdravlju, radio je kao inženjer u vladi odakle se rano penzioniše usled nemogućnosti da dalje obavlja posao, kao i zbog velikih doza medikamenata.

Devata koju pokazuje Jupiter je Mahavišnu, Đaganat, i remedijalna mera je ponavljanje Narajana kavača i darivanje odeće i drugih poklona hramu. Ovo je bio nemoguć zadatak za njega, budući da je mentalna bolest onemogućila bilo kakav koherentan napor u ovom pravcu.

Gnev Sarpa deva

Rahu u 4, 6, 7, 8, 10 ili 12. kući zahteva umirenje. Ukoliko je Rahu na bilo koji način povezan sa badakešom, ova remedijalna mera je obavezna. Ukoliko je Jupiter povezan sa badakešom i nalazi se u dustanu[8], a Rahu je u kendri od Jupitera, tada je u pitanju kletva superiornih ili božanskih zmija. Ako je umesto Jupitera Gulika u kendri, tada su u pitanju niže zmije. Ako je Sunce u vezi sa Rahuom, tada su zmije povoljne i sa dugotrajnim dobrim namerama, dok Mesec u vezi sa Rahuom pokazuje zle zmije koje imaju za cilj nanošenje štete. Prašna Marga, kao i drugi tekstovi, propisuju sledeće remedijalne mere:

1) Rahu u 6, 8 i 10. kući ili u badaka znaku: preporučuje se Sarpa Bali.

2) Rahu u 4. kući: postavljanje slike Sarpa devate ili posveta Čitra Kuta kamena.

3) Rahu u 12. kući: muzika i pevanje.

4) Rahu u 1. kući: pošpricati mleko (Tarpani) preko zmijskog legla ili preko slike Boga Zmija (Nagarađa/Vasuki) u hramu.

5) Rahu u 7. kući: plesanje i molitvene pesme.

6) Rahu u dvojnom znaku: posvetiti malu zmiju napravljenu od zlata ili bakra, kao simbol ubijenih mladih zmija.

7) Rahu u pokretnom znaku: treba ponuditi mala jaja u zlatu ili srebru,

8   Šestoj, osmoj ili dvanestoj kući.

što je simbolika slomljenih zmijskih jaja.

8) Rahu u fiksnom znaku: posaditi drveće, kao simboličnu zamenu za uništene mravinjake i zmijska legla.

Čart 2: Briljantni mladi astrolog

As:	6 Sc 30	Su:	5 Sc 08 (GK)	Mo:	4 Vi 45 (DK)	Ma:	23 Le 51 (MK)
Me:	24 Li 12 (BK)	Ju:	5 Li 13 (PK)	Ve:	21 Sg 49 (PiK)	Sa:	24 Vi 35 (AmK)
Ra:	1 Cn 45 (AK)	Ke:	1 Cp 45	HL:	9 Sc 41	GL:	16 Sc 31

Astrolozi uopšteno treba da potraže aflikcije čvorova u svojim čartovima, budući da Rahu i Ketu daju dobro znanje o astrologiji kada su u trigonu od navamša lagne, što govori da se upravo ove planete aktiviraju u vreme analize horoskopa. Aflikcije čvorova mogu prouzrokovati ozbiljne probleme za astrologe, i đotiši je u obavezi da proveri da li postoje sarpa doše u njegovom čartu.

U pomenutom čartu lagna je Škorpija, fiksni znak, i na osnovu standardnih pravila ranije objašnjenih, badak kuća je deveta kuća, Rak. Badakeš Mesec nije u jutiju sa Jupiterom ili Suncem, i ne pokazuje umešanost božanskih zmija, kao ni dobrih ili povoljnih zmija. Umesto toga, Mesec je badakeš i dispozitor je Rahua, čime se Rahu povezuje sa Mesecom, i to pokazuje zle zmije koje žele da donesu katastrofu. U čartu je prisutna i Kala amrita joga, sestra grozne Kala sarpa joge, što pokazuje duhovnu i dobru osobu koja može doživeti veliku patnju usled toga što su planete zarobljene među čvorovima. Rahu se ne nalazi u 4, 6, 7, 8, 10. ili 12. kući. Pošto se Rahu nalazi u badak kući, remedijalne mere su obavezne.

Sa druge strane, nalazimo da je Rahu u badak kući pod aspektom

Sunca sa lagne, što pokazuje superiorne zmije koje će mu pomoći zbog neke dobre karme iz prošle inkarnacije. Ovo se može manifestovati kroz proučavanje tema poput astrologije i drugih okultnih nauka. To ujedno pokazuje i kundalini jogu, ili duhovno buđenje, zbog Šri Dakšinamurti ili Šri Datatreje.

Badakeš, Mesec, se nalazi u jedanaestoj kući i pokazuje zloupotrebu bogatstva devate. Kako bi odredili prirodu bogatstva treba da se osvrnemo na lagnu, a tu nalazimo Sunce, što pokazuje mula (žitarice, drveće ili zemlju). Iz ovog zaključujemo da je osoba uzela zemljište na kom su živele zmije i u procesu uništila njihova jaja (Rahu je u pokretnom znaku) i boravište. Činjenica da je uništeno njihovo boravište vidi se iz Marsove pozicije u dvanaestoj od badakeša, Meseca, a to da se zmije više nisu mogle nastaniti na pomenutom tlu može se videti preko Saturna u koji je u jutiju sa Mesecom.

Planete u kendri od badakeša sarađuju sa njim. Nalazimo da su Venera i Saturn u kendri od Meseca, i ovo može pokazati izvore nevolja u životu osobe. Vladar dvadeset druge drekane je Merkur koji vlada znakom u kome se nalazi badakeš. Ovo ne zadovoljava uslov za ispitivanje postojanja drugih, bitnijih, faktora.

Rahu je ujedno i atmakaraka, i pokazuje rođenje zbog ovih grehova i zbog gneva sarpa devata. Osoba će biti veoma duhovna, naučiće se potpunoj iskrenosti i ne sme varati druge, iako će sam biti prevaren od strane drugih.

Preporučene remedijalne mere:

Donirati devet zlatnih jaja na Šiva lingu uz molitvu za oprost, zato što je Rahu u devetoj kući (jednom);

Pošpricati mleko, abišek, na Nagarađu, boga zmija, u Šivinom hramu, zato što je Sunce na lagni pod aspektom Rahua, kako bi podstakao blagoslove superiornih zmija (svake godine na rođendan – đanma tithi);

Donirati drveće ili zemlju;

Predano obožavati Šri Balabadru svakodnevno.

Gnev roditelja

Badak znak treba da je Ovan ili Škorpija, što ukazuje na bes ili vatru, na Marsa, da bi se potvrdilo prisustvo kletve. Sunce, koje je prirodni signifikator za oca, treba da je u badak znaku u rašiju ili u navamši kako bi pokazalo kletvu oca. Slično tome, Mesec, koji je prirodni signifikator za majku, treba da je u pomenutom badak znaku kako bi pokazao kletvu majke.

Badakeš u vezi sa Lavom i Marsom pokazuje bes oca ili nekog od starijih sa očeve strane, a u vezi sa Lavom i Saturnom pokazuje tugu oca, ili nekog od starijih sa očeve strane. Badakeš u vezi sa Rakom i Marsom pokazuje bes majke, ili nekog od starijih sa majčine strane, a u vezi sa Rakom i Saturnom pokazuje tugu majke ili nekog od starijih sa majčine strane.

Vladar šeste u devetoj kući, ili vladar devete u dvanaestoj kući, ili Sunce u šestoj kući pokazuju očevo nezadovoljstvo. Slično tome, vladar šeste u četvrtoj kući, ili vladar četvrte u dvanaestoj kući, ili Mesec u šestoj kući, pokazuju majčino nezadovoljstvo.

Služite svoje roditelje ako su živi. Ako oni više nisu živi, uradite Šradu ili radite za starije osobe u znak sećanja na roditelje. Mars u ovoj poziciji pokazuje kletvu brata, Venera kletvu supružnika, itd. Možete izvršiti ritual koji se naziva Tila homa ukoliko roditelji nisu živi.

Čart 3: Ljutnja oca

As:	26 Pi 20	Su:	13 Pi 33 (PK)	Mo:	29 Sc 41 (AK)	Ma:	19 Aq 00 (MK)
Me:	26 Aq 03 (BK)	Ju:	7 Aq 08 (DK)	Ve:	28 Pi 08 (AmK)	Sa:	15 Cp 44 (PiK)
Ra:	22 Cn 08 (GK)	Ke:	22 Cp 08	HL:	4 Ar 22	GL:	5 Ta 39

U ovom čartu lagna je znak Riba, sa badak znakom Devicom i Merkurom kao badakešom. Sunce je vladar šeste kuće, a nalazi se na lagni i aspektuje badak znak, dok je istovremeno u Škorpija navamši kojom vlada Mars. Ovo je jedan od uslova koji ukazuju na ljutnju oca. Mars, kao vladar devete kuće, nalazi se u dvanaestoj kući sa badakešom Merkurom. Time je ispunjen još jedan uslov. Pošto je Sunce na lagni, to pokazuje da je osoba zaradila ljutnju oca još od ranog detinjstva kroz različite aktivnosti u vezi sa devojkama, i kasnije kroz brojne nesporazume u vezi sa bračnim ponudama i potencijalnim suprugama, životnim navikama itd. Njegov otac i on se nikad nisu razumeli.

Saturn i Ketu u konjukciji u jedanaestoj kući pokazuju da osoba neće obaviti posmrtne rituale za svog oca, kao i da mu to može doneti nesreću.

Čart 4: Car Aurangzeb

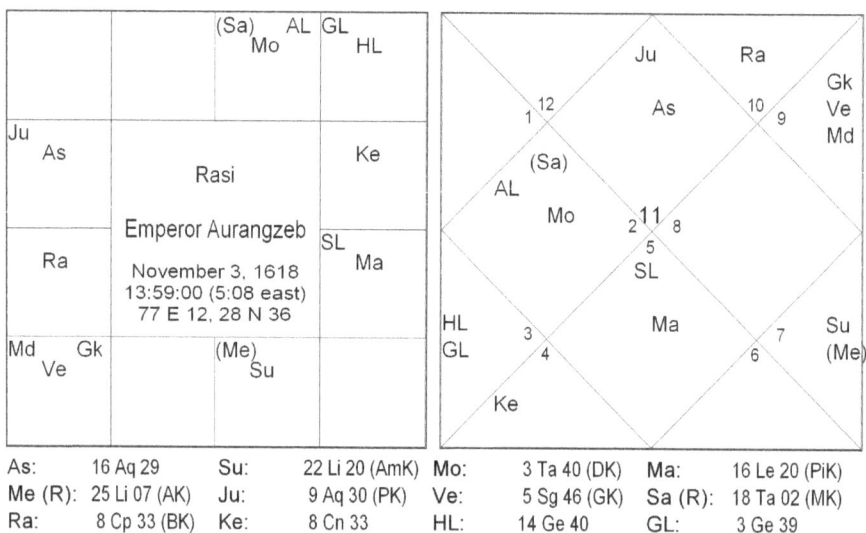

As:	16 Aq 29	Su:	22 Li 20 (AmK)	Mo:	3 Ta 40 (DK)	Ma:	16 Le 20 (PiK)
Me (R):	25 Li 07 (AK)	Ju:	9 Aq 30 (PK)	Ve:	5 Sg 46 (GK)	Sa (R):	18 Ta 02 (MK)
Ra:	8 Cp 33 (BK)	Ke:	8 Cn 33	HL:	14 Ge 40	GL:	3 Ge 39

Veliko mogulsko carstvo ima jedan predmet srama, a on je u vezi sa sinovima čijem usponu na presto redovno prethodi pogubljenje ili zaroboljavanje oca ili drugog zakonskog naslednika. Pogledajmo čart cara Aurangzeba za klasične kombinacije u ovom kontekstu. Lagna je Vodolija, fiksni znak, a badak znak je Vaga, znak u devetoj kući od Vodolije, a Vagom vlada Venera i ona je badakeš. Planeta koja donosi rađa jogu je Sunce, a Sunce je debilitirano u raši čartu i egzaltirano u navamša čartu, a to daje ničabanga rađa jogu. Ovakvo Sunce, koje obećava rađa jogu, nalazi se u badak znaku u Ovan navamši kojom vlada Mars. Dakle, tu je jedan od pokazatelja očevog gneva. Aurangzeb je pogubio svoju braću, zarobio svog oca doživotno, i prigrabio mogul imperiju za sebe. Ničabanga rađa joga i ljutnja oca dogodile su se istovremeno.

Kada govorimo o gubicima koji nastaju zbog gneva deva ili roditelja, prirodno se javlja i pitanje remedijalnih mera. Ukoliko su, umesto toga, dovoljno budalasti da pomisle kako su materijalne dobrobiti (poput one u slučaju Auranzebovog carstva) vredne očeve osuđenosti na tamnicu, tada samo bog može pomoći njihovim dušama.

Preta badak (duhovi mrtvih)

Veruje se da umrle osobe ostaju u obliku Pisača i utiču na one sa kojima su bili povezani, ukoliko posmrtne ceremonije ili godišnji obredi, koji se nazivaju Šrada, nisu obavljeni. Prisustvo Gulike i/ili Ketua u badak znaku ukazuje na opasnosti. Malefik u vezi sa Gulikom pokazuje uzroke smrti Pisača.

Ukoliko su Gulika i/ili Ketu na bilo koji način u vezi sa Marsom, bilo da je u pitanju konjukcija, aspekt ili pozicija u Ovnu ili Škorpiji, to pokazuje iznenadnu smrt ili nesreću, požare, oružje, boginje itd.

Ako je Mars povezan sa Saturnom beda i siromaštvo mogu biti uzroci smrti.

Rahu povezan sa Gulikom pokazuje ujed zmije ili druge smrtonosne otrove.

Na sličan način, znak[9] u kom su Gulika i/ili Ketu pokazuje pol Pisača. Ako je Gulika povezana sa četvrtom kućom ili vladarom četvrte, na bilo koji način, tada je Pisača povezana sa porodicom, a ako ne, tada dolazi spolja. Aštotariamša10 pokazuje starost Preta/Pisača. Druge pojedinosti možete naučiti iz standardnih tekstova. Remedijalne mere podrazumevaju Parvana šradu, Tila homu, itd. U zavisnosti od aflikcija, osobi treba savetovati da uradi puđu ili mantru Ugra devate.

Drišti badak (urokljivo oko)

'Urokljivo oko' se klasifikuje kao tri vrste demona. Njihova imena su uvek 'Kamas' jer urokljivo oko uvek nastaje zbog želja (Kama).

9   Proučite određivanje pola iz Osnove Vedske astrologije, Sanđaj Ratha.
10   108 podela znaka. Ako je na početku pokazuje mlado doba, i ako je na kraju znaka, pokazuje staro doba.

Rantu Kamas donosi brige i na njega ukazuje badakeš na lagni, ili veza vladara lagne i Gulike.

Hantu Kamas je namera da se izvrši ubistvo, i prepoznaje se kroz povezanost badakeša sa šestom ili osmom kućom, ili sa njihovim vladarima, i sa lagnom ili vladarom lagne. Aspekt benefične planete može da donese predah.

Bali Kamas želi neki oblik Balija, ili prinošenja žrtve. Ovo je pokazuju Rahu i/ili Gulika u 4, 5, 7 ili 8. kući. Ako je i vladar šeste u konjukciji i/ili aspektuje, problem nastaje usled neprijateljskih akcija.

Uvek potražite prirodnog benefika u kendrama od Rahua i Gulike, njegov aspekt ili vezu sa badakom. Preporučuje se nošenje dragog kamena za tu benefičnu planetu, kao i obožavanje devata na koje ta planeta ukazuje.

Abičara (Crna magija)

Indikacija za crnu magiju su:

Badakeš u vezi sa šestom kućom ili njenim vladarom.

Vladar šeste u prvoj, sedmoj ili dvanaestoj kući, dok je Mars na lagni ili je aspektuje.

Ketu je u prvoj, četvrtoj ili desetoj kući, dok Mars aspektuje lagnu.

Pozicija Gulike pokazuje objekte koji su korišćeni za crnu magiju. Mritjunđaja đapa, Ganapati ili Tila Homa daju izlaz. Osnovni motivi za crnu magiju su uklanjanje neprijatelja, njegova smrt ili izazivanje mentalnih bolesti[11]. Ovo se može sprovesti na bilo koji način, bilo služenjem zagađene hrane ili zakopavanjem materijala u kući itd.

---

11   Pogledajte I. R. Čovdari Jantra & Tantra.

Čart 5: Višestruke kombinacije

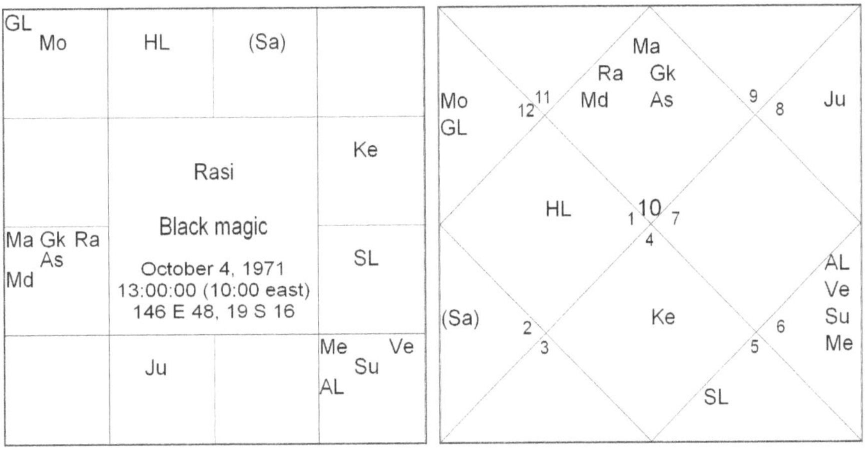

GL Mo	HL	(Sa)	
	Rasi		Ke
Ma Gk Ra As Md	Black magic October 4, 1971 13:00:00 (10:00 east) 146 E 48, 19 S 16		SL
	Ju		Me Ve Su AL

(Right chart — diamond style)

Ma / Ra Gk Md As — Mo GL 12 11 — 9 8 Ju — HL 1 10 7 4 — (Sa) 2 3 — Ke 5 6 — AL Ve Su Me — SL

As:	5 Cp 46	Su:	16 Vi 47 (BK)	Mo:	11 Pi 12 (GK)	Ma:	22 Cp 16 (AmK)
Me:	13 Vi 18 (MK)	Ju:	9 Sc 60 (DK)	Ve:	26 Vi 48 (AK)	Sa (R):	12 Ta 51 (PiK)
Ra:	17 Cp 52 (PK)	Ke:	17 Cn 52	HL:	19 Ar 36	GL:	9 Pi 15

Osoba je napustila mesto rođenja i otišla u Saudijsku Arabiju zarad posla u aprilu 1999. godine, da bi se ponovo vratila u Australiju u septembru 2000. godine. U avgustu 1999. godine počinje da se viđa sa mladićem islamske vere. Veridba je ozvaničena 21. oktobra 1999. godine, ali do braka ipak nije došlo. Oko jula 1999. godine, dok je boravila u Saudijskoj Arabiji, osoba počinje da viđa duhove i utvare. Počinje da veruje da je žena, koja joj je prethodno pretila u napadu ljubomore, bacila crnu magiju protiv nje. U aprilu 2000. godine je imala spontani pobačaj, a onda je dobila devojčicu u aprilu 2001. godine, u Australiji. Dok je boravila u Saudijskoj Arabiji imala je puno lucidnih snova o zmijama. Veruje se da je ova žena imala veoma naglašene strasti koje su je uvodila u različite veze, a potom i u nevolje. Nije srećna sa svojim požudama, i oseća veliku grižu savesti u vezi sa tim.

Sarpa joga: lagna je Jarac, pokretni znak, i badak raši je u jedanaestoj kući, u znaku Škorpije kojim vlada Mars, dok je Ketu suvladar. Kendre od lagne imaju tri malefične planete Rahua, Marsa i Ketua, bez uticaja benefika, čime pokazuju prisustvo neprekinute Sarpa joge. Ove osobe su veoma strastvene, i imaće finansijskih problema i puno nevolja na polju partnerstva. Biće upleteni u afere, poput zmija koje su isprepletene, i zbog toga će i patiti. Remedijalna mera za Rahua u prvoj kući je nuđenje mleka (tarpana) preko boravišta zmija ili preko slike boga zmija (Nagarađa/Vasuki) u hramu, to bi trebalo da pomogne u problemima isprepletene Sarpa joge.

<u>Abičara/crna magija</u>: Merkur je vladar šeste i devete kuće, egzaltiran je i umešan u darmakarmaadipati jogu sa joga karakom, Venerom. Venera dobija ničabangu, jer je (1) Merkur egzaltiran i u konjukciji sa Venerom, (2) Merkur je u kendri od Meseca. Ne postoji veza između badakeša i vladara šeste kuće, bilo u raši ili navamša čartu. Mars je na lagni, ali se vladar šeste kuće ne nalazi na lagni, niti u sedmoj ili dvanaestoj kući, niti je povezan sa badakešom. Pisača badak postoji jer je Ketu u kendri, a Mars na lagni, iako se Ketu ne nalazi u prvoj, četvrtoj ili desetoj kući odakle bi doneo crnu magiju. Dakle, možemo zaključiti da u ovom čartu nema crna magije.

<u>Drišti badaka (uroknjivo oko)</u>: badakeš, Mars, je smešten na lagni i povezan je sa Rahuom i Gulikom, što potvrđuje da će osoba patiti zbog drišti badaka koji uzrokuje kama (želja). Ovaj konkretan oblik se zove Rantu kama, dok Hantu ili Bali kama nisu prisutne u čartu. Gulika se nalazi u ženskom znaku u raši kao i u navamša čartu, što govori u prilog tome da uroknjivo oko dolazi od ženske osobe. Navamša Gulike je znak Bika što pokazuje da je osnovna motivacija za ljubomoru ljubavna veza ili tome slična situacija. Ipak, Hantu kama ne može da usmrti, i namera joj je samo donošenje nevolja osobi. Možemo zaključiti da je njena izjava o ženskoj osobi koja joj je pretila zbog tadašnjeg partnera, kao i da je koristila 'uroke' protiv nje, zapravo istinita, iako cilj ovih dela nije njena smrt. Magija koja je ovde primenjena nije abičara (crna magija), već su u pitanju određene bajalice ili slični rituali na nižem nivou. San o zmijama pokazuje nevolje zbog neprijatelja i potvrđuje ovu predikciju.

Preta badaka: Ketu u kendra kući i pod aspektom badakeša Marsa koji je u konjukciji sa Gulikom pokazuje da nisu sprovedeni adekvatni posmrtni rituali za neku žensku osobu iz bliže rodbine, kao i da je ona verovatno umrla usled trovanja ili iznenadne smrti. Ovakav preta badak donosi grozna iskustva. Remedijalna mera: Mritjunđaja mantra đapa je najbolji lek protiv svih zala.

Remedijalne mere

Jupiter[12] i vladar devete su pomoć i zaštita. Prirodan benefik u devetoj kući, ili snažan vladar devete u kendra kući, pozicija Jupitera na lagni ili njegov aspekt na lagnu, samo su neke od kombinacija za zaštitu. Ako su malefici u kendrama od ovih kombinacija, oni blokiraju efikasnost zaštite. Vladar devete može istovremeno biti i vladar druge, četvrte,

---

12   Uopšteno, Jupiter predstavlja Mahavišnua ili Đaganat.

šeste, osme, desete i dvanaeste kuće, datim redom. Na primer, ako je vladar devete istovremeno i vladar druge kuće, tada možete početi sa remedijalnim merama obožavanjem Kula devate.

Ako je bilo koja planeta u jutiju ili pod aspektom benefika na lagni, ili je sam prirodni benefik na lagni, tada će devata ova planeta predstavlja bez sumnje zaštititi osobu.

Ako je vladar devete povezan sa badak kućom ili sa badakešom, tada je devata koju je osoba obožavala u prošlom životu zanemarena, i ovo je uzrok nevolja i loše sreće. Ako je vladar četvrte povezan sa badak kućom ili sa badakešom, tada je u pitanju Grama devata. Ako je vladar devete u vezi sa badak kućom ili sa badakešom, u pitanju je Kula devata. Treba smesta savetovati obnavljanje molitve.

Testirajte sebe

Čart 6: Zadatak br. 1

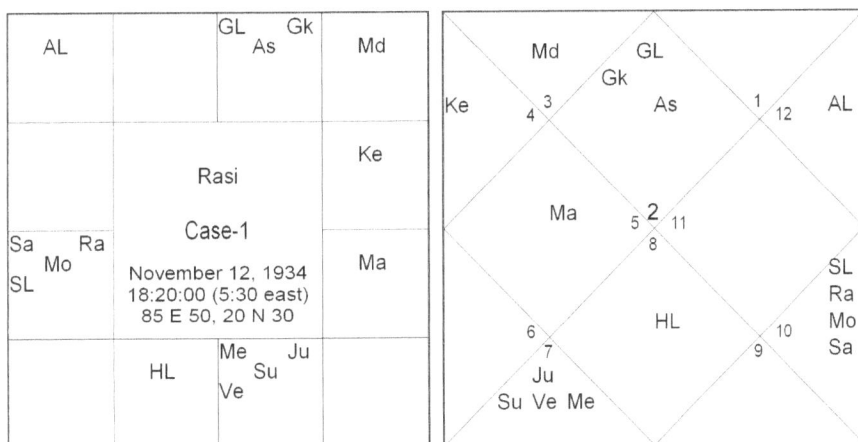

As:	16 Ta 39	Su:	26 Li 31 (AmK)	Mo:	5 Cp 51 (DK)	Ma:	21 Le 40 (MK)
Me:	10 Li 00 (GK)	Ju:	14 Li 05 (PK)	Ve:	24 Li 54 (BK)	Sa:	28 Cp 47 (AK)
Ra:	11 Cp 55 (PiK)	Ke:	11 Cn 55	HL:	8 Sc 57	GL:	28 Ta 24

Pitanje 1: Da li postoji sarpa badaka u ovom čartu? Ako da, koja je priroda sarpe i koje su remedijalne mere?

Pitanje 2: Da li je u čartu prisutan neki drugi oblik badaka?

Pitanje 3: Osoba tvrdi da je protiv njega urađena crna magija 1975-77. godine. Da li je to istina?

Čart 7: Zadatak br. 2

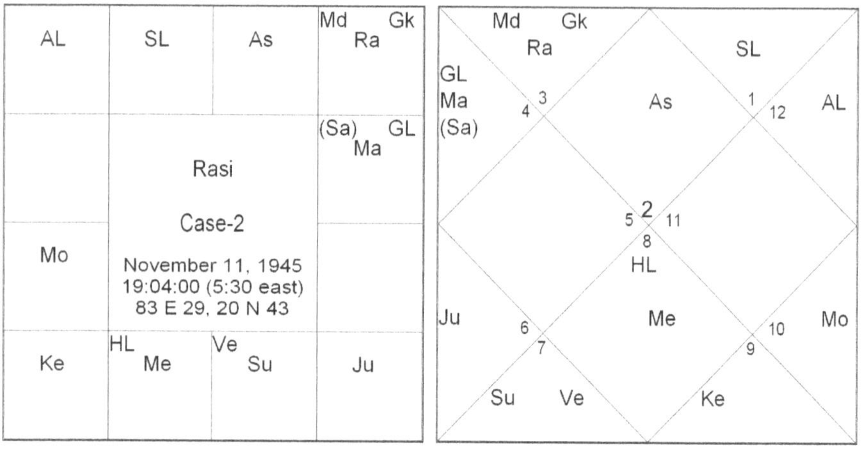

			Md Gk		Md Gk		
AL	SL	As	Ra		Ra	SL	

(The chart is presented as two diagrams: a South Indian style Rasi chart and a North Indian style chart.)

Left chart (Rasi):

AL	SL	As	Md Gk Ra
Mo	Rasi Case-2 November 11, 1945 19:04:00 (5:30 east) 83 E 29, 20 N 43		(Sa) GL Ma
Ke	HL Me	Ve Su	Ju

Right chart (North Indian):

Md Gk — Ra — SL — As — AL — HL — Me — Mo — Ke — Ve — Su — Ju — GL Ma (Sa)

Numbers: 3, 4, 1, 12, 2, 5, 11, 8, 6, 7, 9, 10

As:	24 Ta 28	Su:	25 Li 43 (AK)	Mo:	8 Cp 48 (PiK)	Ma:	6 Cn 49 (PK)
Me:	17 Sc 05 (MK)	Ju:	23 Vi 26 (AmK)	Ve:	6 Li 00 (GK)	Sa (R):	1 Cn 47 (DK)
Ra:	9 Ge 03 (BK)	Ke:	9 Sg 03	HL:	25 Sc 29	GL:	10 Cn 56

Pitanje 1: Da li je ova osoba ispaštala usled neprijateljskih mahinacija? Ako je odgovor potvrdan, da li je za to korištena crna magija?

Pitanje 2: Osoba je iznenada dobila leukodermu, kožnu bolest nepoznatog uzroka, za koju su karakteristični pečati depigmentisane kože, i ovo pripisuje crnoj magiji koja je urađena protiv njega. Da li je ovo istina, ili postoji neki drugi oblik badaka koji daje ove probleme?

Odgovori na pitanja iz testa
Čart 6.

1. Badakeš, Saturn, se nalazi u badak kući, zajedno sa Rahuom, i potvrđuje prisustvo Sarpa badake u ovom čartu. Pošto je Mesec u jutiju sa Rahuom, priroda ovih superiornih zmija je veoma loša i one će doneti groznu patnju osobi. Manifestacija badaka će početi od njegove trideset šeste godine, jer je ovo Saturnova godina; a između 36. i 42. godine će doneti iznenadne gubitke ili pad. Badak je veoma zao, a priroda zmija je grozna usled Mesečeve konjukcije sa Rahuom.

Neophodne su tri remedijalne mere: za Saturna, Mesec i Rahua. Kao badakeš u devetoj kući, Saturn pokazuje da osoba treba da obožava darma devatu, ili Gospoda Šivu, budući da se Sunce nalazi u devetoj kući od karakamše (Saturn je u Devica navamši, dok se Sunce nalazi u Bik Navamši). On je obožavao Somanata, Šivu, kao Kula devatu (porodično božanstvo) i darma devatu, i nekako je preživeo i čak iskusio i rađa jogu tokom Venerine i Sunčeve antardaše, a u toku Jupiterove daše. Za Mesec je potrebno da ponudi vodu Gospodu Šivi koristeći školjku, budući da je Mesec zajedno sa vladarom devete kuće i badakešom u devetoj kući. Da bi umirio Rahua, treba da ponudi devet zlatnih kugli, koje simbolišu jaja, u Šivinom hramu.

2. Preta badak je prisutan zbog Saturnove kombinacije sa čvorom, Rahuom. Pošto se ovo dešava u devetoj kući, u vidljivoj polovini, ovaj badak će se aktivirati kod osobe posle smrti roditelja, a doneće grozne nesreće ocu posle osobinog rođenja zbog nezadovoljstva duša predaka. Remedijalna mera leži u nuđenjima žrtve precima, kao i Rišiju Atriju čijoj liniji on pripada.

3. Osoba je prolazila kroz Jupiterovu dašu i Saturnovu antardašu. Vladar šeste, Venera, je u konjukciji sa Jupiterom i pod aspektom badakeša, Saturna, i tako potvrđuje šatru badak tj. potvrđuje da će neprijatelji posegnuti za crnom magijom i drugim oružijima protiv osobe.

Čart 7.

1. Badakeš, Saturn, je retrogradan i u konjukciji je sa Marsom koji je signifikator za šestu kuću, kuću neprijatelja, i oni pokazuje šatru badak, pored toga što se nalaze na šatru padi ili A6. Ova grozna kombinacija je još i pod aspektom egzaltiranog Rahua, i potvrđuje sumnju da je protiv njega upotrebljena crna magija. Planete koje se nalaze zajedno sa vladarom šeste kuće pokazuju prirodu crne magije, predmete koji su korišćeni itd. Debilitirano Sunce u jutiju sa vladarom šeste, Venerom, pokazuje da su osobe koju su uradile crnu magiju iz kraljevske porodice ili iz političkog vrha. Venera i Sunce u šestoj kući pokazuju dva neprijatelja – žensku i mušku osobu.

2. Ovo je istina, jer napad crnom magijom pokazuje kombinacija badakeša i debilitiranog Marsa (marana tantra), a pod aspektom egzaltiranog Rahua. Rezultati se mogu videti iz znakova kojima vlada afliktovani Mars, i ovde se nalazi Merkur koji ukazuje na kožnu bolest.

OM TAT SAT

3

Gatak čakra

Etimologija

Reč *gatak* dolazi iz reči gata, što u ekstremnom slučaju znači "ubiti", dok u blažem prevodu znači "modrica, naneti bol, osakatiti, povrediti ili uništiti". Zato gataka znači ubica i podrazumeva uništenje, ubistvo ili pokolj.

Gatak-ćandra znači Mesečev tranzit preko nepovoljnog rašija i zato pokazuje gatu.

Gatak-tithi znači nepovoljan lunarni dan, tithi, koji pokazuje gatu.

Gatak-nakšatra znači nepovoljna nakšatra koja pokazuje gatu.

Gatak-vara se odnosi na nepovoljan dan u nedelji koji pokazuje gatu.

Ghatak-stana je mesto egzekucije poput klanica.

Gatak čakra

Na osnovu Mesečevog znaka, đanma rašija, i tabele ispod, mogu se odrediti Mesečev gatak znak, tithi, dan, nakšatra i lagna. Generalno pravilo u vezi sa gatak čakrom glasi: tranzit Meseca preko gatak rašija, tithija i nakšatre je loš i može da donese povrede, dok je gatak vara i tranzit lagne preko gatak lagne nepovoljan. Ipak, u ovaj rad je, zarad dobrobiti đotiš zajednice, uključen i autorov lični istraživački rad.

Tabela 11: Gatak čakra

Raši	Mesec	Tithi		Dan	Nakšatra	Lagna	
Kol. 1	2	3	3A	4	5	Lag - 1	Lag - 2
						Isti pol	Supr. pol
Ovan	Ovan	Nanda	Šasti	Nedelja	Magha	Ovan	Vaga
Bik	Devica	Purna	Čaturti	Subota	Hasta	Bik	Škor
Blizanci	Vodolija	Badra	Navami	Ponedeljak	Svati	Rak	Jarac
Rak	Lav	Badra	Šasti	Sreda	Anurada	Vaga	Ovan
Lav	Jarac	Đaja	Navami	Subota	Mula	Jarac	Rak
Devica	Blizanci	Purna	Aštami	Subota	Šravana	Ribe	Dev
Vaga	Strelac	Rikta	Dvadaši	Četvrtak	Satabišad	Dev	Ribe
Škorpija	Bik	Nanda	Navami	Petak	Revati	Škor	Bik
Strelac	Ribe	Đaja	Saptami	Petak	Dviđa	Stre	Bliz
Jarac	Lav	Rikta	Dvadaši	Četvrtak	Rohini	Vod	Lav
Vodolija	Strelac	Đaja	Čaturti	Četvrtak	Ardra	Bliz	Stre
Ribe	Vodolija	Purna	Dvadaši	Petak	Ašleša	Lav	Vod

Tradicionalna primena gataka

U tradicionalnoj astrologiji gatak se obično koristi za tranzite. Ako osoba prolazi kroz lošu dašu ili antardašu koja pokazuje opasna iskustva, tada se datum ovih dešavanja određuje na osnovu gatak faktora u tranzitu.

Đanma raši je Vodolija i na osnovu tabele 1. od ranije, gatak čakra daje sledeće rezultate:

Gatak raši, tranzit Meseca: Strelac, određeno na osnovu natalnog Meseca u Vodoliji;

Gatak lagna može biti Strelac ili Blizanci, na osnovu natalnog Meseca u Vodoliji;

Gatak tithi Đaja je 3. tritija ili 13. trajodaši, bilo u šukla ili krišna pakši, a ovo je određeno na osnovu natalnog Meseca u Vodoliji;

Gatak vara može biti petak, na osnovu natalne lagne u Ribama.

Čart 8: Sanđaj Rath – natalni čart

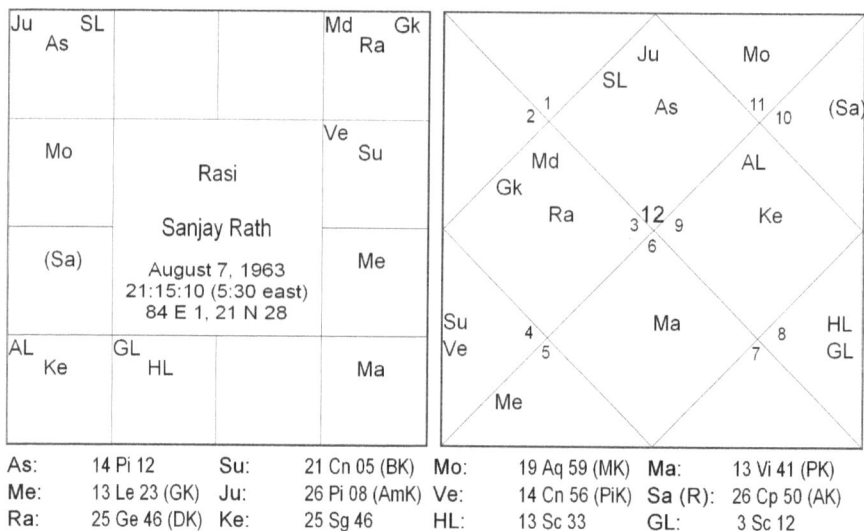

Ju SL As		Md Gk Ra	
Mo	Rasi Sanjay Rath August 7, 1963 21:15:10 (5:30 east) 84 E 1, 21 N 28	Ve Su	
(Sa)		Me	
AL Ke	GL HL	Ma	

	Ju SL 2 1	Mo As 11 10	(Sa)
	Md Gk Ra 3 12 9 6	AL Ke	
Su Ve 4 5	Ma	8 7	HL GL
Me			

As:	14 Pi 12	Su:	21 Cn 05 (BK)	Mo:	19 Aq 59 (MK)	Ma:	13 Vi 41 (PK)
Me:	13 Le 23 (GK)	Ju:	26 Pi 08 (AmK)	Ve:	14 Cn 56 (PiK)	Sa (R):	26 Cp 50 (AK)
Ra:	25 Ge 46 (DK)	Ke:	25 Sg 46	HL:	13 Sc 33	GL:	3 Sc 12

Ja sam prolazio kroz Jupiterovu dašu i Merkurovu antardašu od 12. aprila 1968. do 21. jula 1970. Jupiter je povoljno postavljen i formira Hamsa i Kalpadruma joge, i želi da zaštiti osobu. Ipak, Parašara u BPHŠ navodi da će osoba biti u opasnosti i da će imati loše zdravlje u prvih deset godina života kada je vladar desete kuće na lagni, a ako to preživi biće jaka i slavna. Osoba je rođena 1963. godine, a Jupiterova zaštita počinje od 1973. godine, tako da Jupiterova daša ne štiti zdravlje sve do tada. Merkur je ljuti neprijatelj u ovom čartu i, iako je deo mnogih rađa joga, on je i dalje badakeš u šestoj kući i pokazuje napade od strane životinja i okrutnih ljudi. Njegova pozicija u fiksnom znaku u navamši potvrđuje povrede tela. Gatak faktori obično deluju tokom perioda badakeša ili vladara dustana, posebno vladara šeste i osme kuće. Dalje, Merkur se nalazi u šestoj kući od Jupitera i pokazuje mogućnost da će doći do opasne nezgode. Pozicija Merkura u Lav navamši pokazuje divlje životinje poput lavova, tigrova i pasa. Konkretna pratiantardaša u kojoj će se ovo dogoditi može biti Venerina ili Sunčeva pratiantardaša, budući da su oni vladari šeste i osme kuće. Sunce se posmatra i kao Merkurov dispozitor.

Konkretan period Sunčeve pratiantardaše u toku Jupiterove daše i Merkurove antardaše trajao je od 10. februara 1969. godine do 23. marta 1969. godine. Saturn i Rahu su tranzitirali znak Riba, natalnu lagnu, kao i trigon od znaka u kome se nalaze vladari šeste i osme kuće (Rak). Dana 14. februara 1969. godine, Mesec u tranzitu prelazi preko gatak rašija – Strelca, dok je tithi bio Krišna pakša trajodaši, 13. tithi, što je gatak tithi, a dan je bio petak ili gatak vara. Dakle, svi gatak faktori koji ukazuju na napad životinje su se poklopili (Merkur je u Lav navamši u natalnom čartu). Kada se napad psa dogodio, bila je Blizanac lagna, što je jedna od gatak lagni.

Čart 9: Ujed psa

Sa Ra Ve Md			As
Gk Su	Rasi sanjay dogbite		GL
Me	February 14, 1969 13:15:00 (5:30 east) 84 E 53, 22 N 12	AL	HL
Mo	Ma	Ke SL (Ju)	

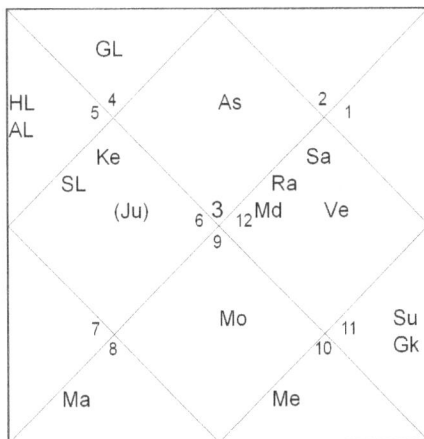

As:	2 Ge 24	Su:	2 Aq 02 (GK)	Mo:	29 Sg 59 (AK)	Ma:	1 Sc 25 (DK)
Me:	7 Cp 41 (PK)	Ju (R):	11 Vi 40 (PiK)	Ve:	17 Pi 33 (MK)	Sa:	27 Pi 53 (AmK)
Ra:	8 Pi 50 (BK)	Ke:	8 Vi 50	HL:	27 Le 19	GL:	5 Cn 41

Ovaj napad je bio toliko grozan da sam zadobio višestruke povrede u predelu stomaka, I morao sam primiti injekciju za smirenje. Kad sam se ponovo osvestio, video sam oca koji je gledao u mene i pitao me jednostavno pitanje – šta se tačno dogodilo? Dok sam objašnjavao događaj naveo sam i da pas nije bio kriv. Bio sam ljut jer je majka vikala na mene bez moje krivice, i ja sam šutnuo psa koji je hranio štenad ispred škole. Pas me je zbog straha za svoju štenad napao, i napad nije bio njegova krivica. Kasnije sam saznao da je otac bio zajedno sa naoružanim policajcem koji je čekao da ubije psa! Hvala Bogu pa sam odmah rekao istinu, i tako spasio njegov život.

Vimšotari daša (početak od Meseca):
Jup MD: 1963-08-07 - 1979-08-07
  Merc AD: 1968-04-03 - 1970-07-13

Pratiantardaše u ovoj AD:
  Merc: 1968-04-03 - 1968-08-02
  Ket: 1968-08-02 - 1968-09-20
  Ven: 1968-09-20 - 1969-02-02
  Sun: 1969-02-02 - 1969-03-14
  Moon: 1969-03-14 - 1969-05-23
  Mars: 1969-05-23 - 1969-07-12
  Rah: 1969-07-12 - 1969-11-14
  Jup: 1969-11-14 - 1970-03-02
  Sat: 1970-03-02 - 1970-07-13

Par nedelja kasnije dok smo bili u Puriju sreo nas je Dadai (Gurudev Pt. Kašinat Rath) i moja majka me je poučila praksi ponavljanja imena – ponavljanje imena 'Višnu' tri puta kod prvo dodirujem neki objekat ili knjigu, a otom glavu i na kraju srce. Ovo se dogodilo u toku Jupiterove daše, Merkurove antardaše i Mesečeve pratiantardaše, a Merkur je Išta devata, Mesec mantreša (vladar pete kuće i davalac mantre). Podučen sam da to ime ponavljam kako me psi i druge životinje nikad ne bi napali, i kako bih uvek imao zaštitu.

Pančang

Pančang doslovno znači pet udova i odnosi se na pet faktora koji definišu kvalitet vremena. Prosečnom čoveku nije neophodno znanje o procesu izračunavanja pančanga, ali je osnovno znanje o tome neophodno kako bi osoba mogla planirati životne događaje i aktivnosti. Ovih pet udova koji definišu kvalitet vremena zasnovano je na pet tatvi, pet elemenata.

(1)   *Tithi (lunarni kalendarski datum);*

(2)   *Nakšatra (lunarna konstelacija);*

(3)   *Joga (zbir longituda Sunca i Meseca brojano od 0° Pušje ili 3° 20´ Raka);*

(4)   *Karana (polovina tithija);*

(5)   *Vara (dani u nedelji).*

Tithi (Vedski datum)

Signifikatori principa vode, ili đala tatve, su Venera i Mesec. Vodeni princip koji obuhvata tithi pokazuje emocije, i zato Venera pokazuje partnerstva, dok Mesec pokazuje porodicu u ličnom kontekstu i zajednicu u širem smislu, u kontekstu sveta. Gatak tithi u partnerstvima može pokazati povrede i ličnu patnje usled povređenih emocija, bilo tokom partnerstva ili posle. Stepen nanete štete određuje se na osnovu slabosti ili aflikcija Venere i Meseca. Ako je Venera ozbiljno oštećena u natalnom čartu, tada ljubavna veza ili brak mogu doneti veliku patnju usled gatak tithija. Ako je umešana i aruda lagna, tada će i reputacija osobe doživeti udarac, posebno u slučaju kad se među planetama koje vrše aflikciju nađu Rahu i Saturn. Generalno možemo videti oštećene životne aspekte iz kuća koje su pod uticajem aflitovane Venere ili

Meseca ili i jednog i drugog, a ako brojimo od lagne i aruda lagne.

Nakšatra (sazvežđe)

Signifikator principa vazduha, ili vaju tatve, je Saturn. Ovo ukazuje na dugovečnost, lek i uopšteno sreću ili tugu. Dani u kojima Mesec tranzitira gatak nakšatru, kao i ljudi koji su pokazani tom gatak nakšatrom mogu se pokazati kao nepovoljni, ili čak opasni po život.U principu treba izbegavati putovanja u toku dana gatak nakšatre, jer povoljne nakšatre održavaju telo snažnim i zdravim i fokusiranim na zadati posao, dok nepovoljna nakšatra može da donese bolesti, a kada su u pitanju nanošenja ozbiljnih telesnih povreda- gatak je najistaknutiji. U toku ovih dana treba obavezno izbeći hirurške operacije.

Joga

Signifikator etra, ili akaš tatve, je Jupiter. Akaš čini da sve zajedno funkcioniše u miru i harmoniji. Gatak joga ne postoji kao takva, ali deluje kroz lagnu koja je sedište inteligencije, a kojom takođe vlada Jupiter. Ljudi koji pripadaju gatak lagni mogu naneti ozbiljnu štetu reputaciji i slavi, i doneti dugotrajan udarac i pad. Aktivnosti koje su pokazane vladarom znaka u kome se nalazi Rahu u natalnom čartu nikad ne treba sprovoditi zajedno sa ljudima rođenim u gatak lagni, inače će patnja i bol biti ozbiljni i pogubni.

Karana (polovina tithija)

Signifikator principa zemlje, ili pritivi tatve, je Merkur. Merkur predstavlja desetu kuću i posao ili karijeru, i gatak karana može da donese štetu na polju posla i karijere, a osoba može mentalno patiti usled optužbi u vezi sa ovim životnim aspektima.

Vara (dan u nedelji)

Signifikatori principa vatre, ili agni tatve, su Mars i Sunce. Gatak vara ili dan pod aflikcijama mogu pokazati nesreće, napade itd. ukoliko su Mars i Sunce slabi u čartu.

Gatak tithi (Vedski datum)

U svojoj želji da dostigne maksimalnu svetlost, Mesec se u svom neprekidnom kretanju oko Zemlje nalazi nasuprot Suncu na dan punog meseca, i ovaj dan se slavi kao Satja Narajana vrata (pouka o principu istine). Budući da je za ovo kretanje potrebno oko 29 ½ dana, mi ga zaokružujemo na 30 dana koji se nazivaju tithiji, sa korekcijama koje se vrše u intervalima od po nekoliko godina i koje se nazivaju adika masa, ili ubačeni mesec. Tithi koji je na izlasku Sunca definiše dan, ali se za potrebe muhurte uzima konkretan tithi za dato vreme. Ovih trideset tithija se dele na dve grupe od po petnaest tithija, ili na svetlu i tamnu polovinu koje se zovu šukla i krišna pakša. Tithiji se dalje grupišu na pet tipova, i ova podela je prikazana u tabeli ispod. Rođenje osobe definišemo tithijem koji upravlja principom vode (đala tatva). Venera i Mesec predstavljaju đala tatvu i pokazuju privlačnost, održavanje, itd. Dakle, tithi je od vitalnog značaja za razumevanje veza, braka itd.

Tabela 12: Klasifikacija tithija

Tip	Tithi (Vedski datum)			Tatva/Planeta
Nanda	1 (pratipad)	6 (šasti)	11 (ekadaši)	Đala/Venera
Badra	2 (dvitija)	7 (saptami)	12 (dvadaši)	Pritivi/Merkur
Đaja	3 (tritija)	8 (aštami)	13 (trajodaši)	Agni/Mars
Rikta	4 (čaturti)	9 (navami)	14 (čaturdaši)	Vaju/Saturn
Purna	5 (pančama)	10 (dašama)	15 (purnima, amavasja)	Akaš/Jupiter

Rath gatak tithi pravilo

Pravila data pod imenom 'Rath' su rezultati autorovog istraživačkog rada za koji snosi i potpunu odgovornost.

Izjava: Ljudi rođeni na gatak tithi u odnosu na znak u kome se nalazi natalni Mesec u oba čarta, pokazaće se kao problematični ljubavnici i veza će se pokvariti posle određenog vremena usled nanesenih povreda, kako fizičkih tako i mentalnih.

1. Odredite đanma raši za partnera A, recimo ĐR1.

2. Odredite đanma tithi partnera A, recimo ĐT1.

3. Odredite gatak tithi za partnera A iz tabele 1, nazovimo ovo GT1.

4. Odredite đanma raši partnera B, nazovimo ovo ĐR2.

5. Odredite đanma tithi partnera B, nazovimo ovo ĐT2.

6. Odredite gatak tithi za partnera B iz tabele 1, nazovimo ovo GT2.

7. Ako je ĐT2 = GT1, tada će partner B povređivati partnera A, i biće okrutan prema partneru A, i/ili

8. Ako je ĐT1 =GT2, tada će partner A povrediti partnera B, i biće okrutan prema njemu.

Ako je žena rođena sa Bik đanma rašijem, što je mesto natalnog Meseca, vidimo iz tabele 1. da je gatak tithi Purna (nađite raši rođenja u koloni 1. i potom pratite red kako biste našli gatak tithi u koloni 3). Dakle, muškarac rođen na pančami, dašami, purnima ili amavasja tithi (videti tabelu 2) će se pokazati kao izuzetno loš i doneće ozbiljne nevolje u njenom životu. Ako dve osobe rođene u međusobnom gatak tithiju stupe u brak, mogu se očekivati konflikti i međusobno nanošenje ozbiljnih fizičkih i mentalnih patnji.

Primer 1: Bračna nekompatibilnost

Muškarac:

Đanma raši Vodolija, ĐR1 = Vodolija;

Đanma tithi – krišna pakša tritija; ĐT1 = Đaja (3, 8 ili 13 tithi);

Gatak tithi GT1 = Đaja (3, 8 ili 13 tithi).

Žena:

Đanma raši Vodolija, ĐR2 = Vodolija;

Đanma tithi – krišna pakša tritija; ĐT2 = Đaja (3, 8 ili 13 tithi);

Gatak tithi GT2 = Đaja (3, 8, ili 13 tithi).

Oba partnera su rođena na isti đanma raši (Vodolija). U šemi od 36. tačaka za procenu kompatibilnosti partnera ovo partnerstvo bi dobilo 28 poena! Ovo se smatra veoma povoljnim i uz blagoslov svih astrologa, brak je sklopljen.

Za Vodolija đanma raši gatak tithi je 'đaja' (tabela 1) i zabranjeni gatak tithi uključuje tritiju (3), kako u svetloj tako i u tamnoj polovini. Otuda će oboje, i muž i žena, naneti jedno drugom ozbiljnu mentalnu i fizičku patnju, i brak će se pokazati kao velika patnja za oboje. Vrsta povreda se može videti iz kuća kojima vlada vladar đaja tithija (Mars – videti tabelu 2). Mars vlada drugom kućom u njihovim čartovima, i rezultat su verbalni konflikti kao i finansijski problemi.

Druga kuća upravlja i porodicom, i žena je izgubila u vreme rastave oba roditelja i to u periodu od svega godinu dana posle razvoda. Njen otac je umro neočekivano, dok je majci ubrizgana smrtonosna doza anestetika u toku operacije. Njegovi roditelji su izgubili svu imovinu i bogatstvo, čime su dovedeni do siromaštva, dok je njegova majka prošla kroz višestruke operacije koje je preživela samo zbog Božije milosti.

Rath agata raši pravilo

Baš kao što imamo gatak kao indikator okrutnosti i patnje koju osoba mora da doživi u odnosu sa drugom osobom ili drugim bićima, imamo i koncept agatak što pokazuje okrutnost i patnju koje osoba nanosi drugim ljudima ili drugim bićima.

Izjava: Prvo treba odrediti đanma tithi i potom obrnutim brojanjem od gataka, i đanma raši za tithi. Ovaj raši je agatak raši. Aruda pada smeštena u ovom rašiju pokazuje odnose ili ljude koji će iskusiti patnju od strane same osobe. Planete smeštene u ovom znaku pokazuju uzroke ili motivaciju.

1. Odredite đanma tithi za osobu… recimo ĐT1 i grupu tithija recimo ĐTG1.

2. Odredite đanma raši posmatrajući tithi ĐTG1 kao gatak tithi… recimo AR1 koji je agatak raši.

3. Odredite aruda pade povezane sa ovim rašijem AR1 kako biste saznali prema kome je osoba okrutna.

4. Odredite planete povezane sa AR1 kako biste saznali razloge za ovu okrutnost.

U agatak znacima (AR1 itd) ranije utvrđenim,

1. Ako se ovde nalazi Jupiter, osoba će patiti zbog ljubavne veze sa osobom koja je već u braku.

2. *Ako je ovde smeštena Venera, tada može biti u pitanju supružnik ili mlada devojka i,*

3. *Ako je Merkur ovde smešten, tada je u pitanju adolescent ili osoba bez deteta (ali koja želi dete), itd.*

4. *U čartu muškarca Mesec pokazuje udatu ženu sa decom (Mesec – majka), dok Venera pokazuje neudatu ali zrelu ženu.*

5. *Merkur pokazuje mladu devojku ili nerotkinju.*

Na ovaj način planete mogu da donesu patnju u vezi sa ljudima, kao i predmete koji su uključeni u ovu problematiku.

AGATAK BRAK

Čart 10: Besan suprug

Muškarac:

Nakšatra na rođenju/raši – Satabišađ/Vodolija

Tithi na rođenju – šukla šasti (S-6)...ÐT1

Ðanma tithi je nanda tithi koji obuhvata grupu od 1, 6 i 11. tithija... ÐG1.

Slika 8: Utvrđivanja agata rašija - ilustracija

	Raši ↓	Mesec		Tithi↓
Utvrđivanje aghata rašija: [Mesto gde će osoba ispoljiti okrutnost]	Kol. → 1	2	3	3A
	Ovan	Ovan	Nanda	Šašti
	Bik	Devica	Purna	Čaturti
	Blizanci	Vodolija	Bhadra	Navami
Dva ili tri aghata rašija u koloni 1	Rak	Lav	Bhadra	Šašti
	Lav	Jarac	Đaja	Navami
	Devica	Blizanci	Purna	Aštami
	Vaga	Strelac	Rikta	Dvadaši
	Škorpija	Bik	Nanda	Navami
	Strelac	Ribe	Jaya	Saptami
	Jarac	Lav	Rikta	Dvadaši
	Vodolija	Strelac	Đaja	Čaturti
	Ribe	Vodolija	Purna	Dvadaši

Dva ili tri se na mestu gde je ĐTG označena u koloni

Osoba je, iz različitih razloga, ušla u brak sa dvadeset godina mlađom devojkom. Tithi na rođenju je šukla šasti (s-6) ili Nanda tithi. U tabeli 1, koloni 3, nalazimo ove podatke prikazane dva puta u redovima koji pokazuju Ovan i Škorpiju (kolona 1). Dakle, za rođenje na šukla šasti (s-6), što je Nanda tithi, agatak rašiji su Ovan i Škorpija. Škorpija nema nijednu aruda padu, ali su ovde smeštene planete Merkur, Venera i Ketu, dok su Upapada (UL – supružnik) i dana pada (A2 – bogatstvo, porodica) u Ovnu.

Osoba je uhapšena pod optužbom da je ubio svoju ženu, koja je, navodno, imala vanbračnu vezu. Moramo imati na umu ljudi ne ubijaju zarad zabave, osim manijaka, kao i to da se iza svakog kriminala krije motiv. Ovde možemo videti motiv u drugoj kući od upapade, koja pokazuje razloge za prekid braka. Ovom kućom vlada Venera koja je badakeš, i koja je u konjukciji sa Merkurom, koji predstavlja prijatelja ili kolegu i koji je malefični vladar dvanaeste kuće (kuće tajnih neprijatelja) i treće kuće, i sa Ketuom, u jednom od najnepovoljnijih znakova- Škorpiji. Problem je u tome što je Venera u petoj kući, u agatak rašiju, i ukazuje na to da je on bio ludo zaljubljen i nije mogao da podnese pomisao o razlazu, niti je mogao da potisne svoj bes prema nevernoj ženi.

Čart 4: Razvod ili ne?

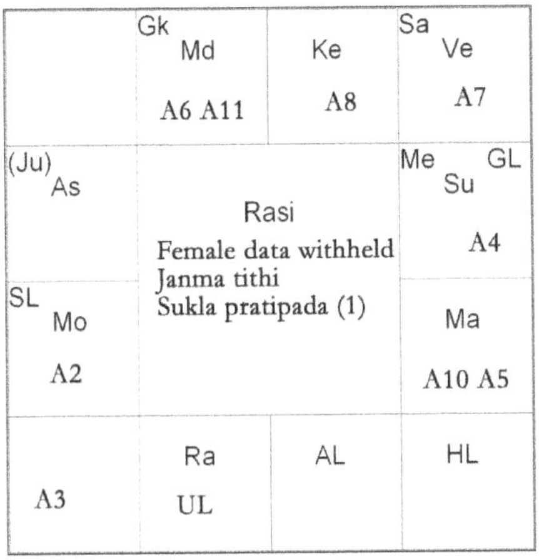

Left chart (Rasi):

Gk Md A6 A11	Ke A8	Sa Ve A7	
(Ju) As	Rasi Female data withheld Janma tithi Šukla pratipada (1)		Me GL Su A4
SL Mo A2			Ma A10 A5
A3	Ra UL	AL	HL

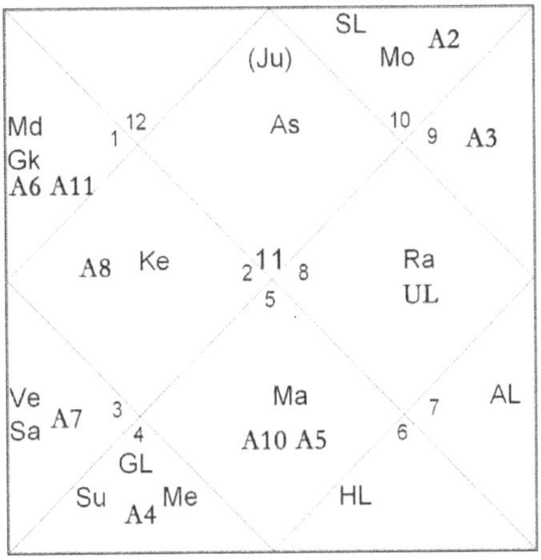

Right chart (North Indian):

- SL (Ju) Mo A2
- Md 12 / As / 10 9 A3
- Gk A6 A11 / A8 Ke 11 8 / Ra UL / 2 5
- Ve Sa A7 3 / Ma A10 A5 / 7 AL / 4 6
- GL / Su A4 Me / HL

Ova žena je prošla kroz ozbiljnu društvenu osudu od strane rodbine i društva zato što je je njen suprug proveo dan u zatvoru. Rahu je na Upapadi, i u desetoj kući odatle nalazi se Mars koji se tiče policije i zakonskih problema koji štete reputaciji. Ona je htela da se razvede od supruga i da započne novi život.

Đanma tithi je šukla pratipad (1), što je Nanda tithi. U tabeli 1, koloni 3, nalazimo da se Nanda tithi ponavlja dva puta u redovima koji pokazuju Ovan i Škorpiju (kolona 1). Dakle, rođenima na šukla šasti (s-6), Nanda tithi, agatak raši su Ovan i Škorpija.

U Ovnu se nalazi šatrupada (A6) i labapada (A11), što može da pokaže nevolje neprijateljima, kao i onima koji su joj poput prijatelja, uključujući i stariju braću i sestre. Ipak, upapada u Škorpiji je drugi agatak raši i ovde je Rahu, što pokazuje okrutnost prema suprugu i to na grozan način, jer je Rahu debilitiran. Debilitacija Rahua u Strelcu je loša za finansije i za reputaciju, dok je njegova debilitacija u Škorpiji loša za život i dugovečnost. Ovo je jasan pokazatelj velikog zla. Jupiter, kao vladar druge od upapade, ima odgovornost za održavanje braka. Jupiter je retrogradan, iako je snažan na lagni. Jupiter neće podržati Rahua na upapadi, ali neće ni omanuti u obavljanju svoje dužnosti. Svojim direktnim drištijem na Marsa, a uz pomoć Saturna koji tog Marsa aspektuje, on drži pod kontrolom mangalik došu u čartu. Ipak, mangalik doša Marsa se može aktivirati u veme kad ona nađe gurua koji je rođen sa Mars lagnom, jer se Mars nalazi na mantra padi (A5) u Lavu.

Bilo kako bilo, imajući u vidu moju optimističnu prirodu, osetio sam da treba ojačati Sunce na pozitivan način, jer je ono vladar sedme kuće, i zato sam joj dao remedijalnu meru za Sunce sa predikcijom da će njeni bračni problemi biti rešeni. Njen suprug je počeo lepo da se ponaša prema njoj, ali njeni problemi se intieziviraju jer se njegova priroda lopova nije promenila (Rahu na UL). Tek kad je došla u stanje očaja, ona mu uručuje zahtev za razvod braka, ali do razvoda ipak nije došlo. Zbog predosećaja da se iz ovoga može razviti ozbiljna situacija, bilo je pametnije da se razvede pre nego se dogodi nešto tragično. Savetovano joj je da radi mantru za Devi Ćinamastu[1] koja uklanja sva Rahuova zla, i svega par dana od kako je osoba počela da praktikuje ovu mantru, suprug menja stav i nastup, i potpisuje papire za razvod braka.

Slika 9: Devi Ćinamasta

---

[1]   Mantre za šadanga njase su (1) šrim aim klim sauh šrim hrim klim aim haum; (2) om krim strim krom; (3) im hum fat; (4) šrim klim hum aim vađravairoćanije hum hum fat svaha; (5) šrim hrim hum aim vađra vairoćanije šrim hrim aim fat svaha; (6) šrim aim klim saum šrim hrim klim aim haum om šrim klim hum aim vađra vairoćanije hum hum fat svaha. Mantra mahodadhih: padmasana (šrim) šivajugma (hrim hrim) šašišekara-bautika (aim) onda vađra vairožani padmanabhajukta sadagati (je) majajugma (hrim hrim) astra (fat) tada dahanaprija (svaha) na kraju i pranava (om) n a početku, čine mantru od sedamnaest slogova. Ekstrahovana mantra: om šrim hrim hrim aim vađravairoćanije hrim hrim fat svahaDruga verzija mantre ima šivajugmu kao šiva (hrim) i jugma (klim) posebno sa zamenom krajnje maja viđas sa kurca (hum) a bez pranave (om) zarad supresije zala koje predstavlja Rahu. Ova mantra je data u slučaju agate ili gatak situacija. Supresija gataka od Rahua: šrim hrim klim aim vađravairoćanije hum fat svaha

SLOMLJENA SRCA

Ne postoji ništa novo na temu varanja ili prevarenosti, jer živimo u ciklusu Kali juge koja nam daje nove živote na ovoj planeti kako bismo poravnali stare dugove ili izlečili stare rane. Umesto da ulazimo u problematiku različitih slučajeva, prostudirajmo čart žene koja je imala ljubavne veze sa oženjenim muškarcima, i koja je u ovim vezama bila varana i povređivana.

Čart 11: Prevarena žena

	HL GL		
Ke	Ma		
A10	A11 UL		
	Rasi Female data withheld Janma tithi: Sukla-1	A7	
Ve SL Mo A8 A2	Aghata rasi: Aries, Scorpio Janma Rasi: Capricorn Ghatak Rasi: Leo Ghatak tithi: Rkta (4, 9, 14)		
Me Sa Su AL	Ju A5	Md A6 A4	Ra Gk As A3 A9

(North Indian diamond chart:)
- A6 A4, Md, Ra, Gk — As, 5, 4, A7
- Ju, 8, 7, As, A3 A9
- A5, Me, Sa, Su
- AL, Su, 9, 6, 3, 12
- SL, Mo, 10, Ke, 2
- Ve, 11, A10, 1, GL
- A8 A2, Ma, HL, A11 UL

Ova žena je rođena na šukla pratipad tithi...ĐT1, koji pripada grupi Nanda tithija (1, 6 i 11)...ĐT1.

U tabeli 1, koloni 3, nalazimo da se ovaj tithi ponavlja kod znakova Ovan i Škorpija (kolona 1). Dakle, za osobe rođene na šukla pratipad (s-1), agata raši su Ovan i Škorpija.

Upapada se nalazi u Ovnu a Mars pokazuje mlade i privlačne neženje, što pokazuje da će joj srce biti slomljeno više puta i to zbog lažnih bračnih obećanja, dok je Jupiter u Škorpiji u agata rašiju (Rath gatak tithi pravilo 2-A je ispunjeno) i pokazuje slomljeno srce zbog oženjenog muškarca.

Sa početkom Jupiterove daše, 1997. godine, ona je zavolela oženjenog muškarca koji je podneo zahtev za razvod braka (pogledajte sledeći čart). U datom trenutku 2001. godine, ona je zatražila savet od autora ove knjige. Pošto je upapada u Ovnu, savetovano joj je da posti svakog četvrtka i da recituje mantru kao osnovnu remedijalnu meru za brak.

Ona je redovno postila, ali je imala dosta prekida u praktikovanju mantre. Prvobitni savet je bio da potraži novog partnera, ali zbog tolike njene ljubavi, bilo ju je teško ubediti. Kao alternativu, dat joj je savet da nastavi sa postom, kao i da uradi iskrenu molitvu, budući da se Jupiter nalazi na mantra padi (A5 – mantra/molitva) i da aspektuje i darapadu (A7, Rak) i upapadu raši drištijem. U pitanju je bila jako tanka linija jer ovaj Jupiter može da donese brak iz ljubavi i dobrog sina, ili može da donese slomljeno srce usled prekida ljubavne veze, jer je u pitanju agata raši. Škorpija pokazuje pustinje i druga slična loša područja u kojima su bunari i sl. jedini izvori vode. Zato joj je rečeno da će konačna odluka, poželjno brak, biti doneta u pustinji. Poslednja imformacija, u toku perioda Jupiterove daše i Saturnove antardaše, je da ona zbog posla putuje u Dubaji, I da se njen partner već tamo već smestio. Kad je sletela na aerodrom, u šoku je saznala od svog partnera da je zaručen sa drugom devojkom i da se ženi u vrlo skorom periodu! Kakav grozan primer manifestacije agate. Čart partnera je dat u nastavku. Bitno je napomenuti da je muškarac rođen na Rikta tithi (čaturti), koji je gatak tithi za njen đanma raši, Jarac. Ovo je nešto što je prošlo neprimećeno. Nadam se da će učeni astrolozi izvući pouku iz mog iskustva.

Čart 12: Muškarac (oženjen)

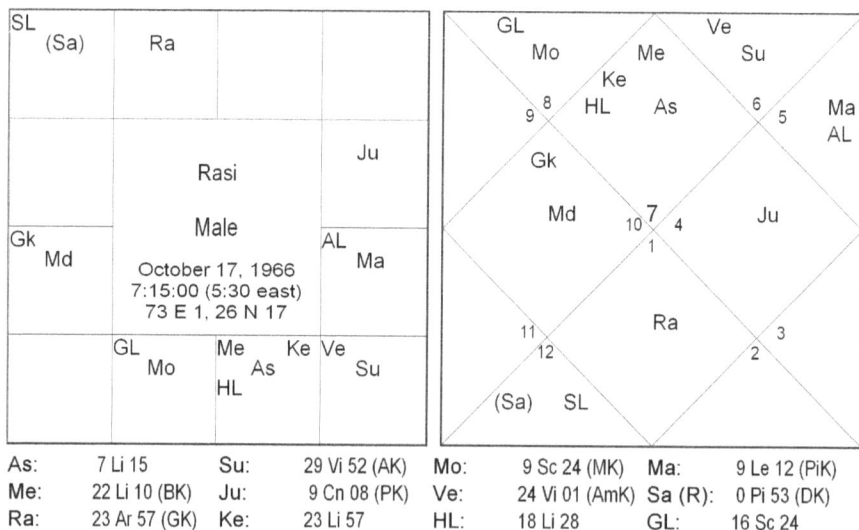

As:	7 Li 15	Su:	29 Vi 52 (AK)	Mo:	9 Sc 24 (MK)	Ma:	9 Le 12 (PiK)
Me:	22 Li 10 (BK)	Ju:	9 Cn 08 (PK)	Ve:	24 Vi 01 (AmK)	Sa (R):	0 Pi 53 (DK)
Ra:	23 Ar 57 (GK)	Ke:	23 Li 57	HL:	18 Li 28	GL:	16 Sc 24

Ovaj muškarac je rođen sa Škorpija đanma rašijem što indikuje da je gatak tithi Nanda, uključujući i šukla pratipad, ili đanma tithi dame iz prethodnog primera. Tehnički, ovog čoveka će ova žena povrediti. Đanma tithi je Rikta tithi Šukla čaturti (s-4), koje je dvaput naveden u koloni 3, tabele 1, i pokazuje Vagu i Jarac kao agata rašije. Merkur se nalazi u Vagi u agata rašiju I time je Rath gatak tithi pravilo 2-A ispunjeno, što pokazuje da će ga povrediti žena koja ne želi njegovo dete (tj. nerotkinja). Za osobu iz prethodnog čarta se može reći da je nerotkinja, jer je starija od njega, i u svojoj 42. godini je neudata i bez dece, a ona je na razne načine bila odgovorna i 'od pomoći' u toku prekida njegovog braka i razvoda.

Zaključak: dakle, vidimo da onaj koji je prevaren nije ništa manje kriv od onog koji vara. Podsetimo se reči Halil Džubrana u delu *O zločinu i kazni*: "… i baš kao što ni običan list ne požuti bez tihog znanja celog drveta, tako ni onaj koji greši ne može grešiti bez skrivene volje svih vas… Ako ko od vas dovede pred sud nevernu ženu, neka takođe na terazijama izmeri srce njenoga muža, i neka merama izmeri dušu njegovu."

ZALJUBLJENA U OŽENJENOG MUŠKARCA

Čart 13: Udata dama

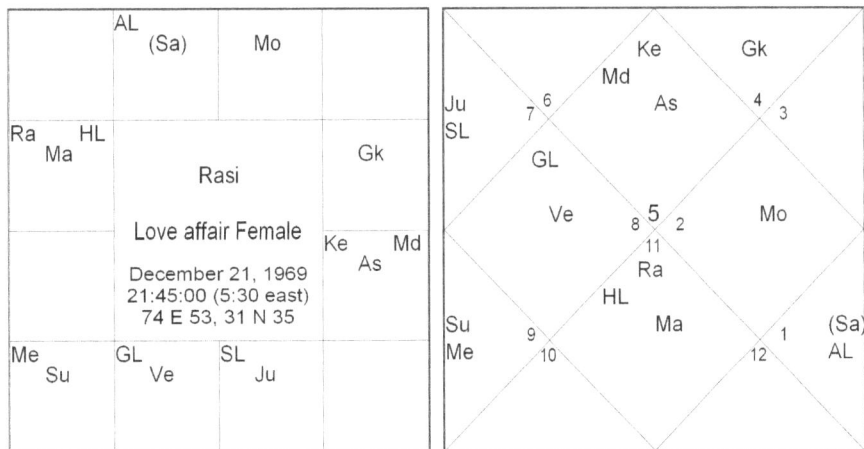

As:	1 Le 18	Su:	6 Sg 12 (DK)	Mo:	13 Ta 10 (BK)	Ma:	11 Aq 06 (MK)
Me:	24 Sg 35 (AmK)	Ju:	7 Li 22 (GK)	Ve:	28 Sc 02 (AK)	Sa (R):	8 Ar 47 (PiK)
Ra:	22 Aq 24 (PK)	Ke:	22 Le 24	HL:	14 Aq 49	GL:	28 Sc 39

Ovaj čart je bio tema diskusija na forumu Vedske astrologije. Date su sledeće informacije: "osoba prolazi kroz težak životni period tj. bila je u ljubavnoj vezi sa oženjenim muškarcem za šta je saznala i njena porodica. Rahu i Mars u sedmoj kući, pod aspektom Saturna, nisu povoljni, ali je Jupiterov aspekt u raši čartu slamka spasa. Merkur i

Ketu u sedmoj kući u navamša čartu takođe nisu povoljni. Rahuova vimšotari daša može da donese ovaj problem, kao i navamša narajana daša Vage. Na UL se nalazi Papakartari joga. Iz svega ovoga sam zaključio da ovaj period može da donese probleme koji neće dovesti do razvoda".

Rođenje se dogodilo na šukla čaturdaši (s-14) koji pripada Rikta tithijima. U tabeli 1, koloni 3, nalazimo Rikta tithije u redovima koji pokazuju Vagu i Jarac (kolona 1). Dakle, za rođenje na šukla čaturdaši (s-14), agata raši su Vaga i Jarac. Jupiter, koji predstavlja oženjenog muškarca, nalazi u agata rašiju u Vagi i tako je Rath gatak tithi pravilo 2-A ispunjeno. Ovo potvrđuje da će osoba imati vanbračnu aferu sa oženjenim muškarcem, kao i to da će ispaštati zbog posledica. Izmena između vladara sedme i devete kuće uključuje i debilitiranog Saturna i Marsa, i pokazuje napuštanje doma u vreme ulaska u brak, i patnju u vezi sa ocem.

Sledeća potvrda je stigla od kolege astrologa nakon što smo uradili prvobitnu analizu horoskopa: "muškarac iz pomenute afere je prijatelj mog mlađeg brata, i on mi je došao sa pitanjem o njihovoj vezi. Hteo je da zna da li će moći da zadrži ovu partnerku bez razvoda od svoje prve supruge! Ova ženska osoba je 158 cm visoka, i ima ćerku i sina. Došla je u SAD posle udaje. Izgubila je oca pre stupanja u brak. Zaposlena je i ima državni posao. Njen suprug je imao srčani udar 2002. godine, i on je računovođa. Muškarac iz afere je otprilike 183 cm visok. On je došao u SAD 2000. godine na osnovu političkog azila; a supruga i sin su mu se pridružili prošle godine u novembru. On ima i dva mlađa brata – jednog na Novom Zelandu, i jednog u Indiji. Ima jako dobro pamćenje kad su u pitaju brojevi i adrese. Živi od taksiranja. Otac mu je umro 1998. godine, a on je nasledio veliku zemlju od svog oca. Uspeo je da ima puno afera sa udatim ženama. Zbog njega je jedna druga žena prekinula brak pre otprilike dve godine. On je pretio roditeljima svoje supruge da će napustiti njihovu ćerku tj. svoju ženu nakon što je njegov šurak rekao porodici njegove ljubavnice o ovoj aferi. Oni se i dalje viđaju, i iz razgovora sa njim deluje da je ozbiljan po pitanju ove veze".

Čart 14: Ljubavnik

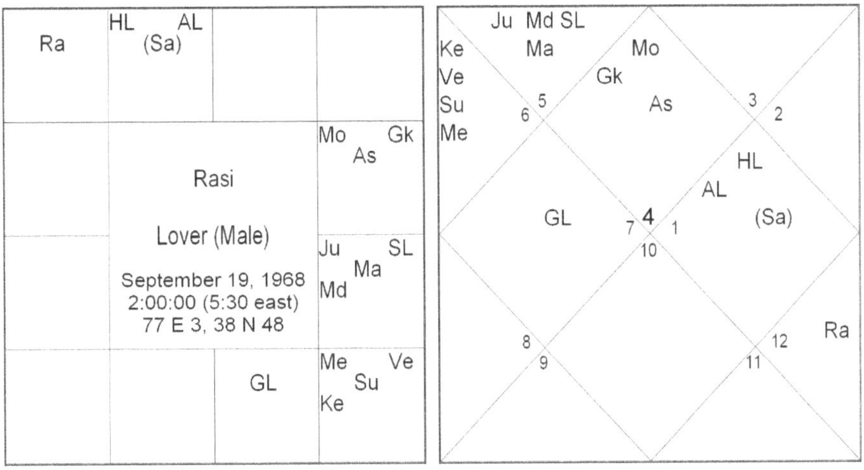
Ra
HL AL (Sa)
Mo Gk As
Rasi
Lover (Male)
September 19, 1968
2:00:00 (5:30 east)
77 E 3, 38 N 48
Ju SL Ma Md
Me Ve Su Ke
GL
Ju Md SL Ma
Mo
Ke Ve Su Me
Gk
As
HL
AL
(Sa)
GL
Ra
1 2 3 4 5 6 7 8 9 10 11 12

As:	12 Cn 28	Su:	2 Vi 33 (GK)	Mo:	17 Cn 42 (MK)	Ma:	4 Le 45 (PK)
Me:	28 Vi 48 (AK)	Ju:	25 Le 06 (BK)	Ve:	26 Vi 58 (AmK)	Sa (R):	0 Ar 38 (DK)
Ra:	16 Pi 43 (PiK)	Ke:	16 Vi 43	HL:	28 Ar 52	GL:	24 Li 34

Baš kao što smo i rekli, njegove namere nisu dobre i on želi da nastavi ovu aferu, ali i da zadrži svoju suprugu! U muškom čartu vidimo da je rođen na krišna dvadaši (k-12) što je Badra tithi. U tabeli 1, koloni 3, nalazimo ovaj tithi u redovima koji pokazuju Blizance i Rak (kolona 1). Dakle, za rođenje na krišna dvadaši (k-12), agata raši su Blizanci i Rak. Mesec u Raku u agata rašiju (Rath gatak tithi pravilo 2-A je ispunjeno) pokazuje da će on povrediti mnoge udate žene i potvrđuje i da je birao usamljene udate žene za svoj plen, jer se u prethodnom primeru jedna od tih udatih žena razvela, a on ju je potom iznenada ostavio. U ovom slučaju, suprug njegove ljubavnice je imao srčani udar 2000. godine. Kada udata žena ima vanbračne veze, obično njen suprug pati od srčanih bolesti[2], jer je u pitanju negativan efekat Meseca na nju, a to mora doći od njenog supruga, jer on nosi odgovornost za održavanje darme. Ovo je tipičan slučaj kada Mesec prekida bračni zavet udate žene, kao što je Ćandra, ili bog Mesec, pogazio čistotu Tare, Brihaspatijeve žene. Posledice su jako dobro poznate, neumitna kletva Ganeše na Mesec.

OŽENJENI MUŠKARCI I PROPALA OBEĆANJA

Kada je vladar sedme kuće atmakaraka i u jutiju je sa Mesecom i

2 Obično, kada žena ima ljubavnu aferu sa drugim čovekom, ovo vodi ranoj smrti supruga, osim u slučaju kad se u vrlo brzom periodu brak poništi. Ovo je primenljivo za oboje i muškarac koji ima vanbračne afere može doneti patnju i ranu smrt supruzi. Sa druge strane, ako obožava Boga Šivu koji jaše bika , pratjadi devatu Sunca za darmu, za utemeljenje darme koju taj bik pokazuje, tada će žena biti kažnjena a zatim pomilovana.

Merkurom, moramo naučiti teške životne lekcije, i ovo pokazuje da će se njen san o majčinstvu srušiti zbog lažnih obećanja oženjenih muškaraca. Jedna takva dama koja pripada poštovanoj porodici, upala je u dobro osmišljene zamke tri puta pre nego što je njena duša zavapila za Đaganatom.

Čart 15: Prekršena obećanja

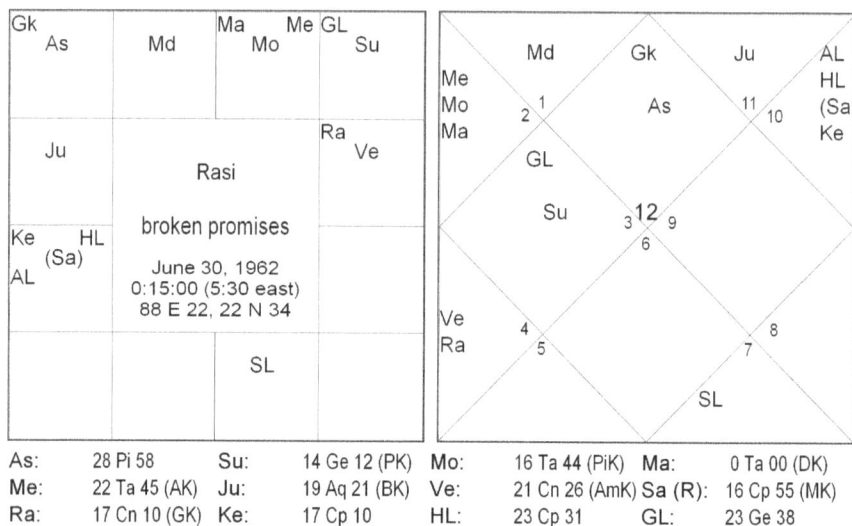

Gk As	Md	Ma Mo	Me GL Su				

Rasi
broken promises
June 30, 1962
0:15:00 (5:30 east)
88 E 22, 22 N 34

(North Indian chart with: Gk, As, Md, Ma, Mo, Me, GL, Su, Ra, Ve, Ju, Ke, HL (Sa), AL, SL)

(South Indian chart with numbers 1–12: Me Mo Ma, Md, Gk, Ju, AL HL (Sa) Ke, GL, As, Su, Ve, Ra, SL)

As:	28 Pi 58	Su:	14 Ge 12 (PK)	Mo:	16 Ta 44 (PiK)	Ma:	0 Ta 00 (DK)
Me:	22 Ta 45 (AK)	Ju:	19 Aq 21 (BK)	Ve:	21 Cn 26 (AmK)	Sa (R):	16 Cp 55 (MK)
Ra:	17 Cn 10 (GK)	Ke:	17 Cp 10	HL:	23 Cp 31	GL:	23 Ge 38

Ovo je ženski čart i osoba je rođena na krišna trajodaši (k-13), koji pripada Đaja tithiju. U tabeli 1, koloni 3, nalazimo da su pokazani znaci Lav, Strelac i Vodolija (kolona 1). Dakle, za rođenje na krišna trajodaši (k-13), agata raši su Lav, Strelac i Vodolija. Jupiter je jedina planeta koja se nalazi u Vodoliji u agata rašiju i tako je Rath gatak tithi pravilo 2-A ispunjeno. Bagja pada (A9) i upapada (UL) se nalaze u Lavu i Strelcu u agata rašiju, i ukazuju na to da ljudi sa kojima će ona imati ove afere mogu biti ili učitelji ili nadređeni na poslu (A9) i to će naneti veliku štetu upapadi, izgledima za brak. Ona je imala afere sa četiri oženjena muškarca i svi su joj bili ili učitelji ili nadređeni. U svim slučajevima njihovi brakovi su se raspali, ili su bili na ivici raspada. Jedan od njih je čak i umro usled prestanka rada bubrega. Jupiter na agata rašiju nije bio samo nepovoljan po nju, već i po partnergurue koji su došli u njen život. Svi su joj obećavali ljubav i divljenje, a jedan od njih imao jasan fokus na njeno bogatstvo. Bila je prevarena iznova i iznova, sve dok nije zavapila za milošću Đaganata. Tada je počeo njen duhovni život.

PARTNERSTVA - DOBRO I LOŠE

Iz agata raši pravila možemo izvući definicije ili pravila pomoću kojih možemo u čartovima da potvrdimo kombinacije za ženskaroše, ili za žene sa sličnim afinitetima.

U čartovima ženskaroša Venera i Mesec treba da imaju jaku vezu sa agata rašijem kako bi potvrdili njihove nestašluke i dijabolične planove zavođenja neudatih žena, koje predstavlja Venera, i udatih žena, koje predstavlja Mesec. U čartovima žena na sličnim mestima treba potražiti Jupitera, koji predstavlja oženjenog muškarca, i Marsa koji predstavlja neoženjenog muškarca, kako bi se potvrdilo da imaju tu fascinaciju i nečasne namere. Osim u slučaju kad je upapada (UL) umešana, namera da se ostvari veza nikad nema za svrhu ulazak u brak, a ako je umesto toga umešana darapada (A7), tada je namera isključivo seksualno zadovoljstvo. Malefične planete koje aspektuju ove benefike ili su u jutiju sa njima, mogu doneti kletvu zbog ovakvih veza, a time patnju u njihove živote.

Čart 16: Lažno partnerstvo

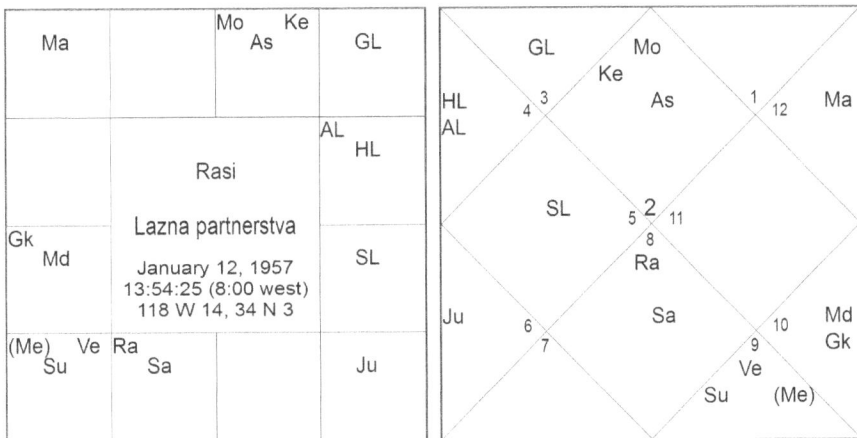

As:	16 Ta 42	Su:	29 Sg 13- AK	Mo:	13 Ta 14- PK	Ma:	27 Pi 21- AmK
Me (R):	23 Sg 54- MK	Ju:	8 Vi 32- GK	Ve:	6 Sg 51- DK	Sa:	17 Sc 17- PiK
Ra:	2 Sc 50- BK	Ke:	2 Ta 50	HL:	26 Cn 34	GL:	8 Ge 02

Gatak ne može da funkcioniše osim u slučajevima kada postoje i drugi faktori koji potpomažu delovanje kroz kuće i planete koje predstavljaju dati događaj. U čartu 10. Venera, kao signifikator, nalazi se u osmoj kući i afliktovana je zbog konjukcije sa Suncem i zbog Rahuovog aspekta, i to pokazuje delovanje kletve budući da benefik koji je afliktovan od strane dva malefika pokazuje kletvu. Kletva Venere može pokazati grozna partnerstva, i ono što se dešava u ovim partnerstvima možemo videti iz planeta koje vrše aflikcije – Sunce pokazuje probleme sa egom i finansijske nevolje, dok Rahu pokazuje prevare i šokove. Da bi kletva bila efektna i da bi mogla transformisati život, u kletvu treba da su uključeni osma kuća ili vladar osme, i planeta koja je atmakaraka. Venera je u osmoj kući, a atmakaraka, Sunce, je deo kletve.

U dodatku toj Venerinoj kletvi i sledeći faktori negativno utiču na partnerstva: (1) vladar devete u sedmoj kući zahteva savršeno poštovanje darme, a ovo je gotovo nemoguće u Kali jugi, i zato ovo može biti nepovoljan faktor u odnosu i mogu se pojaviti problemi u vezi sa duhovnošću. Osim u slučaju kada su oba partnera duhovni, veza neće potrajati. (2) Kombinacija Saturna i Rahua u sedmoj kući pokazuje patnju u partnerstvu usled 'nečistoće' u vezi sa mrtvima ili neispoštovanih posmrtnih rituala i sahrana, i generalno pokazuje tip kletve koja potiče iz očeve porodice, ili od oca[3]. Zbog čvorova će ova kletva delovati do 45. godine tj. prirodne godine u kojoj sazreva Rahu. Njena partnerstva su analizirana u nastavku, i nijedno od njih nije preraslo u brak zbog gore navedenih faktora.

Đanma tithi je šukla dvadaši (12)…ĐT1.

Tithi pripada Badra grupi…ĐTG

U tabeli 1, koloni 3, nalazimo da su pokazani znaci Blizanci i Rak, kao rašiji u koloni 1. i agata raši su Blizanci i Rak… AR.

Jupiter predstavlja oženjenog muškarca, Mars neoženjenog muškarca, Merkur neplodnog muškarca, Sunce moćnog muškarca i Venera seksipilnog muškarca, a sve ove grahe aspektuju Blizance. Od navedenih planeta Jupiter i Merkur imaju izmenu znakova, koja uključuje i vladara osme kuće, i ta izmena pokazuje prekide braka i petu kuću, koja se tiče ljubavnih afera. Usled te izmene Merkur, Sunce i Venera dolaze pod uticaj Jupitera, tim pre što se nalaze u Strelcu i svaka od ovih planeta pokazaće vezu sa po jednim oženjenim muškarcem. Njena druga, treća, četvrta i šesta veza bile su sa oženjenim muškarcima. Od ove četiri veze, samo će Jupiter prekinuti brak i vratiti joj se, zbog izmene sa retrogradnim Merkurom, dok će preostale tri veze, pokazane Merkurom, Venerom i Suncem, samo uživati u ljubavnim aferama usled parivartana joge.

---

3   Kombinacija Saturna sa bilo Rahuom ili Ketuom u kućama 1-6 pokazuje zlo koje dolazi od majke ,ili sa majčine strane, dok u kućama 7-12 dolazi od strane oca, ili iz očeve linije.

Prva veza je bila loša, a partner nije bio oženjen. Njegovo vreme rođenja nije poznato. Ovog partnera pokazuje Mars.

Druga veza je sa gospodinom B. koji je rođen sa Strelac lagnom na navami (9) tithi i bio je oženjen. Ovo je 'Jupiter' u njenom životu. Iz raznih razloga ova veza nije mogla da opstane i oni su se razišli, ali su ostali u kontaktu. U osnovi, ovo je efekat funkcionisanja kletve koja nije dozvolila da se veze materijalizuju.

Treća veza je sa gospodinom E1 koji je takođe bio oženjen, veoma hrabar, sa političkim problemima, ali generalno loš čovek. Gospodin E1 je rođen na dašami tithi, purnima tithi, koji pokazuje da će joj on naneti veliku emotivnu patnju. ĐR1 je Bik i GT1 je Purna koja pokazuje 5, 10. ili 15. tithi. ĐT2 je dašami ili Purna tithi čime se kompletira jednačina ĐT2 = GT1 za Rath gatak pravilo. Ovo je bila Venera iz osme kuće koja je ujedno i vladar lagne, i pokazuje rizikovanje u ljubavi koje će je skupo koštati.

Četvrta veza je sa gospodinom E2 koji je takođe oženjen, tužan, sa kompleksnom ličnošću i puno nerazrešenih problema iz detinjstva (Merkur je retrogradan). Ovaj partner je rođen sa Škorpija lagnom i bio je poput pijavice, sve do prekida veze, kada je ona izašla iz tame i sumornosti. U ovom slučaju se nije manifestovao tithi već lagna pravilo.

Peta veza je bila sa gospodinom M. koji je bio nezreo, udovac sa kompleksom majke.

Šesta veza je sa gospodin L. koji je bio oženjen, briljantan, srećan, inteligentan i veliki radnik. Ovaj partner je bio iskren u vezi sa odnosom sa ženom, ali nije bio zainteresovan za brak. Kad je shvatila da ova veza ne vodi nikuda, prekinula je odnose i, po savetu astrologa, nije mu ni odgovarala na pozive.

Sedma veza je ponovo sa gospodinom B. koji je počeo da je zove 10 godina pošto se razveo od svoje žene. Sada kada je 45. godina prošla, kletve su prošle i vreme je za početak duhovne veze koja može biti krunisana i dobrim brakom.

Čart 17: Politički lider

	AL HL	GL	Ra
			Mo As
Rasi Politicki lider November 14, 1889 23:21:00 (5:30 east) 81 E 52, 25 N 28			Sa
Ke Ju	Su	Ve Me	SL Md Ma Gk

Gk Md Ma SL	Sa	Mo	Ra
	6 5	As	3 2 GL
Ve			AL
Me	7 4 1 10		HL
Su	8 9		12 11
	Ju	Ke	

As:	26 Cn 21	Su:	0 Sc 18- DK	Mo:	18 Cn 01- AK	Ma:	10 Vi 00- PK
Me:	17 Li 11- BK	Ju:	15 Sg 12- MK	Ve:	7 Li 24- GK	Sa:	10 Le 49- PiK
Ra:	12 Ge 45- AmK	Ke:	12 Sg 45	HL:	0 Ar 24	GL:	16 Ta 37

Ovo je čart velikog političkog lidera Indije koji je Indiji doneo nezavisnost, i poveo naciju u tim prvim godinama samostalnosti.

Đanma tithi je šukla saptami (7)...ĐT1

Đanma tithi grupa je Badra (2, 7, 12)...ĐTG

U tabeli 1, koloni 3, nalazimo da se Badra ponavlja u dva reda koji pokazuju znakove Blizanci i Rak (kolona 1). Dakle, za rođenje na šukla saptami (s-7), agata raši su Blizanci i Rak. Mesec je u Raku u agata rašiju i to znači da je Rath agata raši pravilo je ispunjeno. Ovo pokazuje da on može povrediti udatu ženu. Ipak, pošto je Mesec ujedno i atmakaraka, on može imati veze sa udatim ženama, ali nikad sa namerom da ih povredi, i te veze mogu biti jako duboke.

Tema njegovih brojnih veza je imala puno negativne medijske pažnje, posebno posle navoda njegovog pomoćnika sekretara M. O. Matai[4], a najbitnija od svih je njegova poznata veza sa Edvinom Mountbaten, groficom Burme i indijskom poslednjom namesnicom. Ta veza je trajala sve do njene smrti, 21. februara 1960. godine. Ovo su kasnije potvrdile i njene ćerke. Nikad nije izbio skandal, i to uglavnom zbog njene izvanredne javne službe. Bitno je pomenuti da se ova veza razvila tokom Mesečeve daše u čartu indijskog političkog lidera jer su Mesec, Venera i Mars ili u konjukciji sa drugom kućom od navamša

4   „Sećanje na Nehruove dane" M. O. Matai, ponovljeno izdanje Nju Delhi, 1978; „Nehru i žene", ponovljeno izdanje, 1978., „Moji dani sa Nehruom", M. O. Matai, 1979.

lagne, ili je aspektuju. Veza je potrajala sve dok ih Rahu nije rastavio u Jupiterovoj antardaši.

PITANJE HITLERA I GELI

Čart 18: Adolf Hitler

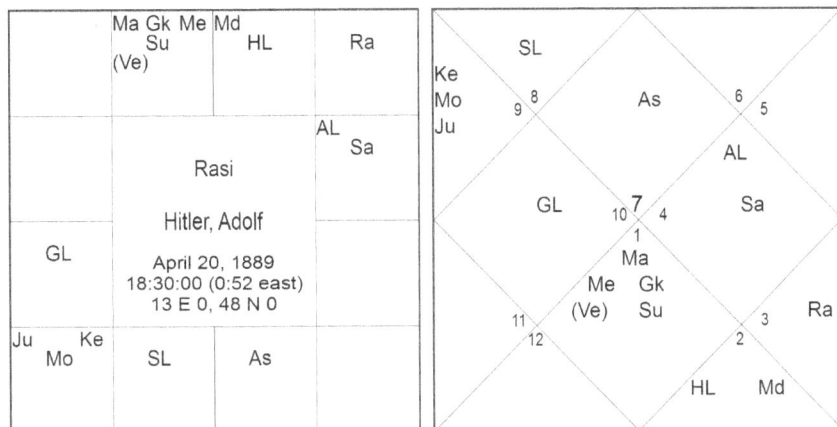

Ma Gk Me Md Su (Ve)	HL	Ra	
		AL Sa	
Rasi Hitler, Adolf			
GL	April 20, 1889 18:30:00 (0:52 east) 13 E 0, 48 N 0		
Ju Ke Mo	SL	As	

	SL		
Ke Mo Ju	9 8	As	6 5
			AL
	GL	10 7 4 1	Sa
		Ma Me Gk (Ve) Su	
	11	12	2 Ra
		HL Md	

As:	4 Li 28	Su:	8 Ar 31- PK	Mo:	14 Sg 20- PiK	Ma:	24 Ar 06- AmK
Me:	3 Ar 23- DK	Ju:	15 Sg 57- MK	Ve (R):	24 Ar 24- AK	Sa:	21 Cn 10- BK
Ra:	23 Ge 46- GK	Ke:	23 Sg 46	HL:	22 Ta 22	GL:	28 Cp 57

Dvisaptati-sama daša (primenjiva kada je vladar lagne u 7. i vladar 7. na lagni):
Ven MD: 1924-08-20 - 1933-08-20

Antardaše u ovoj MD:
Ven: 1924-08-20 - 1925-10-05
Sat: 1925-10-05 - 1926-11-19
Rah: 1926-11-19 - 1928-01-03
Sun: 1928-01-03 - 1929-02-16
Moon: 1929-02-16 - 1930-04-02
Mars: 1930-04-02 - 1931-05-18
Merc: 1931-05-18 - 1932-07-04
Jup: 1932-07-04 - 1933-08-20

Za Adolfa Hitlera se zna da je imao samo jedan testis što pokazuje i kombinacija Marsa i Venere u Škorpija navamša lagni. Kako je ovo uticalo na njegov psihološki profil, tema je za sebe.

Đanma tithi je krišna šasti (6)...ĐT1.

Đanma tithi grupa je Nanda (1, 6, 11)...ĐTG.

U tabeli 1, koloni 3, nalazimo da je Nanda ponovljena dva puta, u redovima koji se odnose na Ovan i Škorpiju (kolona 1). Dakle, za rođenje na krišna šasti (6) agata raši su Ovan i Škorpija. Agata raši ima četiri planete – Veneru, Merkura, Mars i egzaltirano Sunce, bez aruda pada, što pokazuje grozne seksualne apetite. Odavde možemo videti da je on bio:

1.   Voajer: Mars i Venera u gata rašiju. Ovde moramo izdvojiti Marsa i Veneru jer se nalaze u trećoj drekani u egzaktnoj konjukciji, što pokazuje snagu ove kombinacije.

2.   Analni sadista: nepoštovanje žene pokazuje Mars u sedmoj kući, u agata rašiju, pod Saturnovim aspektom. Mars je deo čarakaraka izmene sa Venerom i tako dobija ulogu atmakarake umesto svoje originalne funkcije amatjakarake, budući da je na istom stepenu longitude.

3.   Mazohista: u odnosu sa ženama prema kojima oseća strahopoštovanje: egzaltirano Sunce i Merkur u agata rašiju, u prvoj drekani Ovna, sa Marsom i pod aspektom Saturna.

4.   Ženomrzac: Venera je atmakaraka i sa Marsom u Škorpija navamša lagni potvrđuje da je on imao samo jedan testis, a to je moglo da dovede do hormonskog disbalansa, i da uzrokuje i strah od suprotnog pola i kompleks zbog deformiteta. Zabeleženo je da je Hitler često ponavljao Ničeov citat: „Ideš da se vidiš sa ženom? Ne zaboravi svoj bič".

Slika 10: Geli Raubal

Sa druge strane, u Škorpiji se nalazi i upapada, koja pokazuje brak, a to je ujedno i maraka znak (ubica), pod raši aspektima je pomenutih planeta, kao i pod Marsovim graha aspektom.

Angela Maria (Geli) Raubel je bila ćerka Lea Raubela i Angele Raubel, i rodila se u Lincu dana 4. juna 1908. godine. Angela je bila Hitlerova polusestra iz očevog drugog braka. Hitler je uvek bio najopušteniji u društvu svoje nećake, i od milja ju je zvao 'Geli' (1921). Kad se Hitler preselio u Obersalcberg, u martu 1927. godine, ponudio je Angeli, koja je tada već bila udovica, da bude njegova kućepaziteljka, i u avgustu ona i njene ćerke dolaze da žive kod njega.

U oktobru Hitler premešta Geli u Minhen, gde joj daje nameštenu sobu i upisuje je na medicinski univerzitet (dvisaptati daša: Venera – Rahu – Venera), a tada počinje i njihova ljubavna afera. Uskoro počinju i da žive zajedno i Geli[5] napušta studije medicine. Hitler je imao potpunu kontrolu nad Geli, a njeno stradanje je opisao Oto Štraser[6].

Pretpostavlja se da su njihovi problemi počeli u vreme kad je Hitler počeo da se viđa sa devetnaestogodišnjom Evom Braun[7], tokom Venerine daše i Mesečeve antardaše (1929), iako joj nije dozvoljavao da ode. Konačno, u dvisaptati daši Venera – Merkur – Venera na dan 18. septembar 1931. godine, dokazi[8] ukazuju na to da je Geli upucana, i da je imala prostrelnu ranu u predelu srca. Venera je u konjukciji sa Marsom i Ketuom u navamši i daće rezultate za koje Mahariši Đaimini[9] daje sledeću predikciju 'onaj koji će ubiti svoju ženu'.

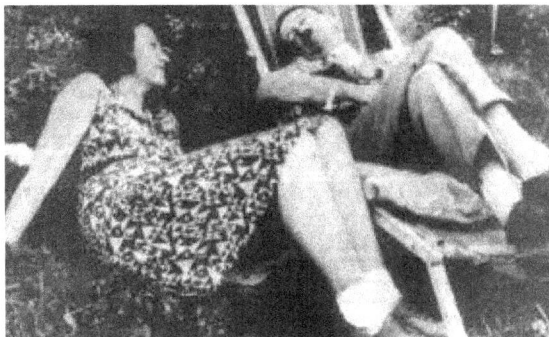

Ovo nije bio jedinstven slučaj jer je ovako strašna kombinacija Ručaka joge sa Marsom u marana karaka stanu, u savršenoj konjukciji sa Venerom, Merkurom i sa badakešom, Suncem, u agata rašiju morala da ostavi svoj krvavi trag. Čak je i Eva Ana Paula Braun dva puta pokušala da izvrši samoubistvo pre nego što joj je to pošlo za rukom, iz trećeg pokušaja, dan posle stupanja u brak sa Hitlerom.

---

5   Emil Mauris, jedan od osnivača SS (i u to vreme Hitlerov šofer otpušten kad se saznalo da je imao aferu sa Geli), navodi da ju je Hitler terao na mučne stvari, a time bez sumnje potvrdio da ju je terao na izopačen seks.

6   Oto navodi: "ona je zaista volela Hitlera, ali više nije mogla izdržati. Njegova ljubomora nije bila najgora stvar. On je zahtevao od nje gnusne stvari. Nikad nije ni sanjala da takve stvari postoje. Kad sam je pitao da mi ispriča, opisala je stvari sa kojima sam se prethodno susreo čitajući Kraft – Ebingovu 'Psihopatiju seksualnosti' u vreme studija. U dodatku, on navodi da je amrička komora za strateške studije imala veoma detaljan opis potvrđujući da je Hitler bio veoma seksualno izopačen.

7   Eva Braun je bila Henrih Hofmanov asistent u Minhenu, Hitlerovom oficijalnom fotografu. Velika je verovatnoća da je on ovo upoznavanje upriličio sa nadom da će se Hitler distancirati od njegove ćerke, Heni.

8   Iako je većina istoričara smatrala da je Geli bila uzrujana zbog veze sa Evom Braun, te da je zbog svoje beznadežne situacije pokušala izvršiti samoubistvo, dostupni dokazi pokazuju suprotno. Nije postojala oproštajna poruka već samo nezvršeno pismo prijatelju – bilo tko ko želi da izvrši samoubistvo obično završi ovako lične stvari pre smrti.

9   Đaimini Mahariši Upadeša Sutra, prevod Pt. Sanđaj Rath, 1998.

Hitler je voleo decu svojih prijatelja i saveznika, ili je pre vrebao nad tom decom (Merkur). Pre Geli, ćerke svoje polusestre Angele, Hitler je imao vezu sa Heni (Henrietom) Hofman koja je bila ćerka jednog od njegovih najbližih ljudi, Henriha Hofmana. Kako bi umirio naizgled razbesnelog oca, Hitler je imenovao Hofmana za svog zvaničnog fotografa za zabave i dao mu ekskluzivno pravo na svoje fotografije, što je vremenom Hofmanu donelo milione dolara i, posle rata, četri godine u zatvoru[10] (1946-50) zbog profitiranja od nacizma. On je čak i upriličio brak između Heni i Baldura von Širah, lidera Pokreta mladih nacista, koji je bio homoseksualac.

Gatak lagna i raši

Gatak lagna

Gatak lagna pokazuje telesne povrede ili nekog ko će drugom da nanese fizičke povrede. Osobe sa ovom lagnom je najbolje izbegavati, ili se treba zaštiti od njih, i treba povesti računa u kontaktu sa njima. Ako su prisutni raši i drugi faktori gataka, tada će rezultati biti jako nepovoljni, a posebno gatak raši, jer je Mesec signifikator aruda lagne i može da dovede do gubitka reputacije. Ako je u odnosu prisutna samo gatak lagna, tada može doći do fizičke eksploatacije ili slične situacije.

---

10   Sud ga je osudio na deset godina u zatvoru da bi kasnije umanjio kaznu na tri godine, a potom ponovo povećao na pet godina. Pored toga, konfiskovana mu je gotovo sva privatna imovina. Umro je u Minhenu 16. decembra 1957. godine.

Čart 19: Učiteljica

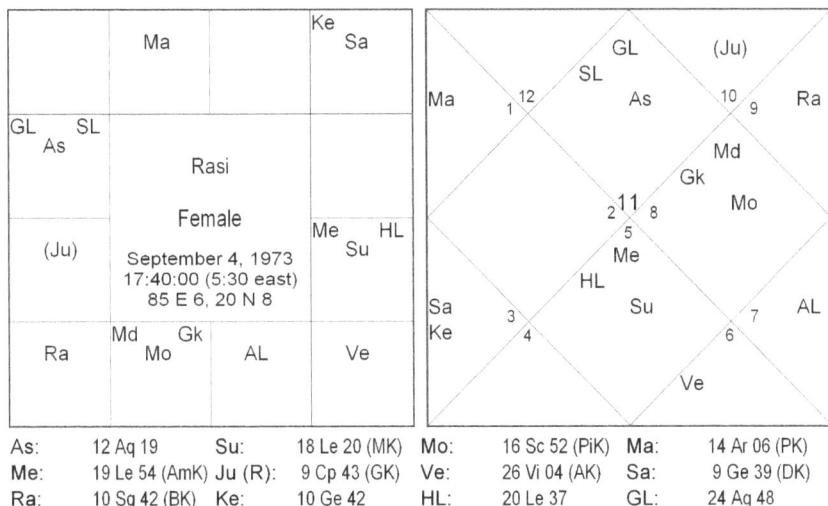

		Ke Sa
Ma		
GL SL As	Rasi	
	Female	Me HL
(Ju)	September 4, 1973 17:40:00 (5:30 east) 85 E 6, 20 N 8	Su
Ra	Md Gk Mo AL	Ve

(Diamond chart on right showing: Ma, GL, SL, As, Ju, Ra, Md, Gk, Mo, Me, HL, Sa, Ke, Su, Ve, AL with numbers 1, 12, 10, 9, 11, 8, 2, 5, 3, 4, 7, 6)

As:	12 Aq 19	Su:	18 Le 20 (MK)	Mo:	16 Sc 52 (PiK)	Ma:	14 Ar 06 (PK)
Me:	19 Le 54 (AmK)	Ju (R):	9 Cp 43 (GK)	Ve:	26 Vi 04 (AK)	Sa:	9 Ge 39 (DK)
Ra:	10 Sg 42 (BK)	Ke:	10 Ge 42	HL:	20 Le 37	GL:	24 Aq 48

Ovaj čart pripada nesrećnoj devojci čija porodica nije imala dovoljno hrane da se prehrani. Rođena je sa Škorpija rašijem što pokazuje da su gatak lagne (videti tabelu 1) Škorpija lagna (za žene) i Bik lagna (za muškarce tj. suprotni pol). Došla je u kontakt sa učiteljem dok je asistirala u opremanju škole. Učitelj, koji je bio 27 godina stariji od nje, a ona je imala 26 godina kad se ovo dogodilo, predložio joj je da dođe u Delhi i da mu bude asistent u poslu sa glavnom institucijom. U Delhiju taj učitelj, očaran njenom mladošću, odlučuje da prekine svoje momačke dane i da se oženi bez puno buke (Gandarva vivaha tip). Posle toga je bila seksualno iskorišćavana narednih godinu dana, a kada je guru otputovao u SAD, spakovao je i nju i poslao je kući sa nešto novca kako bi našla nekog novog i skrasila se.

Lagna tog gurua je Bik, što je ujedno i gatak lagna za ženu rođenu sa Mesecom u Škorpiji. Nijedan od drugih faktora nije bio u gataku i veza je prekinuta tiho kako je i počela. Pitanje je koliko žena na ovaj način živi na ovom svetu i mi, kao astrolozi, treba da smo u stanju da vidimo kroz te veze i da upozorimo na posledice.

Drugi faktori se mogu videti iz agata rašija, brojano od njenog đanma tithija, šukla aštami (đaja tithi) – agata raši su Lav, Strelac i Vodolija. Ovde je bitan debilitirani Rahu u Strelcu, kao batrikaraka (guru). Na neki način, deo patnje je dopao i guruu jer je on morao da napusti zavidnu poziciju na kojoj se nalazio i da potraži drugi izvor prihoda.

Gataka raši

Najvažniji faktor gatak čakre je gatak raši. Mesec pokazuje održavanje u čartu i indikator je dugovečnosti, što je period održavanja tela. Svi mi svakodnevno donosimo odluke na osnovu onoga što vidimo kao najbolju opciju u različitim situacijama sa željom da dostignemo svoje ciljeve. Ponekad ove odluke mogu povrediti druge ljude, direktno ili indirektno, i oni zbog toga mogu postati naši ljuti neprijatelji. Često su ovo upravo oni ljudi koji nam najviše i pomognu, i uvek je bolje ako se njima pozabavimo sa malo više osećajnosti. Pogledajmo nekoliko primera.

POLITIČKI ATENTAT

Čart 20: Rađiv Gandi, Premijer Indije

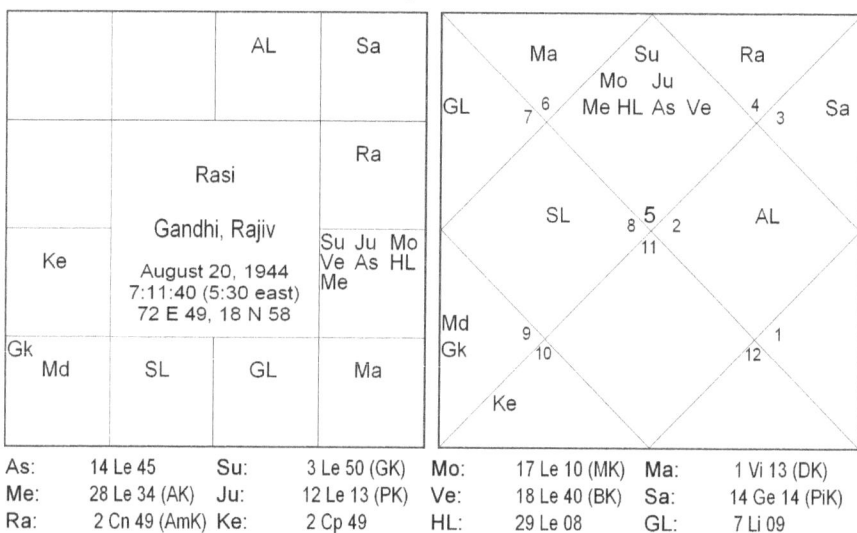

As:	14 Le 45	Su:	3 Le 50 (GK)	Mo:	17 Le 10 (MK)	Ma:	1 Vi 13 (DK)
Me:	28 Le 34 (AK)	Ju:	12 Le 13 (PK)	Ve:	18 Le 40 (BK)	Sa:	14 Ge 14 (PiK)
Ra:	2 Cn 49 (AmK)	Ke:	2 Cp 49	HL:	29 Le 08	GL:	7 Li 09

Raši na rođenju je Lav i gataci prikazani u tabeli 1 su: (1) Mesec u Jarcu, (2) Lagna u Jarcu ili Raku. Kao premijer, Rađiv Gandi je doneo niz odluka i moguće je da su neke od tih odluka povredile ljude koje pokazuje Jarac raši. Čovek koja je optužen za atentat na Rađiva Gandija, duhovan čovek učen na temu smrtonosne crne magije, bio je jedan od tih ljudi. Njegov čart je dole prikazan, đanma raši je Jarac, lagna je Rak. Postaje evidentno da je Rađiv Gandi potencijalno doneo odluke koje su finansijski oštetile ovog duhovnjaka. Pričalo se da je on upotrebio crnu magiju protiv Rađiva Gandija, a kasnije je optužen i da je bio saučesnik u atentatu na njega.

Krajnja pravda nije fokus naše studije već činjenica da je gatak čakra veoma bitna u horoskopima političara, kao i to da oni koji donose finansijske odluke od značaja za druge treba da preduzmu odgovarajuće remedijalne mere.

Čart 21: Crni mag

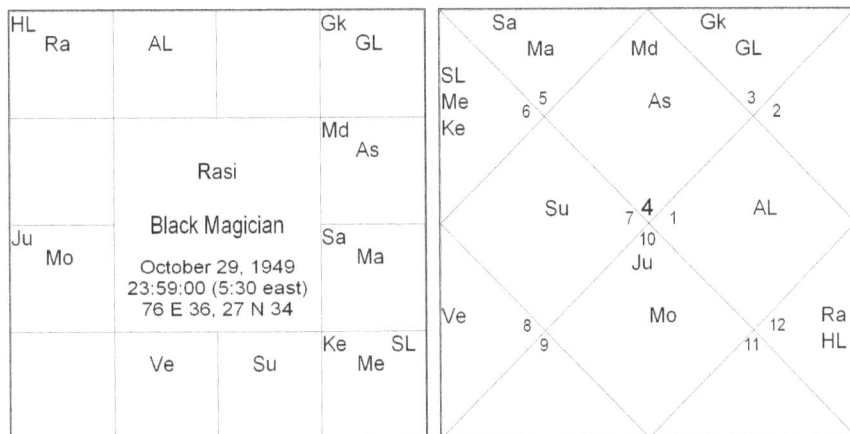

HL Ra	AL		Gk GL
			Md As
	Rasi		
Ju Mo	Black Magician October 29, 1949 23:59:00 (5:30 east) 76 E 36, 27 N 34	Sa Ma	
	Ve	Su	Ke SL Me

	Sa		Gk	
SL Me Ke		Ma 6 5	Md	GL 3 2 As
	Su	7 **4** 1 10		AL Ju
Ve	8 9		Mo	12 11 Ra HL

As:	15 Cn 48	Su:	12 Li 51 (PiK)	Mo:	25 Cp 08 (BK)	Ma: 8 Le 24 (PK)
Me:	28 Vi 43 (AK)	Ju:	1 Cp 48 (DK)	Ve:	28 Sc 43 (AmK)	Sa: 23 Le 05 (MK)
Ra:	22 Pi 18 (GK)	Ke:	22 Vi 18	HL:	25 Pi 40	GL: 0 Ge 59

KLINTONOVA AFERA

Čart 22: Predsednik Bil Klinton

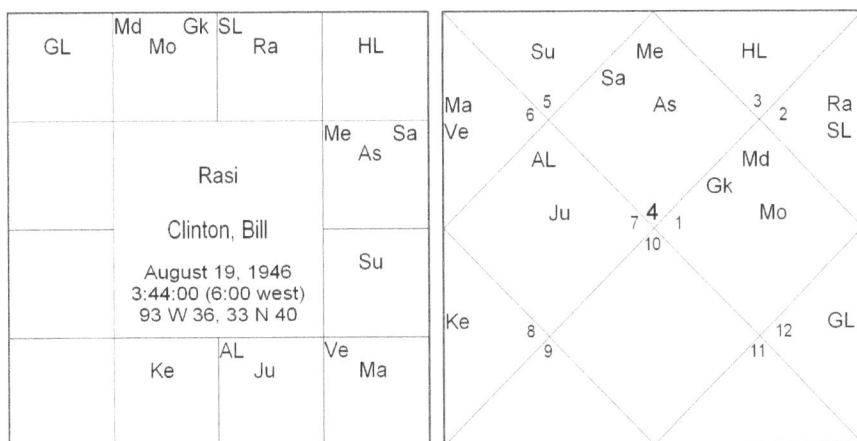

GL	Md Gk SL Mo	Ra	HL
			Me Sa As
	Rasi		
	Clinton, Bill August 19, 1946 3:44:00 (6:00 west) 93 W 36, 33 N 40		Su
	Ke	AL Ju	Ve Ma

	Su	Me	HL	
Ma Ve	6 5	Sa As	3 2	Ra SL
	AL		Md Gk	
	Ju	7 **4** 1 10		Mo
Ke	8 9			12 11 GL

As:	8 Cn 09	Su:	2 Le 42 (GK)	Mo:	24 Ar 12 (AK)	Ma: 13 Vi 07 (MK)
Me:	14 Cn 20 (BK)	Ju:	0 Li 05 (DK)	Ve:	17 Vi 47 (AmK)	Sa: 9 Cn 01 (PiK)
Ra:	24 Ta 10 (PK)	Ke:	24 Sc 10	HL:	4 Ge 41	GL: 8 Pi 59

Moguće je da se ništa u skoroj istoriji ne može porediti sa groznim iskustvom koje je Bil Klinton imao u vezi sa svojom ljubavnom aferom. Đanma raši je Ovan i gatak lista uključuje:

Gatak raši - Ovan

Gatak nakšatru – Maga

Gatak lagnu – Lagna 1: Ovan (muškarci), lagna 2 (žene)

Gatak varu – Nedelja (znak Lav)

Čart 23: Gđica Monika Levinski

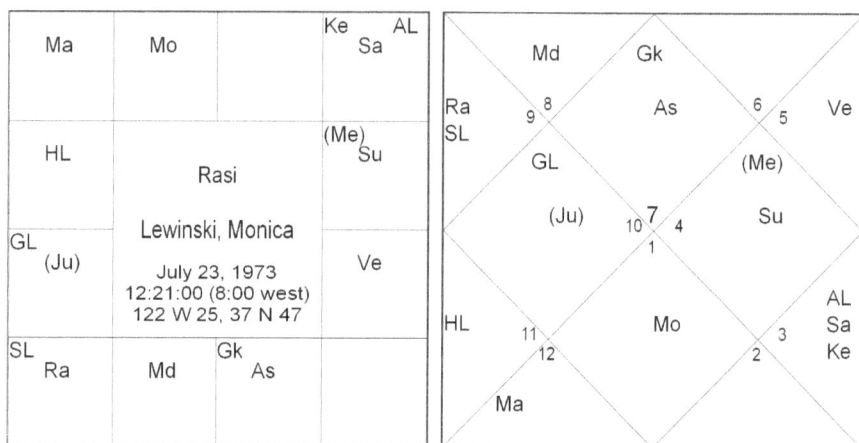

Ma	Mo		Ke AL Sa
HL		Rasi	(Me) Su
GL (Ju)		Lewinski, Monica July 23, 1973 12:21:00 (8:00 west) 122 W 25, 37 N 47	Ve
SL Ra	Md	Gk As	

North Indian chart:
Md · Gk · Ra SL · 8 · As · 6 / 5 · Ve · GL · (Me) · (Ju) · 10 / 7 4 / 1 · Su · HL · 11 / 12 · Mo · 3 / 2 · AL Sa Ke · Ma · 9

As:	4 Li 20	Su:	7 Cn 20 (PiK)	Mo:	16 Ar 06 (BK)	Ma:	26 Pi 40 (AK)
Me (R):	1 Cn 35 (DK)	Ju (R):	14 Cp 34 (MK)	Ve:	5 Le 01 (GK)	Sa:	5 Ge 29 (PK)
Ra:	12 Sg 58 (AmK)	Ke:	12 Ge 58	HL:	14 Aq 24	GL:	10 Cp 26

Hajde da navedemo gatak faktore za čart gospođice Monike Levinski:

Gatak raši - Ovan

Gatak nakšatra - Maga

Gatak lagna - Lagna 1: Ovan (muškarac), Lagna-2: Vaga (žena)

Gatak vara - Nedelja (Lav)

Jedan pogled na listu gatak faktora poziva na oprez, jer kontakt između ove dve osobe pokazuje gatak na poslu i to da će neko od njih veoma propatiti zbog dela druge osobe, a sve zato što su rođeni na međusobni gatak raši. Monika je rođena na gatak lagnu za Bila Klintona, dok Bil Klinton nije rođen na gatak lagnu Monike Levinski.

Krajnji rezultat ove afere će se pokazati kroz povrede i štetu koju je Monika nanela Bilu Klintonu. Ponovo, ovde ne diskutujemo o tome šta je moralno ispravno ili neispravno – samo pokušavamo da proučimo zvezde i da odredimo ko će koga povrediti.

Krajnji rezultat ove ljubavne afere je bio pokušaj da se predsednik razreši dužnosti i ovo je bio najponižavajući period u njegovom životu u kome je morao da prizna da je lagao ili prikrivao istinu, kao i druge mane. Gatak se savršeno pokazao u ovom slučaju.

Epilog

Priča o gataku se vde ne završava jer ostaje još puno posla oko utvrđivanja tačnog uticaja gatak nakšatre, lagne itd. Suvišno je reći da početna opažanja pokazuju dvosmerni karmički tok u kome je uzrok gataka (povrede, zločina, itd) jednako odgovoran kao i onaj prema kome je to zlo usmereno. Percepcija loših dela bazira se na duštvenom fenomenu, dok su agata i gatak tithi pokazatelji međusobnih zasluga. Izgleda da je učenje vedskih mudraca o tome da su iskustva iz ovog života reakcija na karme iz prethodnih inkarnacija jednačina uzroka i posledice.

OM TAT SAT

4

Hora lagna

"Reč nam ne nalaže da se odreknemo imovine, već da njome raspolažemo bez prekomerne vezanosti"
– Sveti Klement od Aleksandrije, Eclogae Prophericae.

1. Etimologija i značenje

1.1. Hora

Reč hora izvedena je iz aho-ratra uklanjanjem prvog (a) i posledenjeg (tra) sloga. Reč aho znači dan i ratra znači noć i zato se odnosi na podelu dana na dva dela, na dan i noć. Danom vlada Sunce, a noću Mesec, budući da su dva najsvetlija tela na nebu ovog doba. Uzmimo u obzir da sedam planeta, od Sunca do Saturna, poseduju fizička tela i da vladaju danima u nedelji. Ako su svetleća tela, Sunce i Mesec, predstavljeni rečju hora u aho-ratra, tada ostatak reči (tj. atra) treba da predstavlja preostalih pet planeta, od Marsa do Saturna. Reč atra znači hrana i tih pet planeta, od Marsa do Saturna, predstavljaju panča tatve od kojih je sačinjeno telo, kao i hranu koja je telu neophodna za održavanje. Zapravo, akšara 'a' se ujedno zove i Brahma akšara i ona je početak, kao i izvor čitave fizičke kreacije.

Postoje tri bitna značenja reči hora:

Prvo značenje je horoskop i uopšte izrada horoskopa, i ono se bazira na podeli vremena izvedenoj iz aho-ratra.

Drugo značenje je polovina zodijaka koja predstavlja dve ajane (zovu se Utara ajana i Dakšina ajana). Ovo su dva polugodišnja perioda između solsticijuma.

Treće značenje je polovina zodijačkog znaka ili raspon od 15°. Ovo je sat koji je izveden iz podele znaka na dva dela. Jedan znak predstavlja oko dva sata vremena i hora, budući da je polovina ovoga, predstavlja vremenski period od sat vremena.

1.2 Lagna

Reč lagna se odnosi na ascedent u čartu i nosi različita značenja. Pojedina tehnička značenja koja se koriste u astrologiji ovde nisu pomenuta jer su očigledna.

Lagna takođe znači i pridržavati se ili prijanjati za nešto ili biti fiksiran. i odnosi se na ono što je nepromenljivo tokom života. Definiše darmu i sve u vezi sa bićem.

Ona se odnosi i na ono što prati osobu u stopu kao u margi tj. prateći put (ponovnog rođenja).

Hridaja znači onaj koji je ušao u srce ili onaj koji je krenuo u akciju, i odnosi se na niz događaja koje će osoba iskusiti u toku života.

Takođe znači i onaj koji je počeo, ili sami početak ili kraj nečega, poput početka novog života na ovoj planeti ili početka projekta ili preduzeća, ili bračnog života; uopšteno, znači bilo koju vrstu početka. Ona definiše momenat za koji možemo nacrtati astrološki čart.

Znači i nešto što prati ili to što daje dah, život ili egzistenciju kao i različita dela, iskustva i događaje koji se moraju desiti.

Ona označava i pređene stepene u znaku (kao sputa), da bi se označio početni trenutak.

Odnosi se i na onog koji je povoljan i vredan hvale jer predstavlja kreatora Prađapatija ili Savitu (prasava karana devata – uzrok kreacije).

Na pesnika ili guslara koji ujutru budi kralja, a to se odnosi na *gajatri* mantru koju nam ujutro, u svitanje, pevaju pobožni hvaleći Boga čitave kreacije – Savitur.

Ona je i tačka presecanja horizonta i ekliptike koja se zove tačka izlaska, ili ascedent, kao znak u kome se ova tačka uzdiže. Ovo je podela ekvatora koji se uzdiže uzastopno sa svakim znakom na kosoj sferi.

Ona je ceo znak u dato vreme na istočnom horizontu tj. cela astrološka kuća.

Takođe je i povoljan trenutak ili vreme određeno kao povoljno za početak novih aktivnosti.

2. Računanje

2.1. Bava lagna

Iako se lagna kreće eliptičnom putanjom, što čini da se neki znaci uzdižu brže od ostalih, ljudski um razmišlja u terminima ciklusa vremena i prostornih podela. Kako bi se prilagodili ovom načinu na koji um radi, drevni mudraci su podelili koncept sferne putanje za ascedent i dodelili mu ime Bava lagna. Bava lagna je zasnovana na prosečnom vremenu koje je lagni potrebno da pređe Zodijak, a to je 24 sata.

Ilustracija: odredite bava lagnu u 09:00h GMT u Londonu, za dan 1. februar 2004. godine. Izlazak Sunca: 7:43:55; zalazak Sunca: 4:47:30.

Računanje bava lagne

Vreme rođenja   = 09:00:00

Vreme izlaska Sunca   = 07:43:55

Pređeno vreme od izlaska Sunca   = 09:00:00 - 07:43:55

      = 01:16:05   h

      = 1.268056   h......[A]

Brzina bava lagne   = 360° per day

      = 15° per hour.........[B]

Ugao koji je bava lagna prešla   = A X B

      = 19.020833   step

      = 19°:01':15"

Pozicija Sunca na izlasku   = 17°:52':32"   Jarac (+)

Otuda, bava lagna u 09:00   = 36°:53':47"   Jarac

      = 6°:53':47"   Vodolija

2.2. Hora lagna

Hora lagna je matematička tačka koja se kreće dva puta (hora) brže od bava lagne. Pošto je ovo bazirano na bava lagni, to je na sličan način impresija uma ili, tačnije, intelekta, u vezi sa pitanjima druge kuće, baš kao što je bava lagna impresija uma ili intelekta u vezi sa pitanjima prve kuće. Računanje hora lagne je veoma slično računanju bava lagne.

Ilustracija: odredite hora lagnu u 09:00h GMT u Londonu za dan 1. februar 2004. godine. Izlazak Sunca: 7:43:55h; Zalazak Sunca: 4:47:30h;

Računanje hora lagne

Vreme rođenja = 09:00:00

Vreme izlaska Sunca = 07:43:55

Pređeno vreme od izlaska Sunca = = 09:00:00 - 07:43:55

> = 01:16:05 h

> = 1.268056 h ......[A]

Brzina hora lagne = 720° per day

> = 30° per hour............[B]

Ugao koje je prešla hora lagna = A X B

> = 38.041667 step

> = 38°:02′:30″

Pozicija Sunca na izlasku = 17°:52′:32″ Jarac (+)

Dakle, hora lagna u 09:00h = 55°:55′:02″ Jarac

> = 25°:55′:02″ Vodolija

2.3. Izlazak Sunca

Pozicija hora lagne je promenjiva u odnosu na definiciju izlaska Sunca. Tehnički, postoje tri mogućnosti da se on definiše:

(1) Do prve definicije se dolazi na osnovu prvog svetla tj. prve vidljivosti gornjeg sunčevog diska. Nju su iz raznih razloga koristili drevni mudraci, a preporučuje je i Varahamihira. Ovu definiciju ćemo koristiti za računanje vremena izlaska Sunca. Sunce vlada pticama, a one su najosetljivije na

sunčevu svetlost. Ovo je trenutak kada smrtnu tišinu noći prekida njihov cvrkut.

(2)   Druga definicija se oslanja na centar Sunčevog diska tj. stvarni centar Sunčevog diska, što je ujedno i metod za određivanje longitude Sunca i ostalih planeta. I dok se ovo može koristiti za određivanje longitude Sunca i ostalih planeta nasuprot Zemljinog centra, ovo ne može biti kriterijum za određivanje direktnog uticaja sunčeve svetlosti za život na Zemlji. U ovo doba su ptice odavno odletele iz svojih gnezda.

(3)   Postoji i definicija koja u obzir uzima vrh gornjeg Sunčevog diska koji je stvarno na istočnom horizontu. Ovo je zapravo pokušaj kompromisa između dva prethodno navedena sistema, i druge dve škole to ne prihvataju.

3. Hora lagna u različitim kućama

3.1. Koncept bogatstva

Evo kako Enciklopedija Britanika definiše bogatstvo:

"Bogatstvo su akumulirani posedi i finansijska potraživanja. Može im se dodeliti novčana vrednost ukoliko se pojedinačno mogu odrediti njihove cene; ovaj proces može biti otežan ako su posedi takvi da je malo verovatno da će biti ponuđeni za prodaju "

Arta je sanskritska reč za bogatstvo ili imovinu. Ovo je jedna od četiri ajane, četiri životna cilja, i tu pitanje traganja za bogatstvom ili materijalnim prestižom nosi društvene sankcije jer je materijalna dobrobit neophodna čoveku kao domaćinu, tokom njegove druge životne faze. Četiri faze definišu četiri prve kuće i njihovi trigoni, i to su darma, arta, kama i mokša. Rečeno je da ovo vodi mokši ukoliko se bogatstvo koristi za aktivnosti koje daju duhovne zasluge ili puniju. Arta je suptilno povezana sa državničkim poslovima kao što to pokazuje posao arta šastre Kautilja, i za cilj ima održavanje društvenog poretka, mira i prevenciju anarhije. Ovako savršen praktikant dobija ime rađariši ili kraljevski vidovnjak, jer je on učvršćen na duhovnom putu i u darmi i nije obmanut majom bogatstva koje poseduje.

Ratova teorija hora lagne: pošto je hora lagna impresija uma i intelekta u vezi sa pitanjima druge kuće, to predstavlja 'koncept bogatstva' individue. Kuća i znak u kom se nalazi hora lagna pokazuju koncept bogatstva koji motiviše um.

3.2. Hora lagna u prvoj ili sedmoj kući

Kada je hora lagna u prvoj kući osoba je srećna i poznata po svom bogatstvu. Ascedent pokazuje slavu i neki problemi u vezi sa bogatstvom takođe mogu osobu učiniti poznatom. Ljudi sa ovom kombinacijom veruju da su svi izvori sveta njemu na raspolaganju i rado igraju bitnu ulogu u njihovoj kontroli i raspodeli. Nivo pravedne raspodele, kao i njena definicija, odstupaće u zavisnosti od znaka na lagni. Ovo je Dana joga sama po sebi.

Čart 24: H. H. kraljica Viktorija

As:	14 Ta 38	Su:	10 Ta 47 (PiK)	Mo:	12 Ta 22 (MK)	Ma:	26 Pi 20 (AK)
Me:	17 Ar 36 (BK)	Ju:	25 Cp 35 (AmK)	Ve:	5 Ar 16 (GK)	Sa:	7 Pi 25 (PK)
Ra:	26 Pi 53 (DK)	Ke:	26 Vi 53	HL:	17 Ta 41	GL:	28 Ta 03

H. H. Aleksandrina Viktorija bila je kraljica Ujedinjenog Kraljevstva Velike Britanije i Irske (1837-1901) i carica Indije (1876-1901). Nema potrebe da dokazujemo da je bila bogata. Moguće je da je najznačajniji dobitak bogatstva i slave je bilo upravo dodavanje 'carica Indije' njenoj tituli, 1876. godine, na ulasku u sudašu Bika. Lagna je Bik sa hora lagnom.

Sudaša (falita daša koja pokazuje blagoslove Lakšmi):

Ov: 1819-05-24 (4:15:01 am) - 1823-09-08 (3:04:21 am)

Ja: 1823-09-08 (3:04:21 am) - 1833-09-07 (4:41:37 pm)

Va: 1833-09-07 (4:41:37 pm) - 1839-09-08 (5:34:26 am)

Ra: 1839-09-08 (5:34:26 am) - 1842-09-08 (12:03:29 am)

Ri: 1842-09-08 (12:03:29 am) - 1843-09-08 (6:09:23 am)

St: 1843-09-08 (6:09:23 am) - 1843-09-08 (6:09:23 am)

De: 1843-09-08 (6:09:23 am) - 1848-09-07 (12:51:37 pm)

Bl: 1848-09-07 (12:51:37 pm) - 1858-09-08 (2:26:40 am)

Vo: 1858-09-08 (2:26:40 am) - 1869-09-07 (10:07:38 pm)

Šk: 1869-09-07 (10:07:38 pm) - 1873-09-07 (10:42:32 pm)

La: 1873-09-07 (10:42:32 pm) - 1876-09-07 (5:14:60 pm)

Bi: 1876-09-07 (5:14:60 pm) - 1887-09-08 (12:51:00 pm)

Ov: 1887-09-08 (12:51:00 pm) - 1895-05-24 (3:53:59 pm)

Ja: 1895-05-24 (3:53:59 pm) - 1897-05-24 (4:16:28 am)

Va: 1897-05-24 (4:16:28 am) - 1903-05-25 (5:00:39 pm)

Ljudi sa HL u prvoj kući ili HL u sedmoj kući opsesivni su prema svom supružniku ili prema vezi (sedma kuća). Ipak, glavna razlika između prve i sedme kuće jeste to što sedma kuća dobija više na težini tj. partner dolazi pre same osobe, kada je HL u sedmoj kući. Ako su ovi ljudi ikad neverni ili nelojalni, tada su najstrožije kažnjeni kroz značenja vladara HL. Ovo nalazimo u čartu predsednika F. D. Ruzvelta u kome HL u sedmoj kući daje veoma posvećenu i brižnu suprugu. On je poznat ne samo po svojoj hrabrosti u toku Drugog svetskog rata, već i po tome što je iskreno priznao vanbračne afere. Nedugo posle toga dobio je polio. Za sve one koji razumeju đotiš, ovo i nije tako čudan sled događaja.

Čart 25: F. D. Ruzvelt

	Sa		(Ma) AL
SL	Ju	Ke	Mo
HL Me			
	Rasi		Md Gk
Ve Su	Roosevelt, F.D. January 30, 1882 20:07:00 (4:55 west) 73 W 59, 40 N 43		As
	Ra		GL

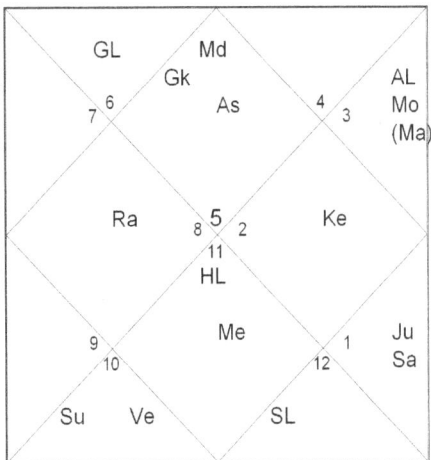

	GL	Md Gk As	AL Mo (Ma)
	Ra 8 5 2 11 HL	Ke	
	Su Ve	Me SL	Ju Sa

As:	23 Le 26	Su:	18 Cp 54 (AmK)	Mo:	13 Ge 43 (PK)	Ma (R):	4 Ge 47 (DK)
Me:	4 Aq 57 (GK)	Ju:	24 Ar 43 (AK)	Ve:	13 Cp 49 (PiK)	Sa:	13 Ar 53 (MK)
Ra:	13 Sc 28 (BK)	Ke:	13 Ta 28	HL:	14 Aq 38	GL:	24 Vi 02

Čart 26: Šrila Prabhupada

AL SL	Ma Mo	HL	
Ra	Rasi		
	Srila Prabhupada September 1, 1896 15:24:00 (5:53 east) 88 E 22, 22 N 32	Ju Ke Su GL	
Md As	Gk	Sa	Ve Me

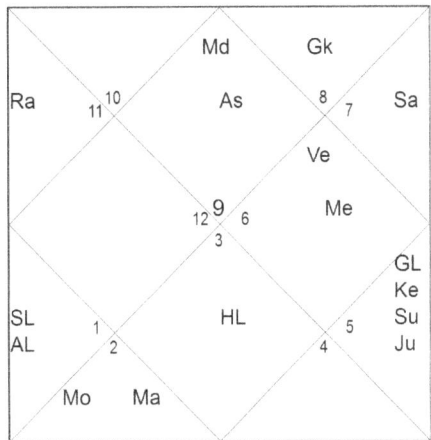

As:	28 Sg 23	Su:	17 Le 00- MK	Mo:	27 Ta 47- AmK	Ma:	16 Ta 57- PiK
Me:	11 Vi 07- PK	Ju:	2 Le 02- GK	Ve:	1 Vi 47- DK	Sa:	21 Li 48- BK
Ra:	1 Aq 11- AK	Ke:	1 Le 11	HL:	7 Ge 19	GL:	23 Le 21

U čartu Šrila Prabhupada hora lagna je u sedmoj kući i pokazuje jaku vezanost za suprugu i porodicu, bračni zavet je za njega bio svetinja. On je ostao u braku uprkos agoniji zbog nestalih rukopisa i potpunom nepoštovanju za njegov duhovni put i veru, kao i nipodaštavanju od strane njegove problematične supruge. Ovo postaje još očiglednije kad vidimo atmakaraku Rahua koji pokazuje da će on mnogo puta biti prevaren, a ovaj Rahu se nalazi na upapadi koja je manifestacija braka ili partnera.

Do životne prekretnice došlo je u momentu kada je njegova supruga htela da razmeni njegove knjige, Śrimad Bhagavatam, za čaj. U tom trenutku om je od supruge tražio da odabere između njega i čaja i, nažalost, ona je izabrala čaj što je značilo i kraj njihovog braka. Bitno je primetiti da je njegova supruga bila povod za veliku životnu promenu, indirektno mu pomažući da se odrekne sveta zarad duhovnog puta i osnuje Hare Krišna pokret. Upravo su mu reči njegove supruge bile od ogromne vrednosti. Vladar hora lagne je egzaltirani Merkur (Krišna) i to pokazuje da je njegovo najveće bogatstvo njegova slava ili reputacija koja je došla kroz Krišnino ime jer je Merkur egzaltiran u desetoj kući.

Uporedite dva signifikatora, Sunce, koje je signifikator za lagnu, i Veneru, koja je signifikator za sedmu kuću. Venera je debilitirana u desetoj kući. Venerina ničabanga dolazi od Merkura, ali činjenica da je on debilitiran i da se nalazi u šestoj kući od aruda lagne, pokazuje korenski razlog za njegovu bračnu patnju i njegov kasniji monaški put, a to se sve dogodilo tokom Merkurove daše i Venerine antardaše.

Čart 27: Śri Ćaitanija Mahaprabhu

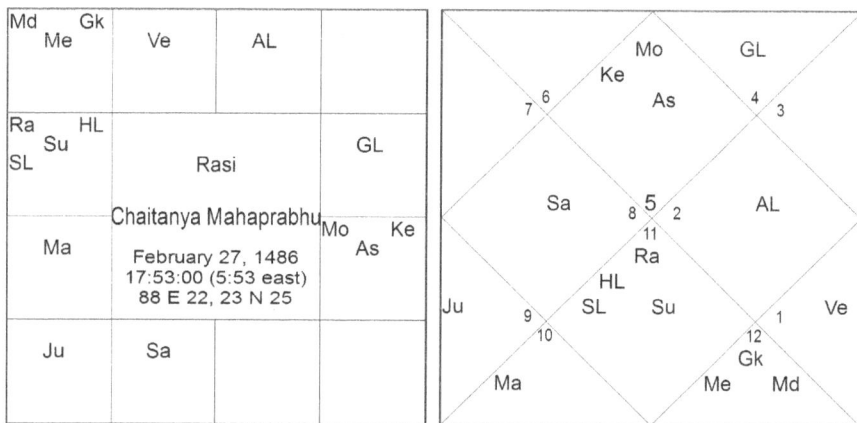

As:	20 Le 50	Su:	22 Aq 13- AmK	Mo:	19 Le 49- MK	Ma:	11 Cp 11- PiK
Me:	10 Pi 16- PK	Ju:	20 Sg 21- BK	Ve:	4 Ar 59- GK	Sa:	24 Sc 41- AK
Ra:	26 Aq 38- DK	Ke:	26 Le 38	HL:	5 Aq 52	GL:	12 Cn 05

U čartu Ćaitanije Mahaprabhu, hora lagna se nalazi u sedmoj kući. Śri Ćaitanija se ženio dva puta jer je vladara sedme kuće afliktuje kombinacija Rahua i Sunca. I dok ova kombinacija onemogućava bračnu

Dvisaptati-sama daša (primenjiva kada je vladar lagne u 7. ili vladar 7. na lagni):
Maha daše:
Merc: 1481-10-08 - 1490-10-08
Jup: 1490-10-08 - 1499-10-09
Ven: 1499-10-09 - 1508-10-09
Sat: 1508-10-09 - 1517-10-09
Rah: 1517-10-09 - 1526-10-10
Sun: 1526-10-10 - 1535-10-10
Moon: 1535-10-10 - 1544-10-09

sreću, ona obećava vrhunsko znanje zmija, jer se ovde Sunce odnosi na duhovnost a Rahu na skriveno znanje ili ono znanje koje se teško dešifruje. Njegova interpretacija spisa i hinduističke filozofije je bila bez premca, on je doneo kompletnu revoluciju u učenje i filozofiju Vaišnava. Njegovo monaštvo je započelo tokom Saturnove daše, dvisapatati sama daše, a tokom Rahuove i Sunčeve daše izložio je svoja najbolja učenja i visoku filozofiju. Preminuo je u Mesečevoj daši, nakon što je ispunio ovozemaljski zadatak i posejao seme znanja da bi se naznanje iskorenilo.

Uporedite snage Sunca i Venere u vezi sa uticajem na njega. Venera je u devetoj kući a nalazi se u badak znaku i u dvanaestoj kući od aruda lagne, Kada Venera aspektuje dvanaestu kuću od aruda lagne ili se u njoj nalazi, osoba će se sigurno odreći supružnika i braka. Ovo smo videli u čartovima Šri Rama, Prabhupada, Ćaitanija Mahaprabhua i mnogih drugih. Sa druge strane, Sunce je lagneš i, iako ga naizgled afliktuje Rahu, ono formira jogu za vrhunsko znanje, a nalazi se u desetoj kući od aruda lagne u dig balu, time potvrđujući da će on do najviših dostignuća, ili lila, doći u istočnoj državi pod imenom Kalinga (Orisa) kojom vlada Sunce.

Beleške o digbalu:

Digbala od lagne pokazuje prirodnu snagu značenja koja predstavljaju planete kao što Sunce koji pokazuje duhovnost ili jak unutrašnji poriv za liderstvom; Mesec pokazuje saosećanje i snažan um; Mars pokazuje fizičku snagu; Merkur pokazuje veštine u vezi sa govorom; Jupiter pokazuje vrhovnu inteligenciju i sposobnost za govorenje istine; Venera pokazuje veštine u vezi sa zabavom i zadovoljstvima i Saturn pokazuje sposobnosti za suočavanje sa tugom i patnjom. Sa druge strane, planete koje imaju digbal od aruda lagne pokazuju uspeh u fizičkom pravcu i mestima koja se nalaze u tom pravcu.

Planeta	Kuća digbala	Pravac	Tatva	Biđa
Sunce	Deseta kuća	Istok	Agni/Vatra	ram
Mesec	Četvrta kuća	Severo-istok	Đala/Voda	vam
Mars	Deseta kuća	Jug	Agni/Vatra	ram
Merkur	Prva kuća	Sever	Pritivi/Zemlja	lam
Jupiter	Prva kuća	Severo-istok	Akaš/Etar	ham
Venera	Četvrta kuća	Jugo-istok	Đala/Voda	vam
Saturn	Sedma kuća	Zapad	Vaju/Vazduh	jam
Rahu	Sedma kuća	Jugo-zapad	Vaju/Vazduh	
Ketu	Deseta kuća	Vertikalan	Agni/Vatra	

3.3. Hora lagna u drugoj ili osmoj kući

Hora lagna u drugoj kući pokazuje osobu koja pravim bogatstvom smatra porodicu, društvo ili ljude sa kojima se identifikuje. Ove osobe su pravi dar za društvo kojem pripadaju ili sa kojim su povezani. Planete u drugoj kući mogu bitno uticati na sliku i definiciju porodice ili grupe. Ovi ljudi rade u grupama, i njima su i posvećeni. Oni mogu akumulirati bogatstvo ili ga se i potpuno odreći jer su za njih veze, kao i društveni obziri, daleko važniji od samog bogatstva.

Čart 28: Mahatma Gandi

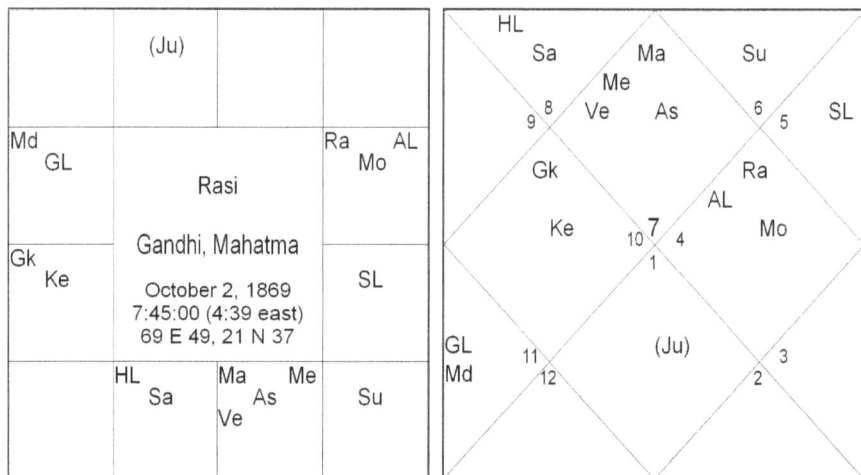

As:	12 Li 08	Su:	16 Vi 55 (GK)	Mo:	28 Cn 16 (AK)	Ma:	26 Li 23 (BK)
Me:	11 Li 45 (DK)	Ju (R):	28 Ar 08 (AmK)	Ve:	24 Li 26 (MK)	Sa:	20 Sc 20 (PiK)
Ra:	12 Cn 09 (PK)	Ke:	12 Cp 09	HL:	13 Sc 38	GL:	8 Aq 48

Sa hora lagnom u drugoj kući, zajedno sa jogakarakom Saturnom, Gandi je bio blagoslov za bilo koju zajednicu ili grupu, jer je svim srcem bio zainteresovan za njen uspon. Bilo da je u pitanju Južna Afrika ili Indija, on je bio glas siromašnih i potlačenih, glas demokratije. Bitno je primetiti da je Gandi pronašao ovaj put nakon što je javno priznao ličnu laž i prevaru, i obećao da nikad više neće skrenuti sa puta istine. Ovo se zove 'Satja Narajana vrata' i ovakva osoba je uvek pobednik. Oblik Šri Satja Narajane opisan je kao sadhu rupi bhagavana tj. Bog u odeći sadua ili monaha, a ovaj oblik je uzeo i blagosloveni Bog Rama tokom četrnaest godina svog izgnanstva u Saturnovoj mula daši.

Gandi je uživao u bogatstvu u vezi sa hora lagnom tokom sudaša fiksnih znakova, od rođenja do 1894. godine. Posle toga je lično bogatstvo izgubilo svoj smisao jer je Saturn vladar druge kuće sa HL.

Sa dolaskom sudaše Strelca, 1894. godine, on je osnovao Natal Indijski Kongres u kome preuzima ulogu sekretara. Svetu je omogućio pogled na skelet u carskom ormanu, na diskriminaciju koja se praktikovala nad Indijcima u jednoj od afričkih kolonija kraljice Viktorije. Gandijeva podrška potlačenima je bila ogromna. Čak su mu se i njegovi protivnici preko volje divili. General Jan Kristian Smuts napisao je, u vreme Gandijevog napuštanja Južne Afrike i polaska za Indiju, u julu 1914: "Svetac je napustio naše obale, nadam se zauvek".

Primarna razlika između hora lagne u drugoj i one u osmoj kući je ta što ljudi sa hora lagnom u osmoj kući smatraju da treba da oduže dug ili da su glasnici sudbine, i u dobrom i u lošem smislu. Adolf Hitler je imao hora lagnu u osmoj kući i bio je veoma zabrinut za 'kolegu Nemca' i za 'Arijevski narod'. Međutim, njegov osećaj za sudbinu je bio daleko jači od Gandijeveg.

Čart 29: Adolf Hitler

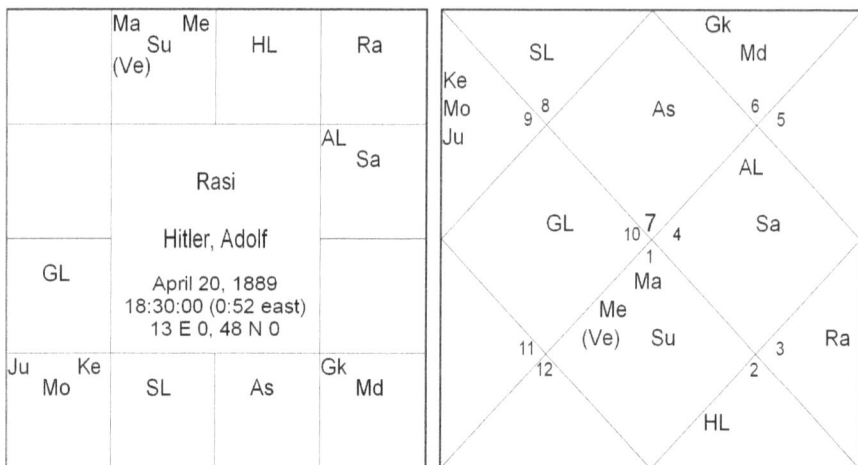

Ma Me Su (Ve)	HL	Ra	
		AL Sa	
Rasi Hitler, Adolf April 20, 1889 18:30:00 (0:52 east) 13 E 0, 48 N 0			
GL			
Ju Ke Mo	SL	As	Gk Md

SL	Gk	Md
Ke Mo 9 / 8	As	6 / 5
Ju		AL
GL 10 / 7 / 4		Sa
1 Ma Me		
11 / (Ve) Su 12		3 Ra
	2	
HL		

As:	4 Li 27	Su:	8 Ar 30 (PK)	Mo:	14 Sg 19 (PiK)	Ma:	24 Ar 05 (AmK)
Me:	3 Ar 23 (DK)	Ju:	15 Sg 56 (MK)	Ve (R):	24 Ar 23 (AK)	Sa:	21 Cn 09 (BK)
Ra:	23 Ge 45 (GK)	Ke:	23 Sg 45	HL:	20 Ta 42	GL:	24 Cp 49

3.4. Hora lagna u trećoj ili devetoj kući

Hora lagna u trećoj kući daje briljiranje, ukoliko je njen vladar povezan sa Suncem, Jupiterom i lagnom. Ona ujedno može dati i najrazvratnije ljude, ako je povezana sa ljutim maleficima. U pozitivnom smislu, znanje i visoka učenja postaju osobino bogatstvo, a u negativnom smislu, to postaju sve vrste kriminala, prevare, lažni duhovnjaci itd.

Pošto su Mars i Jupiter signifikatori ovih kuća, ovi ljudi mogu imati zavisnosti poput pušenja itd. koje pokazuje Mars, ili mogu biti izuzetno odani učenjima svojih gurua, što pokazuje Jupiter. Oni bez izuzetka postaju veoma dobre šišje ukoliko je Jupiter jak.

Čart 30: Albert Ajnštajn

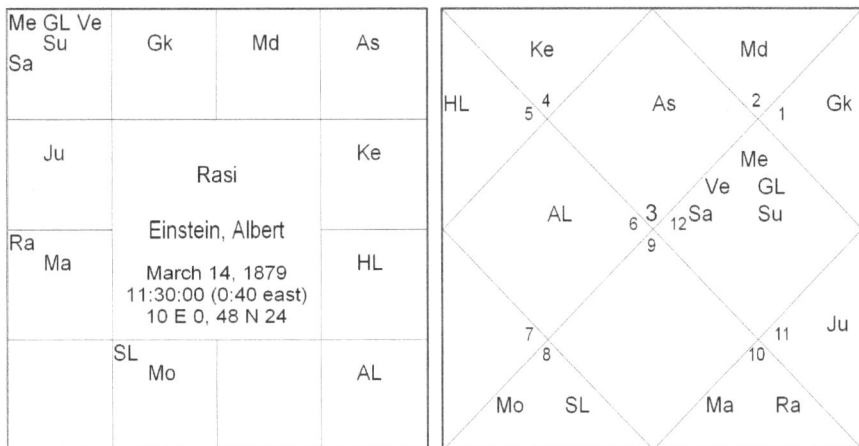

Me GL Ve Su Sa	Gk	Md	As
Ju	Rasi		Ke
Ra Ma	Einstein, Albert March 14, 1879 11:30:00 (0:40 east) 10 E 0, 48 N 24		HL
	SL Mo		AL

As:	19 Ge 28	Su:	1 Pi 20 (DK)	Mo:	22 Sc 21 (AmK)	Ma:	4 Cp 45 (GK)
Me:	10 Pi 59 (PiK)	Ju:	5 Aq 19 (PK)	Ve:	24 Pi 49 (AK)	Sa:	12 Pi 01 (MK)
Ra:	9 Cp 18 (BK)	Ke:	9 Cn 18	HL:	6 Le 09	GL:	28 Pi 42

Hora lagna je u trećoj kući, u Lavu, a njen vladar je u desetoj kući u digbalu (direktivna snaga) i aspektuje lagnu. Ajnštajn je bio među najinteligentnijim ljudima svog vremena i njegova genijalnost je pokrenula more promena u načinu na koji fizičari razmišljaju.

Sudaša je odigrala ključnu ulogu u njegovom životu. Daša se generalno deli na tri faze jer se nastavlja u kendrama i pokriva četri znaka slične prirode. U ovom čartu je vladar lagne, koji predstavlja osobu, debilitiran. Od još većeg značaja je debilitacija vladara četvrte kuće, Merkura, kao i Meseca koji je karaka za četvrtu kuću. Ovo se manifestovalo kroz nestabilan dom ili mesto stanovanja, i kroz nestabilnosti u vezi sa nacionalnošću ili državljanstvom, što je opet povezano sa četvrtom kućom.

Njegov čart potvrđuje da je on u detinjstvu bio nemački državljanin (rođen je 14. marta 1879. u Ulmu, u Vurtembergu, u Nemačkoj). Njegovo detinjstvo, uključujući tu i "napuštanje" škole, trajalo je tokom sudaše fiksnih znakova Vodolije i Bika, od rođenja do 1900. godine.

Posle toga, sa dolaskom daše četiri pokretna znaka (Jarac–Ovan), tačno 1900. godine, posle male mature, on postaje švajcarski državljanin. Kasnije je ponovo postao nemački državljanin, posle preseljenja u Berlin u aprilu 1914. godine u daši Vage.

Sa dolaskom daše dvojnih znakova (Strelac – Ribe) 1933. godine Adolf Hitler postaje nemački kancelar. Ajnštajn se odriče nemačkog državljanstva i iste godine napušta zemlju. Kasnije postaje američki državljanin.

Bitna činjenica u vezi sa hora lagnom u trećoj kući je da je Jupiterov uticaj ma ascendent bio snažniji nego Marsov, jer Jupiter aspektuje lagnu a Mars ne, i zato je Ajnštajn proveo život zastupajući pacifizam. Sigmund Frojd je zabeležio da je rat bio biološki opravdan zbog ljudskih instinkata kao što su ljubav i mržnja, kao i to da je pacifizam bio idiosinkrazija direktno povezana sa Ajnštajnovim visokim stepenom kulturnog razvoja. Ipak, Mars je zbog svoje egzaltacije bio daleko snažniji od Jupitera. Čista je ironija sudbine da je njegov najčuveniji postulat, a to je jednačina o energiji i masi (E=MC2), svoj spektakularan dokaz našla u stvaranju atomskih i hidrogenskih bombi, najdestruktivnijeg oružja koje postoji. Mars je time pokazao da je jači od Jupitera po poziciji i zato su Ajnštajnova učenja iskorišćena za namene koje su njemu bile apsolutno neprihvatljive.

Čart 31: Tantrik/crni mag

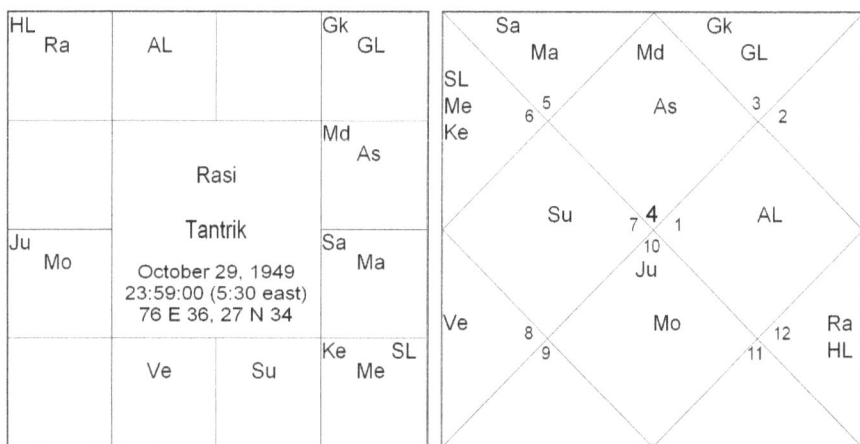

As:	15 Cn 48	Su:	12 Li 51 (PiK)	Mo:	25 Cp 08 (BK)	Ma:	8 Le 24 (PK)
Me:	28 Vi 43 (AK)	Ju:	1 Cp 48 (DK)	Ve:	28 Sc 43 (AmK)	Sa:	23 Le 05 (MK)
Ra:	22 Pi 18 (GK)	Ke:	22 Vi 18	HL:	25 Pi 40	GL:	0 Ge 59

U ovom čartu hora lagna je u devetoj kući i njen vladar, Jupiter, aspektuje lagnu dok je istovremeno u konjukciji sa lagnešom. Osoba je inteligentna i veoma učena na polju mantra šastre i različitih oblika trantre, uključujući i crnu magiju. Do znanja o crnoj magiji i tantri može se doći samo ukoliko su malefične planete povezane sa hora lagnom, kao i ukoliko su u trigonu od karakamše. U ovom čartu Rahu je na hora lagni, u Jarac navamši, i u trigonu od karakamše koja je u Devici. Planete koje Rahu aspektuje mogu pokazati tip tantre za koju će se specijalizovati, a u ovom slučaju Rahu aspektuje Veneru i pokazuje učenost u Kamkgja sadani, ili sadani Boginje ljubavi i želja, Venere.

Pozicija Saturna i Marsa u drugoj kući čini ga lažljivcem i lopovom ali, za razliku od Gandija, on nije uzeo Satja Narajana vratu i zapravo je obmanjivao ljude obećavajući im sve vrste političkih dobrobiti u zamenu za odgovarajući mito. Zapravo, čak i u čartu Adolfa Hitlera možemo videti da Saturn aspektuje drugu kuću i HL raši drištijem, a on je bio poznat po svojim 'velikim belim lažima' posebno tokom početne ekspanzije nacizma.

'Zlatni period' njegovog života trajao je tokom Vodolijine sudaše, 1991-97. godine, kada je on iza sebe imao politički vrh kao zaleđinu i kada je zgrnuo ogromno bogatstvo. Rahu, kao vladar Vodolije, zajedno je sa hora lagnom, dok je Saturn, kao njen drugi vladar, u drugoj kući koja je kuća bogatstva. Njegovo bogatstvo je počelo da opada u Bikovoj daši, jer ni znak ni njegov vladar nemaju vezu sa hora lagnom. Naprotiv, Venera u Škorpiji može biti veoma malefična i može delovati kao badak, opstrukcija. Bandana joga je aktivirana i on je završio u zatvoru na nekoliko godina tokom ove daše.

3.5. *Hora lagna u četvrtoj ili desetoj kući*

Hora lagna u četvrtoj ili desetoj kući pokazuje vezanost za kuću ili za reputaciju, ime i slavu, a pitanja u vezi sa tim će se provlačiti kroz čitav život. Ove kuće imaju nekoliko signifikatora i svaki od njih treba ispitati da bi se utvrdilo kakav uticaj one imaju na koncept bogatstva i ideala u vezi sa njim.

Mesec je signifikator za četvrtu kuću i pokazuje veliku ljubav prema majci ili domovini, kao i veliku saosećajnost. Ako je Mesec jak on pokazuje veštine u držanju zajednice na okupu, kao i liderstvo u bilo kom poslu ili na bilo kom zadatku. Ako je Mars jak tada osoba ima više nekretnina i može biti zemljoposednik. Deseta kuća ima četiri signifikatora od kojih je primarni Merkur. Ako je Merkur jak, osoba ima jasno shvatanje finansija, novčanih pitanja i vešta je u obavljanju posla. Jupiter je drugi signifikator i pokazuje veliku filozofiju u vezi sa poslom, visoku radnu etiku, jasan fokus i sposobnost za postizanje uspeha, čak i uprkos nemogućim izgledima. Saturn je radnik i daje sposobnosti za rad, istrajnost i za sprovođenje naredbi, a daje i snažan stav u vreme patnje i tuge. Sunce u snazi daje liderstvo u društvu, rukovođenje i razumevanje vladanja. U negativnom, svi pomenuti faktori se mogu pokazati kao ozbiljne smetnje u toku života.

Čart 32: Svami Vidjaranija

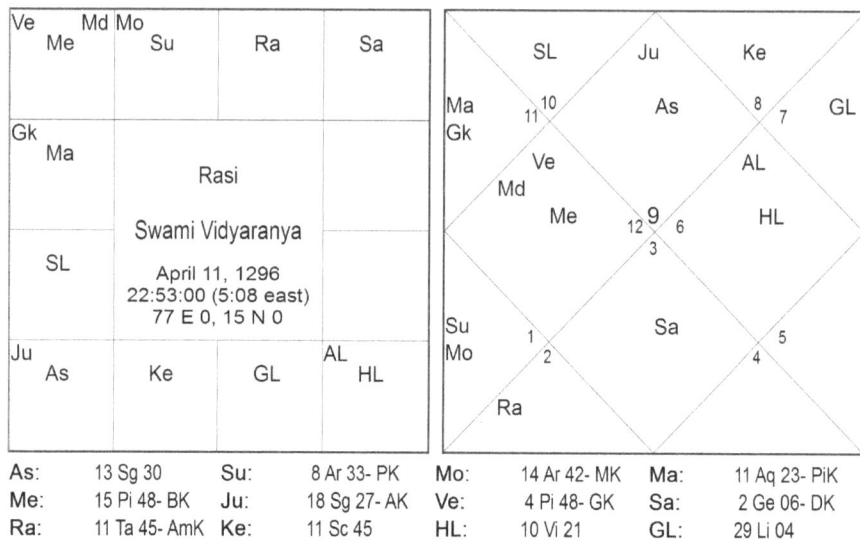

Ve Md Mo			
Me	Su	Ra	Sa
Gk Ma		Rasi	
	Swami Vidyaranya		
SL	April 11, 1296 22:53:00 (5:08 east) 77 E 0, 15 N 0		
Ju As	Ke	GL	AL HL

(South Indian and North Indian chart diagrams)

As:	13 Sg 30	Su:	8 Ar 33- PK	Mo:	14 Ar 42- MK	Ma:	11 Aq 23- PiK
Me:	15 Pi 48- BK	Ju:	18 Sg 27- AK	Ve:	4 Pi 48- GK	Sa:	2 Ge 06- DK
Ra:	11 Ta 45- AmK	Ke:	11 Sc 45	HL:	10 Vi 21	GL:	29 Li 04

Vreme rođenja Svami Vidjaranija, poznatijeg po svom purvaašram imenu Madhavačarja, obezbedio je Dr. B. V. Raman[1]. Hora lagna je u desetoj kući i pokazuje osobu koja je veoma fokusirana na posao ili dom i zbog toga moramo ispitati planete Mesec i Merkur, kao signifikatore ovih kuća, kako bismo odredili bogatstvo i ono što osoba smatra vrednim. Mesec u osmoj kući pokazuje odricanje od doma i od materijalnih poseda. Njegova dobra pozicija u Pušja nakšatri u svom znaku pokazuje jaku posvećenost majci ili domovini, kao i to da će osoba biti poput oslonca za naciju i državu. Debilitirani Merkur pokazuje želju za odricanjem umesto za sakupljanjem ili akumulacijom novca. Merkurova ničabanga pokazuje sposobnost osobe da poteškoće preokrene u dobrobiti kroz naporan rad i posvećenost. Osoba će bez sumnje biti karma jogi.

---

1 „Značajni horoskopi", Dr. B. V. Ramana, Motilal Banarsidas, Deli, stranice 66-68. Podatak je zasnovan na Renuka Tantri u kojoj Madavačarja navodi podatke o svom rođenju. Kod korištenja Julijanskog kalendara treba biti oprezan jer se dani u nedelji obično ne poklapaju. Na primer, Madavačarja navodi da je rođen na soumjavasara, što znači sreda, dok je po Julijanskom kalendaru dan u nedelji za 11. april 1296. subota. Svi ostali faktori su ispravni osim pozcije Merkura koji odstupa za nekoliko stepeni.

Osim toga Merkur, kao glavni signifikator za desetu kuću, prima ničabangu kroz višestruke faktore; Veneru[2], Jupitera[3] kao i kroz svoju poziciju u kendri od lagne u digbalu, što pokazuje briljantnost i vrhovnu inteligenciju. Saturn u sedmoj kući u digbalu pokazuje njegovu sposobnost da se suoči sa tugom i patnjom. Sva četiri signifikatora za desetu kuću su snažna i spremna da potvrde karma jogija.

Svami Vidjaranija je uvideo anarhiju do koje je u južnoj Indiji došlo posle invazije muslimana i koja je hindu kraljevstvo učinila dezorganizovanim, i veoma slabim i ranjivim. On je bio najstariji od tri brata rođena u dobroj braminskoj porodici (pogledajte Jupitera u raši i navamša čartu). On je rođen u Saturnovoj daši, što je porodici donelo siromaštvo. Jupiter, kao vladar četvrte kuće i batrikaraka, formira Hamsa jogu i dispozitor je Merkura, vladara hora lagne u četvrtoj kući koja se tiče obrazovanja. On se školovao u najboljoj mogućoj ustanovi tog vremena, u Šringeri Šarada pita4 Šankaračarje, tokom Merkurove daše. Dakle, vladar hora lagne smešten u četvrtoj kući, kući obrazovanja, doneo mu je bogatstvo, učenje i znanje, zbog kog je postao nezamenljivo preimućstvo Viđajanagore imperije.

Već 1933. godine, posle samadija (smrti) Vidjašankara Tirte, koji je bio glavni guru Šarada pite od 1229. do 1333. godine, Vidjaranija je postavljen kao Đagad guru matha u toku Venerine daše i Venerine antardaše. Ipak, njegove usluge su bile potrebne za izgradnju nacije i, posle postavljanja njegovog mlađeg brata Bhoganata (posle uzimanja

2   Malavja Mahapuruša joga koju formira Venerina egzaltacija u kendri i njen digbal u četvrtoj kući time dajući sposobnosti za organizaciju i rukovođenje ljudima i društvenim aktivnostima.

3   Hamsa Mahapuruša joga sa Guruom u digbalu pokazuje vrhovnu inteligenciju i nekog ko je iznad sitnih ljubomora, sposobnog učitelja i vođu i nekog ko je u osnovi duhovan i istinoljubiv.

4   Poreklo matha opisano je u Šankara Viđaja koju je Madhava napisao. Šankara je sa svojom pratnjom stigao u Šringeri jednog izuzetno vrućeg podneva, a odatle je produžio do reke Tunga zarad ritualnog kupanja. Tu su se susreli sa žabom koja je se borila da donese mlade na svet. Nad njom je bila nagnuta kobra koja je svojim vratom štitila žabu od užeglog sunca, umesto da je napadne. Ovo kobrino saosećajno i dobro delo veoma je dirnulo šankaru. Shvatio je da, ako postoji raj na zemlji u kome sva bića žive u međusobnom miru i prijateljstvu, onda se on nalazi u tom mestu. Kada se osvrnuo Bharati, koja je poznata i kao Šarada, je rekla da je odlučila da zauvek ostane u Šringeriju i otuda ime Šringeri Šarada pita. Višvarupa, drugi sledbenik, dobija titulu Suresvaračarja i postaje Šankaračarjin naslednik pre nego što je ovaj nastavio svoje putovanje kako bi pronašao preostale trip pite u Puriju, Dvarki i Badrinatu. Matha prati filozofiju Advaita Vedante. Prateći tradiciju koju je inicirao Šankara, matha pod imenom dakšinamnaja math (južni manastir) je glavni za Jađur Vedu (Krišna Jađur veda je popularna u južnoj Indiji). Govardana matha nosi ime purvamnaja matha (istočni manastir) u Đaganat Puriju i ona se brine o Rig Vedi. Dvarka math koju zovu i pašćimamnaja matha (zapadni manastir) je glavna za Sama Vedu. Đotir matha (ili Đoši matha) zove se još i utaramnaja matha u Badrinatu i glavna je za Atarva Vedu.

sanjase poznatog kao Bharati tirta I) za Đagad gurua Šringeri Šarada pite, on odlazi odatle kako bi ostao u Viđajanagori (Hampi). Odavde je poveo Harihara Rađa I u pravcu osnivanja carstva, osnivanja Sagama dinasije i postavljanja temelja za Viđajanagora carstvo, 1336. godine, u Venerinoj daši i Sunčevoj antardaši. On je služio kao kula guru i rađ guru trima generacijama kraljeva[5] koji su vladali Viđajanagar imperijom. Viđajanagara ili Hampi, prestonica carstva, ima hram posvećen ovom svecu u koji ljudi i dan danas dolaze da se pomole.

Zašto je đagad guru iz Šankarine tradicije i glava Šringeri Šarada pite, koji je postigao potpunu mentalnu kontrolu i koji je apolitičan, nenasilan i posvećen duhovnom životu u celibatu, poverio svoju odgovornost mlađem bratu, iako je on bio veoma kompetentan, i postao politički savetnik za carstvo u izgradnji? Odgovor leži u hora lagni koja, kad se nalazi u desetoj ili četvrtoj kući, ispunjava osobu porivom za uspostavljanjem reda i mira kod kuće, što je četvrta kuća, ili u domovini. Ovome dodajte i činjenicu da je vladar hora lagne, Merkur, u četvrtoj kući, zajedno sa egzaltiranom Venerom. Osim toga postojale su i okolnosti koje su dovele do ove odluke i koje su učinile da se Jupiter u hamsa jogi uspravi poput planine zarad svog duhovnog učitelja.

Svami Vidjašankara Tirta bio je đagad guru Šringeri Matha od 1299-1333. godine, i bio je učitelj Svami Vidjaranija što potvrđuje tačnu praćenu paramparu[6]. Svami Vidjašankara tirta je morao pobeći 1310. godine, kada je Malik Kafur[7], dijabolični evnuh (kojeg pokazuje Saturn) u službi generala Alaudin Khiđa, napao istočnu i zapadnu Indiju i počeo razjareno da uništava hramove. Ime 'tirta' znači svetilište i podrazumeva onog ko je toliko svet da je sam po sebi svetilište i zbog toga svako mesto na kome on boravi postaje svetilište. Veruje se da su i ostali Šankaračarja math, Kanči matha i Kudali Šrinteri matha koji se nalaze na istom putu, iznikli istovremeno. Bitno je pomenuti da je

5   Harihara I 1336-1343; Buka I 1343-1379; Harihara II 1379-1399.

6   Parampara se može tačno ispratiti kroz sledeću tradiciju Šringeri Đagadgurua sve do Svami Vidjaranije: 1. Šankara 788-820 (videhamukti), 2. Surešvara 820-834, 3. Niťjabodhagana 834-848, 4. Đnanagana 848-910, 5. Đnanotama 910-954, 6. Đnana Giri 954-1039, 7. Simha Giri 1038-1098, 8. Išvara Tirtha 1098-1146, 9. Narasimha Tirtha 1146-1229, 10. Vidjašankara Tirtha 1229-1333, 11. Bharati Tirtha (I) 1333-1380, 12. Vidjaranija 1380-1386... iako možda Svami Vidjaranija treba ponoviti dva puta, jednom od 1333-36 i ponovo od 1380-86.

7   Malik Kafur je bio general od 1296. do 1316. godine. Budući da je bio tek preobraćen u Islam on dobija novo ime 'Malik' koje znači vladar, umesto starog koje mu je dato na osnovu cene koja je robovlasniku plaćena za njega i koje je značilo 'hiljadu dinara Kafur' i bio je zbog toga ratoborno odan. On je bio plavook, zgodan i feminiziran i zbog toga je bio ljubavnik Alaudina Khiđi, ali je hteo da dokaže svoju muškost kao general. Alaudin Khiđi je bio poznat po svojim strastima prema oba pola – poznato je da je Rani Padmini, na primer, morala da se opeče kako bi izbegla njegove strasti.

Svami Vidjašankara tirta bio gotovo 100 godina star u tom trenutku i da je već 81 godinu bio na čelu Šringeri Matha. Merkurova daša i Ketuova antardaša su bile na samom početku u čartu Svami Vidjaranije, a debilitirana daša atmakarake zajedno sa Ketuom u dvanaestoj kući je sigurno donela bolna iskustva za tinejdžera od četrnaest godina koji je morao da vidi svog ostarelog učitelja kako biva prisiljen na beg da bi spasio Vede i spise. Nema sumnje da sa jakim retrogradnim, i zbog toga nepopustljivim, Jupiterom koji je ujedno i bhatrikaraka, Guru, na lagni, on postaje ruka Šive[8] koja je povela narod i vladare u formiranje efektne i snažne imperije. Svami Vidjašankara Tirtha se vratio u Šringeri math 1330. godine, ali je nastavio u Lambika mudri[9] sve do svog samadija, 1333. godine.

Osim raznih drugih knjiga, Svami Vidjaranija je autor i Sanskrit kompendijuma različitih filozofskih škola Hindu misli pod imenom 'sarva-daršana-samgraha' dosledno vargotama atmakaraki Merkuru, kao vladaru hora lagne smeštenom u četvrtoj kući učenja, pored toga što je vladar navamša lagne sa gađakešari jogom Jupitera i Meseca koja pokazuje velikog autora.

Četvrta kuća se ujedno bavi i sa nekretninama i Svami Vidjaranija nije odobrio ili prihvatio nijednu od velikih imovina koje su mu generacije Viđajanagar kraljeva poklanjale. Umesto toga je svu imovinu poklonio Šringeri Šarada Mathu kako bi institucije usmerene na učenje i znanje cvetale u kraljevstvu i kako bi učeni i produhovljeni imali dobrobiti.

---

8   Jupiter koji je sam na lagni i u snazi je najveća zaštita i blagoslov u čartu jer jedan naklon ispred Onog koji drži trozubac, Šive, može da oprosti hiljade grehova.

9   Citat iz „Kundalini joge" Šri Svami Šivananada. Lambika joga: praksa Kečari mudre. Praktikovanjem ove mudre osoba učini da ne oseća glad ili žeđ. Može da hoda po nebu. Ova joga je prepuna poteškoća. Mora se naučiti od razvijenog Jogi gurua koji je ovu jogu praktikovao kroz dug vremenski period i postigao potpuni uspeh. Nju jogiji čuvaju kao tajnu. Ona garantuje velike sidhije i moći. Ona je i ogromna moć kontrole uma. Onaj koji je dostigao uspeh u ovoj mudri, neće osećati ni glad ni žeđ. Može jednostavno kontrolisati svoju pranu. Kečari mudra, Joni mudra ili Šanmuki mudra, Sambava mudra, Ašvini mudra, Maha mudra i Joga mudra su bitne mudre. Među ovim mudrama, Kečari mudra je najvažnija. Ona je kraljica mudri. Mudra znači pečat. Ona stavlja pečat na um i Pranu. Um i prana dolaze pod kontrolu joge. Kečari mudra se sastoji od dve bitne krije, Čedan i Dohan. Na donjem delu gornje strane jezika, tzv. frenum lingua, jednom nedeljno oštrim nožem napravi se rez debljine vlasi kose i posle toga se na to pospe prah kurkume, i sa tim se nastavi nekoliko meseci, to je Čedan. Posle toga jogi učenik nanosi maslac na jezik i svakodnevno ga izdužuje. On izvlači jezik na način sličan onom na koji se povlači kravino vime u toku muže mleka. Ovo je Dohan. Kada je jezik dovoljne dužine, a treba da dotakne vrh nosa, učenik ga savije, stavi nazad i zatvori zadnju stranu nozdrva. Tada seda i meditira. Dah u potpunosti staje. Za nekoga taj proces zasecanja i izdužavanja jezika nije neophodan jer je rođen sa dugačkim jezikom. Onaj koji je dostigao savršenstvo mudre postaje 'hodač po nebu'. Kraljica Čudala ima ovu moć ili sidhi. Onaj ko ima čistotu i druge božanske odlike, ko je slobodan od želja, pohlepe i žudnje, ko je obdaren bestrašćem, diskriminacijom i snažnim aspiracijama ili žudnjom za slobodom imaće dobrobiti od praktikovanja ove mudre. Mudra pomaže jogiju da sebe zakopa ispod zemlje".

Hora lagna vladar u četvrtoj kući u debilitaciji zajedno sa egzaltiranom Venerom i Jupiterom koji mu daje ničabangu ovo potvrđuju. Mars kao vladar pete kuće je dobro postavljen u trećoj kući od lagne i šestoj kući od aruda lagne. Njegova argala na Jupitera garantuje imovinu koja će biti od dobrobiti duhovnoj tradiciji.

Slika 11: Joga Narasimha, Viđajnagara imperija, Hampi

Tokom Rahu daše Saturn antardaše, njegov mlađi brat i glava Šringeri Šarada Pite postiže samadhi (umro 1380. godine) i morao se vratiti iz Viđajanagara u Šringeri kako bi preuzeo vođstvo kao Đagadguru narednih šest godina sve do njegovog samadija 1386. godine u Rahu daši Ketu antardaši. Bitna je činjenica da Ketu raši drištijem aspektuje dvanaestu kuću od karakamše što je Vodolija u navamši. Mars je vladar devete od karakamše i nalazi se u dvanaestoj kući od karakamše čime pokazuje da su njegove išta i darma devate pokazane Marsom u formi boga Narasimhe. Sada kad smo identifikovali Mars (koji pokazuje Šri Narasimhu) kao išta devatu, vidimo da se nalazi u trećoj kući (kama trikona) i pokazuje pozu sedenja[10].

---

10   Ako je planeta koja pokazuje devatu u lagna trigonu (1, 5, 9) pokazaće stajanje; u mokša trikonama (4, 8, 12) spavanje ili ležanje; u kama trikonu (3, 7, 11) sedenje i u arta trikoni (2, 6, 10) pokazuje hodanje ili puzanje.

Čart 33: Morarđi Desai

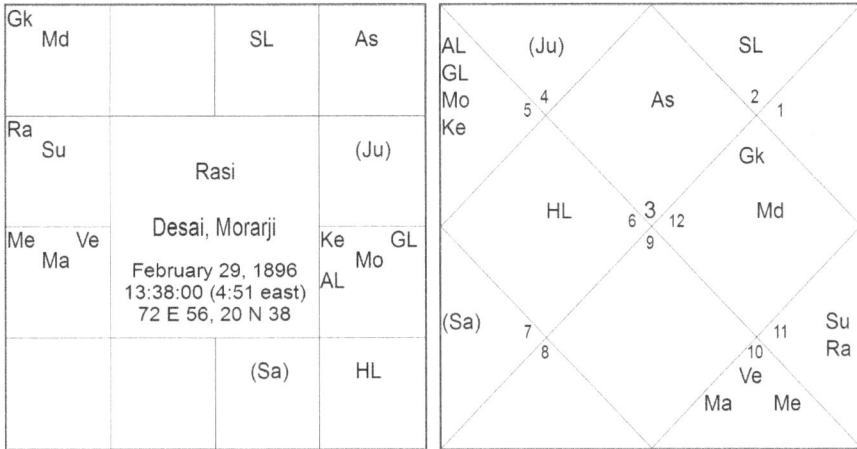

Gk Md	SL	As
Ra Su	Rasi	(Ju)
Me Ve Ma	Desai, Morarji February 29, 1896 13:38:00 (4:51 east) 72 E 56, 20 N 38	Ke GL Mo AL
	(Sa)	HL

As:	18 Ge 58	Su:	17 Aq 55- PiK
Me:	21 Cp 19- BK	Ju (R):	7 Cn 40- GK
Ra:	10 Aq 59- MK	Ke:	10 Le 59

Mo:	25 Le 32- AmK	Ma:	5 Cp 17- DK
Ve:	14 Cp 38- PK	Sa (R):	26 Li 42- AK
HL:	26 Vi 06	GL:	23 Le 49

Hora lagna u četvrtoj kući daje fokus na dom i obrazovanje, posebno kada je njen vladar, Merkur, ujedno i vladar lagne i deo Maharađa joge[11] sa Venerom. Osnovna Maharađa joga povezuje osobu sa vladom ili politikom jer povezuje ascedent, koji se odnosi na samu osobu, i petu kuću, koja se odnosi na autoritete. Konjukcija vladara četvrte i vladara pete kuće je druga rađa joga koja uključuje Merkura, kao vladara hora lagne.

Mesec, kao signifikator četvrte kuće, loše je postavljen u trećoj kući i pored toga što je u pitanju prijateljski znak, jer je tu i Ketu koji nosi tendencije ka eklipsi Meseca. Mesec je ujedno debilitiran u Škorpiji. Fokus više nije na ličnom domu i komforu a ne može uzeti oblik ljubavi prema domovini tim pre što prima aspekte Venere i vladara četvrte - Merkura. Sa druge strane, Merkur je signifikator desete kuće i deo je mnogih joga, a ujedno je i vladar hora lagne i lagne i u potpunosti u stanju da donese bogatstvo i dobru sreću.

Posle studija on počinje svoju karijeru pod Britancima kao službenik vlade u rodnoj državi Guđarat. Daje ostavku u službi 1924. godine, u toku Rahuove daše i Jupiterove antardaše, i postaje deo civilnog pokreta neposlušnosti protiv Britanske vlade u Indiji 1930. godine, u toku Rahuove daše i Merkurove antardaše. Sa 38 godina Desai

---

11   Povezanost lagne i vladara pete kuće, ili atmakarake i putrakarake, formiraju Maharađa jogu koja daje moć i autoritet.

je izabran na regionalnim izborima i počinje službu kao ministar prihoda (1934: Rahu – Venera) i ministar vlade (1937: Rahu – Mesec) tadašnjeg predsedništva u Bombaju. Vidimo da ga je do cilja doveo ili sam Merkur ili planete povezane sa Merkurom, a to su Mesec i Venera, kao što je prethodno i navedeno.

Morarđi Desai je zatvoren u vreme Satjagrahe koju je pokrenuo Mahatma Gandi i oslobođen je u oktobru 1941. godine (Jupiter – Saturn – Merkur). Ponovo je zatvoren u avgustu 1942. godine (Jupiter – Saturn – Mesec) tokom pokreta Kvit Indija i oslobođen 1945. godine kada se Jupiterova daša i Merkurova antardaša približavala svom kraju. Prve tri antardaše Jupiterove daše su se pokazale kao problematične zbog njegove retrogradnosti i zbog aspekta dva malefika, Marsa i Saturna. Jupiter je badakeš od lagne i od aruda lagne. Preostalih šest antardaša su se pokazale kao veoma povoljni periodi jer su Jupiterovi znaci u kendrama, vladar je egzaltiran, a znaci nemaju malefične planete.

On je bio poznat kao strog lider, i to pokazuje rađajoga u Jarcu i Saturn, atmakaraka, u egzaltaciji, a imao je i ekscentrična verovanja i bio je arogantan u upravljanju što je zamka Maharađa joge kada je ona povezana sa Saturnom ili sa Marsom. Izabran je za predsednika vlade u Bombaju 1952. godine, u Jupiterovoj daši i Marsovoj antardaši, jer je egzaltirani Mars dao rezultate rađajoge sa Venerom i Merkurom. Hora lagnom vlada lagneš, Merkur, što mu je donelo napredna razmišljanja i liberalnost u poslovanju, dok mu je izmena između Saturna i Venere u osmoj kući donela konzervativnost u društvenim odnosima. U toku daše atmakarake, Saturna, pokrenuo se u pravcu državne politike i tokom Saturnove daše i Venerine antardaše napravio je drugi veliki rizik u svom životu (izmena vladara pete i osme kuće pokazuje kockanje u politici). Pošto je Saturn umešan, ovo se desilo posle smrti lidera, Nehrua (Saturn pokazuje smrt, a atmakaraka lidera ili kralja). Saturn je retrogradan i njegov rizik je propao jer ga je Šastri pobedio. Kongres se podelio i on se 1967. vraća zahtevajući ministarstvo unutrašnjih poslova (tiče se doma a HL je u četvrtoj kući i to je ono što on vrednuje) ali se ipak morao zadovoljiti sa ministarstvom finansija u Mesečevoj antardaši – Mesec je signifikator četvrte kuće ali i vladar druge kuće – hteo je poziciju ministra unutrašnjih poslova a dobio je poziciju ministra finansija. Period Saturnove daše i Rahuove antardaše je bio grozan jer je ga je u potpunosti nadigrala Indira Gandi koja je oformila većinsku vladu (I) i povratila moć 1971. godine. Jupiterova daša je ponovo pokazala grozne rezultate.

Merkurova daša je donela najveću rađajogu u njegovom životu jer je u toku Merkurove antardaše Visoki sud Alahabad poništio izbore Indire Gandi zbog korištenja vladine mašinerije u izborima a ona odmah zatim proglašava vanredno stanje i zatvara Morarđija 1975. što mu samo dodatno uvećava popularnost. On je poveo koaliciju gotovo svih mogućih partija na izborima 1977. godine i tako postao prvi vankongresni premijer Indije. Merkurova daša i Venerina antardaša su se završile u februaru 1980. godine i tu je bio i kraj njegovog kratkog mandata četvrtog premijera Indije jer je je njegov zamenik preuzeo njegovo mesto, a posle svega ovoga on i napušta politiku. Njegov najveći doprinos bio je pokušaj da Indiju učini istinski demokratskom. Kasnije, 1991. godine, u Ketuovoj daši i Venerinoj antardaši dodeljena mu je najviša pakistanska titula i čast 'Nišane-Pakistan', kao i najviša indijska titula 'Bharat ratna'. Umro je u drugom ciklusu Venerine daše u Venerinoj antardaši.

3.6. *Hora lagna u petoj ili jedanaestoj kući*

Hora lagna u petoj kući pokazuje osobu koja decu, učenike, veru, šišje ili ljude koje na bilo koji način predvodi, smatra svojim istinskim bogatstvom. On će uraditi bilo šta za te sledbenike koje smatra svojom decom. Nijedna žrtva nije prevelika za ovako moćne duše, pod uslovom da je Jupiter, kao signifikator, u dobroj kući od aruda lagne i lagne i da je generalno jak. Oni mogu postati veliki učitelji i ispoljiti neverovatnu mudrost prevazlazeći i najneprijatnije okolnosti jer je razumevanje sveta njihova prava vera. Ovakve osobe su pravi poklon grupi kojoj pripadaju ili koju predvode. Planete u petoj kući mogu bitno izmeniti ovu sliku, kao i definiciju porodice ili grupe.

Hora lagna u jedanaestoj kući se razlikuje po tome što je fokus ili vrednost povezana sa prijateljima, kolegama, starijom braćom ili sestrama, i sa samim sobom. Afliktovan Jupiter može pokazati lošu procenu na ovom polju zbog čega osoba može doživeti veliku patnju. Ako se Jupiter nalazi u dustanu od aruda lagne osoba može biti u zabludi u vezi sa ljudima i situacijama i može postati slepi sledbenik svojih ličnih teorija, ili ga prijatelj ili loš kolega može iskoristiti.

Kuće kojima vlada signifikator pokazuju blagoslove ili nevolje i u skladu sa time se menja i sistem vrednosti u životu.

Čart 34: Ačarja Rađneš (Ošo)

GL AL Ra			As
SL	Rasi Acarja Radjnes Osho December 11, 1931 17:49:00 (5:30 east) 78 E 47, 22 N 55		(Ju)

Ma Sa Me
    Mo
Ve
	Su	HL	Md Gk
			      Ke

As:	0 Ge 56	Su:	25 Sc 37- BK	Mo:	22 Sg 41- MK	Ma:	8 Sg 10- DK
Me:	13 Sg 30- GK	Ju (R):	29 Cn 44- AK	Ve:	19 Sg 19- PK	Sa:	28 Sg 35- AmK
Ra:	8 Pi 29- PiK	Ke:	8 Vi 29	HL:	27 Li 11	GL:	15 Pi 15

Dvisaptati-sama daša (primenjiva kada je vladar lagne u 7. i vladar 7. na lagni):

Maha daše:

Moon: 1925-08-18 - 1934-08-19

Mars: 1934-08-19 - 1943-08-19

Merc: 1943-08-19 - 1952-08-18

Jup: 1952-08-18 - 1961-08-19

Ven: 1961-08-19 - 1970-08-19

Sat: 1970-08-19 - 1979-08-19

Rah: 1979-08-19 - 1988-08-18

Sun: 1988-08-18 - 1997-08-19

Ačarja Rađneš (Ošo) je tvrdio da su najveća životna vrednost ljubav, meditacija i smeh, kao i da je krajnji cilj ljudskog života dostizanje duhovnog prosvetljenja.

Veoma dirljiva teorija Ačarje Rađneša je da na razvoj dece tokom prvih sedam godina njihovog života utiče to što su prisiljeni da uče dok je njihovo dostojanstvo zanemareno. On smatra da bi bilo idealno da je ovo obrnuto. Ljudi mogu naučiti od dece ono što su sami zaboravili. Ako je detetu dozvoljena sloboda tokom njegovih prvih godina života, ono će rasti u snazi i imaće dovoljno inteligencije da samo odluči i da diskutuje. On smatra da če deca biti poslušnija prema roditeljima ako deci damo poštovanje. Ako roditelji ignorišu detetovu individualnost, dete će zauzvrat ignorisati njih. On se seća reči svog dede: "Ja znam da radiš ispravnu stvar. Drugi ti mogu reći da grešiš. Ali drugi ne znaju situaciju u kojoj se ti nalaziš. Samo ti možeš doneti odluku u toj situaciji. Uradi šta god misliš da je ispravno. Ja ću te podržati. Ja te volim i poštujem".

Ovo je možda i više nego dovoljno da objasni značenje i važnost hora lagne u petoj kući, sa Jupiterom kao vladarom aruda lagne u egzaltaciji i u trigonu od AL. Peta kuća se odnosi i na druga bitna područija kao što su učenici. Rađneš nikad nije imao decu niti je formirao porodicu. Njegovi učenici su bili njegova porodica. Grupa njegovih učenika je 1969. godine, na kraju Venerine daše, osnovala fondaciju kako bi podržala njegov rad i omogućila mu da napusti svoj posao na univerzitetu. Sa ulaskom u Saturnovu dašu, uradio je svoju prvu inicijaciju 26. septembra 1970. godine, i uzeo je prvi sanijasin. Saturn ima digbal od lagne i formira Šani – Ćandra jogu koja se tiče duhovnosti i odricanja, i u konjukciji je sa maharađa jogom Merkura i Venere, kao vladara lagne i pete kuće (pogledajte čart Desai Morarđija). Prisutna je i parivartana (izmena) između Jupitera i Meseca. Varahamihira je dao veliku vrednost Saturnu u Strelcu i on, umešan u ovako moćne joge, uključujući i konjukciju vladara lagne i hora lagne, dok istovremeno aspektuje lagnu (Dana joga), obećava samo nebo.

Uskoro su prerasli u preveliku grupu i zato se premeštaju u ogroman ašram u Pune 21. marta 1974. godine, u Saturnovoj daši i Mesečevoj antardaši. Sve je bilo u redu do kraja Saturnove daše. Sa dolaskom Rahuove daše, a Rahu se nalazi na aruda lagni, Rađneš je bio prisiljen da otputuje u SAD iz zdravstvenih razloga i da se skrasi u Vasko okrugu, u državi Oregon. Vremenom preraslo broj sledbenika Rađnešpurama prerastao 7000 i on tada je imao 93 Rols Rojsa a prihodi su bili na nuli. Generalno, Rahu na aruda lagni kvari reputaciju i, ako je u Jupiterovom znaku, osim pitanja novca postavlja i pitanja kriminala. U Rahuovoj daši i Merkurovoj antardaši, 1984. godine, dolazi do bioterorističkog napada u toku kojeg se 750 ljudi zarazilo salmonelom tifimurijum u restoranima u Oregonu, a 45 ljudi je bilo hospitalizovano. Ovo je i dalje poznato kao najveći bakterijski udar na Ameriku. Na kraju su Šeila i Ma Anand Puđa, dva Ošoova bliska savetnika, priznali ovaj napad salmonelom, kao i pokušaj trovanja zvaničnika okruga. U maju 1985. godine Šeila učestvuje u zaveri oko atentata na Čarlsa Tarnera, državnog tužioca za Oregon, nakon što je tom advokatu dodeljeno da vodi veliku istragu o zajednici. Katerine Džejn Stubs, poznata kao Ma Šanti Badra, prijavljuje se kao dobrovoljac, kupuje oružje i osmatra Tarnerovu imovinu. Pad njegovih učenika pokazuje da je Rađnešovo istinsko bogatstvo uništeno i da će to, pre ili kasnije, uništiti i njega samog.

Rađneš je uhapšen i 23. oktobra 1985 .godine, u daši Rahu – Jupiter, i federalni sud optužuje Rađneša, Šeilu i šest drugih sledbenika za navodni imigracioni kriminal. Dva dana kasnije uhapšeni su Šeila i dva druga sledbenika i optuženi su za pokušaj ubistva Svami Devarađa, Bhagavanovog ličnog lekara (Rahu – Jupiter – Rahu). On je umro četiri godine kasnije, 19. januara 1990. godine, u Sunčevoj daši i Mesečevoj antardaši.

Ironično, njegova filozofija ljubavi, smeha i meditacije, bila je razotkrivena kao površna ljubav u ogromnim kupatilima sa više tuševa, smeh je izazivan azot-suboksidom koji je poput droge, a meditacija je bila koncentracija na elektronsku opremu sa višestrukim kanalima postavljenim oko celog Rađnešpurama. To je tužno jer je bilo i istine u onome što je Rađneš rekao, posebno u vezi sa decom, a možda i u vezi sa mnogim drugim stvarima, ali to nikada nije sprovedeno u praksi. U osnovi, zbog hora lagne u petoj kući, koja je kuća učenika, u Venerinom znaku, njegovi ženski učenici su gu stvorili i uništili... sve je bilo samo pitanje vremena.

Čart 35: M. N. Tantri

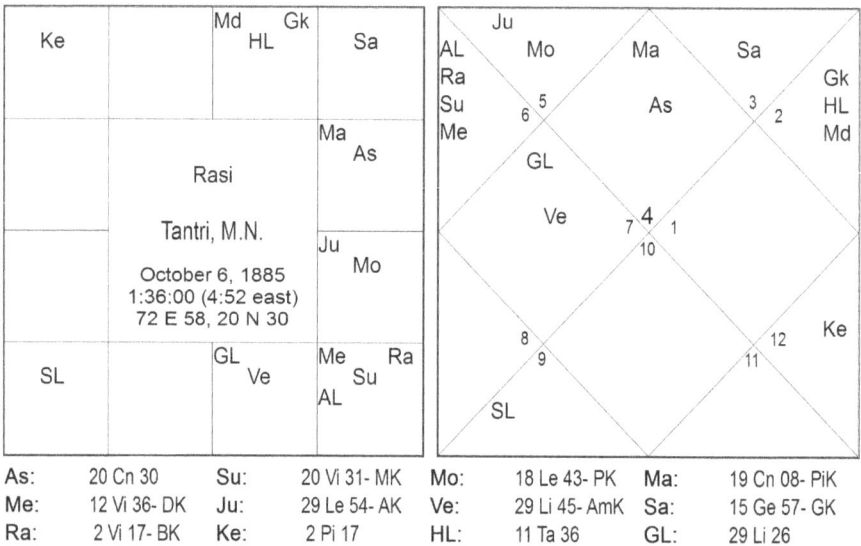

As:	20 Cn 30	Su:	20 Vi 31- MK	Mo:	18 Le 43- PK	Ma:	19 Cn 08- PiK
Me:	12 Vi 36- DK	Ju:	29 Le 54- AK	Ve:	29 Li 45- AmK	Sa:	15 Ge 57- GK
Ra:	2 Vi 17- BK	Ke:	2 Pi 17	HL:	11 Ta 36	GL:	29 Li 26

U čartu M. N. Tantrija hora lagna se nalazi u jedanaestoj kući, kući prijatelja i poznanika, koji mogu uzdići ili uništiti njegov život, a sve u zavisnosti od smernica koje mu oni daju. Vladar desete, Mars, je smešten na lagni i čini da osoba ima veoma nezavisna razmišljanja, naizgled promenljive stavove ali zapravo jako snažna verovanja. Ovo je simhasana joga koja predstavlja tron, presto, i čini da osoba deluje kao da je nezavisna i kao neko ko je nadležan za nešto, poput kralja. Usled debilitacije Mars može pokazati neugodnu narav, uzavrelu krv, olako stupanje u borbu i grubu i ishitrenu procenu. Iako logično razmišljanje može biti njegova glavna snaga jer Mars vlada logikom, on to može razvući do apsurdnih limita i tako sebe zavarati čudnim idejama i verovanjima.

Jupiter, kao signifikator hora lagne (jedanaesta kuća), dobro je smešten u drugoj kući u Gađakešari jogi sa Mesecom. Ipak, budući da je i atmakaraka, on će se pokazati kao veoma nepovoljan u drugoj kući koja je maraka (ubica) kuća, a posebno u dvanaestoj od aruda lagne (AL je u Devici). Ovaj Jupiter je ujedno izložen i groznoj papakartari jogi, jer je u makazama između debilitiranog Marsa sa jedne strane i kombinacije za eklipsu, Rahua i Sunca, sa druge strane. Jupiter mu je, kao vladar viših studija, devete kuće, dao odlično obrazovanje jer master diploma prvog reda u to vreme nije bila tako jednostavan zadatak, dok mu je Venera u četvrtoj kući, u kojoj formira Mahapuruša jogu, daje odlično detinjstvo i obrazovanje.

Problem je u aruda lagni koja je pod eklipsom kombinacije Rahua i Sunca, iako je zajedno sa egzaltiranim Merkurom. U ovoj kombinaciji Rahu daje najbolje rezultate, Sunce osrednje a Merkur daje najgore rezultate[12]. Devica je ujedno i upapada i pokazuje bračno blagostanje i blagoslove ovog sveta. Ovakva eklipsa sa tri planete objašnjava njegova tri braka.

Eklipsa na aruda lagni pokazuje da će osobina reputacija biti uništena, kao i da će biti viđen kao otrovna i izuzetno kritična osoba. Egzaltiran Merkur na aruda lagni mu daje reputaciju plodnog pisca, dok Sunce sa Merkurom pokazuje odličnog političkog analitičara. Kombinacija eklipse Rahua i Sunca čini da on svoju logiku i političko rezonovanje rasteže do apsurdnih granica. Njegova popularnost dosegla samo dno pošto je napisao groznu knjigu o Gandiju! Mahatmu Gandija pokazuje Venera na Vaga lagni[13], a to je i vladar njegove hora lagne ili njegovog održavanja, što je ujedno i njegova glavna Mahapuruša joga. Ovo se sve dogodilo u vreme kada se njegova sreća preokrenula, tačno na polovini Rahuove daše.

---

12   Prema pravilima konjukcije objašnjenim u Bhavarta Ratnakara i drugim klasičnim tekstovima poput Saravalija, kada su tri planete u konjukciji, najveći benefik među njima će doneti najgore rezultate dok će najveći malefik doneti najbolje rezultate. Planeta u sredini će dati svoje rezultate. U ovom slučaju, najmalefičniji Rahu isporučuje rezultate egzaltiranog Merkura, dok Merkur isporučuje rezultate 'eklipse' koju uzrokuje Rahu.

13   Gandi, Mahatma, 2. oktobar 1869, 7:30h, LMT 69 E 49, 21 N 37; Vaga lagna sa Venerom na lagni.

Tantri nije mogao sam napisati ovako gadnu knjigu o Gandiju. On je imao puno pajtaša koji su ga hranili 'pravim informacijama' i ispirali mu mozak, shvatajući da su njegove glavne slabosti povodljivost i emotivnost. U Jupiterovoj daši i Merkurovoj antardaši on je izvršio samoubistvo skočivši pod voz, 5. novembra 1943. godine. Merkur je do kraja izneo energiju eklipse nastale kombinacijom Rahua i Sunca.

Lekcija: Ako osoba razvije loše emocije ili mržnju prema konkretnoj osobi koju predstavlja vladar Hora lagne u njegovom čartu, to je siguran indikator nadolazećeg lošeg perioda koji može doneti veliku patnju ili čak i smrt.

3.7. Hora lagna u šestoj i dvanaestoj kući

Kada je hora lagna u šestoj ili u dvanaestoj kući tada se neprijatelji, bitke, poteškoće i slične nepogode pokažu kao prikriveni blagoslov jer mogu dovesti do velike sreće i bogatstva. Osoba ceni strane proizvode i ljude povezane sa inostranstvom. Putovanja, posao na daljinu ili prijateljstva uvek mogu doneti sreću i slavu.

Saturn je signifikator za šestu i dvanaestu kuću i pokazuje da je teško dobiti sreću od ovih kuća. Ipak, ako je Saturn jak, povoljan i u vezi je sa benefikom, tada će rađa joga doći.

Čart 36: Benito Musolini

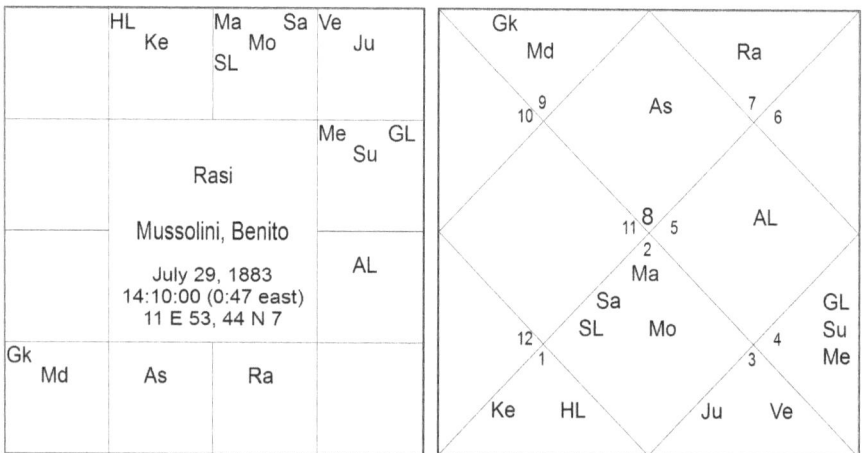

As:	0 Sc 43	Su:	13 Cn 49- GK	Mo:	17 Ta 05- MK	Ma:	20 Ta 56- BK
Me:	13 Cn 21- DK	Ju:	26 Ge 20- AmK	Ve:	29 Ge 21- AK	Sa:	15 Ta 21- PK
Ra:	14 Li 38- PiK	Ke:	14 Ar 38	HL:	26 Ar 49	GL:	1 Cn 52

U čartu Benita Musolinija, dučea Italije, diktatora koji je Italiju poveo u Drugi svetski rat hora lagna se nalazi u šestoj kući, u Ovnu. Benito Amilkare Andrea Musolini rođen je 29. jula 1883. godine u selu Varnano del Kosta, u blizini Predapia, u Italiji. Njegov otac, Alesandro Musolini, bio je kovač (vladar devete u dvadašamši Mesec je u jutiju sa Saturnom u Škorpiji) a njegova majka, Rosa Maltoni, je bila učiteljica (u D-12 vladar četvrte je Saturn sa Mesecom, dok je Merkur u jedanaestoj od četvrte kuće). Prisustvo vladara devete, Meseca, i vladara četvrte, Saturna, na lagni pokazuje jaka socijalistička ubeđenja koja dolaze od roditelja, posebno od oca, kao i to da će priroda ovih ubeđenja biti nasilnog i revolucionarnog karaktera budući da je u Mesec u Škorpiji u D-12, debilitiran na lagni. Hora lagna je u šestoj kući i naš fokus je signifikator Saturn u svim podelnim čartovima. Ime Benito dobio je po meksičkom revolucionaru Benitu Suarezu, a njegov interes prema "revolucionarnoj politici" bio je pod uticajem očevog socijalizma i antireligijskih ubeđenja koje možemo videti u kombinaciji vladara devete, Meseca, sa Saturnom na D-12 lagni. Dvisaptati sama daša je primenljiva ukoliko je vladar lagne u sedmoj kući ili je vladar sedme na lagni, a u ovom čartu se vladar lagne, Mars, nalazi u sedmoj kući u Biku, u marana karaka stanu.

Hora lagna u šestoj kući stvara sistem vrednosti koji je povezan sa kontrolisanjem drugih ljudi, tretiranjem ljudi poput robova koje pokazuje Saturn, jer šesta kuća predstavlja sluge. Budući da je ovde i u kraljevskom znaku, Ovnu, ovaj sistem vrednosti je proširen na verovanje u prisilu, na tip liderstva koji podrazumeva kontrolu koju daje Mars, kontrolu kroz maltretiranje i teroriziranje. Ovo sve je uveliko primećeno već tokom njegovog školovanja, bio je izbačen iz crkve zbog štipanja

Maha daše:
Jup: 1878-10-16 - 1887-10-17
Ven: 1887-10-17 - 1896-10-16
Sat: 1896-10-16 - 1905-10-17
Rah: 1905-10-17 - 1914-10-18
Sun: 1914-10-18 - 1923-10-18
Moon: 1923-10-18 - 1932-10-17
Mars: 1932-10-17 - 1941-10-18
Merc: 1941-10-18 - 1950-10-18

(osam godina: Venera – Sunce), imao je incident u kome je nekoga ubo nožem (jedanaest godina: Venera – Mars) i gađao je učitelja mastionicom zbog čega je i izbačen iz škole.

Ketu je smešten na hora lagni, i u pozitivnom kontekstu može dati duhovne vrednosti, ali u šestoj kući u Ovnu jednostavno pokazuje 'revolucionarni terorizam', posebno zbog Kala Sarpa joge[14]. On se 1901. godine kvalifikovao za učitelja u osnovnoj školi a već 1902. godine, u Saturn – Mars daši, emigrirao je u Švajcarsku kako bi izbegao vojnu službu, ali je odatle deportovan 1904. godine, u Saturn – Jupiter daši, zbog socijalističko političkog aktivizma. Jupiter i Venera formiraju Asura jogu[15] u čartu i tokom njihovih perioda on će se ponašati poput demona (asura) koji uništava mir. On uspeva da se vrati posle vojne službe i u drugom pokušaju deportacije dolazi do zastoja zbog socijalističkih parlamentarista u Švajcarskoj. Kada su se stvari zagrejale u Švajcarskoj dat mu je posao u Trentu, tadašnja Austro-Ugarska, u februaru 1909. (To je bilo u toku Rahuove daša i Mesečeve antardaše, a Mesec je vladar lagne u D-10 čartu i uvek će raditi u korist karijere). U dašamši je vladar desete, Mars, na lagni, koja predstavlja ime ili poznatost, sa Merkurom, koji se odnosi na pisanje ili izdavaštvo, i Suncem, koje se tiče politike. U raši čartu je vladar desete, Sunce, zajedno sa Merkurom. Pored kancelarijskog posla u Socijalističkoj partiji on je bio i urednik novina L'Avenire del Lavoratore ("Budućnost radne snage") i pisao je kolumnu u Cesare Batisijevim novinama II Popolo ("Narod").

Po povratku u Italiju, u Forli, u daši Rahu – Merkur, on osniva novine La Lota di Klase (Klasni problemi) 1911. godine. On preuzima urednićku poziciju u Avanti u Milanu od 1912 – 1914. u dašama Rahu – Jupiter i Rahu – Venera tokom kojih se manifestuje njegova Asura joga. U jednom editorijalu je napisao da je Italiji potrebno da se "okupa u krvi" prolivena krv i zbog toga se našao u nemilosti vlasti. Njegova majka umire u daši Rahu – Jupiter (četvrta kuća u D-12 se tretira kao majčin ascedent). Jupiter je vladar druge a Rahu se nalazi u drugoj kući koja je maraka ili ubica, i sa njom umire i ono malo saosećanja koje je ostalo u njemu.

Njegovo političko oružje, fašizam, razvija se tokom daše Sunca 1914. godine u vreme erupcije Prvog svetskog rata. On je povređen u granatiranju 1917. godine (daša Sunce – Mars) i vraća se uredništvu i politici kroz Fasci Di Kombatimento 23. februara 1919. godine (daša Sunce – Merkur – Mesec) a to postaje organizovan politički pokret posle Milanskog susreta, 23. marta 1919. (daša Sunce – Merkur – Mars). Primetimo uticaj ovih planeta na desetu kuću u D-1 i na vladara desete i lagne u D-10. U daši Sunce- Jupiter, 1991. godine, Musolini ne uspeva

---

14   Kala Sarpa joga je formirana kada su sve planete smeštene između čvorova bez konjukcije sa čvorovima.

15   Dve ili više benefične planete u osmoj kući, posebno ako je uključen i signifikator za mir, Jupiter, daju Asura jogu.

na izborima ali kasnije, u maju 1921. godine, u daši Sunce – Venera, fašisti dobijaju 35 od 355 mesta u parlamentu (manje od 10%) što uvodi Musolinija u parlament. U tom momentu su fašisti već oformili naoružane jedinice ratnih veterana pod imenom skvadristi i pozivaju ove jedinice na teror nad anarhistima, socijalistima i komunistima, a do Saturnove antardaše oni su brojili oko 4 miliona.

Već 28. oktobra 1922. godine, u daši Sunce – Rahu – Rahu, Crnokošuljaši (skvadristi) marširaju na Rim, što rezultira groznim Coup di-tat (iako je tehnički imao podršku suverena Kralja Viktora Emanuela III) i Vitorio Emanuela III poziva Musolinija da formira novu vladu i tako postane najmlađi premijer 31. oktobra 1922. (imao je 40 godina). Ovo je bio njegov zlatni period zbog minimalne opozicije fašizmu jer je opozicija jednostavno bila potučena[16]. Pokušaji atentata[17] su propali zbog zaštite koju mu daje egzaltirani Mesec u jutiju sa Saturnom, koji je ajuš karaka.

U Marsovoj daši njegova pažnja biva usmerena na maštarije o 'izgradnji novog Rimskog carstva'. Dodao je Etiopiju 1936. godine, u Venerinoj antardaši, suprostavljajući se tako Nacionalnoj legiji što mu je popločalo put za alijansu sa Hitlerom, a to je inicijalno bio samo prijateljski sporazum napravljen 25. oktobra 1936. godine (Mars – Venera) a zapečaćen "Gvozdenim paktom" u maju 1939 (Mars – Rahu). Ovaj pakt ga je ohrabrio i on je pripojio i Albaniju u aprilu 1939. godine. On nije bio ratnik poput Hitlera (Ručaka Mahapuruša joga) i radije je tražio lagan plen. On je čekao sa objavljivanjem rata Francuskoj i Britaniji i sa stupanjem u Drugi svetski rat čak do 10.

---

16   Socijalist Gijakomo Mateoti (ubijen 1924, Mesec – Mesec); 1925 političke partije su razrešene i potisnute (Mesec – Mars) čineći Musolinija diktatorom.
17   Bio je ranjen u nos (Rahu u dvanaestoj kući) kada je na njega 8. aprila 1926. pucala Violet Gibson, irkinja i sestra Barona Ašborna. Daša: Mesec – Merkur – Jupiter – Rahu – Jupiter... sukšma daša Rahua pokazuje šta se desilo sa osobom. Pokušaj atentata u Rimu, 11. septembra 1926., od strane anarhistae Đina Lućeti propao je kada je ovaj bacio bombu na auto 'Lansija' u kome se Musolini vozio ali je bomba udarila u vetrobran i nije došlo do detonacije, odatle se odbila i eksplodirala tek kada se našla nekoliko metara dalje na trotoaru (Mesec – Merkur – Rahu). Planirani atentat od strane američkog anarhiste Mišela Širu završio se njegovim hapšenjem 3. februara 1931. godine (Mesec – Rahu – Mars). Njemu je suđeno 28. maja 1931. godine na specijalnom vojnom sudu bez porote i advokata, a već sledećeg dana u zoru je i ubijen.

juna 1940. (daša Mars – Sunce). Njegov jedini pravi ratni uspeh bio je privremen i to u Grčkoj gde je napao 28. oktobra 1940. i odakle je bio odbijen moćnim kontranapadom. Da mu Hitler nije došao kao spas i pokorio Grčku, Musolini bi izgubio obraz, ali i trećinu Albanije! Mars, kao vladar hora lagne, i dalje potvrđuje podršku i sredstva sve do oktobra 1941. godine, ali posle toga počinje Merkurova daša i njegovo vreme polako ističe.

U Merkurovoj daši i Jupiterovoj antardaši, posle poraza Sila Osovine u severnoj Africi, neuspesima na Istočnom frontu i Alijansom na Siciliji (operacija Haski: 9. jul – 17. avgust 1943), njegova sudbina je zapečaćena. Na fašističkom Velikom veću, 25. jula 1943. godine, kralj Vitorio Emanuele III poziva Musolinija u svoju palatu, lišava diktatora njegove pozicije, hapsi ga i deportuje u Gran Saso u centralnoj Italiji (Abruzo), u potpunu izolaciju. Prema Rig Vedi, Jupiter može biti veliki malefik u osmoj kući, posebno kada je deo Asura joge. Jupiter se nalazi u marana karaka stanu od hora lagne, a to je za Jupitera treća kuća. U Mesečevoj pratijantari ga Nemci spašavaju u spektakularnoj raciji i osnivaju Socijalnu republiku Italiju, fašističku republiku (RSI, Repubblica Sociale Italiana) u severnoj Italiji. Pogubio je svoje klevetnike i napisao memoare "Moj uspon i pad". Komunistički partizani su ga uhvatili 27. aprila 1945 (Merkur – Venera – Saturn) dok je pokušavao da pobegne u Švajcarsku. Sledećeg dana je pogubljen i obešen naglavačke na metalnim kukama na Piacale Loreto u Milanu, gde je javnost ismevala i zlostavljala leš. Stanje tela u vreme smrti može se videti iz dvanaeste kuće, a to je Vaga, koja pokazuje trg ili mesto okupljanja naroda, sa Rahuom, koji je uvek retrogradan tj. naglavačke. Ovo je ujedno i treća kuća do aruda lagne (Lav) što potvrđuje tačnost čarta i dusta marana jogu. Njegova ljubavnica, Klareta Petaći, dobila je isti tretman, dok su njegova supruga i porodica pošteđeni (Venera i Jupiter su vladari pete i sedme kuće).

Čart 37: Aišvarja Rej

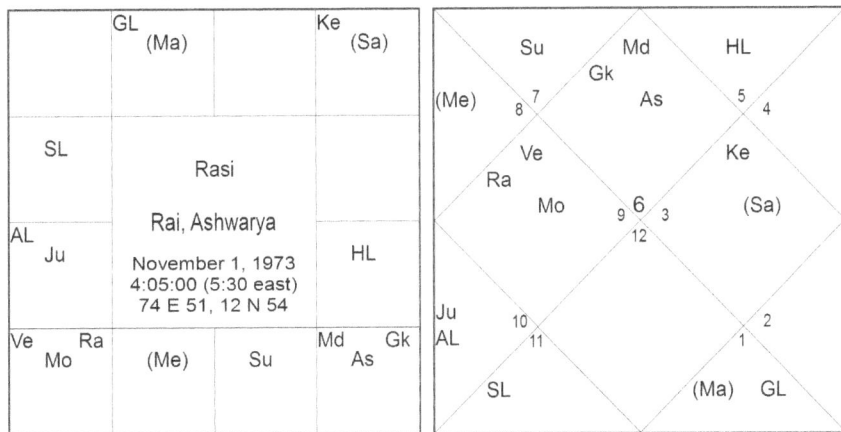

	GL (Ma)		Ke (Sa)
SL	**Rasi**		
AL Ju	**Rai, Ashwarya** November 1, 1973 4:05:00 (5:30 east) 74 E 51, 12 N 54		HL
Ve Mo	Ra (Me)	Su	Md Gk As

(Me)	Su Gk 8 7	Md As	HL 5 4
	Ve Ra Mo 9	6 12 3	Ke (Sa)
Ju AL	10 11		2 1
	SL		(Ma) GL

As:	10 Vi 10	Su:	14 Li 53- BK	Mo:	19 Sg 36- AmK	Ma (R):	5 Ar 54- PK
Me (R):	2 Sc 58- GK	Ju:	10 Cp 35- PiK	Ve:	1 Sg 32- DK	Sa (R):	11 Ge 04- MK
Ra:	7 Sg 41- AK	Ke:	7 Ge 41	HL:	4 Le 31	GL:	20 Ar 19

Hora lagna u dvanaestoj kući može doneti sreću i vrednosti u vezi sa stranim zemljama ili stvarima pod uslovom da je njen signifikator, Saturn, dobro postavljen. Saturn je vladar pete kuće u konjukciji sa debilitiranim Ketuom u desetoj kući što pokazuje (1) veru u Ganešu, devatu Ketua[18], (2) viparita rađa jogu jer je Ketu vladar treće kuće a Saturn vladar šeste kuće, i Ketu je debilitiran, (3) karmu predaka sa očeve strane koja može biti veoma loša po partnerstva i brak jer je Saturn vladar pete kuće. Na ovo možemo dodati i to da čvorovi imaju ničabanga jogu i pokazuju iznenadni i nagli uspon u životu, od nepoznatosti do slave i bogatstva, jer imaju niča (debilitaciju) u rašiju i uča (egzaltaciju) u navamši.

Saturn prima aspekte Meseca i Venere, planeta koje upravljaju emocijama, filmom i zabavom, a oboje imaju digbal što pokazuje retku

---

18   Planete u konjukciji sa vladarom pete kuće pokazuju ljubav prema određenoj devati. Vladar pete kuće je mantreša i njegova konjukcija sa bilo kojom planetom (ako nema juti tada sam vladar pete) pokazuje devatu planete kao mantra devatu u čartu. Pošto je vladar pete kuće najveći benefik u čartu, mantra devata može osigurati budućnost blagosiljanjem osobe. Devate su: Sunce – Surja, Mesec – Parvati/Durga, Mars – Kartikeja/Hanuman, Merkur – Višnu, Jupiter – Šiva, Venera – Lakšmi, Saturn – Brahman, Rahu – Ćandi, Ketu – Ganeša.

kombinaciju za milost i lepotu, i obećava veliko bogatstvo. Ipak, ova sreća će krenuti iz strane zemlje jer se hora lagna nalazi u dvanaestoj kući. Debilitacija Sunca, kao vladara hora lagne, je loša i njegov period, od 1984 do 1990. godine, bio je veoma običan i to je bio period njenog školovanja. Sa dolaskom daše Meseca ona počinje da radi kao model i da studira arhitekturu. Prekretnica u njenom životu se desila 1994. godine, u Mesečevoj daši, Jupiterovoj antardaši i konačno Saturnovoj antardaši, kada je dobila titulu Mis Sveta. Posle toga nije bilo osvrtanja i bilo je samo pitanje vremena kada će je Bolivud primetiti, posebno posle njenog prvobitnog uspeha 1997. (Merkurova antardaša). U Marsovoj daši počinje da radi u internacionalnoj produkciji gde stiče ogromnu popularnost sa preko 17000 veb sajtova posvećenih njoj. Mars je dispozitor vladara lagne i nalazi se u svom multrikona znaku i aspektuje hora lagnu, pored toga što je vladar navamša lagne i joga karaka za D-10, smešten u desetoj kući.

Rahuova daša će se ipak razlikovati jer je deo aflikcije joge između Venere i Meseca u raši čartu, i deo je eklipse Sunca u D-10 čartu. Rahuova daša počinje od juna 2007. godine, a njegova konjukcija sa vladarom druge, Venerom, ne smatra se povoljnom, posebno u vreme putovanja, i to konkretno za period od juna 2007. do februara 2010. godine. Mora biti oprezna i uraditi odgovarajuće remedijalne mere.

4. Joge u vezi sa hora lagnom

4.1. Rađajoga

4.1.1. Prašara rađajoga adjaja 12

जन्ममाङ्गे कालहोराङ्गे येन केनचति। एकग्रहेण सन्दृष्टे त्रतिये रजभाग् जनः ॥ १२ ॥ ।

janmāṅge kālahorāṅge yena kenacit। ekagraheṇa sandṛṣṭe tritaye
rajabhāg janaḥ ।।12।। ।

Prevod: Planeta koja aspektuje sva tri ascedenta – lagnu, hora lagnu i gatika lagnu, daje rađajogu (ova planeta se zove jogada, davalac joge).

Aspekt koji ovde spominjemo jeste graha drišti jer pokazuje želju za bogatstvom (hora lagna) i pozicijom (gatika lagna). Raši drišti daje dobre rezultate kada govorimo o prirodnom procesu tj. kada osoba ima želju da nešto postigne i u tom procesu dođe do bogatstva i moći. Posledice navedene u nastavku zasnovane su na našem shvatanju

Parašarine rađajoga adjaje 24 (koja je kasnije u članku objašnjena).

Zaključak 1: Planeta može biti vladar bilo kog od tri pomenuta ascedenta (lagna, hora lagna ili gatika lagna) i aspektovati druga dva ascedenta da bi se kvalifikovala kao jogada.

Zaključak 2: Planeta može vladati sa bilo koja dva od tri pomenuta ascedenta (lagna, hora lagna ili gatika lagna) i aspektovati treći ascedent da bi se kvalifikovala kao jogada.

U svim prethodnim situacijama postoji direktna povezanost sa tri ascedenta, lagnom, hora lagnom ili gatika lagnom, što podrazumeva da sama osoba ima sve tri komponente rađajoge – lagna pokazuje inteligenciju i sposobnosti, hora lagna pokazuje finansijska sredstva i energiju, i gatika lagna pokazuje podršku i pratnju u ostvarenju cilja ili prosto autoritet.

Đaimini Mahariši (upadeša sutra) ovim pomenutim trima ascedentima dodaje i sedmu kuću, što pokazuje da, čak i ukoliko sama osoba nema pomenuta sredstva, ona se mogu steći kroz vezu sa npr. partnerom. Naravno, ovakva rađajoga je utoliko slabija, ali je i dalje rađajoga i ta planeta je u stanju da isporuči jogadu.

Zaključak 3: Planeta koja vlada dvama od tri ascedenta (lagna, hora lagna i gatika lagna) ili ih aspektuje, dok istovremeno vlada sedmom kućom od trećeg ascedenta ili je aspektuje, pokazuje rađajogu i ovakva planeta se zove jogada, davalac joge.

Zaključak 3a: Ako je u prethodnoj rađajogi deo kombinacije sedma od lagne umesto lagne, tada će osoba videti bogatstvo (HL) i moć (GL) oko sebe ali ga neće posedovati osim kroz brak.

Zaključak 3b: Ako je u prethodnoj rađajogi sedma kuća od hora lagne deo kombinacije umesto hora lagne, tada će osoba imati neki autoritet i moć (GL) ali neće imati puno bogatstva. Nivo rađajoge je time bitno umanjen.

Zaključak 3c: Ako je u prethodnoj rađajogi sedma kuća od gatika lagne deo kombinacije umesto gatika lagne, tada će osoba imati bogatstvo (HL) a moć će doći kroz supružnika, prijatelje ili poznanike.

Rathovo istraživanje o specijalnim ascedentima: Planeta koja je dispozitor vladara lagne ili je u konjukciji sa vladarom lagne i aspektuje hora lagnu ili gatika lagnu, ili oboje, sigurno će dati rađajogu ili dana jogu (ako aspektuje samo hora lagnu). U ovom slučaju, posmatramo raši drišti za rađajogu ili dana jogu.

Čart 38: Oto fon Bizmark

	Gk	AL		
Su	Ve	Md		Ra

Me				As
		Rasi		
Sa		Otto Von Bismarck		
Ma		April 1, 1815 12:38:00 (0:48 east) 12 E 1, 52 N 33		
Ke			GL	
Mo		SL	HL	(Ju)

As:	19 Cn 15	Su:	19 Pi 38- AmK	Mo:	17 Sg 11- MK	Ma:	9 Cp 44- DK
Me:	25 Aq 39- AK	Ju (R):	13 Vi 19- PiK	Ve:	12 Ar 43- GK	Sa:	18 Cp 58- BK
Ra:	17 Ge 06- PK	Ke:	17 Sg 06	HL:	19 Li 54	GL:	5 Vi 45

Princ Oto Eduard Lepold Bizmark rođen je u Šonhausenu, u Nemačkoj, na porodičnom posedu. Njegov otac, Ferdinand fon Bizmark, bio je zemljoposednik i pređašnji vojni oficir Prusije, dok je njegova majka, Vilhelmina Menken, pripadala bogatoj porodici. Mars vlada Škorpijom u kojoj se nalaze hora i gatika lagna. Egzaltiran je u sedmoj kući odakle aspektuje lagnu zajedno sa vladarom sedme kuće, Saturnom, formirajući tako Ručaka Mahapuruša jogu. Mars se kvalifikuje i kao jogada jer ispunjava uslove Parašarine rađajoga adjaje 12. Mars pokazuje vojsku, zemljoposedništvo, itd. i ovi faktori su bili osnova njegovog društvenog statusa na samom rođenju.

Njegova majka umire 1839. godine, u Mesečevoj daši i Saturnovoj antardaši, i on preuzima odgovornost nad imovinom i nekretninama Pomeranije. Saturn je zajedno sa jogadom Marsom i podržava ga svojim digbalom, direktivnom snagom koja daje sposobnost suočavanja sa tugom i patnjom, stana balom (pozicija) i kvalitetima Mahapuruša joge.

U Marsovoj daši i Saturnovoj antardaši, 1847. godine, vraća se kući u Šunhausen, ulazi u lokalnu politiku i venčava se sa Johanom fon Putkamer, plemenitom ženom. Rađajoga koju pokazuje Mars počinje da deluje a pošto je u sedmoj kući brak i supruga su od presudne važnosti. Srećom, jogada Mars i Saturn se nalaze u istom znaku i obećavaju rađa i Mahapuruša jogu. Iste godine kad ulazi u brak, zbog jogade Marsa uz podršku Saturna, Bizmark je izabran za predstavnika novoformiranog Pruskog parlamenta, Vereinigter Ladtog. Ovde stiče reputaciju rojaliste i otvoreno zagovara monarhovo od Boga dato pravo vladanja. Mars je karaka za Sunce (pačakadi sambanda) i ljudi sa gatika lagnom u Škorpiji će biti podrška vladarima (videti Svami Vidjaranija čart koji ima gatika lagnu u Škorpiji).

U Marsovoj daši i Ketuovoj antardaši, 1849. godine, izabran je za Landtag, nižu kuću novog Pruskog parlamenta, a odabran je i kao Pruski predstavnik u Erfurt Parlamentu, sazivu nemačkih država zbog rasprave o pitanjima ujedinjenja. On se snažno suprotstavlja ujedinjenju boreći se za Prusku nezavisnost i uspeva. Ketu je egzaltiran u šestoj kući i u jutiju je sa vladarom lagne, što pokazuje borbu za svoju domovinu.

Rahuova daša počinje u novembru 1851. godine i 1852. godine, u Rahuovoj daši i Rahuovoj antardaši, Fridrih Vilhelm postavlja Bizmarka za Pruskog poslanika na nemačkoj konfederaciji u Frankfurtu. Rahu je egzaltiran u dvanaestoj kući i daje boravke daleko do kuće, a aspektuje amatjakaraku, Sunce, pripremajući ga tako za vrhunsku diplomatiju. Izmena između Rahua i Merkura pokazuje potpunu promenu u načinu razmišljanja i u političkim stavovima tokom šest godina u Frankfurtu i on zaista počinje da prihvata potrebu za ujedinjenjem Nemačke, ako ni zbog čega drugog, onda zbog zaštite od Austrije.

U Rahuovoj daši i Saturnovoj antardaši, 1858. godine, postaje jedna od tri najmoćnije osobe u Prusiji i biva poslat u Rusiju kao ambasador. Ketuova antardaša (a Ketu je suvladar hora lagne i gatika lagne u konjukciji sa vladarom lagne, Mesecom) počinje u maju 1862. godine, i on u junu odlazi kao Pruski ambasador u Francusku, u Pariz. Ipak, te iste godine mu se dodeljuje pozicija predsedavajućeg ministra u ministarstvu spoljnjih poslova zbog budžetske krize, 23. septembra 1862. godine i, posle kralja, on postaje najmoćnija osoba Prusije. Bizmark poteže savršene političke poteze i vodi uspešan rat (Mars) prvo protiv Danske, potom protiv Austrije (1866: Bitka kod Kenigreca, Sadove) a to je praćeno i Francusko-pruskim ratom (1870).

Ne ulazeći u Bizmarkovu briljantnu karijeru, bitno je istaći da joj je došao kraj 1890. godine, u Saturnovoj daši i Merkurovoj antardaši, posle smrti (Saturn) nemačkog vladara Vilhelma I (1888: daša Saturn – Saturn) a tri meseca kasnije i njegovog sina Kralja Fridriha III koji je bolovao od neizlečivog raka. Novi kralj Fridrih Vilhelm II je hteo da ga potisne, to mu je bio jedan od prvih koraka u sticanju popularnosti. Bizmark umire 30. jula 1898. godine, u Saturnovoj daši I Marsovoj antardaši. Iste planete (jogade) koje su mu donele brak, različite rađajoge i moć, pokazale su se i kao maraka (ubice) u sedmoj kući.

4.1.2. Parašara rađajogada adjaja 15

लग्नत्रये स्ववोच्चस्थे खेटे भवेद् ध्रुवम्। यद्वा ले द्रुकाणेंऽशे स्वोच्चखेटेयुते द्वजि॥ १५॥

lagnatraye svaboccasthe kheṭe bhaved dhruvam| yadvā le dṛkāṇeṁ'śe svoccakheṭeyute dvija||15||

Prevod: Ako tri ascedenta – lagna, hora lagna i gatika lagna imaju planete u svom znaku ili egzaltaciji, formirana je rađajoga. Na sličan način, planete u svom znaku ili u egzaltaciji na lagni, drekana lagni i navamša lagni pokazuju rađajogu.

Parašara je povukao analogiju između tri ascedenta, lagne, hora lagne i gatika lagne i rašija, drekane i navamše. Pitanje koje se javlja jeste koji drekana čart je u pitanju jer tradicionalni drekana čart koristimo za braću i sestre, prema Parašarinoj izjavi iz ranijeg poglavlja. Preporuka je da se ovde koristi Đaganat drekana, koja je ista kao Ćandrakalanadi drekana. Ovo preporuku daju Nadi a kasnije i Mantrešvara (Fala Dipika) savetuje ovu drekanu za potrebe 'karma fale' ili plodova posla ili karme koji se vidi kao novac i drugi izvori finansija i bogatstva. Kod brojanja navamše nema sumnje jer se ona jasno koristi ne samo za brak i supružnika, već i za razna druga pitanja i ona je poput proširenog raši čarta.

Đaganat drekana kalkulacija (Ćandrakali nadi)

Znak	Prva drekana 0°-10° Pokretni	Druga drekana 10°-20° Fiksni	Treća drekana 20°-30° Dvojni
Vatra: Ovan, Lav, Strelac	Ovan	Lav	Strelac
Zemlja: Bik, Devica, Jarac	Jarac	Bik	Devica
Vazduh: Vaga, Vodolija, Blizanci	Vaga	Vodolija	Blizanci
Voda: Rak, Škorpija, Ribe	Rak	Škorpija	Ribe

Čart 39: Krišnarađa Vadijar IV

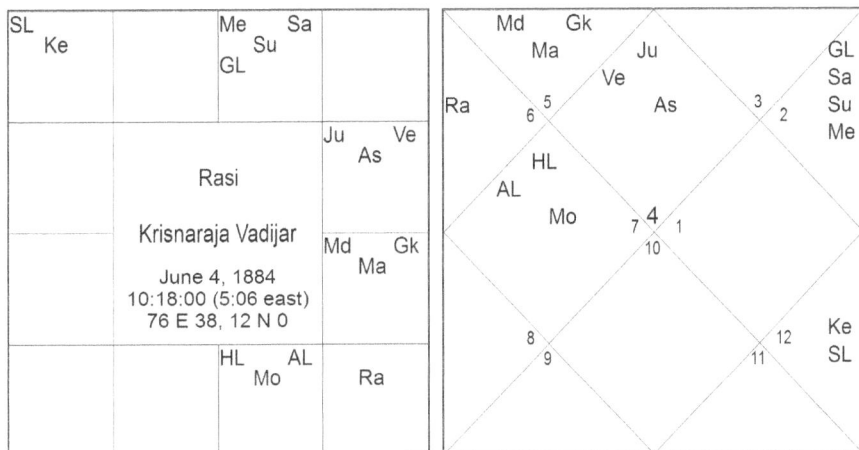

As:	26 Cn 13	Su:	21 Ta 42- AK	Mo:	1 Li 30- PK	Ma:	7 Le 27- MK
Me:	1 Ta 16- DK	Ju:	10 Cn 01- BK	Ve:	1 Cn 28- GK	Sa:	21 Ta 26- AmK
Ra:	28 Vi 10- PiK	Ke:	28 Pi 10	HL:	13 Li 22	GL:	16 Ta 09

Maharadža H. H. Krišna Rađa Vadijar IV (4. jun 1884 – 3. avgust 1940) poznat je i kao Nalvadi Krišna Rađa Vadijar. Na Rak lagni se nalazi egzaltirani Jupiter. Na lagni su dva prirodna benefika, vladari 4, 9 i 11. kuće, koji formiraju rađajogu koja mu daje visoke ideale i učenost, kao i filozofska razmišljanja poput Parlđate – stabla koje ispunjava želje. Venera je vladar hora lagne i gatika lagne, nalazi se na lagni i donosi rađajogu sama po sebi (jogada). Vladari lagne i hora lagne, Mesec i Venera, deo su izmene (parivartana rađajoga). Parašara pripisuje veliko bogatstvo kombinaciji Venere i Meseca ukoliko se nalaze u 3/11 odnosu ili se međusobno aspektuju raši drištijem u rađajoga adjaji. Ovu izmenu i rađajogu nalazimo i u čartu Šri Krišne.

Gatika lagna je u konjukciji sa tri planete koja joj daju na snazi, dok prirodni i funkcionalni malefici daju dobre rezultate u jedanaestoj kući. Gatika lagna je izvor moći i autoriteta i konjukcija Saturna, koji pokazuje smrt, i vladara osme kuće, koja se tiče nasleđa, sa Suncem, signifikatorom za oca, pokazuje nasleđenu krunu zbog prevremene smrti Maharadža Čamarađa Vadijara IX u Kalkati 1894. godine. Raši drišti Meseca na gatika lagnu pokazuje da će njegova majka, Maharani Vani Vilas Sanidhana, upravljati imanjem budući da je on tada imao samo deset godina. Krunisan je u toku Rahuove daše i Mesečeve antardaše, 8. avgusta 1902. godine, uz ceremoniju u Đagan Mohan palati. Ranije, 6. juna 1900. godine (daša Rahu – Venera – Jupiter), stupa u brak sa H. H. Maharani Lakmivilasa Sanidhana.

Jupiterova daša (1905-21) bila je zlatni period njegove vladavine. Tokom njegove vladavine Misore je postala prva indijska država koja je proizvodila struju u hidroelektrani u Aziji, i Bengalor je postao prvi grad u Aziji sa uličnom rasvetom 5. avgusta 1905. godine. Misore je bila prva indijska država sa skupštinskim predstavništvom (demokratski forum) 1881. godine. Primetno je da je Misore pratila razvoj Britanije. Krišnarađa Vadijar IV (Jupiter) proširuje ovu instituciju 1907. godine na dva doma dodavanjem 'Kuće starešine' nalik britanskom 'Gornjem domu'. Njegova dostignuća su veoma iscrpna. Ovo su neki od citata u vizi sa njegovom vladavinom:

„Država je bila ispred svih ostalih u postignutom progresu. Kralj je darmičan." – Pandit Madan Mohan Malavija.

„Industrijski razvoj u poslednjih jedanaest godina je neverovatan." – Lord Velington.

Tokom konferencije Okruglog stola, Lord Sankej je izneo da je Misore država sa najboljom administracijom u svetu.

Slavni filozof, mistik i putnik, Paul Brunton (1898-1981) provodi nekoliko godina u Misore na Maharadžinom staranju i izražava svoju zahvalnost u posveti svoje knjige „Potraga za nama".

Njegovo vladanje su zvali Rama Rađja, idealno kraljevstvo, i dobija hvale od Mahatme Gandija.

Odlikovan je Britanskim titulama GCSI (1. Januar 1907, Jupiter – Jupiter – Rahu) i GBE (4. Decembar 1917, Jupiter – Mars – Rahu). Rahu aspektuje gatika lagnu iz svog multrikona znaka, Device, graha drištijem, a aspektuje i moćni Mesec u Vagi, aruda lagnu i hora lagnu. I Rahu i Mesec su vargotama. Rahu u dvanaestoj kući od aruda lagne daje mu duhovnost i pobožnost. Bhagavan Ramana Mahariši prisetio se kraljevih reči posle njihovog kratkog susreta: „Dali su mi status Maharadže i vezali me za tron. Zbog greha što sam rođen kao kralj, izgubio sam šansu da sednem do tvojih stopala i da služim u tvom veličanstvenom prisustvu. Ne mogu ostati ovde i ne nadam se da ću ponovo doći. Samo ovih par minuta su moji i mogu samo da se molim za tvoju milost." Umro je 3. avgusta 1940. u Merkurovoj daši i Merkurovoj antardaši, u vreme kad je Saturn bio u Ovnu[19], Sunce u Raku[20] i na amavasja[21] tithi.

4.2. Ostale rađajoge

4.2.1. Prašara rađajoga adjaja 24

भावहोराघटीसंज्ञलानि च परपश्यति। स्वोच्चग्रहो राजयोगो ळद्वयमथापि वा॥ २४॥

bhāvahorāghaṭīsaṁjñalāni ca prapaśyati| svoccagraho rājayogo
ladvayamathāpi vā||24||

Prevod: Ako su tri specijalna ascedenta, bava lagna, hora lagna i gatika lagna (1) u konjukciji sa planetama u svom znaku ili u znaku egzaltacije ili (2) istovremeno pod aspektom bar jedne od planeta (ovde tražimo raši drišti, osim u slučaju kad tražimo delove aspekta pod imenom pada drišti, što je jednako ispravno). Ako su bar dva od pomenuta tri specijalna ascedenta pod aspektom ili su u konjukciji sa planetom, čak se i tada formira rađjoga (ako ta planeta aspektuje hora lagnu zovemo je danada – davalac bogatstva i to u obliku onoga što osoba vrednuje, na osnovu pozicije hora lagne u kući i planeta u vezi sa HL; a ukoliko ona aspektuje gatika lagnu naziva se sidhida – davalac autoriteta, perfekcije, mantre itd. Dalje, hora lagna je bez sumnje od većeg značaja).

Treba prostudirati tvrdnje iznesene u rađajoga adjaji 12. kako bismo u potpunosti shvatili vrednost Parašarine šloke.

---

19   Ovan kao znak u sedmoj od aruda lagne je snažniji od aruda lagne i prima aspekt svog vladara Marsa.

20   Mritjušada A8 je u Biku i Škorpija nosi više zla.

21   Amavasjom vlada Rahu koji aspektuje Ketua ili suvladara pete kuće.

Čart 17: Toni Bler

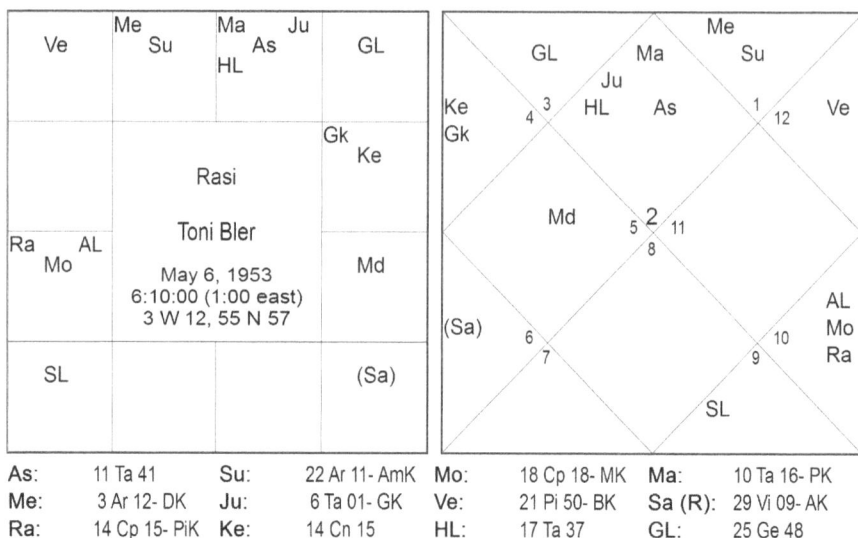

	Me	Ma Ju	
Ve	Su	As HL	GL
			Gk Ke
	Rasi		
Ra AL Mo	Toni Bler May 6, 1953 6:10:00 (1:00 east) 3 W 12, 55 N 57		Md
SL			(Sa)

As:	11 Ta 41	Su:	22 Ar 11- AmK	Mo:	18 Cp 18- MK	Ma:	10 Ta 16- PK
Me:	3 Ar 12- DK	Ju:	6 Ta 01- GK	Ve:	21 Pi 50- BK	Sa (R):	29 Vi 09- AK
Ra:	14 Cp 15- PiK	Ke:	14 Cn 15	HL:	17 Ta 37	GL:	25 Ge 48

Antoni Čarls Lunton Bler (Toni Bler) rođen je u Edinburgu, u Škotskoj. Izmena između Venere i Jupitera, dve benefične planete, i vladara lagne i jedanaeste kuće formira parivartana jogu. Bava lagna (BL), lagna i hora lagna su u Biku a njegov vladar, Venera, je egzaltiran i aspektuje gatika lagnu u Blizancima, čime formira rađajogu i tako Venera postaje jogada za čart. Zbog parivartana joge Jupiter će umesto Venere isporučivati rezultate jogade.

Hora lagna i lagna u Biku su u konjukciji sa Jupiterom i Marsom, i obe planete se kvalifikuju kao danade ili davaoci obilja i bogatstva. Pošto se hora lagna nalazi u prvoj kući, osoba daje veliku vrednost reputaciji, imenu i slavi, kao i supruzi[22]. Biograf Džon Rentoul je zabeležio[23] da njegovi prijatelji advokati smatraju da je budući premijer je pokazao manje brige u vezi sa partijskim vezama nego u vezi sa svojim ciljem da postane premijer. Zbog prethodno pomenute parivartana joge Venera umesto Jupitera postaje danada pored Marsa, dok Jupiter postaje jogada umesto Venere. Bler je oženio Čeri Buth 29. marta 1980. u Saturnovoj daši i Marsovoj antardaši. Saturn aspektuje

---

22   Videti 3.2 Hora lagna u prvoj ili sedmoj kući.
23   Rentol, Džon (2001); Toni Bler Premijer, Litl Broun, UK; ISBN 0316854964.

sedmu kuću, dok je Mars njegov dispozitor i danada. U njegovoj prvoj kampanji, 1983. godine pomaže mu devojka njegovog tasta, glumica u sapunicama Pet Feniks. To se dešava u toku Saturnove daša i Venerine antardaše i tada je Bler, uprkos kolapsu partije, odneo pobedu. Venera kao danada mu je ujedno bila od pomoći u toku kandidature za Laburističku partiju za mesto u parlamentu umesto člana parlamenta Lesa Hakfilda, a pomoć je došla u u vidu njegovog prijatelja Džona Bartona (Venera u jedanaestoj kući), koji kasnije postaje njegov agent.

Dvisaptati-sama daša (primenjiva kad je vladar lagne u 7. i vladar 7. na lagni):

Maha daše:
Merc: 1947-10-02 - 1956-10-01
Jup: 1956-10-00 - 1965-10-01
Ven: 1965-10-01 - 1974-10-02
Sat: 1974-10-02 - 1983-10-02
Rah: 1983-10-02 - 1992-10-01
Sun: 1992-10-01 - 2001-10-02
Moon: 2001-10-02 - 2010-10-02
Mars: 2010-10-02 - 2019-10-02

U čartovima političara je uvek bitno ispitati aruda lagnu (AL) i šatrupadu (A6). Aruda lagna je u Jarcu i njen vladar, Saturn, predstavlja Laburističku partiju, i zato nema sumnje u njegovu pripadnost partiji. Saturn je ujedno i atmakaraka u horoskopu i pokazuje da on može da zauzme veoma visoku poziciju u toku svoje karijere – poziciju ravnu lideru ili kralju. Saturn se nalazi u prijateljskom znaku i vargotama je i pokazuje snažne stavove, dok njegova retrogradnost pokazuje čoveka koji je veliki radnik i koji smatra da je nezustavljiv. Šatru pada je u Lavu i pokazuje moćne neprijatelje, dok je vladar, Sunce, egzaltiran u rašiju i debilitiran u navamši (rađabanga niča joga – obrnuto od ničabanga rađa joga), što pokazuje da će on srušiti mnoge moćne ljude i neprijatelje ili opoziciju. Sunce je u dvanaestoj kući u marana karaka stanu i pokazuje da osoba može imati neočekivani uspeh usled smrti ili pada drugih.

U decembru 1989. godine, u Rahuovoj daši i Jupiterovoj antardaši on napušta tradicionalnu podršku Laburističke partije zarad drugih sporazuma koji su razbesneli levicu ali su i konzervativce, opoziciju, ostavili bez oruđa. Jupiter, kao jogada, ima digbal i pokazuje veoma inteligentne poteze.

Posle izbora, 1992. godine, Kinok daje ostavku i Bler, u Rahuovoj daši i Saturnovoj antardaši, postaje ministar unutrašnjih poslova iz senke pod novim liderom, Džonom Smitom. Iako je ovo tradicionalno slabo mesto Laburističke stranke, on to menja sa novim sloganom 'oštro protiv kriminala, oštro protiv uzroka kriminala', čime ponovo dobija prednost u odnosu na konzervativce.

Daša Sunca počinje u oktobru 1992. i sa njom počinje i niz čuda koja vremenom donose rađabangu za vladajuću partiju ili za bilo koga ko se našao na putu njegovog uspona. Džon Smit iznenada umire od srčanog udara, 1994. godine, u Sunčevoj daši i Mesečevoj antardaši. Mesec na aruda lagni je rađajoga sama po sebi i obećava slavu i popularnost, i zbog njegove velike popularnosti Laburistička stranka ga bira za partijskog lidera 21. jula 1994. (Sunce – Mesec – Venera). Kao lider opozicije u Donjem skupštinskom domu, postaje član Tajnog saveta, čime stiče pravo da mu se obraćaju sa - 'Časni'.

Opšti izbori u Ujedinjenom kraljevstvu su održani 1.maja 1997. godine, u vreme kad je Bler bio u Sunčevoj daši, Jupiterovoj antardaši (jogada) i Jupiterovoj pratiantardaši. Sa gorućim Suncem koje je uništilo imidž njegovih oponenata (A6) i sa Jupiterom koji vlada srećom, on je poveo Laburističku partiju u glatku pobedu i postao premijer.

Opšti izbori su održani i 7. juna 2001. godine, u vreme kad je Bler prolazio kroz dašu Sunca, Rahuovu antardašu i Jupiterovu pratiantardašu. Zbog ekstremno povoljne daše njegova opozicija se samo vrtela u krug i nepovoljna antardaša nije uspela da napravi štetu sve dok je u toku bila pratiantardaša kojom vlada jogada Jupiter. Ovoga puta je pobednička margina bila manja.

Daša Meseca je počela u oktobru 2001. godine, a sa njom su došle i najave međunarodnih nevolja. Mesec je sam po sebi povoljan na aruda lagni, ali Rahu ovde teži da ošteti reputaciju. Mesec i Rahu formiraju Šakta jogu (Đaimini sutra) u devetoj kući, a ono što je uništeno vidi se iz planeta koje oni aspektuju. Oni ovde aspektuju Marsa i Jupitera u Biku i pokazuju uništenje mira i mnoge ratove, kao i uništenje dva vitalna izvora koja su Bleru i dali njegove magične moći – Jupitera (jogada) i Marsa (danada). U roku od mesec dana od ulaska u Šakta jogu Meseca Al Kaida uništava tornjeve blizance Svetskog trgovinskog centra, 11. septembra 2001. godine, i to je početak 'rata protiv terora'. Rat protiv

Al Kaide i Talibana (Afganistan) počinje 7. oktobra 2001. a Talibanska vlada pada posle pada Kabula, 12. novembra. Talibani su se predali 25. novembra 2001. godine. Sve ovo se dogodilo u toku Mesec – Mesec – Mesec perioda! Ali rat ovde nije stao jer su Bin Laden i Al Kaida i dalje postojali.

Rat protiv Iraka počinje 20. marta 2003. u Mesec – Mars – Jupiter daši i to razmeštanjem dve trećine britanske vojske. Sa jedne strane, Mars i Jupiter su danada i jogada planete ali ih, sa druge strane, uništava Šakta joge. Ovo će samo doprineti padu njegove popularnosti i slave jer su njegova glavna sredstva istrošena. Internacionalno se ovaj rat doživljavao kao kršenje međunarodnog prava, kao i kršenje Povelje Ujedinjenih nacija, i zato je po međunarodnim zakonima bio ilegalan. Da bi stvari bile još gore, inspekcije napravljene posle kapitulacije Iraka, 9. aprila – 1. maja 2003. godine, ne uspevaju da pronađu oružje za masovnu destrukciju, čime je taj rat prikazan kao neka vrsta osvete prema Sadamu Huseinu. Sadamovo hapšenje, 13. decembra 2003. godine ipak donosi neko veselje.

Naredna antardaša, Merkurova antardaša u daši Meseca, od juna 2004. do februara 2005. godine, bila je problematična za Blera.U daši Mesec – Merkur – Rahu, 25. avgusta 2004, premijer Adam Prajs objavljuje da će pokušati da svrgne Blera, a u januaru 2006, u Mesec – Merkur – Mars daši, general Sir Majkl Rose (pređašnji UN komadant u Bosni) traži od Blera da preuzme odgovornost. Planeta koja vlada pratiantardašom pokazuje prirodu osobe koja će mu biti protivnik.

Sa Jupiterovom antardašom, od februara 2005. njegova jogada ponovo donosi čuda, kao što je to bio slučaj i sa prethodnim izborima. Izbori su održani u četvrtak, 5. maja 2005. (Mesec–Jupiter–Venera), Laburistička partija ponovo dobija vlast iako sa puno manjom većinom (sa 167 na 66), ali ipak pobeđuje zahvaljujući Jupiteru i Veneri u parivartana jogi i specijalnim moćima danade i jogade. Bombaški napadi u Londonu, kao i brojni drugi problemi, nastavljaju da muče Blera tokom ostatka antardaše, posebno u pratiantari Saturna i drugih malefika, ali magija se desila i on je ponovo na vlasti.

Jupiterova antardaša prolazi 2. maja 2006. godine, i Venerina antardaša nije mogla da spreči Šakta jogu i manifestaciju poražavajućih rezultata na lokalnim izborima 4. maja 2006. kada Laburistička partija gubi 317 mesta i 18 veća. Opcije za budućnost su bile sledeće: da je Bler ostano u kancelariji do kraja mandata (2010) to bi bio isti period koji je Lord

Liverpul tu proveo, a da je ostao do 26. novembra 2008. prešao bi i Margaret Tačer. Venerina daša traje do maja 2007. a posle toga Šakta joga postaje teška jer počinje Saturnova antardaša i ovo dostiže svoj vrhunac između jula 2008. i avgusta 2009. u Rahuovoj antardaši.

4.2.2. Parašara rađajoga adjaja 25

रशेर्द्रेष्काणतों ऽशाचा रशेरंशादथापि वा। यद्वा राशद्रिकाणाभ्यां लग्नद्रष्टा तु योगदः ॥ २५ ॥

raśerdreṣkāṇatoṁ'śācā raśeraṁśādathāpi vā | yadvā rāśidṛkāṇābhyāṁ lagnadraṣṭā tu yogadaḥ | | 25 | |

Prevod: Planeta koja je u konjukciji ili aspektuje (1) lagnu, uključujući bava lagnu, hora lagnu ili gatika lagnu, u raši čartu (D-1), drekani (D-3) i navamši (D-9) ili, (2) lagnu (uključujući bava lagnu, hora lagnu ili gatika lagnu) u raši (D-1) i navamši (D-9) ili, (3) lagnu (uključujući brava lagnu, hora lagnu ili gatika lagnu) u raši (D-1) i drekani (D-3), je jogada (davalac joge).

Parašara sada ide korak dalje u definiciji rađajoge u šloki 15 (Paragraf 4.1.2, str. 28) i daje punu definiciju jogada planete kao one koja aspektuje, u konjukciji je ili je vladar:

1. specijalnih ascedenata, bava, hora ili gatika lagne, u raši čartu (D-1), navamši (D-9) i drekani (D-3), (devet tačaka povezanosti) ili

2. specijalnih ascedenata, bava, hora ili gatika lagne, u raši čartu (D-1) i navamši (D-9), (šest tačaka povezanosti) ili

3. specijalnih ascedenata, bava, hora ili gatika lagne, u raši čartu (D-1) i drekani (D-3) (šest tačaka povezanosti).

4. specijalnih ascedenata, bava, hora ili gatika lagne, u raši čartu (D-1) kao što je objašnjeno u šloki 24 (tri tačke povezanosti).

Očigledno je da je nivo rađajoge ili snaga jogade dobijena pod '1' daleko moćnija, najmanje tri puta, od one dobijeno pod '4'. Na sličan način možemo da definišemo i nivo danade kroz povezanost planete sa hora lagnom u raši čartu, navamši i drekani, kao i nivo sidhide kroz povezanost planete sa gatika lagnom u raši, navamši i drekani.

Čart 40: Kraljica Elizabeta II

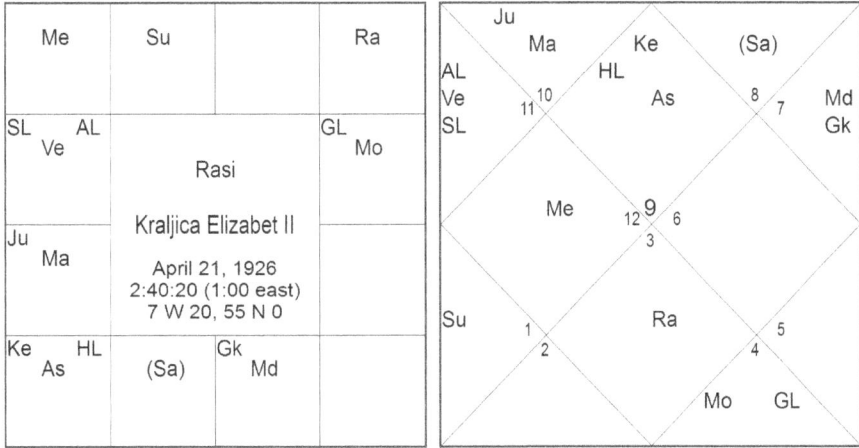

Me	Su		Ra
SL AL Ve			GL Mo
	Rasi		
Ju Ma	Kraljica Elizabet II April 21, 1926 2:40:20 (1:00 east) 7 W 20, 55 N 0		
Ke HL As	(Sa)	Gk Md	

As:	14 Sg 50	Su:	7 Ar 24- PK	Mo:	19 Cn 19- MK	Ma:	28 Cp 04- AmK
Me:	11 Pi 51- PiK	Ju:	29 Cp 42- AK	Ve:	21 Aq 09- BK	Sa (R):	1 Sc 38- DK
Ra:	27 Ge 40- GK	Ke:	27 Sg 40	HL:	18 Sg 33	GL:	6 Cn 32

Lagna	Long.	Nakšatra	Znak	Navamša	Drekana
Lagna	14°49′ St.	P. Šada	Strelac	Lav	Lav
Bhava	11°23′ Vo.	Satabišađ	Vodolija	Jarac	Vodol.
Hora	16°12′ St.	P. Šada	Strelac	Lav	Lav
Ghatika	0°41′ Rak	Punarvasu	Rak	Rak	Rak

U čartu Njenog veličanstva kraljice Elizabete II (Elizabeta Aleksandra Meri Vindsor) hora lagna je na lagni, u Strelcu, u konjukciji sa egzaltiranim Ketuom. Gatika lagna je u konjukciji sa Mesecom u svom znaku, Raku. Ovi faktori zadovoljavaju rađajoga adjaja šloku 15 (4.1.2) koja zahteva da lagna, hora lagna i gatika lagna imaju planetu u svom znaku ili u egzaltaciji.

Jupiter je vladar lagne i vladar hora lagne, a aspektuje i gatika lagnu čime se kvalifikuje za jogadu u čartu. Jupiter je ujedno i atmakaraka (kralj) i prima ničabangu usled (1) konjukcije sa egzaltiranim Marsom, i (2) pozicije u kendri od Meseca. Rahu je egzaltiran u Blizancima i aspektuje lagnu i hora lagnu u Strelcu, kao i gatika lagnu u Raku svojim specijalnim pogledom na 12. kuću (obrnuto brojanje) zbog čega postaje jogada. Merkur dobija ničabangu zbog svoje pozicije u kendri od lagne ali njegova debilitacija pokazuje neku vrstu 'šoka' u vezi sa ujakom (signifikator je Merkur).

U toku Merkurove daše, Jupiterove antardaše i Ketuove pratiantare, 20. januara 1936. njen deda, kralj Džordž V, umire i ostavlja tron njenom stricu, Edvardu VIII. Već 11. decembra 1936. godine, u Merkurovoj daši Jupiterovoj antardaši i Rahuovoj pratiantardaši, njen stric abdicira i njen otac, kralj Džordž VI, postaje monarh. Bitno je primetiti ulogu jogade u aktivaciji rađajoge. Ketuova daša je trajala za vreme Drugog svetskog rata.

Venera i Mesec su deo rađajoge kroz međusobni aspekt ili još više kroz vezu sa bava lagnom u Vodoliji i gatika lagnom u Raku. Ova rađajoga daje bavu ili mentalni stav prihvatanja sebe kao legitimne kraljice. Sa početkom Venerine daše, u decembru 1946, rađajoga počinje da funkcioniše i ona se udaje za Vojvodu od Edimburga, Princa Filipa Mauntbatena 20. novembra 1947. (Venerina daša, Venerina antardaša i Mesečeva pratiantara – primetimo koje planete pokazuju period), što je bio deo zvanične dužnosti jer je trebalo obezbediti potomstvo zarad budućnosti monarhije. Ovaj plodonosni brak joj daje četvoro dece. Zbog prerane smrti njenog oca, Kralja Džordža VI, koji je umro od raka pluća 4. februara 1952. (Venera – Mesec – Saturn period), ona stupa na tron kao Njeno veličanstvo Kraljica Elizabeta II, a krunisana je 2. juna 1953. (Venera – Mars – Saturn). Mesec je vladar gatika lagne u raši čartu, navamši i drekani (vargotama). U raši čartu je povoljno smešten u Raku (svoj znak – duga vladavina) u osmoj kući, koja je kuća nasleđa, dok Venera i Saturn aspektuju gatika lagnu raši drištijem i donose nasleđe u svom udruženom periodu u Venerinoj daši, Mesečevoj antardaši i Saturnovoj pratiantari.

Oko 1950. godine, u toku Venerine daše i Sunčeve antardaše, Britanska štampa je kritikuje da je odgoj sina i ćerke prepustila kraljevskim dadiljama dok ona provodi vreme sa suprugom, oficirom mornarice, na Malti. Ove kritike nisu imale osnova jer je njena hora lagna u prvoj kući (3.2) a videli smo da ovi ljudi veoma vrednuju reputaciju i partnera, i to što je ona uradila je bilo veoma prirodno i razumljivo. Zapravo, ovaj sistem vrednosti hora lagne je došao do izražaja i 1960. godine, u Venerinoj daši i Saturnovoj antardaši, kada je proglasila da njeni potomci treba da imaju lično prezime

Mauntbaten-Vindsor, umesto samo Vindsor, čime je odala jednako poštovanje svom suprugu čije prezime je Mauntbaten. Ponovo vidimo iskazivanje potpunog poštovanja prema 'reputaciji i partneru' kada Kraljica 1992. godine, dok traje Rahuova daša i Rahuova antardaša, o toj godini govori kao o 'Annus Horribilis' zbog rastave ili razvoda troje od njeno četvoro dece.

Čart 41: Kraljica Elizabeta II, navamša

Md AL Ve	SL	Ra Su		Ju HL Ma	GL	(Sa)

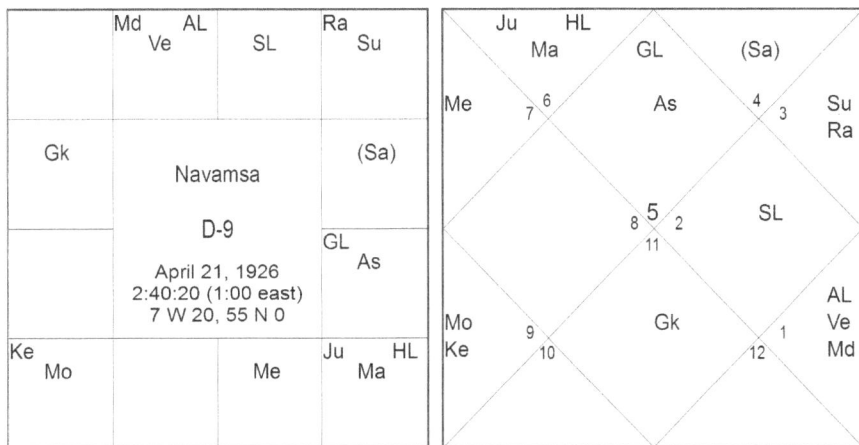

As:	14 Sg 50	Su:	7 Ar 24- PK	Mo:	19 Cn 19- MK	Ma:	28 Cp 04- AmK
Me:	11 Pi 51- PiK	Ju:	29 Cp 42- AK	Ve:	21 Aq 09- BK	Sa (R):	1 Sc 38- DK
Ra:	27 Ge 40- GK	Ke:	27 Sg 40	HL:	18 Sg 33	GL:	6 Cn 32

Lagna je u konjukciji sa hora lagnom u raši čartu, u navamši i u drekani. U raši čartu je Jupiter, vladar lagne i hora lagne, u konjukciji sa egzaltiranim Marsom; u navamši je Sunce vladar lagne i hora lagne i u konjukciji je sa egzaltiranim Rahuom; u drekani Sunce je vladar lagne i hora lagne u egzaltaciji. Ova kombinacija lagne i hora lagne daje danadu u rašiju, navamši i drekani, i to visokog ranga zbog konjukcije sa egzaltiranim planetama. Ovo ju je učinilo jednom od najbogatijih žena sveta, ali i pored toga ona 1992. godine savršeno staloženo i dostajanstveno prihvata poresku obavezu kao svaki običan građanin i time prekida dugogodišnju tradiciju. Ovaj izraz nevezanosti za bogatstvo govori o njenoj duhovnoj snazi, a ona se može videti u navamša lagni koja se nalazi u dvanaestoj od karakamše.

Čart 42: Kraljica Elizabeta II, drekana

		Ra SL		Ju			GL	
	Su	Ve Md			Ma	HL	(Sa)	Md SL

(Raši i drekana čart sa planetama)

As:	14 Sg 49	Su:	7 Ar 24- PK	Mo:	19 Cn 19- MK	Ma:	28 Cp 04- AmK
Me:	11 Pi 51- PiK	Ju:	29 Cp 42- AK	Ve:	21 Aq 09- BK	Sa (R):	1 Sc 38- DK
Ra:	27 Ge 40- GK	Ke:	27 Sg 40	HL:	18 Sg 31	GL:	6 Cn 25

Ona je treći britanski monah po dužini vladavine, posle Džordža III i kraljice Viktorije, jer vlada preko pola veka uz pomoć blagoslova vargotama gatika lagne, u tri varge, u Raku. Bila je svedok izmene deset različitih premijera Ujedinjenog Kraljevstva, kao i brojnih premijera u drugim zemljama Komonvelta na čijem se čelu nalazi. U drekani, Saturn je vladar bava lagne (Vodolija) i nalazi se na gatika lagni što joj daje moć dok egzaltirano Sunce, kao vladar hora lagne i lagne, obećava obilje bogatstva i komfora.

Ispitajte svaku od planeta u tri varge (raši, navamša i drekana). Saturn aspektuje gatika lagnu u rašiju i nalazi se na gatika lagni u navamši i u drekani čime igra presudnu ulogu u njenoj moći i poziciji. Odsustvo čiste jogade u navamši i u drekana čartu pokazuje da ona neće uživati aposlutnu moć i da će ta moć dobrim delom biti titularna, budući da je ograničena na raši čart.

OM TAT SAT

5

Sarvatobadra Čakra

1.1 UVOD

Reč sarvatobadra znači 'povoljan'. Sačinjena je od reči 'sarva', koja znači celokupno, u potpunosti, sve, sveobuhvatno ili sveukupno, višestruko i razno. Reč 'badra' znači blagosloven, povoljan, srećan, prosperitetan, radostan, a znači i ono što je dobro, graciozno, prijateljsko, drago, odlično, pravično, lepo, prijatno. Kao imenica može da se odnosi na Šivu, Durgu i niz drugih devata. Proučavanje ove čakre podrazumeva i potpun pregled nakšatri (28 konstelacija), 12 znakova, svih suglasnika, tithija, dana u nedelji i samoglasnika koji u sebi nose životnu energiju. Ovo je potpun pregled različitih aspekata planeta u tranzitu i oni se obično podučavaju pod ovom istom temom tj. gočarom.

KONSTRUKCIJA

Sarvatobadračakru čini mreža od 81 kocke, po devet vertikalno i devet horizontalno položenih (videti sledeću stranu), koje su dobijene ucrtavanjem 10 horizontalnih i 10 vertikalnih linija. Upišite strane sveta: sever, istok, jug i zapad, počevši od vrha u pravcu kazaljke na satu izvan mreže. Sarvatobadra čakra je predstavljena sa četiri koncentrična kvadrata od kojih svaki ima 32, 24, 16 i 9 kocki.

Benefične i malefične planete: Saturn, Rahu, Mars, Ketu i Sunce su malefične planete. Preostale planete Jupiter, Venera, Merkur i Mesec su prirodni benefici. Budući da je promenjiv i veoma povodljiv, Merkur postaje malefik ukoliko je pod uticajem drugih malefika. Uticaj Saturna i Rahua na Merkura smatra se veoma malefičnim po njega, dok ga Mars i Sunce mogu učiniti blažim malefikom. Mesec bez svetlosti je takođe malefik. Ovo je zaista tako od krišna čaturdašija (K14) do šukla partipada (S1). Postoji doza malefičnosti od šukla dvitije (S2) do šukla aštamija (S8) i od krišna ašatamija (K8) do krišna trajodašija (K13).

Slika 12: Sarvatobadra čakra

NW   North   NE

ii	Dhan	Sata	P Bha	U Bha	Reva	Aswi	Bhar	a
Srav	rii	g	s	d	ch	l	u	Krit
Abhi	kh	ai	Aq	Pi	Ar	lu	a	Rohi
U Sha	j	Cp	ah	Rikta *Fri*	o	Ta	v	Mrig
P Sha	bh	Sg	Jaya *Thu*	Poorna *Sat*	Nanda *Sun Tue*	Ge	k	Ardr
Mool	y	Sc	am	Bhadra *Mon Wed*	au	Cn	h	Puna
Jye	n	e	Li	Vi	Le	luu	d	Push
Anu	ri	t	r	p	t~	m	uu	Asre
i	Visa	Swat	Chit	Hast	U Pha	P Pha	Makh	aa

West — left side; E — right side.

SW   South   SE

Objašnjenje slike 1: Crtanje SB uvek počinje od povoljnog severo-istočnog ugla - Išana kone; spoljnji kvadrat od 32. kocke sastoji se od 28. nakšatri, osim 4. samoglasnika u uglovima, ovo je nebo; sledeći kvadrat sastoji se od suglasnika gde se formira i seme kreacije; kvadrat od 16. kocki je bhava mandala sa dvanaest rašija. I ovde su u uglovima samoglasnici kojima upravlja Sunce, predstavnik Atme; kvadrat u samom centru sastoji se od devet kocki u kojima se nalaze panča tatve, elementi svakog fizičkog tela. Purna tithi sa vladarom Saturnom je koren sve kreacija - greh.

Vedha

Značenje

Reč vedha ima nekoliko značenja. Najpre znači pobožan i veran. Na primer, reč vedhas znači pobožan, religiozan i odnosi se na planetarne uticaje poput Jupiterovog. Ona znači i hrabar i odnosi se na pozitivan uticaj Merkura, ili ukazuje na čestitost i dobrotu, poput one koju pokazuje povoljna Venera. Ona nosi konotaciju mudrosti, poput one koju predstavlja planeta Jupiter. U pozitivnom smislu, odnosi se i na postignuća ili podvige i zato je poput povoljnog Meseca.

Dalje, ona ima i niz negativnih značenja poput prodiranja ili probadanja koje je poput Saturnovog aspekta koji može biti veoma destruktivan i prodoran. Ona znači i probijanje, kršenje ili probadanje, kao efekat nasilnog Rahua. U nešto pozitivnijem smislu, ona se odnosi na pogađanje cilja, kao što Sunce daje velike strelce ili lidere oštrih očiju. Značenja poput probijanja ili ranjavanja se odnose na efekte nasilnog Marsa. Značenja poput rupa, iskopina ili prepreka mogu se videti kroz efekte Rahua, dok se ometanja (uključujući i nevolje, greške i nesreće) mogu videti kroz efekte Ketua.

Dakle, reč vedha ima i pozitivna i negativna značenja i generalno se odnosi na moć uticaja ili na prenos planetarnih značenja u tranzitu preko različitih nakšatri.

Računanje vedha

Pravilo 1: Vedha se računa za planetu(e) u tranzitu, kao i za natalnu poziciju. Nacrtajte tri linije, dve dijagonalno i jednu horizontalno, od nakšatre u kojoj se nalazi planeta. Ove linije predstavlju planetarni aspekt. Za različite kvadrate kroz koje linija prolazi se kaže da su pod vedhom planete.

Baš kao što određujemo nakšatre, znakove, akšare (suglasnike i samoglasnike) itd. brojanjem planetarnih aspekata, isto tako možemo odrediti nakšatru iz koje planete mogu doneti vedhu drugim nakšatrama. Na primer, na slici 2. vidimo da planete Merkur i Saturn tranzitiraju Punarvasu nakšatru. Odavde možemo povući tri linije, dve dijagonalno i jednu horizontalno.

Dijagonalna linija koja ide prema nakšatri iza Punarvasu daje 'hind' vedhu na Purva Badrapad nakšatru, na akšaru 'd' i 'k' kao i na znakove Ovan i Bik.

Dijagonala linija koja ide prema nakšatri ispred Punarvasu čini 'fore' vedhu na nakšatre Utara Falguni i na akšare 'd' i 'm'.

Horizontalna linija donosi vedhu Mula nakšatri sa Mesecom u njoj, kao i vedhu na akšare 'h', 'au', 'am' i 'y', na znakove Rak i Škorpiju, na Badra tithi i dane ponedeljak i sreda. Ipak, većina autoriteta deli mišljenje da horizontalna vedha može biti samo na nakšatrama, a ne i na drugim telima (kvadratima).

U tom slučaju, u datom primeru, horizontalna vedha od Punarvasu je samo na Mula nakšatri i Mesecu, a ne i na znacima, slovima, tithiju, danu i sl.

Slika 13: *Ilustracija Vedha (slika pokazuje tranzit Merkura i Saturna u Punarvasu nakšatri, kao i tri tipa Vedha)*

ii	Dhan	Sata	P Bha	U Bha	Reva	Aswi	Bhar	a
Srav	rii	g	s	d	ch	l	u	Krit
Abhi	kh	ai	Aq	Pi	Ar	lu	a	Rohi Ve
U Sha	j	Cp	ah	Rikta *Fri*	o	Ta	v	Mrig
P Sha	bh	Sg	Jaya *Thu*	Poorna *Sat*	Nanda *Sun Tue*	Ge	k	Ardr Su
Mool *Mo*	y	Se	am	Bhadra *Mon Wed*	au	Cn	k	Puna Me Sa
Jye	n	e	Li	Vi	Le	luu	d	Push Ma
Anu	ri	t	r	p	t~	m	uu	Asre
i	Visa Swat Ke	Chit	Hast	U Pha	P Pha Ju	Makh		aa

Zaključak 1.01: Planeta koja se nalazi u nakšatri u uglu imaće vedhu sa drugima u istom ili u suprotnom uglu, na osnovu pravila 1. Međutim, ako se nalazi u poslednjoj padi (četvrtini) nakšatre pre ugla ili u prvoj padi (četvrtini) naredne nakšatre, tada je vedha na samoglasniku u uglu, kao i na centralnoj dijagonali koja prolazi kroz Purna tithi, budući da je time centar aktiviran. U tom slučaju su slova iz svih uglova istovremeno aktivirana.

Na primer, planeta u Kritiki će imati 'hind' vedhu sa Barani, 'fore' vedhu sa samoglasnikom 'a', Bikom, Nanda, Badra, Vagom, suglasnikom 't', Višakom i horizontalnu vedhu sa Šravanom. Pošto je Kritika jedna od dve nakšatre u severoistočnom uglu, ako se planeta nalazi u prvoj padi Kritike, tada je aktivirana vedha na samoglasniku 'a' kao i na Purna tithiju. Drugi samoglasinici duž dijagonale nisu aktivirani. Slična situacija se dešava i kada je planeta u poslednjoj padi Barani nakšatre.

Test pitanja

Pitanje 1: Odredite vedhe od Rohini i Mrigašire.

Planeta koja se nalazi u Rohini nakšatri će imati vedhu sa samoglasnikom 'u', Ašvini, suglasnikom 'v', Blizancima, samoglasnikom 'au', Devicom, suglasnikom 'r', Svati i Abiđit. Planeta u Mrigaširi ima vedu sa Rakom, suglasnikom 'k', Lavom, suglasnikom 'p', Čitrom, Revati, suglasnikom 'l' i 'a' i Utara Šada.

Pitanje 2: Odredite vedhu iz poslednje pade Višaka nakšatre.

Slika 14: Ilustracija specijalne ugaone vedhe

ii	Dhan	Sata	P Bha Mo Ma	U Bha	Reva	Aswi	Bhar Ra	a
Srav	rii	g	s	d	ch	l	u	Krit
Abhi	kh	ai	Aq	Pi	Ar	lu	a	Rohi Ve
U Sha	j	Cp	ah	Rikta Fri	o	Ta	v	Mrig
P Sha As	bh	Sg	Jaya Thu	Poorna Sat	Nanda Sun Tue	Ge	k	Ardr Su
Mool Me Ve	y	Sc	am	Bhadra Mon Wed	au	Cn	h	Puna (Sa)
Jye	n	e	Li	Vi	Le	uu	d	Push Ma
Anu Su	ri	t	r	p	t~	m	uu	Asre
i	Visa Ke	Swat	Chit	Hast	U Pha	P Pha Ju	Magh	aa

Body		Nakṣatra	Pada
Lagna		P. Sādhā	1
Sun	MK	Anurādhā	4
Moon	DK	P. Bhadra	4
Mars	AK	P. Bhadra	3
Mercury	PK	Mūla	2
Jupiter	AmK	P. Phalgunī	3
Venus	PiK	Mūla	4
Saturn (R)	BK	Ardrā	4
Rahu	GK	Bharani	4
Ketu	GK	Viśākha	2

āeha From Rahu in Bharini 4 Qr.

Vedha	Arrow
Hind - 1, Ar, Rikta, Jaya	⟶
Sc, n, Anu (Su)	
Across - Megha	⟶
Fore - Krittika	⟶
Corner - 'a', Purna, 'i'	⟶
'aa' and 'ii'	

Akšara vedha

Akšara vedha zahteva više detalja jer i pored toga što je u u Sarvatobadra čakri prisutno 16 samoglasnika, broj suglasnika je samo 19, što daje ukupan broj od 35 akšara. Kako je ukupan broj akšara u azbuci 50 akšara, ovde imamo manjak od 15 akšara.

Tabela 13: Računanje akšara

Sunce	16 samoglasnika	= 16 akšara
Mesec	9 polusamoglasnika	= 9 akšara
Mars do Saturna 5 suglasnika svaki		= 5x5= 25 akšara
Ukupno		= 50 akšara
Sarvatobadra čakra		= 35 akšara
Manjak		= 15 akšara

Kako bismo pokrili ovaj manjak od 15 akšara, kao i nekih drugih fonema, definisana su određena vedha pravila (zapravo zaključci).

Zaključak 1.02: Kada su četiri centralne nakšatre, Ardra, Hasta, Purva Šada i Utara Badrapada, koje se nalaze u centru među sedam nakšatri spoljašnjeg kvadrata, pod tranzitom planete, one uzrokuju vedhu na četiri akšare 'k', 'p', 'bh' i 'd', datim redom, i to pod 'horizontalnom' vedhom, što nije nalik drugim horizontalnim vedhama koje su generalno nad suprotnom nakšatrom. Svaka od ove četiri akšare 'k', 'p', 'bh' i 'd' spojena je sa trojstvom tri akšare koje takođe imaju istovremenu vedhu. Ova trojstva nisu vidljiva u Sarvatobadra čakri ali su pripojene na četiri akšare. Ove grupe su (1) 'k' i gha, na i cha; (2) 'p' i sa, na i tha; (3) 'bh' sa dha, pha i dha; (4) 'd' sa jha i na.

Na primer, ako planeta tranzitira preko Ardra nakšatre tada će istovremeno imati vedhu sa 'ka' akšarom (napisano k na slici). Ona će imati vedu sa glasovima 'gha', 'na' i 'cha' koji su dodati na akšaru 'ka'. Ovo će uticati na mesta ili na ljude koji su zovu 'Karen' ili 'Ghansjam' čija imena počinju na slovo 'ka' i 'gha'. Ovo grupisanje i pripojene akšare na šemu Sarvatobadra čakre dodaju 12 akšara (3x4=12 akšara).

Zaključak 1.03: Postoji pet promenljivih parova akšara. To su (1) ba i va, (2) sa i ša, (3) kha i sa, (4) ja i ya i (5) na i tra. Svaki put kad bilo koja planeta ima vedhu sa bilo kojom akšarom ona istovremeno ima vedu sa drugom akšarom iz tog para.

Na primer, kada Sunce tranzitira preko Rohini nakšatre ono ima vedhu sa akšarom 'v' ili 'va'. Pošto je va jedna od dve akšare para ba i va (b,v), Sunce ima vedhu i sa akšarom 'ba' i time istovremeno utiče i na ljude koji se zovu 'Bobi' (ba akšara) ili Višnu (va akšara). Iako postoji 10 akšara u pet parova, sve osim tri akšare (ba, sa i kha) su ili prisutne u Sarvatobadra čakri, ili su u grupama od po tri (zaključak 1.02). Na ovaj način je uz pomoć četiri grupe trojki (na osnovu zaključka 1.02) i pet parova (na osnovu zaključka 1.03) i preostalih 15 akšara predstavljeno unutar Sarvatobadra čakre.

Zaključak 1.04: Princip glasovnih parova ili uzajamne zamenljivosti vedha na osnovu zaključka 1.03, primenljiv je i na anušvara i visarga (samoglasnike – am i ah).

Na primer, ako se retrogradna planeta nalazi u Abiđit nakšatri i ima snažnu 'hind' vedhu na anušvaru 'am', onda istovremeno ima vedhu i na visargu 'ah' prema ovom pravilu. Trenutno ne mogu da se setim ni jednog imena koje počinje ovim glasovima, ali to ne znači da ih neće biti u budućnosti.

Snaga vedha

Pravilo II: Pošto su čvorovi Rahu i Ketu uvek retrogradni, ovde dominira 'hind' vedha, dok u slučaju svetlećih tela, Meseca i Sunca, koja se uvek kreću direktno, dominira 'fore' vedha.

Pravilo III: Pošto preostalih pet planeta nemaju jednoobrazno kretanje, one oponašaju čvorove u svom retrogradnom kretanju ili svetleća tela u svom direktnom kretanju. Kada je planeta retrogradna, hind vedha dominira. Kada se planeta kreće direktno i brzo, fore veda dominira, a kada je kretanje direktno i normalno tada dominira horizontalna vedha. Ovo je primenjivo na pet planeta, od Marsa do Saturna.

Procena rezultata

Pravilo IV: Retrogradni malefici mogu doneti veoma nepovoljne efekte na sve vedhe koje formiraju, dok prirodni benefici mogu doneti velike dobrobiti kad su retrogradni. Soumja vedha je definisana kao vedha koju daje benefična planeta. Krura vedha je vedha koju daje malefična planeta.

Pravilo V: Kada se planete kreću brzo, one imaju tendenciju da poprime prirodu drugih planeta sa kojima se nađu u konjukciji.

Rezultati ugaonih vedha

Rezultati koji zrače iz specijalnih ugaonih vedha, posebno krura vedha, su:

(1)   'a' – iritacija ili uzbuđenje;

(2) *'aa' izgovara se kao dugo a – strah;*

(3) *'i' – gubitak;*

(4) *'ii' izgovara se kao dugo 'i' – bolest i*

(5) *Purna tithi – smrt.*

Soumja i Krura vedha

Krura vedha ima i druge rezultate. Ako je vedha zajedno sa:

1. *Nakšatrom – daje konfuziju i/ili pogrešne misli;*

2. *Suglasnik – gubitak;*

3. *Samoglasnik – bolesti;*

4. *Tithi – ozbiljne prepreke u vezama/ljudima;*

5. *Znak – prepreke i nevolje od Bhave.*

Ako su svih pet krura vedha koje su pomenute pod tačkama 2.1 – 2.5 prisutne nad đanma znakom itd. – osoba umire. Ako je umesto toga prisutna samo jedna vedha, tada razlike u mišljenjima i bitke mogu da daju strahove i anksioznost. Dve vedhe pokazuju finansijske gubitke, dok tri vedhe donose prepreke i nevolje. Četiri vedhe mogu doneti bolesti, povrede i veliku patnju nalik smrti.

Baš kao što malefici daju nepovoljne rezultate, benefici donose povoljne rezultate. Ipak, planete u brzom kretanju (videti gornje pravilo V) mogu doneti veoma nepovoljne rezultate, baš kao što malefici mogu doneti dobre rezultate što samo govori o povoljnosti remedijalnih mera u datom trenutku.

Rezultati planeta

Veda od

1. *Sunca donosi nerazumevanja i probleme u vezi sa egom;*

2. *Mars daje materijalne gubitke;*

3. *Saturn daje probleme sa zdravljem;*

4. *Rahu i Ketu donose prepreke i sve vrste nevolja i nezgoda;*

5. *Mesec daje mešane rezultate – bolje kad je prisutan pakša bal ili svetlo;*

6. *Venera donosi seksualna zadovoljstva i zabavu;*

7. *Merkur daje učenje i povoljnosti kroz posao;*

8. *Jupiter donosi opšti prosperitet, slavu i dobrobiti.*

Planetarno kretanje i pozicije

Baš kao što produžavamo trajanje perioda planete za različite ajurdaja kalkulacije, tako je i vedha efekat planete dupliran kada je retrogradna, a ako je planeta u egzaltaciji, vedha efekat je čak tri puta jači. Kada je planeta u direktnom kretanju, bilo da je stacionarna ili veoma brza, vedha efekti su normalni, dok su u vreme debilitacije efekti vedhe svedeni na pola. Dakle, malefične planete u debilitaciji i benefici u egzaltaciji veoma su poželjni.

Na primer, krura vedha koju donosi malefična planeta u vreme bolesti može se okončati smrću, posebno ako je planeta retrogradna. Ako je kretanje direktno, bolest se brzo preokrene u ozdravljenje. Ako postoje vedhe koje donose malefici na dan rođenja osobe, osoba neće imati mentalni mir i proći će kroz agoniju.

Kada je bilo koji tithi, znak (uključujući i navamšu), nakšatra ili vara pod vedhom malefične planete, tada u odabiru muhurte treba izbeći ove faktore. Brak koji je proslavljen u vreme krura vedha vodi nesreći i razdvajanju. Putovanje koje se započne u krura vedhi može se pokazati neprofitabilnim ili čak i opasnim. Medicinski tretman predložen pacijentu može ostati bez rezultata i neće umanjiti bol, a bilo koji posao ili poduhvat koji je započet pod krura vedhom završiće u gubicima i neuspesima.

Izlaženje i zalaženje nakšatre

Slika 15: Sunčev tranzit preko istočne zvezde

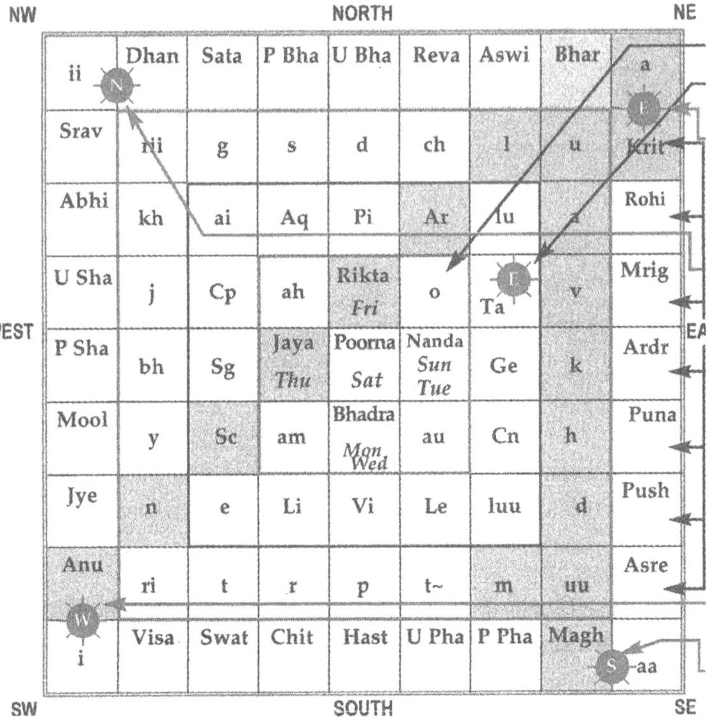

Na slici 4. strelice redom pokazuju: grupisanje samoglasnika sa SI; Sunce u Biku tranzitira u istočnom pravcu; Sunce ulazi u Kritiku oko 11. maja tj. na 27. dan posle Vaišake (Meša sankranti) i počinje zalaziti na istoku; Sunce ulazi u Daništu oko 6. februara i zalazi u pravcu severa; svih sedam nakšatri od Kritike do Ašleše nemaju svetlo tokom tranzita Sunca u istočnom pravcu; sva slova (ime) će takođe biti u zalasku; preostalih 21. nakšatra u preostala tri pravca imaju svetlo (i energiju) od Sunčevih zraka; Sunce ulazi u Anurada nakšatru oko 20. novembra i zalazi u zapadnom pravcu; Sunce ulazi u Maga nakšatru oko 16. avgusta i zalazi u južnom pravcu.

Rezultate u vezi sa izlaskom i zalaskom treba naučiti iz Faladipika Đataka Baranam i druge standardne literature. Suvišno je reći da različiti faktori koji su u vezi sa samom osobom ne bi trebalo da su u zalasku u vreme muhurte.

Vitalne nakšatre

1. *Prva, deveta, petnaesta i dvadeset prva nakšatra od nakšatre u kojoj se nalazi Sunce nose ime trišula nakšatra i jer se baziraju na oštricama Šivinog trozubca. Ove nakšatre biti uzroci smrti.*

2. *Peta nakšatra, brojano od Sunca, nosi ime vidjunmuka; osma se zove šula; četrnaesta je sanipata; osamnaesta je ketu; dvadeset prva je ulka; dvadeset druga je kampa (drhtaj); dvadeset treća se zove vađraka (munja) i dvadeset četvrta je zove nirgata. Ovih osam nakšatri se zajedno zovu upagrahe i odgovorne su za različite prepreke i nevolje.*

3. *Nakšatra u kojoj se nalazi Mesec u vreme rođenja osobe je postavljena za đanmaba ili đanmarkša i zove se đanma nakšatra (đanma je rođenje). Deseta nakšatra od ove nakšatre nosi ime karmaba ili karmarkša, ili jednostavno karma nakšatra. Devetnaesta nakšatra se zove adhana (začeće), dvadeset treća se zove vinaša (destrukcija) ili vainašika, osamnaesta nakšatra se zove samudajaka, šesnaesta nakšatra se zove sanghatika (tiče se dugova), dvadeset šesta se zove đati(društvo, dvadeset sedma je deša (zamlje ili nacija) i dvadeset osma se zove abišeka (rađja ili kraljevstvo).*

Značenja ovih reči se mogu naučiti iz standardnih sanskritskih rečnika. Kako god, mi ćemo koristiti neke od njih i vi ćete se upoznati sa njihovim značenjima dok proučavamo različite primere.

Remedijalne mere

Mantrešvara (Faladipika) kaže da, ukoliko planeta(e) pokazuju malefične rezultate u natalnom čartu ili tokom svojih daša, antardaša, aštakavarga ili tranzita, osoba treba da prizove njihovu milost kroz odgovarajuće molitve i mantre za datu planetu(e), koristeći Sarvatobadra čakru. Nesreće se mogu izbeći i kroz pobožna dela, poštovanje duhovnih zaveta, kroz darivanja i druge odgovarajuće aktivnosti.

Iz prethodnog postaje jasno da:

1. Odnos između daša i antardaša planete treba proceniti uz pomoć Sarvatobadra čakre.

2. Snagu i uticaje planeta, kao i njihovo kretanje, kako u natalnom čartu, tako i u tranzitu, treba pažljivo prostudirati u natalnom čartu.

3. Za određivanje suptilnijih rezultata pored Sarvatobadra čakre, treba koristiti i Aštakavargu.

4. Treba odrediti vreme za odgovarajuće remedijalne mere uz pomoć Sarvatobadra čakre, zarad maksimalne dobrobiti.

Sada ćemo ispitati natalni čart sa daša i antardaša planetama kao i neke od aspekata tranzita i remedijalnih mera.

BRAK I DECA

Čart 43: Ženska osoba - mučan brak

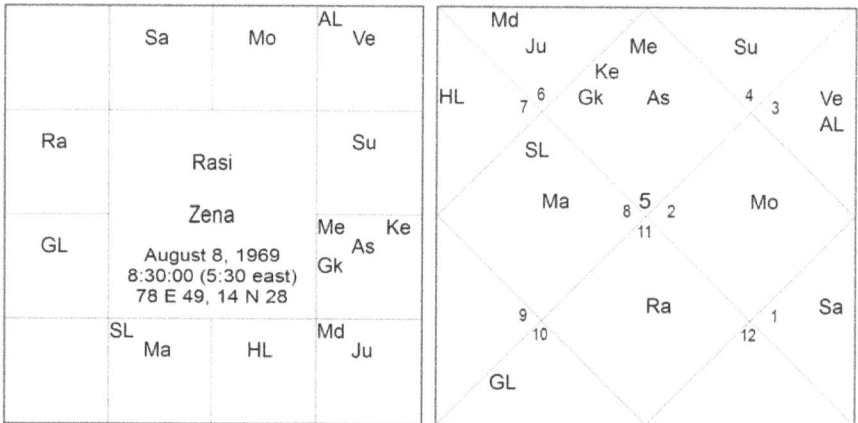

	Sa	Mo	AL Ve
Ra	Rasi		Su
GL	Zena August 8, 1969 8:30:00 (5:30 east) 78 E 49, 14 N 28		Me Ke As Gk
	SL Ma	HL	Md Ju

	Md Ju	Me Ke	Su
HL	7 6 Gk	As	4 3 Ve AL
	SL Ma	8 5 2 11	Mo
	9 10	Ra	1 12 Sa
	GL		

As:	27 Le 03	**Su:**	21 Cn 59- AmK	**Mo:**	26 Ta 12- AK	**Ma:**	14 Sc 16- MK
Me:	8 Le 14- GK	**Ju:**	10 Vi 17- PK	**Ve:**	12 Ge 10- PiK	**Sa:**	15 Ar 23- BK
Ra:	29 Aq 36- DK	**Ke:**	29 Le 36	**HL:**	7 Li 04	**GL:**	29 Cp 50

ii	Dhan	Sata	P Bha Ra	U Bha	Reva	Aswi	Bhar Sa	a
Srav	rii	g	s	d	ch	l	u	Krit
Abhi	kh	ai	Aq	Pi	Ar	lu	a	Rohi
U Sha	j	Cp	ah	Rikta *Fri*	o	Ta	v	Mrig Mo
P Sha As	bh	Sg	Jaya *Thu*	Poorna *Sat*	Nanda *Sun Tue*	Ge	k	Ardr Ve
Mool	y	Sc	am	Bhadra *Mon Wed*	au	Cn	h	Puna
Jye	n	e	Li	Vi	Le	luu	d	Push
Anu Ma	ri	t	r	p	t~	m	uu	Asre Su
i	Visa	Swat	Chit	Hast Ju	U Pha As Ke	P Pha	Magh Me	aa

Moon		Nakṣatra	
	Count	No.	Name
jamna	1	5	Mrigasira
karma	10	14	Citra
ādhāna	23	23	Srāvana
viāśa	23	27	U. Bhadra
samudayaka	18	22	Abhijit
saṅghāṭika	16	20	P. Sadha
jāti	23	2	Bharani
deśa	27	3	Krittikā
abhiṣeka	28	4	Rohiṇī

Sun		Nakṣatra	
Trisula		1	9	Aśleṣa
	9	17	Anurādhā
	15	23	Srāvana
	21	1	Ashvini
vidyunmukh	5	13	Hastā
śūla	8	16	Viśakha
sannipāta	14	22	Abhijit
ketu	18	26	P. Bhadra
ulka	21	1	Asvinī
kampa	22	2	Bharani
vajra	23	3	Krittikā
nirghata	24	4	Rohiṇī

ii	Dhan Su Me	Sata	P Bha Ve	U Bha Mo	Reva	Aswi	Bhar	a
Srav	rii	g	s	d	ch	l	u	Krit
Abhi Sa	kh	ai	Aq	Pi	Ar	lu	a	Rohi As Ma
U Sha Ra	j	Cp	ah	Rikta *Fri*	o	Ta	v	Mrig
P Sha	bh	Sg	Jaya *Thu*	Poorna *Sat*	Nanda *Sun Tue*	Ge	k	Ardr
Mool	y	Sc	am	Bhadra *Mon Wed*	au	Cn	h	Puna Ke
Jye	n	e	Li	Vi	Le	luu	d	Push (Ju)
Anu	ri	t	r	p	t~	m	uu	Asre
i	Visa	Swat	Chit	Hast	U Pha	P Pha	Magh	aa

Samudaja nakšatra, Abiđit (22), Saturn tranzitira Abiđit, Mars tranzitira

Rohini. Đati nakšatra (Bharani, nema krura ni soumja vedhe. Abišek nakšatra (Rohini) ima dve krura vedhe, Saturn tranzitira Abiđit, Mars tranzitira Rohini. Vinasa nakšatra, nema krura vedhe, soumha vedha od strane slabog Meseca. Đanma nakšatra, krura vedha od strane Rahua koji tranzitira U. Ašadu. Trišula vedha ima krura vedhe Sunca i Merkura iz Danište.

SAMUDAJA NAKŠATRA

Rath # SBC.01: Ako u sedmoj kući ili u vezi sa brakom postoje malefične joge, to će se pokazati u obliku krura vedhe na Samudaja nakšatru u vreme sklapanja braka.

U čartu 1. sedma kuća ima malefičnog Rahua, koji je ujedno i darakaraka, što pokazuje mogućnost prevara i sličnih nevolja u vreme sklapanja braka. Supružnik neće pokazati svoje istinske namere. Ovo je utoliko nepovoljnije zbog toga što je vladar sedme, Saturn, debilitiran u Ovnu (Mars) u devetoj kući (koja pokazuje nesreće). Dakle, ova malefična joga će se manifestovati u trenutku stupanja u brak, a osobi je suđeno da doživi torturu i muke (Mars), kao i veliku nesreću (debilitirani Saturn u devetoj kući). Vreme događaja određeno je kao vreme braka jer je Rahu darakaraka i nalazi se u sedmoj kući pod Marsovim aspektom.

Ručaka Mahapuruša joga pokazuje da će se osoba morati snažno da se bori, kao i da će izaći iz ovog problema zbog snage pomenute joge. Upapada u Ribama, pod uticajima Saturna i Marsa na drugu kuću od nje, kao i pod aspektom Rahua pokazuje grozan krah braka.

Ova indikacija je ispunjena u vreme ulaska u brak, dana 17. februara 1991. godine, u vreme Saturnovog tranzita preko samudaja nakšatre, a Mars je samo doprineo svojom krura vedhom na ovu nakšatru iz Rohini nakšatre. Baš kao što u natalnom čartu nema benefičnih planeta koje bi umanjile nepovoljnosti u drugoj kući od UL, tako ni u vreme sklapanja braka nije bilo soumja vedha na samudaja nakšatru.

ABIŠEKA NAKŠATRA

Rath # SBC.02: Ako postoji malefična vedha na abišek nakšatru tada će osoba biti pod stegama i može proći kroz razne vrste muka u zavisnosti od prirode krura vedhe. Soumja vedha daje rađajogu i potpunu slobodu ponašanja.

Abišeka nakšatra je Rohini sa dve krura vedhe koje prave iste planete koje daju vedhe nad Samudaja nakšatrom. Ovo pokazuje da će se osoba osećati zatvoreno i ugušeno zbog braka i zbog društvenih očekivanja. Ovo je veoma nepoželjna situacija jer ova žena nije postala supruga svojom voljom, a može biti naterana da radi stvari i da deluje potpuno suprotno svojim željama. Mars će je mučiti strah od društvene odbačenosti, i tuga će je preplaviti. Osim toga, rodbina sa muževljeve strane će se protiviti njenom poslu (a imala je dobar posao u međunarodnoj kompaniji) i konstantno će je gnjaviti da da otkaz. Dala je otkaz u nadi da će to doneti mir u kuću, što se nikad nije dogodilo.

ĐATI NAKŠATRA

Rath #SBC.03: Ako su malefici ili malefične joge prisutne u petoj kući to može sprečiti dobijanje dece ili doneti druge nevolje, a ovo će se pokazati kroz krura vedhu nad Đati nakšatrom u vreme sklapanja braka.

Đati nakšatra pokazuje osobinu porodicu i širu zajednicu. Najvažniji blagoslov za društvo i porodicu je njen rast kroz potomstvo. Ako je đati nakšatra afliktovana krura vedhom, i ne postoji pomoć soumja vedhe, par može ostati bez potomstva. U protivnom, brak može postati mrlja na društvu ili se mogu roditi deca sa različitim problemima. U oba slučaja, krura vedha koju uzrokuju malefici postaje razlog za razdvojenost i za neslaganja para.

Ovo se obično manifestuje ako je u horoskopu malefik već prisutan u petoj kući, ili postoji slična malefična joga u vezi sa petom kućom i potomstvom.

U ovom primeru, đati nakšatra je Barani bez krura ili soumja vedha. Dakle, ne postoje prepreke za dobijanje potomstva. Par je dobio kćerku pre rastave braka/razvoda. Na sličan način i svaka druga nakšatra ima jasnu ulogu i pokazuje svoje rezultate u Sarvatobadra čakri.

DAŠA I ANTARA U SARVATOBADRA ČAKRI

Rath # SBC.04: Vladar daše je poput Sunca, dok je vladar antardaše poput Meseca. Odredite zajedničke tačke uticaja planeta (uključujući vedhu, ako je prisutna) i njihove rezultate.

Brak je sklopljen u Rahuovoj daši i Mesečevoj antardaši. Rahu je u Purva Badrapada nakšatri, koja je u centru sedme kuće. Rahu pravi vedhu na Purva Badrapadu, Čitru i Mulu, dok Mesec ima vedhu na Revati, U. Šadu i Ćitru. Zajednički faktor je Ćitra, koja je ujedno i karma nakšatra. Rahuova zla vedha nad ovom nakšatrom garantovano će dati svoje rezultate tokom Rahuove daše i Mesečeve antardaše i zato će sreća, finansijska snaga i budući uspesi osobe zasigurno doživeti pad. Ovde smo demonstrirali samo jedan metod, a sigurno postoje i druge primene daše u kombinaciji sa Sarvatobadra čakrom.

Čart 44: Ženska osoba - iznenadno udovištvo

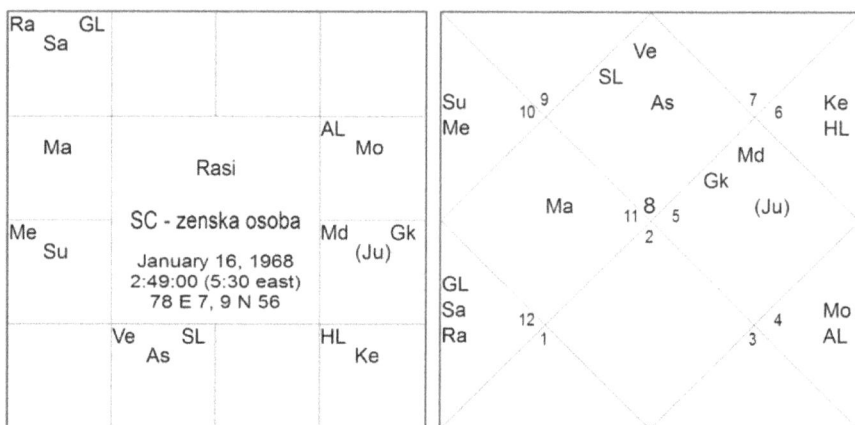

As:	7 Sc 18	Su:	1 Cp 25- GK	Mo:	3 Cn 58- PK	Ma:	11 Aq 40- MK
Me:	12 Cp 37- BK	Ju (R):	11 Le 29- PiK	Ve:	23 Sc 25- AK	Sa:	13 Pi 30- AmK
Ra:	29 Pi 49- DK	Ke:	29 Vi 49	HL:	5 Vi 42	GL:	13 Pi 25

U čartu 2. vladar lagne, Mars, kao i vladar sedme kuće, Venera, povoljno su smešteni u međusobnim kendrama, i tako formiraju paraspara karaka jogu. Bračni odnos će biti dobar i suprug će voleti ovu osobu. Upapada je u Strelcu. Dužina bračnog života se može videti iz druge kuće od upapade i njenog vladara. Druga kuća od UL je Jarac kojeg aflikuje malefični vladar osme kuće, Merkur, zajedno sa Suncem. Saturn je u konjukciji sa Rahuom u petoj kući gde formiraju Sarpa šapa sutakšaja jogu. I ponovo, baš kao i u prethodnom primeru, imamo Rahua kao darakaraku i on pokazuje da određena iskustva očekuju atmu u vezi sa pitanjima srca.

Budući da se ova joga dešava u petoj kući, to ukazuje na nevolje u vezi sa imanjem dece. Primenom Rath #SBC.03 sa prethodne strane, ovo bi moralo da se pokaže kao aflikcija Đati nakšatre u vreme braka.

Slika 16: Sarvatobadra čakra čarta br. 2.

ii	Dhan	Sata Ma	P Bha	U Bha Sa	Reva Ra	Aswi	Bhar	a
Srav Me	rii	g	s	d	ch	l	u	Krit
Abhi	kh	ai	Aq	Pi	Ar	lu	a	Rohi
U Sha Su	j	Cp	ah	Rikta Fri	o	Ta	v	Mrig
P Sha	bh	Sg	Jaya Thu	Poorna Sat	Nanda Sun Tue	Ge	k	Ardr
Mool	y	Sc	am	Bhadra Mon Wed	au	Cn	h	Puna
Jye Ve	n	e	Li	Vi	Le	luu	d	Push Mo
Anu As	ri	t	r	p	t~	m	uu	Asre
i	Visa	Swat Ke	Chit	Hast	U Pha	P Pha	Magh (Ju)	aa

Moon	Nakṣatra		
	Count	No.	Name
jamna	1	8	Pusya
karma	10	17	Anurādhā
ādhāna	19	26	P. Bhadra
viāśa	23	2	Bharani
samudayaka	18	25	Satabhisaj
saṅghāṭika	16	23	Srāvana
jāti	26	5	Mrigasira
deśa	27	6	Ardrā
abhiṣeka	2č	7	Punarvasu

Sun	Nakṣatra		
	1	21	U. Sadha
	9	1	Ashvini
	15	7	Punarvasu
	21	13	Hastā
vidyunmukh	5	25	Satabhisaj
śūla	8	28	Revati
sannipāta	14	6	Ardrā
ketu	18	10	Makha
ulka	21	13	Hastā
kampa	22	14	Citra
vajra	23	15	Svātī
nirghata	24	16	Viśākha

(Trisula — Upagraha)

U Sarvatobadra čakri đati nakšatra je Mrigašira, koja prima vedhu Rahua, Ketua i Sunca u natalnom čartu. Ova trostruka krura vedha nije poželjna i daje rezultate u vreme braka.

BRAČNI TRANZITI

Brak je sklopljen u junu 2002. godine, u vreme kada su Saturn i Rahu tranzitirali Mrigašira nakšatru, đati nakšatru, što samo potvrđuje Rathovo pravilo #SBC.03. Nepovoljna joga iz pete kuće biva aktivirana i brak nije mogao biti povoljan ni za društvo, niti za proširenje porodice. Ovo će dovesti do toga da, iz jednog ili drugog razloga, partneri ne mogu ostati zajedno duži vremenski period, a takođe će sprečiti i dobijanje potomstva.

Horizontalna vedha iz Mrigašire je na znak Jarca i na U. Šada nakšatru. Ova vedha nad nakšatrom natalnog Sunca aktivira trišulu i veoma je opasna po život osobe ili njenog supruga (obično je to suprug u ženskom horoskopu).

Osoba je napisala: „Pridružila sam mu se posle dva meseca. Dakle, bila sam sa njim samo pet meseci. Oboje smo bili bolesni i imali smo nezgode u toku ovih pet meseci, a na kraju petog meseca on je umro."

Do bolesti dolazi zbog Saturna, a do nezgoda dolazi usled Rahuove krura vedhe. Kada su zajedno pokazuju smrt. Osoba je izgubila supruga zbog upale mozga koja je trajala pet dana, u februaru 2003. godine. Aflikcije nad đati nakšatrom, kako u natalnom čartu tako i u vreme sklapanja braka, kao i kletva u petoj kući u natalnom čartu, uvek daju neslaganja u braku i drže partnere odvojenima usled raznih okolnosti. Razlozi se mogu videti iz natalnog čarta i Sarvatobadra čakre u čartu venčanja. Bitno je primetiti da samudaja nakšatra nema aflikcije, te da je odnos među partnerima bio veoma dobar.

REMEDIJALNE MERE

I dok se sudbina ne može promeniti, ovako ozbiljne posledice se mogu ublažiti do određene mere uz pomoć odgovarajućih remedijalnih mera poput umirenja đati nakšatre koja je i uzrok svih problema.

PREDUZEĆE

Jedna od najfascinantnijih primena Sarvatobadra čakre jeste primena na pitanja poslovanja i finansija. Obim poslovanja treba proučiti iz natalnog čarta i dašamše uz pomoć različitih daša. Posle toga treba odrediti najpovoljnije vreme za početak novih projekata uz pomoć Sarvatobadra čakre. Bitne nakšatre su navedene u tabeli.

Mesec	Nakšatra	Značenja
Đanma	1	Smrt/zdravlje
Sampat	2	Akumulirano bogatstvo
Karma	10	Sreća/tuga u vezi sa poslom i domom
Adhana	19	Prebivalište/domovina, pokazuje da li do uspeha dolazi kod kuće ili u inostranstvu
Vinaša	23	Rođaci/bliski prijatelji koji pomažu u poslu i imaju uticaj na uspeh; uključuje i partnere
Samudajaka	18	Ukupno blagostanje osobe i kompanije
Sangatika	16	Dugovi/finansije osobe i kompanije

Đati	26	Porodica/društvo, kao i odnosi sa zaposlenima i mere zaštite
Deša	27	Vlada/izgnanstvo ili dobrobiti, uključujući i podršku projekata
Abišeka	28	Rađja/stege, pokazuje nivo uticaja na posao, kao i to do koje mere sama osoba uživa u poslu

Čart 45: Biznismen

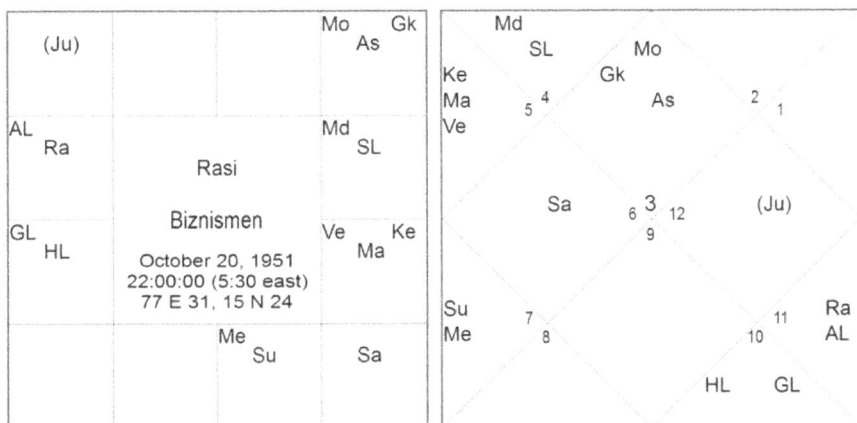

(Ju)	Mo Gk As
AL Ra	Md SL
	Rasi
GL HL	Biznismen
	October 20, 1951
	22:00:00 (5:30 east)
	77 E 31, 15 N 24

(Rasi chart)

```
            Mo  Gk
(Ju)             As

AL              Md  SL
  Ra
        Rasi

GL      Biznismen   Ve    Ke
  HL                   Ma
   October 20, 1951
   22:00:00 (5:30 east)
   77 E 31, 15 N 24
          Me
            Su     Sa
```

(Navamsa chart)

```
      Md
       SL      Mo
Ke          Gk
Ma    5  4     As     2  1
Ve

               Sa   6  3 12   (Ju)
                        9
Su      7              11  Ra
Me         8        10      AL
                   HL   GL
```

As:	7 Ge 01	Su:	3 Li 18- DK	Mo:	8 Ge 13- PK	Ma:	16 Le 25- AmK
Me:	8 Li 07- GK	Ju (R):	13 Pi 43- PiK	Ve:	19 Le 29- AK	Sa:	14 Vi 55- MK
Ra:	14 Aq 07- BK	Ke:	14 Le 07	HL:	26 Cp 19	GL:	16 Cp 50

PERSPEKTIVA OSOBE

Površan pogled na prethodne dve slike SBČ za osobu, kao i za preduzeće, pokazuju vedhu Merkura u tranzitu preko đanma nakšatre. Ovo je soumja vedha jer se Merkur, iako je u konjukciji sa Suncem u natalnom čartu, nalazi se u odvojenoj nakšatri, u Blizancima. Biznis obećava a osoba će imati dobro zdravlje i snagu za posao.

Karma nakšatra je Anurada i ona prima vedhu dve malefične planete, Rahua i Ketua (dve krura vedhe). Ovo pokazuje brojne nevolje u vezi sa finansijama, neočekivane promene koje mogu biti uznemiravajuće, kao i poteškoće u pronalaženju početnog kapitala. Osoba će imati problema u vezi sa tim i može se suočiti sa lažnim obećanjima (Rahu) i neuspesima.

ii	Dhan	Sata Ra	P Bha	U Bha (Ju)	Reva	Aswi	Bhar	a
Srav Me	rii	g	s	d	ch	l	u	Krit
Abhi	kh	ai	Aq	Pi	Ar	lu	a	Rohi
U Sha Su	j	Cp	ah	Rikta *Fri*	o	Ta	v	Mrig
P Sha	bh	Sg	Jaya *Thu*	Poorna *Sat*	Nanda *Sun Tue*	Ge	k	Ardr As Mo
Mool	y	Sc	am	Bhadra *Mon Wed*	au	Cn	h	Puna
Jye	n	e	Li	Vi	Le	luu	d	Push
Anu	ri	t	r	p	t~	m	uu	Asre
i	Visa Me	Swat Su	Chit Sa	Hast	U Pha	P Pha Ke Ma Ve	Magh	aa

Moon	Nakṣatra		
	Count	No.	Name
jamna	1	6	Ardrā
karma	10	15	Svāti
ādhāna	19	24	Dhaniṣṭā
viāśa	23	28	Revati
samudayaka	18	23	Srāvana
saṅghāṭika	16	21	U. Sadha
jāti	26	3	Krittikā
deśa	27	4	Rohiṇī
abhiṣeka	28	5	Mrigasira

Sun	Nakṣatra	
	1	14 Citra
	9	22 Abhijit
	15	28 Revati
	21	6 Ardrā
vidyunmukh	5	18 Jyestha
śūla	8	21 U. Sadha
sannipāta	14	27 U. Bhadra
ketu	18	3 Krittikā
ulka	21	6 Ardrā
kampa	22	7 Punarvasu
vajra	23	8 Pusya
nirghata	24	9 Aśleśā

Figure 6: Start of Business enterprise

ii	Dhan	Sata	P Bha	U Bha	Reva	Aswi	Bhar	a
Srav	rii	g	s	d	ch	l	u	Krit
Abhi	kh	ai	Aq	Pi	Ar	lu	a	Rohi Ra
U Sha	j	Cp	ah	Rikta *Fri*	o	Ta	v	Mrig Sa
P Sha	bh	Sg	Jaya *Thu*	Poorna *Sat*	Nanda *Sun Tue*	Ge	k	Ardr Me
Mool	y	Sc	am	Bhadra *Mon Wed*	au	Cn	h	Puna Su Ju
Jye Ke	n	e	Li	Vi	Le	luu	d	Push Mo Ma
Anu	ri	t	r	p	t~	m	uu	Asre
i	Visa	Swat	Chit	Hast	U Pha As	P Pha	Magh Ve	aa

Moon	Nakṣatra		
	Count	No.	Name
jamna	1	8	Pusya
karma	10	17	Anurādhā
ādhāna	19	26	Dhaniṣṭā
viāśa	23	2	P. Bhadra
samudayaka	18	25	Satabhisaj
saṅghāṭika	16	23	Srāvana
jāti	26	5	Mrigasira
deśa	27	6	Ardrā
abhiṣeka	28	7	Punarvasu

Sun	Nakṣatra	
	1	7 Punarvasu
	9	15 Svāti
	15	21 U. Sadha
	21	27 U. Bhadra
vidyunmukh	5	11 P. Phalgun
śūla	8	14 Citra
sannipāta	14	20 P. Sadha
ketu	18	24 Dhaniṣṭā
ulka	21	27 P. Bhadra
kampa	22	28 Revati
vajra	23	1 Asvinī
nirghata	24	2 Bharani

Adhana nakšatra, Purva Badrapada, nema malefične uticaje i pokazuje da neće biti problema u vezi sa uspostavljanjem novih kancelarija i radnog prostora. Osoba će ovaj deo lako postići i može se ček odlučiti i za izmeštanje dela posla. Dobre kancelarije, kao i dobro radno okruženje, garantuje čista adhana nakšatra.

Vinaša nakšatra je Barani pod aflikcijom Saturnove krura vedhe (jedna krura vedha). Ovo pokazuje da neko od podređenih može postati partner u poslu. Ovo ujedno pokazuje i probleme u vezi sa bliskim prijateljima, saradnicima ili partnerima.

Samudaja nakšatra je Satabišađ. Ona prima soumja vedhu Venere što obećava generalnu dobrobit poslovanju, a pokazuje i da osoba nosi blagoslove Lakšmi (supruge!) koji će doneti cvetanje posla.

Sangatika nakšatra Šravana prima krura vedhu Saturna i pokazuje probleme zbog dugova, kao i ozbiljna finansijska ograničenja. Primetimo da Saturn istovremeno daje krura vedhu nad vinaša nakšatrom koja pokazuje partnere. Osoba će biti dovedena u situaciju u kojoj mora da prihvati nove partnere zbog finansijskih poteškoća i dugova.

Đati nakšatra Mrigašira ne prima vedhe i zato ni šire okruženje, kao ni njegova familija, nisu direktno pogođeni poslovanjem preduzeća. Odatle se javljaju dve pretpostavke: (1) da on neće imati problema sa društvom, kao što je to slučaj sa nekim sličnim preduzećima koja zagađuju, (2) i da ovo preduzeće možda neće naslediti njegova deca, jer će oni sami odabrati svoje karijere.

Deha nakšatra Ardra prima Rahuovu krura vedhu i pokazuje da se mogu pojaviti problemi od strane vlade, kao i to da ne vladine regulative i pravila neće raditi za dobrobit projekta. Podrška vlade će izostati kao takva, osim u slučaju da se radi o inostranstvu (Rahu). Budući da Rahu donosi smetnje i karma nakšatri, ovo će doneti brige i finansijske restrikcije.

Abišeka nakšatra Purnarvasu je afliktovana Saturnovom krura vedhom i pokazuje da će osoba iskusiti neku vrstu stega ili da može biti vezan za partnere koji nisu njegov izbor (videti vinaša nakšatru koja takođe prima vedhu Saturna) i to sve zbog dugova.

REMEDIJALNE MERE

Ovaj površan pogled na Sarvatobadra čakru se pokazao tačnim i osobi je dat savet da sprovede remedijalne mere za kantaka Šani (Saturn, trn) budući da je Saturn tranzitirao njegovu lagnu, Blizance. Mogli smo videti da Saturn donosi različite nevolje u vezi sa partnerima usled finansijskih restrikcija i drugih situacija u kojima je finansiranje bilo kritično.

BIZNIS

Proučavanje čarta osnivanja preduzeća koristeći i Sarvatobadra čakru je potpuno novi aspekt analize. Proučite sliku 6. zajedno sa sledećim čartom i zapišite vaše komentare u nastavku.

Čart 46: Osnivanje preduzeća

As:	3 Vi 10	Su:	25 Ge 19- AmK	Mo:	11 Cn 23- MK	Ma:	4 Cn 52- GK
Me:	14 Ge 24- BK	Ju:	1 Cn 27- DK	Ve:	7 Le 02- PK	Sa:	28 Ta 41- AK
Ra:	22 Ta 20- PiK	Ke:	22 Sc 20	HL:	10 Sg 14	GL:	17 Le 57

DUHOVNA ISKUSTVA

Jedna od najfascinantnijih primena Sarvatobadra čakre je njena primena u preciziranju vremena duhovnih događaja, kao i potvrđivanju njihovih stvarnih značenja. O primeru Ačarja Rađneša, popularnog kao Ošo, može se pročitati iz moje knjige *Osnova Vedske astrologije*. Hajde da ispitamo implikacije uz pomoć Sarvatobadra čakre.

Čart 47: Ačarja Rađneš - kundali iskustvo

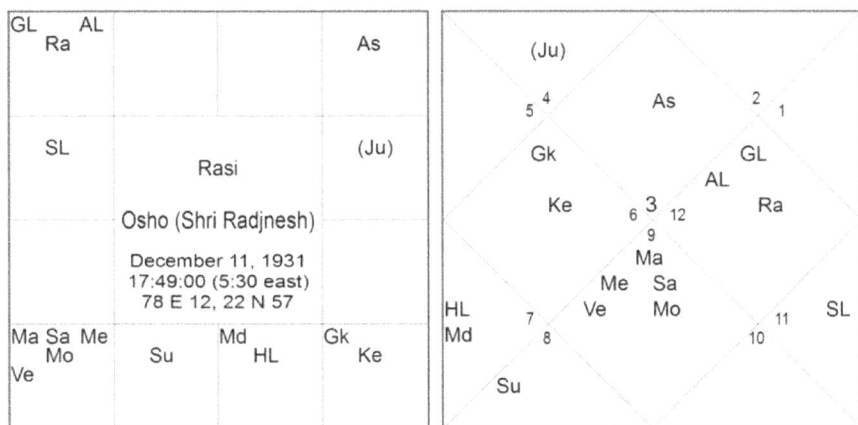

```
GL  AL                         As            (Ju)
  Ra
                                             5  4     As    2
                                                            1
SL                   Rasi       (Ju)       Gk              GL
                                                     AL
            Osho (Shri Radjnesh)           Ke    6  3  12  Ra
                                                     9
              December 11, 1931                     Ma
              17:49:00 (5:30 east)               Me  Sa
              78 E 12, 22 N 57        HL      7   Ve  Mo        SL
Ma Sa Me            Md        Gk      Md      8              10
   Mo        Su     HL        Ke
Ve                                              Su
```

As:	0 Ge 24	Su:	25 Sc 37- BK	Mo:	22 Sg 41- MK	Ma:	8 Sg 10- DK
Me:	13 Sg 30- GK	Ju (R):	29 Cn 44- AK	Ve:	19 Sg 19- PK	Sa:	28 Sg 35- AmK
Ra:	8 Pi 29- PiK	Ke:	8 Vi 29	HL:	25 Li 59	GL:	12 Pi 15

Slika 17: Kundalini iskustvo SBČ

ii	Dhan	Sata	P Bha Me	U Bha	Reva	Aswi Ma Ve	Bhar	a
Srav Ra	rii	g	s	d	ch	l	u	Krit
Abhi	kh	ai	Aq	Pi	Ar	lu	a	Rohi Mo
U Sha As	j	Cp	ah	Rikta *Fri*	o	Ta	v	Mrig
P Sha	bh	Sg	Jaya *Thu*	Poorna *Sat*	Nanda *Sun Tue*	Ge	k	Ardr
Mool	y	Sc	am	Bhadra *Mon Wed*	au	Cn	h	Puna
Jye	n	e	Li	Vi	Le	luu	d	Push
Anu	ri	t	r	p	t~	m	uu	Asre (Ke)
i	Visa	Swat	Chit (Sa)	Hast	U Pha	P Pha	Magh	aa

Moon	Nakṣatra	Vedha
jamna	P. Sadha	Su
karma	Asvinī	Ma, V
ādhāna	Makha	Ra, Ke
viāśa	Citra	(Sa)
samudayaka	Aśleśā	Ke
saṅghaṭika	Punarvasu	(Me)
jāti	Anurādhā	Ju
deśa	Jyestha	Ma, V
abhiṣeka	Mūla	(Sa)
sampat	U. Sadha	(Me)

Kundalini experience on 21 Mar 1953
the very early morning.
Only graha vedha given avove

Samudaja nakšatra Ašleša pokazuje opšte iskustvo a ovde se nalazi mokša karaka, Ketu, što ukazuje na to da iskustvo može biti u vezi sa okultnim znanjem i sličnim pitanjima.

Đanma nakšatra prima vedhu Sunca, koja se smatra krura vedhom, i sugeriše da ovo duhovno iskustvo može biti prosvetljujuće, ali i da može dovesti do rasta ahamkara. Osoba se ne mora u potpunosti odreći materijalnog.

Karma nakšatra Ašvini prima vedhu Marsa (krura) i Venere (soumja). Konjukcija Marsa i Venere može pokazati da osoba ima karmu u vezi sa seksualnošću, kao i da ovo može doneti sreću i užitke (Venera), ali pokazuje i određeno ogorčenje, nasilje i bes (Mars). Do ovoga je došlo kasnije kada je Ošo proširio doktrinu ađivika i tvrdio da „osoba mora jesti ghi čak i ako to znači da će umreti u dugovima". Ovo je filozofija uživanja i napuštanja.

Adhana nakšatra Maga ima vedhu čvorova, Rahua i Ketua, i pokazuje da osoba može biti prinuđena da napusti rodnu zemlju, kao i da može pronaći uspeh ili izvući korist iz ovog iskustva u drugoj zemlji. Ošo je otputovao u Sjedinjene Države kako bi proširio svoju veru i bio je veoma uspešan u inostranstvu.

Vinaša nakšatra Ćitra ima veoma malefičnu vedhu retrogradnog Saturna koji je nepokolebljiv i ne oprašta, jer retrogradne planete imaju trostruku snagu i ne uzmiču pod pritiskom drugih ili bilo kakvih remedijalnih mera. Saturn predstavlja šadripu, ili šest vrsta slabosti koje dovode do duhovnog pada. Njegova vedha na vinaša nakšatru pokazuje veze sa ljudima ili partnerima koji su takvi da će uvećati šadripue. U ovom slučaju šadripui su prethodno identifikovani kombinovanom vedhom Marsa i Venere nad karma nakšatrom (kao seksualnost).

Retrogradan Merkur nosi veoma povoljnu i snažnu vedhu na sangatika nakšatru Punarvasu, obećava kraj dugovanjima i finansijskim problemima. Ovo se obistinilo jer je Ošo je bio jedan od najbogatijih ljudi na svetu, imao je flotu od 108 Rols Rojs automobila, helikoptere, a pričalo se da su čak i njegove cipele i kontrolna tabla u autu bili optočeni dijamantima.

Soumja vedha Jupitera na đati nakšatru, Anuradu, je veliki blagoslov Kundalini iskustva jer obećava rast ogromne zajednice. Do ovoga je zapravo došlo kasnije kada je Ošo izgradio ogromnu grupu sledbenika u Americi.

Abišeka nakšatra ima krura vedhu veoma malefičnog Saturna. Ovo je najbitnija nakšatra jer pored rađje pokazuje vezanost i oslobođenje. Krura vedha potvrđuje postojanje ropstva ali će emancipacija ostati uskraćena zbog šadripua (Saturn).

Deša nakšatra Đešta ima pomešane vedhe Marsa i Venere i to pokazuje da će mu vlada u početku biti naklonjena, i to tokom perioda u kojima je Venera snažna, ali pokazuje i to da ta ista vlada kasnije može preduzeti veoma stroge akcije i da on može imati problema sa policijom i drugim zakonodavnim telima (Mars). Sve se to i obistinilo. A u vezi sa pitanjem vremenskog perioda događaja, možemo primeniti odgovarajuću dašu zajedno sa čartovima koji su povezani sa tim iskustvom i(ili) natalni čart.

Ovo su samo neke od primena Sarvatobadra čakre, a razni drugi primeri će biti deo razmatranja ukoliko vreme to dozvoli.

OM TAT SAT

6

Kalpadruma joga

"Postoje slikari koji Sunce transformišu u žutu tačku, ali postoje i oni koji, uz pomoć svoje umetnosti i inteligencije, transformišu žutu tačku u Sunce"
Pablo Pikaso (španski umetnik i slikar, 1881-1973)

Uvod

U poglavlju pod imenom vividhajogaadhjaja (različite joge), Parašara navodi specijalne joge u čartu. Autori koji su sledili Parašaru dodavali su kombinacije na ovu listu da bi se konačno dr B. V. Raman potrudio da napravi listu svih joga u svojoj knjizi *300 bitnih kombinacija*. Naš današnji pokušaj je nastavak u istom pravcu i pokušaj utvrđivanja principa koji određuju ove kombinacije, te pronalaženje zajedničkih tačaka kako bismo bolje razumeli delovanje ovih specijalnih joga.

Savitri[1] – Kreator

बलरहितेन्दुरवभियां युक्तैर्भौमादिभिर्ग्रहैर्मिश्राः। न भवन्ति महीपाला दशासु तेषां सुतार्थयुताः॥

balarahitenduravibhyāṁ yuktairbhaumādibhirgrahairmiśrāḥ।
na bhavanti mahīpālā daśāsu teṣāṁ sutārthayutāḥ॥

Kalijanavarma (Saravali) navodi da plodovi i održavanje joga zavise od Sunca i Meseca. Ako su oni slabi tada će povoljne joge delovati samo tokom svojih daša i to u vidu finansijskih dobitaka i društvenog uspeha. Ipak, osoba neće biti kralj. Osim toga, on dodaje[2] da će, ako je Sunce u padu, sve rađajoge propasti. Sunce je signifikator za lagnu, on

---

1   Savitri je izvedeno iz reči 'sava' što znači (1) potomstvo ili (2) onaj koji pokreće i primorava, stimulura, instigator, zapovednik. Znači i stimulisati, oživeti i odnosi se na devatu Sunce. On je jedno od oblika boga Sunca (Aditja) shvaćen i personifikovan kao božanski uticaj i oživljavajuća energija Sunca, dok je Surja konkretan materijalni oblik. On je poslednja aditja dana i pojavljuje se pre svitanja. Najvažnija gajatri mantra (RV iii.62.10) upućena je Savitri. On ima zlatno telo, ruke, kosu i kočiju, i obožava se kao vladar sve kreacije poput Pradžapati (oblik Brahme, kreatora). Njegova žena je Pršni i kao devata, on vlada Hasta nakšatrom (13. nakšatra).

2   Saravali 39.15-17

je naisargika atmakaraka i njegova snaga je od presudne važnosti za plodotvornost rađajoga i drugih specijalnih kombinacija.

U Rig Vedi, Parašara navodi sledeće:

होता निषित्तो मनोरपत्ये स चिन् न्वासां पती रयीणां। इच्न्त रेतो मथिस्थन्तूषु सं जानत
स्वैरद्क्षैरमूराः ॥

hotā niṣatto manorapatye sa cin nvāsaṁ patī rayīṇāṁ| icanta reto mithasthanūṣu saṁ jānata svairdakṣairamūrāḥ||

Hota – sveštenik, agnihotri; nisatto – sedeti; mano – um, od; pati – padati, sa cin – apsorbovan; nivasam – odeća, odrežda, boravak, život, prolazeći kroz noć, prebivalište, noćne odaje; pati – gospodar; raji – bogatstvo, blago, drago kamenje; icanta – priželjkivanje kraja; reto – seme, plodnost, sjaj; mitha – međusobno, uzajamno, naizmenično; tanu – telo; su – noseća, mesto rođenja ili đanaka, porođaj, dolazak; sam – sve, povoljno; đana – mesto rođenja ili đanaka, poznavalac, metrika 4x24, Sitin otac; sva – sopstvo; dakša – sposoban, desni, denoruki, rođen iz Brahminog palca, Aditja, Prađapati, davalac zakona; mura – žurba.

Hajde da ispitamo neke od specijalnih joga u vezi sa lagnom.

Fokus na lagnu

Parašara postepeno razvija fokus na važnost lagne, počevši sa šuba i ašuba jogama (lagna i susedne kuće). Potom nastavlja sa Amala jogom (lagna i deseta kuća), Kahala jogom (lagna i četvrta kuća), Čamara jogom (vladar lagne, kendra i Jupiter), Sakha jogom (vladar lagne i vladari pete i šeste kuće), Mridanga jogom (lagna, kendre i trigoni), Lakšmi jogom (lagna i deveta kuća) i konačno Kalpadruma jogom (lagna i navamša). Hajde da ispitamo neke od pomenutih joga.

Šuba i ašuba joge: Parašara BPHŠ 38.1-2

लग्ने शुभयुते योगः शुभः पापयुतेऽशुभः। व्ययस्वगैः शुभैः पापैः क्रमाद्योगौ
शुभाऽशुभौ ॥ १ ॥

lagne śubhayute yogaḥ śubhaḥ pāpayute'śubhaḥ| vyayasvagaiḥ śubhaiḥ pāpaiḥ kramādyogau śubhā'śubhau||1||

शुभयोगोद्भवो वाग्मी रूपशीलगुणवन्नवतिः। पापयोगोद्भवः कामी पापकर्मा
परार्थयुक्॥ २ ॥

śubhayogodbhavo vāgmī rūpaśīlaguṇavanvitaḥ।
pāpayogodbhavaḥ kāmī pāpakarmā parārthayuk।।2।।

Šuba joga se formira kada je šuba tj. benefična planeta u dvanaestoj, prvoj ili drugoj kući; dok se ašuba joga formira kada je ašuba tj. malefična planeta u pomenutim kućama. Osobe rođene sa šuba jogom su elokventne, šarmantne, čestite i dobrog ponašanja, dok su osobe rođene sa ašuba jogom senzualne, ovisne o lošoj karmi i prisvajaju tuđe bogatstvo i imovinu.

Fokus je na lagni i na kućama sa kojima se ona graniči, dvanaestoj i drugoj kući. Ova joga je u skladu sa Veši, Voši i Ubajaćari jogom koju formiraju planete u drugoj ili dvanaestoj, ili u obema tim kućama od Sunca, datim redom[3]. Ove planete smeštene na lagni ili susednim kućama imaju jak uticaj na lagnu. Drugo ime za Mesec je šuba jer je u pitanju planeta koja doziva Višnua[4], a dispozitor Meseca nosi ime šubapati.

Kalpadruma joga

Parašara BPHŠ 38.33: Definicija joge

लग्नेशतद्गतर्क्षेशतद्गतर्क्षेशतदंसपाः। केन्द्रे कोणे स्वतुङ्गे वा योगः
कल्पद्रुमो मतः॥ ३३ ॥

lagneśatadgatarkṣeśatadgatarkṣeśatadaṁsapāḥ। kendre koṇe svatuṅge vā yogaḥ kalpadrumo mataḥ।।33।।

Ukoliko su vladar lagne, njegov dispozitor i dispozitor tog dispozitora, kao i dispozitor te poslednje planete u navamši, u kendrama ili u trigonima, u znaku egzaltacije ili u svom znaku, tada se formira Kalpadruma joga.

---

3   Parašara BPHŠ 40.1 svantyobhayasthaiçca vinā candraà kujädibhiù, veçivoçisamākhyau ca tathobhayacaraù kramāt.
4   Tokom bućkanja okeana Mesec je potrčao prema Višnuu jer je shvatio da će asure popiti svu amritu. Konkretna molitva je 'šubangama'.

U ovu jogu su umešane četiri planete -

Vladar lagne	(A)	Sva pitanja
Dispozitor vladara lagne	(B)	Zdravlje
Dispozitor prethodne planete (B)	(C)	Bogatstvo
Vladar prethodne planete (C) u navamši	(D)	Sreća

Sve četiri planete treba da su snažne i/ili smeštene u kendri ili u trigonu da bi joga delovala. Vladar lagne se tiče svih pitanja u vezi sa kućom i njegova snaga je od ključne važnosti za dobrobit osobe.

Parašara BPHŠ 38.33: Rezultati joge

सर्वैश्वर्ययुतो भूपो धर्मात्मा बलसंयुतः। युद्धप्रियो दयालुश्च पारिजाते नरो भवेत्॥ ३४॥

sarvaiśvaryayuto bhūpo dharmātmā balasaṁyutaḥ| yuddhapriyo dayāluśca pārijāte naro bhavet||34||

Osoba rođena sa Kalpadruma jogom je poput moćnog gospodara ili osobe sa suverenom vlašću. Njegova superiornost i uticaj su zlata vredni. On je pobožan i milosrdan, a ipak snažan i voli bitke. Njegove želje ispunjava božansko stablo (pariđata).

Aišvarja se odnosi na nadljudske moći, trajne ili prolazne, za koje neki smatraju da se sastoje od osam sidhija – anima, laghima, mahima, prapti, vaitva, izitva i kamavasajitva; dok drugi smatraju da su u pitanju moći poput vida, sluha, kognicije, diskriminacije i sveznanja; kao i aktivne moći poput brzine misli, moći uzimanja oblika po želji kao i sposobnost nestajanja.

Pariđata je drugo ime za jogu i odnosi se na božansko stablo. Odnosi se na koralno drvo, Erythrina Indica, koje u junu izgubi lišće i ostane prekriveno velikim tamnocrvenim cvetovima, kao i na jedno od pet rajskih stabala, panča vatika, koja su nastala u vreme mućkanja okeana, a prisvojio ih Indra da bi ih kasnije od njega uzeo Krišna. Posle toga je, u toku Kali juge, Indrina važnost opala, a Krišna[5] se obožava pod Kalpadruma drvetom.

---

5   Djana कल्पद्रुममूलसंरुद्धपद्मस्थम् चिन्तयेद्धरिम्। कल्पद्रोरतिरमनियपल्लवेभ्यः प्रोद्धूतैर्मणि निकरैप्रसिक्तमीशम् ध्यायेयम् कनकनिभंशुकवसनम् भुञ्जानम् दधिनवनितपायसानि॥

kalpadrumūlasaṁrudhapadmastham cintayeddharim| kalpadroratiramaniyapallavebhyaḥ prodbhutairmaṇi nikaraiprasiktamīśaṁ dhyāyeyam kanakanibhaṁśukavasanaṁ bhuñjānaṁ dadhinavanitapāyasāni|| क्रीं कृष्णा क्रीं klīm kṛṣṇā klīm

U paragrafu 4.1. navedene su četiri planete i one predstavljaju osobu (vladar lagne) koja je označena sa (A). Vladar lagne pokazuje dugovečnost, kao i opšte blagostanje osobe. Dispozitor vladara lagne je ujedno i vladar paka lagne i predstavlja osobino zdravlje – planeta označena sa (B). Ako je ova planeta na lošem mestu osoba će imati loše zdravlje tokom perioda date planete. Dispozitor vladara paka lagne pokazuje bogatstvo i održavanje – i to je planeta (C). I konačno, planeta koja je dispozitor prethodne planete (C) u navamši, pokazuje bagju ili sreću osobe. Ovaj princip Kalpadruma joge se može proširiti i na druge kuće, i za svaku od kuća možemo odrediti četiri planete koje je kontrolišu i koje određuju (A) život, (B) zdravlje, (C) održavanje i (D) sreću.

PRIMERI POLITIČARA

Čart 48: Mahatma Gandi

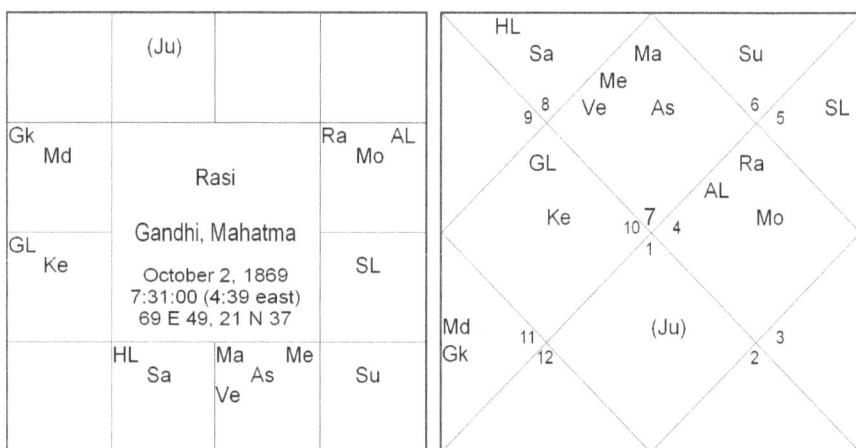

As:	9 Li 01	Su:	16 Vi 55 (GK)	Mo:	28 Cn 07 (AmK)	Ma:	26 Li 23 (BK)
Me:	11 Li 45 (DK)	Ju (R):	28 Ar 08 (AK)	Ve:	24 Li 25 (MK)	Sa:	20 Sc 20 (PiK)
Ra:	12 Cn 09 (PK)	Ke:	12 Cp 09	HL:	6 Sc 46	GL:	21 Cp 38

U čartu 1. M. K. Gandija, lagna je Vaga i vladar, Venera, se nalazi na lagni. Četiri faktora za određivanje Kalpadruma joge su:

Vladar lagne (A)   Život - Lagneš, Venera, u svom znaku

Dispozitor vladara lagne (B)   Zdravlje - Venera u kendri

Dispozitor planete (B)(C)   Bogatstvo - Ponovo Venera

Dipozitor planete (C) u navamši (D) Sreća - Venera u Bik D-9

Gk Mo	Ke	Ve Ma	Su
		Navamsa	GL
Sa Me		D-9 Chart October 2, 1869 7:31:00 (4:39 east) 69 E 49, 21 N 37	
(Ju) As	Md	Ra	SL HL AL

Chart (North Indian):
Sa, Me, (Ju), Md, 10, 11, As, 8, 7, Ra, Gk, SL, AL, Mo, 12, 9, 6, HL, 3, Ke, 1, Su, 5, 2, 4, Ma, Ve, GL

As:	9 Li 01	Su:	16 Vi 55 (GK)	Mo:	28 Cn 07 (AmK)	Ma:	26 Li 23 (BK)
Me:	11 Li 45 (DK)	Ju (R):	28 Ar 08 (AK)	Ve:	24 Li 25 (MK)	Sa:	20 Sc 20 (PiK)
Ra:	12 Cn 09 (PK)	Ke:	12 Cp 09	HL:	6 Sc 46	GL:	21 Cp 38

Venera na lagni formira ekstremno moćnu i snažnu Kalpadruma jogu, kontrolišući sva četiri faktora: (A) život, (B) zdravlje, (C) bogatstvo i (D) sreću. Nalazi se na lagni, u kendri, u svom znaku, i formira Malavja Mahapuruša jogu. Gandi je bio jedan od izuzetnih ljudi XX veka, on je prvi osnovao jedinstveni put ili tehniku pod imenom Satjagraha (put istine) koja je ujedno bila i ključ njegovog fenomenalnog uspeha. On je verno pratio ovaj princip nenasilja i to je za rezultat imalo odlazak Britanske imperije iz Indije i istovremeno stvaranje nacionalne države na ovom potkontinentu, a to je bilo nešto o čemu su Čanakja i drugi samo sanjali i što nikad pre toga nije postignuto.

Lagna se zove 'satja-pitha' ili tvrđava istine, i zato je istina obeležje Kalpadruma joge. U ovom čartu Venera je snažna, ali je pod aflikcijom Marsa, vladara rata i nasilja, a Mars ima tendenciju da da prinude i pritiske u vezi sa svim pitanjima koje ova pomenuta četiri faktora predstavljaju, a to su život, zdravlje, bogatstvo i sreća, a njih predstavlja Venera u Kalpadruma jogi. Srećom, vladar četvrte kuće, Merkur, se takođe nalazi na lagni u digbalu (direktivna snaga) i obećava visoko znanje i veliku prilagodljivost okolnostima. Merkur je propovednik nenasilja i vegetarijanstva i po prirodi je suprotan Marsu, a u bilo kojoj bici prirodna snaga Merkura pobeđuje Marsa. Gandi je jako rano shvatio da je njegov put put nenasilja i vegetarijanstva, koji je on nazvao put istine ili Satjagraha, i da je to način da pruži otpor nasilnim fizičkim i psihičkim pritiscima Marsa.

Venera se nalazi pod Papakartari jogom (u prevodu: makaze greha), tj. u sendviču je između prirodnih malefika, Saturna i Sunca, koji su smešteni u drugoj i dvanaestoj kući od nje, datim redom. Druga kuća pokazuje hranu i hranjenje, dok dvanaesta kuća pokazuje emancipaciju ili mokšu, i duhovnost. Papakartari joga nad ascedentom uvek vrši veliki pritisak na osobu i, ukoliko postoji jednak broj planeta u drugoj i u dvanaestoj kući, tada je Papakartari joga preobražena u bandana jogu (zatvor) koja može da donese zatočeništvo ili iskustvo zatvora. Budući da čvorovi i Mars nisu umešani, isključena je fizička kazna, batine ili lanci. Ova grozna papakartari joga zapretila je Satjagrahi nebrojeno puta, i to u vreme kada su se mase okrenule nasilju (Saturn) ili spaljivanju stvari (vatra – Sunce).

raghupati rāghava rāja rāma patitapāvana sitārāma iśvara allaḥ
tere nāma sabko saṇmati de bhagavāna

Gandi je razvio dva pristupa u suočavanju sa pomenutim maleficima koji formiraju ovu Papakartari jogu. Saturn u drugoj kući uskraćuje hranu ili daje konzumiranje loše hrane – i on je prosto u potpunosti ispratio ta njegova značenja; počeo je da posti i nastavio je sve dok stvari nisu počele da se menjaju, a njegov post je naterao razjarenu rulju da spusti svoje oružje i reši svoje probleme miroljubivim putem. Sunce u dvanaestoj kući je u marana karaka stanu i ovo je dobro, budući da je Sunce badakeš. Planete u dvanaestoj kući najbolje je umiriti obožavanjem neke Višnuove forme. U Gandijevom čartu Sunce je ujedno i darma devata, jer je vladar devete kuće od karakamše[6], i jasno predstavlja Šri Rama. Gandi je u život uveo svakodnevnu masovnu večernju molitvu Gospodu Šri Ramu i čak je i sam sastavio lepu molitvu koja je veličala njegov politički san o ujedinjenju svih religijskih pravaca Indije.

U dodatku Lakšmi jogi[7] koju formira Merkur, Mesec formira paraspara karaka rađajogu zajedno sa Venerom koja se nalazi u kendri od Meseca, u snazi. Ova joga deluje tako što Mesec i Venera postaju

---

6   Jupiter je atmakaraka u Strelac navamši što je ujedno i karakamša i deveta kuća odatle je Lav. U Lavu nema planeta i njegov vladar Sunce postaje darma devata.

7   Lakšmi jogu čini snažan vladar devete kuće smešten u kendri ili u egzaltaciji zajedno sa vladarom lagne.

Tabela 1. Budhi Gati daša
Čarta 1: Mahatma Gandhi

Ket: 1869 – 1878
Jup: 1878 – 1885
Moon: 1885 - 1890
Rah: 1890 - 1896
Sun: 1896 - 1901
Mars: 1901 - 1906
Ven: 1906 - 1912
Merc: 1912 - 1919
Sat: 1919 - 1926
Ket: 1926 - 1932
Jup: 1932 - 1936
Moon: 1936 - 1938
Ket: 1938 - 1941
Jup: 1941 - 1946
Moon: 1946 - 1953

saradnici u ostvarenju međusobno kompatibilnih ciljeva, iako su Mesec i Venera po prirodi neprijatelji. Snaga i podrška saradnika može se proceniti u odnosu na snagu Meseca. Mesec je ovde vladar desete u desetoj kući, u svom znaku, Raku, i ima funkciju amatjakarake ili ministra. Atmakaraka, Jupiter, i amatjakaraka, Mesec, se nalaze na istoj longitudi i nezavisno od pozicije u znaku – Jupitera, kralja, zamenjuje Mesec što u stvarnom životu znači da su britanske zakone zamenili državni zakoni Indije ili da je Lorda Mountbatena zamenio Džavaharlal Nehru! Pogledajte Nehruov čart, i pogledajte ga kao saradnika u Gandijevom čartu. Nehru je rođen sa Rak lagnom i Mesecom, atmakarakom, na lagni.

Prema ličnom iskustvu, nalazim da je najbolja daša za vremensko određivanje Kalpadruma joge Budhi Gati daša koja je pomenuta u Agni Purani (Prilog – 1). Kalpadruma se odnosi na vrhovnu inteligenciju Impellor – Savitura, koji se veliča u svetoj Gajatri mantri, a budha gati znači kretanje ili pravac inteligencije, stvarno sedište svete vatre (agni). Budhi Gati daša za Mahatmu Gandija izgleda ovako:

Transval Vlada, u Južnoj Africi, 1906. godine, donosi Azijatsku uredbu, kasnije usvojenu kao Akt registracije Azijata, na osnovu koje vrši prisilnu registraciju Indijaca. U septembru 1906. godine Gandi po prvi put usvaja svoj metod, Satjagraha ili predanost istini. Rekao je: "Satjagrahi ne sme imati strah od zatvora niti od deportacije. Ne sme mu smetati siromaštvo, niti se sme plašiti ako dođe do toga da ga smrve na sve načine". Ne radi se o tome da Gandi ranije nije inicirao politički pokret, već o tome da je on tek u ovom periodu dao tačnu definiciju i jasno i lucidno objašnjenje svog političkog oružja koje je nazvao 'satjagraha', i pokazao da poseduje "veličanstvenu duhovnu moć da preokrene obične ljude oko sebe u heroje i ratnike[8]". Na samo ime, 'satjagraha', jasno ukazuju satja pita lagna sa lagnešom koji stoji u vezi sa bagješom, vladarom devete kuće.

---

8   Gopal Krišna Gokhale obzervacije Gandhija u Južnoj Africi 1912. godine.

Budhi gati daša se može koristiti u svim čartovima, ali svoj stvarni značaj nalazi u čartovima sa ovako moćnim rađa jogama, čartovima ljudi koji učestvuju u stvaranju istorije. Dve Jupiterove daše, 1932-36. i ponovo 1941-46. bile su ključne godine borbe za slobodu. Budući da je Jupiter atmakaraka i da je povoljno smešten u Strelac navamši, Gandi je uspeo da ispuni svrhu svog rođenja i da Indiji donese slobodu, pored toga što je taj potkontinen ujedinjen u jednu nacionalnu državu, po prvi put u istoriji.

Čart 49: Džavaharlal Nehru

As:	26 Cn 21	Su:	0 Sc 17 (DK)	Mo:	18 Cn 00 (AK)	Ma:	9 Vi 60 (PK)
Me:	17 Li 10 (BK)	Ju:	15 Sg 11 (MK)	Ve:	7 Li 23 (GK)	Sa:	10 Le 48 (PiK)
Ra:	12 Ge 44 (AmK)	Ke:	12 Sg 44	HL:	0 Ar 23	GL:	16 Ta 36

As:	26 Cn 21	Su:	0 Sc 17 (DK)	Mo:	18 Cn 00 (AK)	Ma:	9 Vi 60 (PK)
Me:	17 Li 10 (BK)	Ju:	15 Sg 11 (MK)	Ve:	7 Li 23 (GK)	Sa:	10 Le 48 (PiK)
Ra:	12 Ge 44 (AmK)	Ke:	12 Sg 44	HL:	0 Ar 23	GL:	16 Ta 36

U čartu 2, Pt. Džavaharlal Nehrua, lagna je Rak sa vladarom lagne, Mesecom, na lagni. Četiri faktora za određivanje Kalpadruma joge su:

Vladar lagne u svom znaku	(A) Život - Lagneš Mesec
Dispozitor vladara lagne kendri	(B) Zdravlje - Mesec u
Dispozitor planete (B) Mesec	(C) Bogatstvo - Ponovo
Dipozitor planete u navamši (C) Strelac navamši kojom vladar Jupiter, a Jupiter je u multrikonu, u Strelcu, u raši čartu.	(D) Sreća - Mesec je u

Na prvi pogled, uslov za planetu (D), Jupitera, nije ispunjen jer se on ne nalazi u kendri od lagne. Međutim, i njegova smeštenost u svom znaku, u Strelcu, obećava neke efekte Kalpadruma joge, ali sreća dolazi kasnije ili je oštećena. Ketu vodi Kala Amrita[9] jogu koja završava u Strelcu. Kao takva, Kala Amrita joga pokazuje unutrašnju veru u čin dobre karme i duhovnosti. Indira Gandi je svog oca u jednom prisećanju nazvala "svecem u srcu". Međutim, patnju nije moguće u potpunosti izbeći i ona je neophodan deo pročišćenja pre ostvarenja životne svrhe, životnog cilja.

Džavaharlal Nehru ima atmakaraku, Mesec, koji je prirodni benefik[10] i koji prekida[11] Kala amrita jogu, u konjukciji sa lagnom. Rađajoga koja nastaje kada Mesec na ovaj način prekine Kala amrita jogu zove se Maha Sankha[12] joga. Pt. Nehru je bio učen govornik i veliki mislilac moderne

---

9   Kala Amrita se formira poput Kala Sarpa joge i zahteva da su sve planete sa jedne strane ose Rahu-Ketu. Kala Sarpa joga se formira ako se svih sedam planeta nalaze u bilo kom od pet znakova, brojano od Ketua do Rahua, u zodijačkom smeru. Ako se umesto toga sve planete nalaze u znacima od Rahua ka Ketua, formira se Kala Amrita joga. Obe joge donose znatnu patnju, zatočeništvo, stege i brojne životne promene.

10   U ovom kontekstu, prirodni benefici su samo Jupiter, Mesec, Merkur i Venera.

11   Prekid Kala Amrita joge ili Kala Sarpa joge rezultira stvaranjem moćne rađajoge. Postoje dva načina da se ove joge prekinu: (1) Prirodni benefik ili snažna planeta treba da se nalazi na lagni ili u sedmoj kući, i to pokazuje da sama osoba poseduje veštine, kao i to da će izaći iz poteškoća i ispuniti životni cilj, i (2) Prirodni benefik treba da je u konjukciji sa bilo kojim od čvorova i to pokazuje da će osoba imati podršku ili pomoć nekog ko se može videti iz kuća kojima vlada benefična planeta koja prekida Kala Sarpa/Amrita jogu i iz njene prirode. Ova pravila se mogu proširiti na Sarpa jogu i druge slične Nabhasa joge.

12   Sedam značenja Sankha iz Monier Vilijams rečnika sa autorovim objašnjenjem Maha Sanka joge: 1. školjka, konkretno školjka koja se koristi (1) za nuđenje vode ili (2) kao ornament za ruke ili za hram slona. Beleške: (1) veza duhovnosti sa vodenim elementom i odnosima, (2) duhovni simbol zaštite karme (ruke) i uma (hram). Maha sanka joga može pokazati veoma duhovnu osobu povezanu sa šanti mantrama ili sa belom magijom, po prirodi čistu ili osobu koja je obdarena saosećanjem pogodnim za vođenje zemlje ili društva u pravcu dobre karme. 2. Školjka koja je probušena sa jednog kraja i koja se koristi kao duvački instrument ili rog; u

Indije. Zbog moći Maha sanka joge on je učestovao u pokretu oslobođenja, potom iskusio i patnju zatočeništva zato što čvorovi imaju kontrolu nad ovom jogom, da bi do kraja postao jako popularan lider i prvi premijer Indije. Postoje glasine o njegovom privatnom životu[13], što je slabost koju mogu da donesu (1) karakamša povezana sa Mesecom i/ili (2) Venera i Mars povezani sa drugom kućom od navamša lagne. Nehru u svom čartu ima obe pomenute kombinacije.

Budhi Gati daša
Čart 2: Džavaharlal Nehru
Merc: 1889 - 1898
Ven: 1898 - 1908
Sun: 1908 - 1918
Jup: 1918 – 1928
Ket: 1928 - 1939
Rah: 1939 - 1945
Mes: 1945 - 1951
Sat: 1951 - 1957
Mars: 1957 - 1963
Mer: 1963 - 1969

Ovde vidimo da je Kalpadruma funkcionisala zbog Meseca ali, budući da je planeta koja pokazuje

---

bitkama iz epske poezije svaki heroj je predstavljen sa sličnom školjkom koja mu služi kao rog ili truba i koja nosi ime. Beleške: ukazuje na nove početke poput nove ere ili bitke koja može da promeni tok istorije ili da obeleži uspeh u bilo kom poduhvatu. Maha sanka joga može pokazati sposobnost pobeđivanja u bitkama i šampiona sa jedne strane i/ili osobu čija je sudbina ključna uloga u rođenju nacije, početak ere ili drugi bitan događaj od istorijske važnosti. 3. Vremenska kost, hram. Beleške: koristi se u trantri za pravljenje brojanica pod imenom sanka mala u svrhu obreda crne magije. 4. Slonov obraz ili deo između kljova, zubi slona starog 23 godine. Beleške: slonovaša se smatra veoma srećnom za osobe rođene u Maha sanka jogi. 5. Vrsta mere, jedno od Kuberinih blaga kao i bića koje njima predsedava. Beleške: Hora lagna pokazuje sistem vrednosti osobe kao i koncept bogatstva, a oboje su povezani sa Mesecom koji je signifikator školjke.

6. Od daitja ili demon koji je pobedio bogove, ukrao Vede, i odneo ih na dno okeana, odakle ih je izbavio Višnu u obliku ribe. Beleške: Maha sanka joga može biti formirana ne samo prekidom Kala Amrita joge već i prekidom Kala Sarpa joge ili Sarpa joge. Nema garancija da osoba će koja poseduje toliko junaštva i sposobnost da šarmira svet, to iskoristiti za dobrobit čovečanstva. Puno zavisi od aruda lagne (imidža). Ako su indikacije negativne osoba može ovo iskoristiti za uništenje čovečanstva ili za različite druge zle zamisli. Grozna Šakta Joga koju formiraju uticaji Rahua i Meseca na devetu kuću je dovoljna ilustracija. Ovde je joga poput Maha sanka joge, iako nije savršeno oformljena. Pogledajte čart Adolfa Hitlera kao primer gde Rahu u devetoj kući pod aspektom Meseca formira Šakta jogu. Ono što je uništeno može se videti iz planeta u jutiju ili pod aspektom Rahua (posmatrajte samo raši drištije). Jupiter u konjukciji sa Rahuom može pokazati uništenje ili ubistvo velikog broja ljudi. Bitno učenje koje ovde nalazimo jeste remedijalna mera za borbu sa zlom u vidu obožavanja Šri Matsja avatara, ili inkarnacije ribe. Mantra: 'om namo bhagavate mahamarsyaya'. Ono ujedno pokazuje da kada ljudi sa Maha sanka jogom pređu granice svoje dobrote i promene, prepreke dolaze kroz znakove/planete (stvari/ljude) pokazane Ketuom i njegovim konjukcijama. Demonska priroda može doći u vreme kad se osoba prepusti lošoj karmi uzrokovanoj tatva značenjima atmakaraka planete. 7. Od demona opasnog po decu. Beleške: kada se osete negativne manifestacije Maha sanka joge, osobe postaju negativne prema svojoj deci i mogu dovesti do prekida braka/partnerstava, finansijskih poteškoća ili naneti slične patnje svojoj deci usled pobrkanih verovanja u više ili važnije ciljeve.

13   Izvori: (a) „Sećanja na Nehruovo doba" (1978) i „Moji dani sa Nehruom" (1979) autora M. O. Matai. Matai je služio kao specijalni asistent Džavaharlal Nehrua od 1946. sve do svoje ostavke 1959. posle komunističkih optužbi o zloupotrebi položaja. (b) „Osveta viših reda- prateći mučeničku psihu koja je vodila Nehrua", autora Ađaj Singa, AsiaWeek, 14. marta 1997, (c) "Tama u spavaćoj sobi" u dnevniku Vinod Mehta Deli , 21. decembra 1998.

sreću (planeta – D) Jupiter, koji je ujedno i vladar devete kuće, sreća će doći od oca ili mentora/učitelja. Dobra sreća za Džavaharlal Nehrua dolazi od njegovog oca, Motilal Nehrua, a njegova Kalpadruma rađajoga dolazi od Mahatme Gandija koji ga je vinuo u sam centar političke scene u presudnom trenutku, zbog čega je on kasnije i dobio mesto predsednika kongresa, 1945. godine. Celokupnu podršku je Džavaharlal Nehru dobio u Mesečevoj vimšotari daši (1938-48), a ta daša je i glavni pokretač Kalpadruma joge.

Budhi gati daša u čartu Džavaharlal Nehrua jasno pokazuje da Kalpadruma joga funkcioniše od 1945-51. godine, a tokom tog perioda, uz podršku Meseca, on dolazi na poziciju prvog premijera Indije.

Čart 50: Adolf Hitler

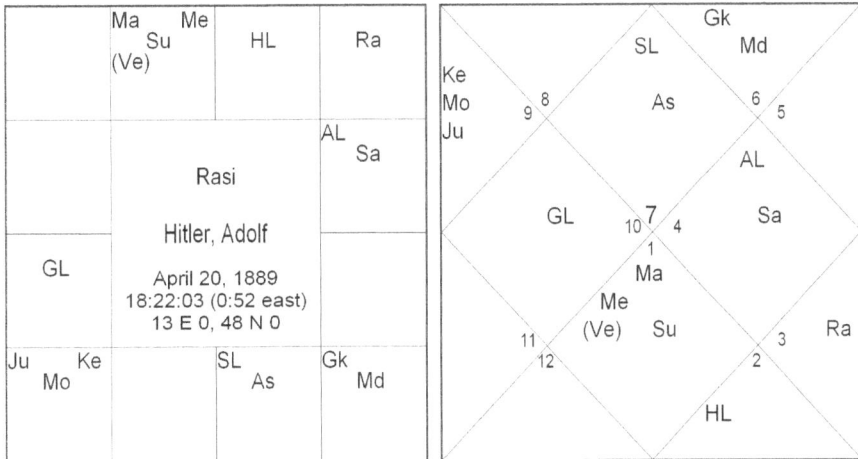

As:	2 Li 60	Su:	8 Ar 30 (PK)	Mo:	14 Sg 15 (PiK)	Ma:	24 Ar 05 (AmK)
Me:	3 Ar 22 (DK)	Ju:	15 Sg 56 (MK)	Ve (R):	24 Ar 23 (AK)	Sa:	21 Cn 09 (BK)
Ra:	23 Ge 45 (GK)	Ke:	23 Sg 45	HL:	16 Ta 44	GL:	14 Cp 54

	Ra GL HL SL		
Md	Me Su		
			Gk
Navamsa			
Sa	D-9 Chart April 20, 1889 18:22:03 (0:52 east) 13 E 0, 48 N 0	Ju	Mo
AL	(Ve) Ke Ma	As	

(Ve) Ke Ma / As / 6 5 Mo Ju / Sa 10 7 4 Gk / Md / Su HL / GL / Me Ra — North Indian chart with houses numbered

As:	2 Li 60	Su:	8 Ar 30 (PK)	Mo:	14 Sg 15 (PiK)	Ma:	24 Ar 05 (AmK)
Me:	3 Ar 22 (DK)	Ju:	15 Sg 56 (MK)	Ve (R):	24 Ar 23 (AK)	Sa:	21 Cn 09 (BK)
Ra:	23 Ge 45 (GK)	Ke:	23 Sg 45	HL:	16 Ta 44	GL:	14 Cp 54

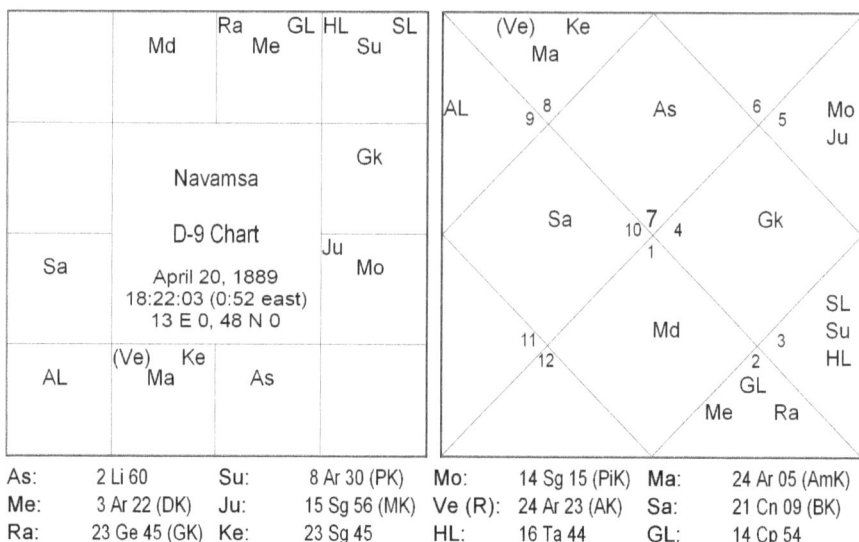

U čartu 3. Adolfa Hitlera, lagna je Vaga i vladar lagne, Venera, se nalazi u sedmoj kući koja je jedna od kendra kuća. Četiri faktora za utvrđivanje Kalpadruma joge su:

Vladar lagne   (A) Život - Venera je
u kendri, lagneš je i atmakaraka

Dispozitor vladara lagne   (B) Zdravlje - Mars u
svom znaku – Ručaka Mahapuruša joga

Dispozitor planete (B)   (C) Bogatstvo - Ponovo
Mars

Dipozitor planete u navamši (C)   (D) Sreća - Mars je u
Škorpija navamši, u svom znaku.

Kalpadruma jogu formiraju četiri faktora vladara lagne, kao i tri nivoa njegovih dispozitora u kendrama. Ono što je bitno jeste da su glavne planete Venera i Mars. Venera je vladar lagne i pokazuje unutrašnju dobru prirodu, prirodu deteta koje voli umetnost i koje će imati vezu sa umetničkim aktivnostima. Hitler je hteo da postane umetnik i u ranom životnom dobu je zarađivao od slikanja.

Atmakaraka, Venera, i amatjakaraka, Mars, se nalaze na istoj longitudi i pokazuju da će tokom života doći do izmena čarakaraka a to će dovesti do potpune promene osobe, od umetničke Venere do okrutnog ratnog huškača, Marsa. U pitanju je unutrašnja promena na nivou duše, i ona neće biti primetna odmah već tokom vremena. Adolf Hitler u svom govoru održanom 12. aprila 1922. kaže:

Dvisaptati-sama daša
Čarta 3: Adolf Hitler

Mes: 1888 - 1897
Mars: 1897 - 1906
Mer: 1906 - 1915
Jup: 1915 - 1924
Ven: 1924 - 1933
Sat: 1933 - 1942
Rah: 1942 - 1951
Sun: 1951 - 1960

"...I ako postoji bilo koji način koji može demonstrirati da mi delujemo ispravno onda je to patnja koja svakodnevno raste. Jer, kao hrišćan, ja imam dužnost prema svom narodu... Kada ujutro izađem i vidim ove ljude koji stoje u redovima i pogledam u njihova stegnuta lica, tada verujem da ne bih bio hrišćan, već sam nečastivi, ako ne bih osetio sažaljenje prema njima, ako se ne bih, kao što je to uradio naš Gospod pre dve hiljade godina, okrenuo protiv onih koji danas pljačkaju i eksploatišu ove jadne ljude."

Evidentno je da će tokom života doći do čarakaraka izmene i da će duhovnu snagu, koju je ranije pokazivala Venera, sada pokazivati snažni Mars. Obe pomenute planete formiraju Kalpadruma jogu, a Mars donosi žudnju za ratom i krvoprolićem, kao deo Ručaka Mahapuruša joge (videti deo o Hitleru u članku o Mahapuruša jogi). Ova izmena je trebalo da počne da se dešava od njegove 26. godine do 28. godine, jer su to Venerine i Marsove prirodne godine, a to je bilo odmah posle završetka I Svetskog rata (1918). Hitler je kuvao od besa zbog poraza Nemačke, kao i zbog posledica Ruske revolucije, i bio je zadužen od strane vojske da posećuje političke organizacije i procenjuje njihova opredeljenja. Uslovi Versajskog sporazuma samo su dodatno isprovocirali Hitlerov bes, a to je pokrenulo izmenu čarakaraka, tj. promenu na nivou duše.

Hitler je radio u departmanu zaduženom za obrazovanje vojske i njegov zadatak je bio da vojnicima povratnicima ispira mozak predavajući o opasnostima komunizma, socijalizma i pacifizma. Nadređeni oficiri su bili impresionirani Hitlerovim govorničkim veštinama i tako usamljeni kaplar otkriva svoj najveći talenat – javno govorništvo. Hitlerove glasne žice su bile oštećene posle napada gasom i zato je govorio ratoborno i na veoma poseban način, "omamljujuće", hipnotišući svoju publiku. Mars je vladar druge kuće i u jutiju je sa Merkurom, signifikatorom govora, i to pokazuje ovu sposobnost. Kako god, ova sposobnost se razvila ili je otkrivena tek tokom ovog perioda u kom je čarakaraka izmena podstakla Kalpadruma jogu koja mu je donela uspeh/veličinu.

Dvisapatati (72) daša primenljiva je kada je vladar lagne u sedmoj, ili je vladar sedme u prvoj kući. Tokom Jupiterove daše Hitler se borio da osnuje nacističku partiju i jedini bitan događaj bio je Minhenski puč, 9. novembra 1923, kada je Hitler sa 2000 nacista umarširao u Minhen Bir dvoranu, odakle je i pobegao u spreman auto i u bezbednost bavarskih planina, čim je naoružana policija ispalila prvi metak. Benefična planeta, poput Jupitera, u trećoj kući od lagne i u šestoj od aruda lagne mu ne daje hrabrost za suočavanje sa pucnjavom.

Budhi Gati daša
Čart 3: Adolf Hitler

Ven: 1889 - 1895
Mars: 1895 - 1902
Sun: 1902 - 1910
Mer: 1910 - 1919
Rah: 1919 - 1927
Sat: 1927 - 1935
Ket: 1935 - 1939
Jup: 1939 - 1944
Mes: 1944 - 1950

Kalpadruma rađajoga počinje u Venerinoj daši i, iako je na samom kraju Jupiterove daše, 1. aprila 1924. godine, bio u zatvoru u Landbergu osuđen na zatvorsku kaznu od pet godina zbog učešća u zaveri sa ciljem izdaje, pušten je na slobodu na samom ulasku u Venerinu dašu koje je počela u decembru 1924. i postao je neka vrsta nemačkog heroja. Njegova politička knjiga Majn Kampf (Moja borba), koja je i autobiografija i politička ideologija, objavljenja je u dva toma u toku Venerine daše i Saturnove antardaše, iako je bila napisana u toku Jupiterove daše i Merkurove antardaše. Saturn daje veoma moćnu rađajogu zbog svoje pozicije na prestolu, u desetoj kući, u Raku, a to je ujedno i njegova aruda lagna.

On će formirati neke čudne veze jer je darapada A7 u Jarcu, dok je Venera u konjukciji sa Marsom u rašiju i navamši, kao i u jutiju sa Merkurom, koji predstavlja rođake, u marana karaka stanu[14] a

---

14   Ovaj čart ima nekoliko planeta u marana karaka stanu. Marana znači smrt, karak znači signifikator i stana se odnosi na kuću čime se ukazuje na uništenje planetarnih značenja, kao i značenja kuća kojima vlada ili pitanja za koja je data planeta prirodni signifikator nemaju zaštitu i mogu biti uništeni. Marana karaka stana (MKS) za planete je: Sunce – 12 kuća; Mesec – 8 kuća; Mars – sedma kuća; Merkur – 4 kuća (Blizanci) i 7 kuća (Devica); Jupiter – 3 kuća; Venera – 6 kuća; Rahu – 9 kuća. Marana karaka stana za Ketua nije konkretno imenovana u klasičnoj literaturi i postoje dva mišljenja, da je drugoj ili u četvrtoj kući.

Narajana daša znaka čiji vladar se nalazi u marana karaka stanu od lagne može biti veoma teška. Ukoliko planeta vlada nad dva znaka, tada znak koji ne prima aspekt ili nije u jutiju sa svojim vladarom pokazuje smrtni udarac. Ako ne aspektuje graha društijem niti je u jutiju sa bilo kojim od znakova kojima vlada, ako je planeta u neparnom/muškom znaku tada će neparni/muški znak kojim vlada pokazati smrtni udarac u toku svoje narajana daše. U čartu Adolfa Hitlera, Mars, Merkur, Jupiter i Rahu se nalaze u marana karaka stanu. Rahu u marana karaka stanu takođe ukazuje i na smrt. Tokom Venerine daše i Mesečeve antardaše njegova polusestra Angela i njena ćerka Geli dolaze da žive sa njim u Minhenu. Dok su kružile glasine o njihovoj aferi Geli je 18. septembra 1931. godine, u Merkurovoj antardaši, navodno počinila samoubistvo. U toku Venerine daše on vremenom dolazi na čelo političke scene i dobija nemačko državljanstvo.

Hajde da ispitamo funkcionisanje Kalpadruma joge uz pomoć Budhi gati daše. Rahuova daša je tekla u vreme početnih godina njegove političke strategije, a Rahu u marana karaka stanu pokazuje osobu koja je ateista ili osobu koja može koristiti religiju za svoje lične ciljeve. Kao deo Šakta joge, Rahu ga je uveo u politiku, ali je tek tokom Saturnove daše on napredovao i učvrstio svoju poziciju na funkciji nemačkog kancelara, 30. januara 1933. godine. Kasnije, posle smrti predsednika Paula fon Hindenburga koji umire 2. avgusta 1934. godine, Hitlerova kancelarija izdaje zakon kojim se objedinjuju ovlašćenja predsednika i kancelara i po kome sva moć pripada Hitleru kao Fireru, vođi i kancelaru. Saturn uvek daje rađajogu posle nečije smrti ili pada, dok Jupiter daje rađajogu kroz ekspanziju ili promociju. Planete Ketu i Jupiter su u Strelcu i formiraju deo Šakta joge[15] koja je najstrašnija kombinacija koja preti svetskom miru i obećava brojne smrti, posebno zato što je u Strelcu koji pokazuje bojna polja i crkve.

Pala svastika

Međutim, postoji velika razlika između Jupitera i Ketua. Ketu je egzaltiran u trećoj kući i obećava neočekivane pobede koje će paralizovati neprijatelja, posebno zato što je u konjukciji sa Venerom i Marsom, planetama koje čine Kalpadruma jogu, u Škorpija navamši. Ketu simbolično predstavlja moć Ganeše i svastike. Pozitivan Ketu predstavlja belu magiju ili nuđenja desne ruke, i pokazuje vertikalno postavljenu svastiku koja ukazuje na duhovne nagrade; dok nepovoljan Ketu pokazuje nuđenja leve ruke i crnu magiju, rat pokazuje totalnu destrukciju budućnosti i poslednji deo života može biti grozan, ili osoba ne mora imati decu jer vlada petom kućom, Vodolijom. Merkur u sedmoj donosi smrt rođacima, posebno devojkama/ženama jer uništava Devicu. Mars je loš za Škorpiju jer se nalazi u Ovnu, štiti znak u kom se nalazi dok drugi znak biva uništen. Jupiter pokazuje destrukciju Riba ili mira i donosi rat.

15 Šakta joga je formirana kad se Rahu i Mesec aspektuju/ili su u jutiju u devetoj kući od lagne ili od atmakarake. Druge planete koje se nađu u jutiju sa njima pokazuju 'ono što biva uništeno'. Ako se Jupiter nađe u jutiju sa njima, svetski mir je u opasnosti i biva uništen, pored gubitka ljudskih života; Merkur može pokazati destrukciju biznisa, industrije/ekonomije; Venera pokazuje ljubav ili partnerstva koji su uništeni, itd. Samo Saturn u ovoj kombinaciji pokazuje uništenje tuge i pozitivne rezultate i rađanje jako produhovljene osobe. Međutim, ako je Saturn vladar lagne ili atmakaraka, tada dolazi do neopisive patnje koja može doneti duhovno pokajanje.

i uništavanje života, i pokazuje palu svastiku tj. pokazuje simbol 'x' umesto '+'.

Tabela 14: Ketuova daša, hronološki

16. mart 1935: Hitler (Nemačka) uvodi obavezu služenja vojnog roka i objavljuje plan o stvaranju 36 divizija. Ketuova daša je na samom početku i Mesec tranzitira Ketua u Raku na aruda lagni. Rahu aspektuje Mesec.

CROSS - +
symbolising creations of the
four quarters of the universe
The four heads of Brahma the
creator look in these
four cardinal directions
The four KENDRA or centers
of Kalachakra

Clockwise rotation
Apasavya (Ganesha Chakra)
Ganesha is the spirituality God
Ketu symbolises Ganesha & Moksha

Ganesha
Vedic symbol of spiritual learning,
growth and well being

7. mart 1936: Nemačka ponovna vojna okupacija Rajnlenda uspešno testira francusku spremnost da brani Versajski sporazum. Ketuova daša – Mesečeva antardaša: Ketu i Rahu u tranzitu razmenjuju pozicije sa natalnim i pokazuju trenutak karmičkog ispunjenja životne želje. Mesec tranzitira znak Lava i nalazi se pod u Strelcu pod Rahuovim aspektom (vreme Šakta joge). Sunce je u Vodoliji u trigonu od šatrupade, A6 .

Novembar 1936: Nemačka i Japan zaključuju antikominternovski pakt usmeren protiv komunizma. Osovina „Rim – Berlin" formirana je posle hapšenja Abisinija. Osovinu, u stvarnosti trougao Marsa, formiraju Nemačka, Japan i Italija.

12. mart 1938: Dolazi do prisilne aneksije Austrije „Velikoj Nemačkoj" (Blumenkrieg), a svet sve ovo posmatra bez treptaja oka, kao u potpunoj paralizi, zbog snage Balagalamuki. Mesec tranzitira Raka a Rahu ga aspektuje iz Škorpije (Šakta joga). Sunce je u Vodoliji u trigonu od šatrupade A6.

Slika 18: Nacistički pozdrav sveštenika na Katoličkom skupu, avgust 1933. godine

1. oktobra 1938: Posle Minhenske komferencije, 30. septembra, Nemačka dobija i Sudetsku oblast u Čehoslovačkoj. Nije došlo do vojne akcije jer Mesec nije pod Rahuovim aspektom i to pokazuje da Šakta joga, joga rata, nije aktivna bez tog aspekta. Tranzit Meseca preko natalnog Ketua aktivira rezultate Kalpadruma joge koje Ketu isporučuje.

9. novembra 1938: „Kristalna noć" (Noć slomljenog stakla): Nacistička vlast otpočinje uništavanje nemačke jevrejske populacije širom zemlje.

15. marta 1939: Nemačke trupe kreću u okupaciju Čehoslovačke. Nemački protektorati, Bohemija i Moravija, uzeti su bez prisile ili bitnog otpora. I ponovo je Hitler nesvesno izabrao Mesec u Strelcu u tranzitu preko natalnog Ketua i odšetao sa trofejom.

Moć Kalpadruma joge koja se pokazala u Ketuovoj daši je bila potpuna i sposobna da u potpunosti uništi mozgove Hitlerovih neprijatelja. Konjukcija Ketua, Marsa i Venere u navamši daje sposobnost da se sve moći ovih planeta okupe a, budući da je to sve na navamša lagni, Ketu obećava i ličnu slavu pored uspeha u ratu ili okultnom. Ovaj bezglavi Ketu je uspeo da potpuno hipnotiše čak i sveštenike Katoličke crkve kao i da obezglavi i neprijatelje, pa šta onda da kažemo o zemljama koje su se odlučile za blagu politiku prema Hitleru, poput Britanije koju je vodio Nevile Čamberlejn. Nema zato sumnje da će i ruski, Staljinov, poziv na pakt, 1939. godine, ostati bez odgovora iz Londona.

Tajming ove joge je veoma tačan – Ketuova daša je trajala od 1935.

do 1939. godine, i baš kada je daša istekla, u aprilu 1939. godine, Velika Britanija i Francuska se iznenada bude, kao iz dubokog sna, i garantuju oružanu pomoć Grčkoj i Rumuniji u slučaju napada da ih Nemačka ili Italija napadnu. Zvanična anglo-francuska garancija ponuđena je i Poljskoj.

Krišna Ćandra Gađapati Narajana Deo

Čart 51: Krišna Ćandra Gađapati Narajana Deo

As:	16 Sg 46	Su:	14 Ar 34- AmK	Mo:	11 Ar 54- BK	Ma:	2 Cp 32- PK
Me (R):	3 Ar 16- PiK	Ju:	17 Pi 22- AK	Ve:	0 Ge 00- DK	Sa (R):	1 Vi 41- GK
Ra:	25 Ar 22- MK	Ke:	25 Li 22	HL:	22 Vi 25	GL:	20 Sc 14

As:	0 Vi 51	Su:	11 Le 09- AmK	Mo:	17 Cn 07- BK	Ma:	22 Cp 48- PK
Me (R):	29 Ar 26- PiK	Ju:	6 Sg 21- AK	Ve:	0 Li 00- DK	Sa (R):	15 Cp 05- GK
Ra:	18 Sc 19- MK	Ke:	18 Ta 19	HL:	21 Cn 45	GL:	2 Cp 05

Maharadža Krišna Ćandra Gađapati Narajana Deo je otac moderne Orise. On je bio kralj sa vizijom koji je u jednoj državi ujedinjio sve ljude koji govore Orija jezik, posle višegodišnje destrukcije. O istoriji Orise se retko govori jer to može da postidi mnoge. Car Ašoka bi izgubio na svojoj veličini i bio sveden na nivo običnog koljača[16] u redovima Adolfa Hitlera, zbog toga što je uništio Kalingu[17]. Posle Maurja, kralj Karvela Čedi dinastije vraća svoju staru slavu i vlada Kalingom od 'Gange do Godavari' što su i njene prirodne granice. Posle toga opet dolaze mračni dani i tokom 6. veka hindu rađas izlazi na površinu. Orisa je poslednja pala pred muslimanima, a Afgani su vladali Orisom 1568-92. i Moguli od 1592-1751. Maratas je osvojio Orisu i vladao 1751-1803. godine, a posle toga Britanci vladaju zemljom od 1803-1947. U vreme britanske vladavine narod Orija biva podeljen na četiri provincije.

Maharadža Kršna Ćandra Gađapati Narajana Deo je rođen u Madras provinciji u kraljevskoj porodici Parlakemundi u Južnoj Orisi, u ponedeljak, 26. aprila 1892. Lagna je Strelac, ratnički hrabar znak koji pokazuje vođu bez dlake na jeziku, sa vladarom lagne, Jupiterom, u svom znaku, u Ribama. Četiri faktora za određivanje Kalpadruma joge su:

Vladar lagne	(A) Život - Lagneš,
Jupiter, u kendri i u svom znaku, Ribama	
Dispozitor vladara lagne (isto kao u prethodnom slučaju)	(B) Zdravlje - Jupiter
Dispozitor planete (B) (isto kao u prethodnom slučaju)	(C) Bogatstvo - Jupiter
Dipozitor planete (C) u navamši (isto kao u prethodnom slučaju)	(D) Sreća - Jupiter

Sam Jupiter formira Kalpadruma jogu i njegova pozicija u četvrtoj kući, koja je kuća imovine i državnih granica, veoma je bitna jer je ovo konkretno područje u kome je Maharadža Krišna Ćandra Narajana Deo postigao uspeh ujedinivši četiri provincije Orija naroda u jednu. Egzaltacija Marsa, signifikatora imovine, dodaje snagu ovoj jogi kao što to čini i snaga vladara devete, Sunca, koje je egzaltirano u petoj kući.

---

16   Ašoka je napao Kalingu 216 PK jer su pružili utočište njegovoj braći koji su sa njim pokušali govor razuma i oprašanja. On je pogubio 100000 ljudi i 150000 je ostalo bez doma. Ovo je gotovo celokupna populacija države u današnje doba.
17   Orisa, duša Indije je poznata iz Purana pod različitim imenima poput Kalinge, tosala, Kosala, Udra i Utkala.

Međutim, vladar devete kuća prima aflikcije od vladara osme, Meseca, koji se nalazi u amavasja doši, dok je istovremeno afliktovan i pod Rahuovom eklipsom, što ocu donosi ranu smrt (izgubio je oca 1905. u svojoj 13 godini). Oženio se 28. januara 1914. godine, u 21. godini, i dobio je dva sina i kćerku pre nego što mu je, u njegovoj 33. godini, umrla žena (u Mesečevoj daši u Budha gati daša sistemu). Ista kombinacija koja pokazuje očevu ranu smrt afliktuje i vladara sedme, Merkura, koji je ujedno i vladar Upapade i zato donosi ranu smrt supruge. Nije se kasnije oženio i umesto toga je svoj život posvetio ponovnom ujednjenju Orise, jer su ova područja bila vrlo zanemarena kao granična područja sa susednim provincijama na datom područiju. Svega dve godine posle završenog univerziteta on organizuje susret Utkal Samilani u Parlakemundi, 1914. godine, u Sunčevoj daši i Merkurovoj antardaši, jer upravo ove dve planete čine Darmakarmadipati jogu, kao vladari devete i desete kuće, dajući rezultate u vidu velikih dela za društvo u celini.

Budhi Gati daša
Čart 3: Gađapati K.Ć.N. Deo

Jup: 1892 - 1901
Rah: 1901 - 1910
Sun: 1910 - 1920
Meș: 1920 - 1931
Mer: 1931 - 1943
Ven: 1943 - 1954
Sat: 1954 - 1963
Ket: 1963 - 1972
Mars: 1972 - 1979
Jup: 1979 -1985

U toku Mesečeve daše i Sunčeve antardaše, 1930. godine, izabran je za člana Zakonodavne skupštine Madrasa i podstiče zahtev za odvajanje Orise. Tokom iste godine prisustvuje konferenciji Prvog okruglog stola u Londonu, od novembra 1930. do januara 1931. Iako je propustio konferenciju Drugog okruglog stola, a iz svog džepa je finansirao sve političke aktivnosti u vezi sa provincijom, prisustvovao je Trećoj konferenciji u novembru-decembru 1933. i dok je većina, uključujući i Gandija, imala ograničen uspeh, on postiže veliki napredak u britanskoj diplomatiji. Njegova molba da se ova istorijska rasa sačuva sa drevnom civilizacijom sačuva od uništenja naišla je na odobravanje britanske krune i on uspeva u svojoj misiji. Provincija Orisa je isklesana iz svih područja u kojima se govorio orija jezik u sve četiri pomenute provincije na istoku Indije, 1. aprila 1936. u toku Merkurove daše i Marsove antardaše – obe planete su vargotama u navamši. U sistemu Budi gati daše najbolja daša je daša vladara lagne u navamši, osim u slučaju kada se na navamša lagni nalaze druge planete.

U toku Jupiterove antardaše u Merkurovoj daši, od 1. aprila 1937. sve do 19. jula 1937. (Rahuova antardaša), on postaje prvi premijer Orise i time u potpunosti ispunjava potencijal Kalpadruma joge. On je osnovao Utkal univerzitet, koji je vodeći univerzitet u Orisi, Katak medicinski koledž, najistaknutiji koledž na području Orise danas, Visoki sud Orise itd. Dodeljene su mu sve vrste počasti, uključujući i titulu Maharadža i Zapovedni vitez (KCIE), od strane britanske krune, kao i doktorati dva univerziteta. On je nastavio sa aktivnim učešćem u politici i ponovo biva izabran za mesto premijera od 24. novembra 1941. (Merkurova daša i Sunčeva antardaša) do 30. juna 1944. (Venerina daša, Saturnova antardaša).

Važnost primene Budi gati daše sa Kalpadruma jogom leži u njenom preciznom vremenskom određivanju događaja. Maharadžin rast se uvek dešavao u vreme potperioda kojima vlada Jupiter, vladar lagne, zatim Merkur, vladar desete, i Sunce, vladar devete kuće, dok su padovi zabeleženi u toku potperioda kojima vladaju Rahu i Saturn, što je dobro poznato pravilo za Strelac lagne.

PRINCIPI KALPADRUMA JOGE

Kalpadruma jogu, kao i bilo koju drugu jogu, treba u potpunosti razumeti pre same primene, a naučene principe treba primeniti i na ostatak horoskopa. U ovoj jogi četiri planete imaju kontrolu nad prvom kućom. Ukoliko uspemo da razumemo uticaj svake od pomenutih planeta, onda isto to možemo primeniti i na drugim kućama i potom stvoriti paradigmu za vremensko određivanje događaja u vezi sa drugim kućama/osobama u čartu. Hajde da prostudiramo četiri faktora koja čine Kalpadruma jogu kako bismo bolje razumeli svaki ponaosob.

Planeta života (A)

Planeta (A) je vladar lagne i pokazuje inteligenciju osobe, i njen znak se zove paka lagna. Jupiter, kao prirodni signifikator za inteligenciju, treba da je u dobrim konjukcijama ili pod dobrim aspektima da bi pokazao mudrost i mentalni mir koji je uslov za ispravno donošenje odluka na svim poljima.

Kuća u kojoj se nalazi vladar lagne pokazuje glavno područje fokusa inteligencije, a posledično i životna postignuća dolaze iz ovog područja. Vladar lagne ili lagneša se zove 'planeta života' a njegov dragi kamen se zove 'životni kamen'. Lagneša automatski štiti lagnu ili inteligenciju tako što teži samozaštiti, zato je ujedno i uzročnik ega.

1. Vladar lagne u kendri: Sunce je signifikator za prvu kuću, Mesec signifikator za četvrtu kuću, Venera za sedmu i Merkur za desetu kuću. Ovo su četiri Višnu stana ili mesta koja definišu samu osobu i koja imaju ključnu reč u svim poduhvatima. Devate ovih signifikatora blagosiljaju osobu inteligencijom i ovo čini koren Kalpadruma joge.

a) U prvoj kući, vladar lagne donosi briljantnost Sunca, boga Sunca, i obećava slavu, poziciju i poznatost uz naglašene liderske sposobnosti. Šri Ramaćandra je odličan primer za vladara lagne na lagni sa jakom agni tatvom.

b) Vladar lagne u četvrtoj kući donosi saosećanje božanske majke Gauri/Parvati (Mesec) a inteligencija je usmerena na socijalna pitanja, saosećanje prema pojedincu i društvu, i duhovne misli koje čine osnovu za mokšu. Guru Nanak Dev, osnivač Sikizma, jako je dobar primer osobe sa vladarom lagne u četvrtoj kući sa snažnom đala tatvom koja je veoma različita u odnosu na kvalitete Venere.

c) Vladar lagne u sedmoj kući pokazuje blagoslove Lakšmi (Venere), veliku privrženost partneru, prijateljima i osobu koja voli zabavu i putovanja koje Venera predstavlja, kao i uspeh u pomenutim područijima. Posebna daša pod imenom Dvisaptati Sama daša (dvisaptati znači 72 godine) u ovim čartovima ima prednost u odnosu na Vimšotari dašu. Bitno je primetiti da je u pitanju daša koja je upola kraća od Narajana daše koja traje 144 godine.

d) Vladar lagne u desetoj kući pokazuje blagoslove Sarasvati ili Ganeše, kao devate Merkura ili Pritivi tatve, datim redom. Pokazuje veštine i sposobnosti, kao i vrhovno samopouzdanje u ispunjenju bilo kog zadatka. Za pozicija daje rast sidhija, kao i drugih natprirodnih sposobnosti.

2. Vladar lagne u trigonu: Trigoni su Lakšmi stana ili sredstva koja osobi donose sreću. Jupiter je signifikator za petu i devetu kuću, i vladar lagne smešten u trigonu, i zato donosi blagoslove Višnu devate, akaš tatve kojom vlada Jupiter.

3. Vladar lagne u svakšetri (svoj znak – dom), multrikona (svoj znak – kancelarija) ili u egzaltaciji (omiljeno mesto) pokazuje stana bala i čini da je planeta veoma ukorenjena i sposobna da podari mentalne resurse.

Planeta zdravlja (B)

Dispozitor vladara lagne, označen kao planeta 'B', je ujedno i planeta koja održava zdravlje osobe. To je vladar paka lagne i pokazuje kako radi mozak osobe po pitanju zdravlja i samoočuvanja.

Ako se ova planeta nađe u kendri tada osoba ima tendenciju ka zdravim navikama i može da se izleči i od najgorih bolesti. Ako se ova planeta nađe u trigonu, tada osoba ima pristup spoljnim resursima za održavanje dobrog zdravlja i majka, otac ili supružnik, ili bilo koja druga bliska osoba, mogu se moliti za zdravlje osobe ili se starati i ulagati napore u tom pravcu. Ako se planeta zdravlja nađe u dustanu (6, 8. ili 12. kuća) zdravlje osobe će biti uništeno zbog zapostavljanja ili usled neke doše, nekog nedostatka, a obožavanje Mahavidje (boginje majke) te planete nudi izlaz iz patnje. Ako se planeta zdravlja nađe u trika kućama (3, 6. ili 11. kuća) tada će osoba imati poteškoća zbog lošeg zdravlja, ali će se oporaviti kroz lične napore. Planeta zdravlja ima veliki uticaj na sveopštu sreću u čartu jer je ovo ujedno i indikator mentalnog zdravlja.

Bitno je istaći da ovde ne uzimamo u obzir vladavine planete (B) kako bismo utvrdili koje će osobe doneti fizičku ili mentalnu dobrobit osobi ili loše zdravlje. Umesto toga treba da uzmemo u obzir samo prirodna značenja planete.

Planeta bogatstva (C)

Dispozitor planete (B) je planeta bogatstva, ali se ovo ne odnosi na finansijsko bogatstvo ili karijeru. Ovo pokazuje socijalnu zaštitu osobe. Ako je planeta bogatstva snažna tada osoba zrači samopouzdanjem i oseća se sigurno. Periodi planeta koje afliktuju ovu planetu oštećuju samopouzdanje i bezbednost.

Planeta sreće (D)

Planeta (C) se nalazi u određenoj navamši. Vladar navamša znaka je planeta (D) koju zovemo planeta sreće, ili bagja planeta. Kuće kojima ova planeta vlada u raši čartu, ili kuća u kojoj se ona nalazi, pokazuju izvore sreće za datu osobu. Osoba je veoma srećna u vezi sa ljudima koje predstavljaju kuće kojima planeta sreće vlada.

PRIMER

Čart 52: Šri Aćjutananda Das

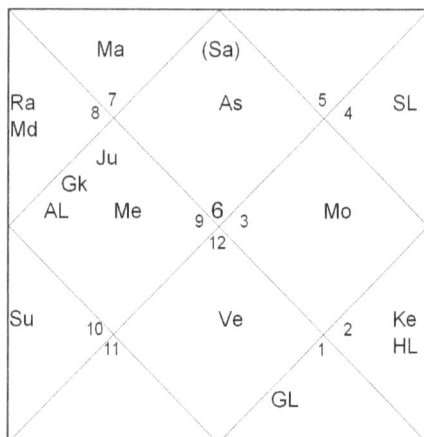

As:	21 Vi 10	Su:	23 Cp 01 (AmK)	Mo:	4 Ge 17 (GK)	Ma:	12 Li 15 (PK)
Me:	28 Sg 08 (AK)	Ju:	22 Sg 05 (BK)	Ve:	2 Pi 23 (DK)	Sa (R):	20 Vi 60 (MK)
Ra:	13 Sc 37 (PiK)	Ke:	13 Ta 37	HL:	2 Ta 31	GL:	2 Ar 44

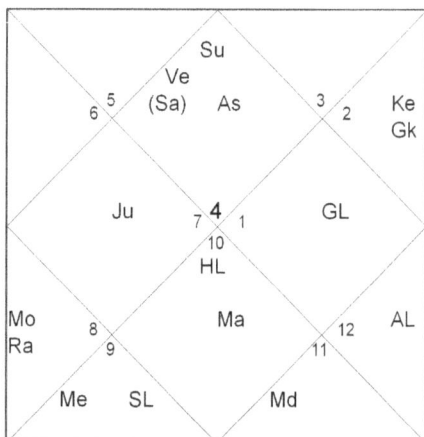

As:	21 Vi 10	Su:	23 Cp 01 (AmK)	Mo:	4 Ge 17 (GK)	Ma:	12 Li 15 (PK)
Me:	28 Sg 08 (AK)	Ju:	22 Sg 05 (BK)	Ve:	2 Pi 23 (DK)	Sa (R):	20 Vi 60 (MK)
Ra:	13 Sc 37 (PiK)	Ke:	13 Ta 37	HL:	2 Ta 31	GL:	2 Ar 44

Mahapuruša Aćjutananda Das je najčuveniji Vedski astrolog srednjovekovne Istočne Indije. Bio je jedan od panča sakha, pet učenika Šri Ćaitanija Mahaprabua, koji je svoja učenja širio u Orisi, u duhu Orija naroda Đaganat Purija.

Četiri faktora za određivanje Kalpadruma joge su:

Vladar lagne (A) Život - Lagneš, Merkur, je vargotama AK u kendri

Dispozitor vladara lagne (B) Zdravlje - Jupiter je u četvrtoj kući u Strelcu, u svom znaki

Dispozitor planete (B) (C) Bogatstvo - Jupiter (isto kao u prethodnom slučaju)

Dipozitor planete (C) u navamši (D) Sreća - Venera je egzaltirana u sedmoj kući (Jupiter je u Vaga navamši)

Vladar lagne, Merkur, je ujedno i atmakaraka, a nalazi se u četvrtoj kući i pokazuje blagoslove Gauri/Parvati. Saturn na lagni pokazuje neobjašnjivu tugu, i on je već od ranog detinjstva bio tužan, introvertan i provodio je vreme sam u polju umesto u igri sa drugom decom. Niko nije mogao da objasni razloge za ovo, i nije postojalo ništa što bi ga usrećilo. Počeo je sa obrazovanjem u petoj godini i nije rado sklapao prijateljstva u školi.

Dispozitor vladara lagne, planeta (B), je Jupiter i on pokazuje zdravlje osobe, kako mentalno tako i fizičko. Evidentno je da je fizičko zdravlje bilo dobro i da će sreća će doći sa dolaskom Jupitera, koji može da predstavlja dedu, sinove ili učitelja. Jupiter je ujedno i bratrikaraka u čartu, i to potvrđuje da je u pitanju duhovni učitelj.

Jednog dana, u zapadnom delu sela, dok je sedeo zajedno sa još pet prijatelja ispod svetog pipal drveta, prišao mu je veoma zgodan, svetao i mlad čovek božanskog izgleda, obučen u odoru vaišnava sveca. Izgovorio je nekoliko reči u njegovo uho i Aćjutina tuga je nestala. Ovaj povoljan događaj odigrao se u ponedeljak, na višaka šukla ekadaši. Kada se njegov otac vratio iz Purija, prišao je svecu i pošto mu je odao poštovanje upitao ga je za identitet. Sveti vaišnava se nasmejao i otkrio da je on Šri Ćaitanja i pozvao ga je da poseti Ćaitanja mandali, smešten južno od Đaganat hrama, u blizini obale. Kada je Šri Dinabandu posetio Ćaitanja mandali, Šri Ćaintanja Mahaprabu se transformisao, umesto svetle imao je tamnu put i šest ruku! Jednim parom ruku je svirao frulu, drugim parom ruku je držao dandu, batinu, i kamandalu ,drveni stalak za odmor, a u trećem paru ruku je imao hulu, mač18, i blagoslov. Dinabadnu je tada shvatio da je Ćaitanja nitko drugi do sam Mahaprabhu. Ovaj događaj je dokumentovao i Vrađa Ramaćandra. Šri Aćjuta nikad nije otkrio mantru koju je dobio od Šri Ćaitanje. Ipak, u većini svojih radova on ponavlja mantru, „hare rama kršna ćarane akršta hoi thibu dibanasi" tj. budi blizu Njegovih (Gospod Đaganat) svetih stopala danju i noću uz 'Hare Rama Krišna' (Đanaka šadakšari mantra). Šestoruki oblik Šri Ćaitanja Mahaprabhua je najteže razumeti, ali on potvrđuje da je Šri Ćaitanja amša avatar.

Poenta je u tome da treba da razumemo ulogu planete (B), Jupitera, kao duhovnog učitelja koji je u tom jednom trenutku zauvek uklonio tugu. Osim toga, i planeta (C) je snažan Jupiter jer se nalazi u svom znaku i pokazuje bogatstvo koje će mu doneti najviše samopouzdanje i društvenu sigurnost. Mantra koju mu je Šri Ćaitanja Mahaprabhu šapnuo u uho je sigurno bila guruova mantra jer mu je sama mantra donela ne samo životne užitke već ga je povela i na put na kome stiče najviše znanje o đotišu, više nego bilo koji smrtnik u prethodnih hiljadu godina, i postaje Mahapuruša Aćjutananda.

Jupiter se nalazi u Vaga navamši i njegov dispozitor je Venera. Venera se nalazi u sedmoj kući, kući braka, u egzaltaciji i potvrđuje da će njegova životna sreća doći posle stupanja u brak sa princezom, kćerkom feudalnog kralja Orise.

ZAKLJUČAK

Kalpadruma joga nije jedinstvena samo po tome što se za njeno potpuno formiranje u obzir moraju uzeti četiri planete, već je ona i jasan indikator četiri faktora koji mogu stvoriti ili srušiti bilo koju kuću. Naše je mišljenje da se ove četiri planete, A, B, C i D, mogu odrediti za bilo koju kuću i pomoću ovih pravila se mogu razumeti njihov život, zdravlje, bogatstvo i sreća.

OM TAT SAT

---

18   Hula je mač sa dve oštrice koju nosi Kalki avatar.

7

Panča Mahapuruša joga

Uvod

Parašara (BPHŠ)

अथ वक्ष्याम्यहं पञ्चमहापुरुषलक्षणम्। स्वभोच्चगतकेन्द्रस्थैर्बलिभिश्च कुजादिभिः॥ १॥
atha vakṣyāmyahaṁ pañcamahāpuruṣalakṣaṇam |
svabhoccagatakendrasthairbalibhiśca kujādibhiḥ || 1 ||

क्रमशो रुचको भद्रो हंसो मालव्य एव च। शशश्चैते बुधैः सर्वैर्महान्तः पुरुषा स्मृताः॥ २॥
kramaśo rucako bhadro haṁso mālavya eva ca | śaśaścaite budhaiḥ
sarvairmahāntaḥ puruṣā smṛtāḥ || 2 ||

U poglavlju pod imenom "Karakteristike Panča mahapuruša" mudrac Parašara navodi karakteristike pet (panča) tipova velikih ličnosti, mahapuruša. One su proizvod pet planeta: Marsa, Merkura, Jupitera, Venere i Saturna, kada se one nađu u svom znaku ili u znaku egzaltacije u kendri od lagne. Ovi tipovi ličnosti poznatiji su kao Ručaka, Badra, Hamsa, Malavja i Šaša mahapuruša. Bitno je napomenuti da Parašara ne koristi reč joga u definiciji pomenutih tipova ličnosti, niti je Parašara ovo uključio u rađa ili druge joge, već ovo znanje navodi u zasebnom poglavlju i to u kontinuitetu sa poglavljem o 'panča tatvama', pet elemenata. Definitivno postoji odnos između pet planeta koje daju panča mahapuruše i pet tatvi.

Tabela 15: Panča mahapuruša i tatva

Mars	Merkur	Jupiter	Venera	Saturn
Ručaka	Badra	Hamsa	Malavja	Šaša
Agni (vatra)	Pritivi (zemlja)	Akaša (etar)	Đala (voda)	Vaju (vazduh)

Parašara je postavio odrednice za prirodu i druge odlike osobe samo za slučaj kada se ove planete nalaze u kendrama od lagne. Pomenute karakteristike nisu primenljive u slučaju kada su planete u trigonima ili u drugim kućama, kao ni u slučaju kada su planete u kendrama od Sunca ili Meseca. Ovo nisu obične rađajoge koje se mogu preneti na sve podelne čartove i bitno je navesti da, ukoliko se ove kombinacije nađu u podelnom čartu, to može doneti dobro samo na konkretnom životnom polju osobe. Iako se u podelnom čartu ne radi o mahapuruša jogi i samo prisustvo bilo koje od ovih planeta u kendrama u datoj snazi zasigurno ojačava sreću u vezi sa konkretnim podelnim čartom (aspektom života).

Mahapuruša joga je specijalni oblik joge i ne treba je tretirati poput drugih joga. Zarad boljeg razumevanja, tretirajte Panča Pandave kao Panča Mahapuruše i potom sagledajte njihovu jogu sa Bhagavanom, i njihove karme u ulozi sluga Bhagavana Šri Krišne. Ovih pet Mahapuruša joga baziraju se na panča tatvama, fundamentalnom principu Sankja šastre. Dakle, ukoliko se joga manifestuje, svaka osoba rođena u bilo kojoj od Mahapuruša joga zapravo radi za Boga.

Agni tatva (vatra)

Uznemirenost zbog gladi i nemir po prirodi samo su neki od efekata snažnog Marsa. Osoba je tanka, vitka i visoka. Mentalna oštrina, učenost i apetiti generalno u svemu, svetla ili crvenkasta put i ponositost su efekti snažnog Sunca. Njegovo lice i telo isijavaju zlaćani odsjaj, poput vatre. On ima svetle oči i snažne ruke (Mars je karaka za treću kuću koja vlada rukama). Uspešan je u svojih poduhvatima i ulaganjima, hrabar je i pobeđuje svoje neprijatelje, jer je Mars bog rata. Njegovi izvori prihoda ili bogatstva dolaze od bolesti i patnje, što upućuje na izbor opasnih zanimanja poput vojnika, ratnih huškača, telohranitelja, obezbeđenja ili na zanimanja poput hirurga, mesara itd. Biće naglašeno pravdoljubiv i biće sklon kažnjavanju 'za primer drugima' – može biti veoma okrutan i opasan ako je na pogrešnoj strani. „Daleko od očiju – daleko od srca" je način na koji se možete nositi sa ovim ljudima, jer se oni jako intenzivno posvećuju svemu ili svima koji mu se nalaze u vidokrugu.

Devata: Agni, Surja (dvadaša aditja).

Pritivi tatva

Miris je ključ za upoznavanje ovih ljudi, dok će priroda joge zavisiti od vrste mirisa – povoljni mirisi su opisani kao miris zemlje posle prve kiše ili miris sanadalovine. Osoba voli luksuz, komfor i uživanje u društvu prijatelja i dobronamernika, uvek je vesela i lako oprašta. U zavisnosti od planete u drugoj kući od Merkura, osoba može imati dubok glas, čak poput lavlje rike, ako je Sunce u drugoj kući. Lična higijena, čisti nokti, kosa i zubi su najvažniji, a osoba ima šarmantnu pojavu. Izvori njegove zarade i prihoda dolaze kroz trgovinu, kao i kroz sve vrste poslovanja. Može biti religiozan, čvrstih verovanja i obdaren junaštvom.

Devata: Pritivi, Ganeša (Ašta Vinajaka).

Akaš tatva

Osoba koju opisuje akaš tatva je veoma prijatna i privlačna, i blista poput kristala. Ona je ekspert u diplomatiji i u međuljudskim odnosima, i može spojiti i najrazličitije vrste ljudi. Blagoslovena je Jupiterovom briljantnošću bez premca, poznata po svom znanju i mudrosti, čiste je savesti, iskrena i dobrog stasa. Može biti vešta u gramatici, a u svemu traži smisao tj. istinski je željna znanja. Osoba je pametan sagovornik, može zabaviti sve i može imati smislen razgovor sa bilo kime. Lični užitak nalazi u učenju melodija i pevušenju melodija ljubavnih pesama – u poeziji i prozodiji. Ekstremno je pravedna i pravična, upravlja pravosuđem. Može biti hrabra, direktna, pravedna i učena. Slaba područja su zglobovi, posebno na rukama i nogama.

Devata: Djau, Višnu (dasavatara).

Đala tatva

Ljudi koje opisuje đala tatva obdareni su finim, vitkim, gracioznim telom punim sjaja. Izdvaja ih ukus, kako u vezi sa hranom tako i u vezi sa zabavom, osim u čartovima u kojima je Mesec afliktovan. U tom slučaju ovo može pokazati i suprotne efekte tj. manjak kvalitetne hrane i odeće, nakita i sl. Oni su svesni hrane i zdravlja, i srećni u tom pogledu. Njihova snaga je šarm, a u nastupu su prijatni i srdačni. Bez pogovora mogu preuzeti veliki teret i odgovornosti, uključujući i tugu.

Usled blagosti, osećajnosti i slatkorečivosti pored kraljevskih navika, obično imaju puno prijatelja i mogu imati dobre menadžerske veštine u različitim oblastima. Ne moraju biti hrabri u bitkama jer preferiraju nenasilje, ali mogu biti snažni u svojim stavovima.

Devata: Đala, Durga (Das Mahavidja).

Vaju tatva

Osoba sa dominantnom vaju tatvom će imati mršavo telo, dok snažna vaju tatva može dati veoma mišićavu pojavu. Skloni su humanitarnom radu i veoma su liberalnih shvatanja, i imaju snažan osećaj za demokratiju i lične slobode, iako ih najčešće ne praktikuju. Lako se razljute i, poput Rudre, mogu planuti bez puno provokacije. Skloni su lutanju, poput vetra, a prema neprijateljima mogu biti poput pobedničke oluje. Oni su snažni lideri i disciplinovani kraljevi. Potpuno suprotno pritvi tatvi, njihova tela mogu biti prljava. Zbog loše hrane i stalnog besa, osoba može biti ravna idiotu. Bolesti poput reumatizma su česte u starosti, dok tuga i agonija sigurno prate lošu karmu. Kalijanvarma (Saravali) daje sličan opis u vezi sa ličnom higijenom – „poput crnih oblaka (odnosi se na ten i time odstupa od standardnih tekstova) zrače lošim mirisom i mogu biti budalasti". Pored toga oni se suočavaju i sa velikim bedama, ekstremnim siromaštvom, bolestima, zlom i finansijskom destrukcijom.

Devata: Vaju, Rudra (Ekadaša Rudra).

Ručaka mahapuruša

Opis

Parašara (BPHŠ)

दीर्घाननो महोत्साहो स्वच्छकान्तिर्महाबलः।
चारुभ्रूर्नीलकेशश्च सुरुचिश्च रणप्रियः॥ ३॥

dīrghānano mahotsāho svacchakāntirmahābalaḥ |
cārubhrūrnīlakeśaśca suruciśca raṇapriyaḥ || 3||

रक्तश्यामोऽरिहन्ता च मन्त्रविच्चोरनायकः।
क्रूरोभर्ता मनुष्याणां क्षामाङ्घ्रिर्द्विजपूजकः॥ ४॥

raktaśyāmo'rihantā ca mantraviccoranāyakaḥ |
krūrobhartā manuṣyāṇāṃ kṣāmā'ṅghrirdvijapūjakaḥ || 4||

वीणावज्रधनुःपाशवृषचक्राङ्कितः करे।
मन्त्राभिचारकुशली दैर्घ्ये चैव शतांगुलः ॥ ५॥

vīṇāvajradhanuḥpāśavṛṣacakrāṅkitaḥ kare |
mantrābhicārakuśalī dairdhye caiva śatāṁgulaḥ || 5||

मुखदैर्घ्यसमं मध्यं तस्य विज्ञैः प्रकीर्तितम्।
तुल्यस्तुलासहस्रेण रुचको द्विजपुङ्गव ॥ ६ ॥

mukhadairghyasamaṁ madhyaṁ tasya vijñaiḥ prakīrtitam |
tulyastulāsahasreṇa rucako dvijapuṅgava || 6||

भुनक्ति विन्ध्यसह्याद्रिप्रदेशं सप्ततिं समाः।
शत्रेण वह्निना वापि स प्रयाति सुरालयम् ॥ ७ ॥

bhunakti vindhyasahyādripradeśaṁ saptatiṁ samāḥ |
śatreṇa vahninā vāpi sa prayāti surālayam || 7||

Ručaka mahapuruša joga daje izduženo lice, veliki entuzijazam i osobu koja zrači (zbog agni tatve ili visokog nivoa energije).

Fizičke odlike

Osoba ima taman i crvenkast ten, privlačne obrve, crnu kosu i vitke butine. Ima obeležja Vina[1], vađra[2], luk, omča i bik (znak Bik) na rukama sa čakra rekhom[3]. Visok je 100 angula[4], a obim njegovog struka jednak je obimu lica. Hiljadu tula[5] je težak.

1   Vina, ili indijska frula, je vrsta instrumenta poput gitare. Navodno ju je otkrio Narada, a obično ima sedam žica kojesu podignute iznad devetnaest pragova fiksiranih na dugačkoj okrugloj tabli, a na kraju te table se nalaze dve velike tikve. Njen opseg je dve oktave, ali ima i različite varijacije u zavisnosti od broja žica. (2) u astrologiji to je konkretna planetarna joga u kojoj se sve planete nalaze raspoređene u sedam kuća (Varahamihira Brihat Samhita).

2   (1) "moćan", munja, a posebno Indrina munja, kaže se da je nastala od kostiju Dadiči rišija i oblikovana je u kružni disk, a kasnije je rečeno da ima oblik dva poprečna vijka koji se međusobno presecaju i formiraju x; ponekad se odnosi i na slično oružje koje koriste razni bogovi ili nadljudska bića, ili na bilo koje mitološko oružje koje uništava magiju i čari. (2) "gnev" RV. ili mlaz vode AV.; (3) odnosi se uopšteno na munje ili na sevanje nastalo od centrifugalne energije Indrine cirkularne munje kada usmerena na neprijatelja; u severnim budističkim zemljama ima oblik zvona i nosi ime Dorđe; (4) ime konkretne planetarne joge (u kojoj se povoljne planete nalaze u prvoj i sedmoj kući, a nepovoljne u četvrtoj i desetoj kući) Varahamihira Brihat Samhita.

3   *Čakra* znači točak sa kočije na kojoj je Sunce kočijaš, ili točak Vremena, (2) disk ili oštro kružno oružija (posebno Višnuovo oružje), (3) točak jednog od Skandinih polaznika; *rekha* se odnosi na liniju koja se koristi u hiromantiji.

4   Angula znači prst (2), dužina prsta, mera jednaka osam ječmenih očiju, dvanaest angula čini vitasti ili raspon, dvadeset četiri hastu (ruku) ili lakat (drevna linerana mera zasnovana na dužini podlaktice od lakta do vrha srednjeg prsta. Obično 17 do 21 inča ili 43 do 53 cm.

5   Odnosi se na meru težine (1 tula = 100 pala; 1 pala = 4 karša i 20 tula = 1 bhara).

Temperament i priroda

On ima dobar ukus i ljubazan je, mada i dalje moćan. On je ratni huškač i pobeđuje svoje neprijatelje. Ima tendenciju ka diskriminaciji, inteligentan je i vođa je lopova ili pljačkaša, sa okrutnim temperamentom. Poštuje učene bramine i ima dobro znanje u okultnim naukama. Spremno koristi magiju i bajalice u zlonamerne svrhe. Vlada zemljom u blizini Sajadri i Vindja. Živeće 70 godina, i posle smrti od vatre ili oružja, otići će u boravište bogova.

Rudra
devata

Komentari

Ručaka mahapuruša joga formira se u slučaju pokretnih lagni, kada se Mars nađe u Ovnu ili u Jarcu, ili fiksnih lagni, kada se Mars nađe u Škorpiji. Fizičke odlike su uglavnom karakteristike Marsa i njihov intenzitet će zavisiti od uticaja Marsa na kendre, a ove odlike će biti posebno vidljive u slučaju kada Mars aspektuje lagnu. Žičani instrument vina pokazuje vatrene znake, dok Mars ujedno upravlja i bikom. Visina od 100 angula varira između 5'11" do 7'3" u zavisnosti od debljine prsta. Umesto da navede konkretnu visinu, Parašara koristi odgovarajući metod provere visine na osnovu angula, prosečne dužine prsta, ili haste, dužine od lakta do vrha srednje prsta. Budući da ove mere odstupaju u zavisnosti od pojedinca, bolje je imati relativnu meru.

'Dobar ukus' dolazi od Marsove rađas gune, a 'ljubaznost pored moći' dolazi od kraljevskog znaka Ovna, 'ratno huškanje i pobede' dolaze od Ovna i Jarca, datim redom. 'Diskriminacija' dolazi od Škorpije, kao i 'okrutnost', dok 'inteligencija' dolazi od Ovna, prve kuće u zodijaku.

Primer Ručaka joge

Čart 53: Adolf Hitler

Ma Me Su (Ve)	HL	Ra	
	AL	Sa	
Rasi			
Adolf Hitler			
GL	April 20, 1889 18:22:03 (0:52 east) 13 E 0, 48 N 0		
Ju Ke Mo	SL As	Gk Md	

(South Indian chart / North Indian chart — Rasi, Adolf Hitler)

North Indian chart:
- Gk
- SL, Md
- Ke, Mo, Ju — house 8/9
- As — house 6/5
- AL
- GL — house 10/7/4
- Sa
- Ma, Me, (Ve), Su — house 1/11/12
- Ra — house 3/2
- HL

As:	2 Li 60	Su:	8 Ar 30 (PK)	Mo:	14 Sg 15 (PiK)	Ma:	24 Ar 05 (AmK)
Me:	3 Ar 22 (DK)	Ju:	15 Sg 56 (MK)	Ve (R):	24 Ar 23 (AK)	Sa:	21 Cn 09 (BK)
Ra:	23 Ge 45 (GK)	Ke:	23 Sg 45	HL:	16 Ta 44	GL:	14 Cp 54

Adolf Hitler, kreator Drugog svetskog rata, je klasičan primer Ručaka mahapuruša joge sa Marsom u sedmoj kući (kendri), u znaku Ovna. On je bio ljubazan ali glasan, i pored toga moćan u svakom smislu. Bio je ratni huškač koji je napao različite nacije bez povoda ili provokacije. Bio je i pobednik nad neprijateljima u Evropi, ali nakon što su se grupisali Saveznici su postali prejaki za njega. Bio je sklon rasnoj diskriminaciji i bio je uporan u nastojanju da izbriše Jevreje sa lica zemlje. Bio je veoma inteligentan i okrutne naravi. Poštovao je učene bramine, naučnike, i gurao ih je u pravcu razvoja moderne tehnologije poput mlaznog pogona, raketnih tehnologija i drugih inovacija, a sve za dobrobit svoje ratne mašinerije. Površno se bavio okultnim temama i slušao je 'glas' koji ga je vodio sve do kraja života. Nije doživeo 70 godina jer je Ručaka joga prilično afliktovana, a on izvršio je samoubistvo što je u skladu sa tvrdnjom da 'smrt dolazi od vatre ili oružja'.

Badra mahapuruša

Opis

Parašara (BPHŠ)

शार्दूलप्रतिभहृ पीनवक्षा गजगतिः पुमान्।
पीनाजानुभुजः प्राज्ञश्चतुरस्रश्च योगवित्॥ ८॥

śārdūlapratibhah pīnavakṣā gajagatiḥ pumān |
pīnājānubhujaḥ prājñaścaturasraśca yogavit || 8||

सात्त्विकः शोभनांघ्रश्च शोभनश्मश्रुसंयुतः।
कामी शङ्खगदाचक्रशरकुञ्जरचिह्नकैः॥ ९॥

sāttvikaḥ śobhanāṁghraśca śobhanaśmaśrusaṁyutaḥ |
kāmī śaṅkhagadācakraśarakuñjaracihnakaiḥ || 9||

ध्वजलाङ्गलचिह्नैश्च चिह्नितांघ्रिकराम्बुजः।
सुनासश्शास्त्रविद् धीरः कृष्णाकुञ्चितकेशभृत्॥ १०॥

dhvajalāṅgalacihnaiśca cihnitāṁghrikarāmbujaḥ |
sunāsaśśāstravid dhīraḥ kṛṣṇākuñcitakeśabhṛt || 10||

स्वतन्त्रः सर्वकार्येषु स्वजनप्रीणनक्षमः।
ऐश्वर्यं भुज्यते चास्य नित्यं मित्रजनैः परैः॥ ११॥

svatantraḥ sarvakāryeṣu svajanaprīṇanakṣamaḥ |
aiśvaryaṁ bhujyate cāsya nityaṁ mitrajanaiḥ paraiḥ || 11||

तुलया तुलितो भारप्रमितः स्त्रीसुतान्वितः।
सक्षेमो भूपतिः पाति मध्यदेशं शतं समाः॥ १२॥

tulayā tulito bhārapramitaḥ strīsutānvitaḥ |
sakṣemo bhūpatiḥ pāti madhyadeśaṁ śataṁ samāḥ || 12||

Fizičke odlike

Badra osoba ima kraljevski i blistav stav, poput lava. Ima dobro razvijen grudni koš i kretanje poput slona. Ima duge i tanke ruke i lepa stopala, brkove, ili i brkove i bradu, i ima lep oblik glave. Od obeležja ima školjku, točak, buzdovan, strelu, slona, zastavu i plug na rukama i nogama. Ima teško telo sa oštrim nosom, crnu kovrdžavu kosu i veoma je samostalan.

Temperament i priroda

Učen je na svim poljima, ima blistav stav i znanje o Jogi. Kod njega dominira satva guna, i on voli luksuz i komfor. Dobro je poznaje šastre (svetu literaturu) i štiti svoju porodicu. Uživa u svojoj sreći sa prijateljima i živeće srećno sto godina sa partnerom i decom. Vlada nad madja dešom (moderni MP i delovi južne UP).

Komentari

Badra mahapuruša se može ostvariti samo u slučaju dvojnih lagni, i to kada se Merkur nalazi u Blizancima ili u Devici. Stalna veza sa knjigama i literaturom je tu zbog prirode Merkura koji je povezan sa sposobnostima učenja, i uopšteno sa knjigama. Merkur je ujedno i signifikator za prijatelje i rođake, i zbog toga osoba uživa u njihovom društvu. Dugovečnost od 100 godina se generalno pripisuje satva guni, kao i kod Hamsa joge, dok Ručaka i Malavja mahapuruša imaju dominantnu rađas gunu koja daje dugovečnost od oko 70 godina. Napomena u vezi sa brkovima i bradom je veoma bitna jer je to pokazatelj snažnog Merkura. Abraham Linkoln je jedan od predsednika Sjedinjenih država koji je pretrpeo maksimalne udarce u životu i u karijeri. Čak je razmišljao i o odustajanju od politike. Tokom jedne javne rasprave prišla mu je devojčica i rekla mu da bi bolje izgledao sa bradom. Posle toga Abraham Linkoln pušta bradu i postaje predsednik SAD-a kao i jedan od najvećih svetskih državnika. Merkur, atmakaraka i vladar pete kuće koja upravlja pitanjima moći i autoriteta, slab je zbog svoje pozicije u navamši, u znaku Riba. Moguće je da je on puštanjem brade ojačao Merkura i njegove blagoslove. Postoji daleko više u Parašarinim učenjima od onoga što je očigledno.

Primeri Badra joge

Čart 54: Abraham Linkoln

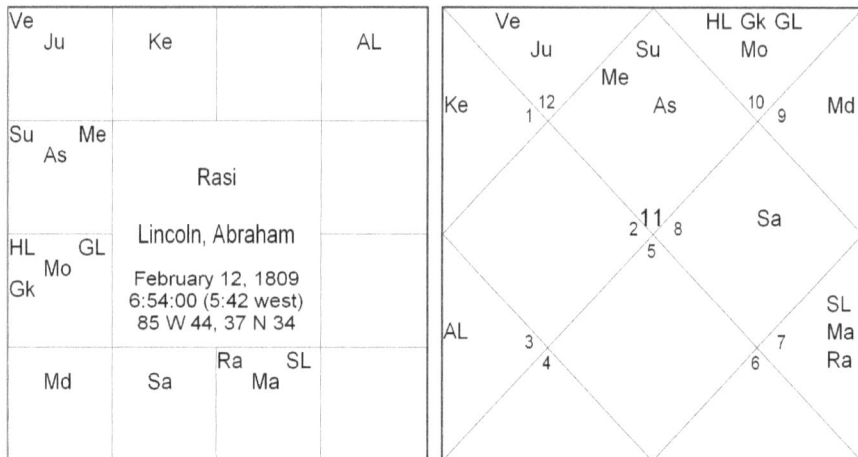

Ve Ju	Ke		AL
Su Me As		Rasi	
HL GL Mo Gk		Lincoln, Abraham February 12, 1809 6:54:00 (5:42 west) 85 W 44, 37 N 34	
Md	Sa	Ra SL Ma	

Ve Ju	Su Me	HL Gk GL Mo
Ke `12` `1`	As	`10` `9` Md
`2` `11` `8` `5`		Sa
AL `3` `4`		`7` SL Ma `6` Ra

As:	0 Aq 53	Su:	2 Aq 16 (GK)	Mo:	5 Cp 48 (PiK)	Ma:	4 Li 18 (PK)
Me:	19 Aq 07 (AK)	Ju:	0 Pi 54 (DK)	Ve:	16 Pi 16 (AmK)	Sa:	11 Sc 57 (MK)
Ra:	15 Li 45 (BK)	Ke:	15 Ar 45	HL:	29 Cp 57	GL:	27 Cp 59

Čart 55: Bil Gejts

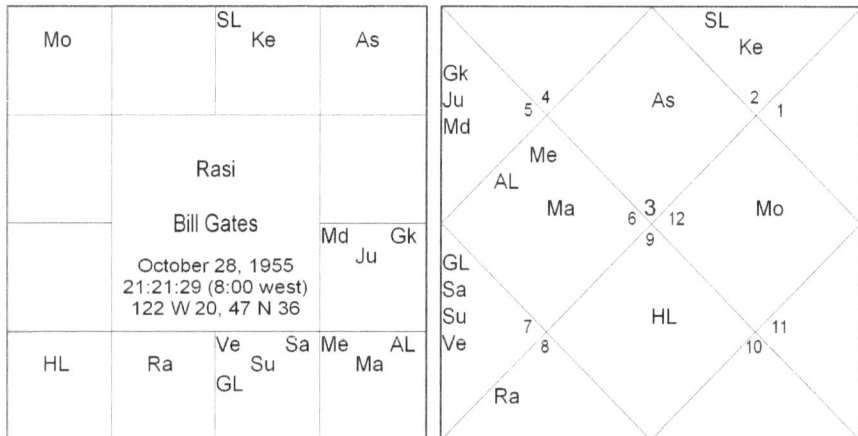

Mo	SL Ke	As	
		Rasi	
		Bill Gates October 28, 1955 21:21:29 (8:00 west) 122 W 20, 47 N 36	Md Gk Ju
HL	Ra	Ve Sa Me AL Su Ma GL	

Gk Ju `5` `4` Md	As	`2` `1`
Me AL Ma `6` `3` `12` `9`		Mo
GL Sa Su `7` Ve `8`	HL	`11` `10`
Ra		

As:	26 Ge 16	Su:	11 Li 46 (PK)	Mo:	14 Pi 38 (PiK)	Ma:	16 Vi 52 (MK)
Me:	23 Vi 20 (BK)	Ju:	4 Le 32 (GK)	Ve:	26 Li 58 (AmK)	Sa:	28 Li 21 (AK)
Ra:	26 Sc 14 (DK)	Ke:	26 Ta 14	HL:	28 Sg 18	GL:	24 Li 01

Čart 56: Učitelj joge

Ke Mo	(Ju)	SL Md As	
		Gk Sa	
Rasi			
Freedom Cole			
October 9, 1976 22:06:00 (4:00 west) 75 W 1, 39 N 29			
HL	GL	Ve Ra Me AL Ma Su	

As:	2 Ge 57	Su:	23 Vi 22 (AmK)	Mo:	13 Ar 48 (PiK)	Ma:	7 Li 19 (PK)
Me:	5 Vi 48 (DK)	Ju (R):	6 Ta 59 (GK)	Ve:	23 Li 30 (AK)	Sa:	21 Cn 14 (BK)
Ra:	10 Li 44 (MK)	Ke:	10 Ar 44	HL:	23 Sg 33	GL:	9 Sc 44

U čartovima 3. i 4. vidimo sličnu Badra mahapuruša jogu sa egzaltiranim Merkurom u četvrtoj kući, na aruda lagni. Prirodna godina za uspeh i rast je 34. godina, što je ujedno i prirodna godina sazrevanja Merkura. Suptilna razlika između pomenuta dva čarta jeste u tome što je u čartu Bila Gejtsa Merkur u jutiju sa Marsom, što mu daje interes u područiju tehnologije i inženjeringa. On je posle osnivanja Majkrosoft korporacije postao svetski softverski gigant.

U drugom čartu Merkur se nalazi u konjukciji sa Suncem, koje je prirodni signifikator za prvu kuću, kuću zdravlja. Parašarina tvrdnja 'učen na svim poljima i vešt u jogi' je u potpunosti primenljiva u ovom čartu jer je osoba učitelj joge i đotiša. Učen je u šastrama (svetoj literaturi) i zaštitnik svoje porodice. Učenje je počelo sa ulaskom u Sunčevu dašu, u njegovoj 21. godini, a to je i prirodna godina sazrevanja Sunca. Uzgredno rečeno, osoba istovremeno počinje da pušta bradu i brkove! Mahapuruša joga će početi da deluje od njegove 34. godine, što je godina sazrevanja Merkura, i za očekivati je da će osoba osnovati školu za podučavanje joge i đotiša koja će biti jedna od najboljih u svetu.

Hamsa mahapuruša

Opis

Parašara (BPHŠ)

हंसो हंसस्वरो गौरः सुमुखोन्नतनासिकः ।
श्लेष्मलो मधुपिङ्गाक्षो रक्तवर्णनखः सुधीः ॥ १३ ॥

haṁso haṁsasvaro gauraḥ sumukhonnatanāsikaḥ |
śleṣmalo madhupiṅgākṣo raktavarṇanakhaḥ sudhīḥ || 13||

पीनगण्डस्थलो वृत्तशिराः सुचरणो नृपः ।
मत्स्याऽङ्कुशधनुःशंखकञ्जखट्वाङ्गचिह्नकैः ॥ १४ ॥

pīnagaṇḍasthalo vṛttaśirāḥ sucaraṇo nṛpaḥ |
matsyā'ṅkuśadhanuḥśaṁkhakañjakhaṭvāṅgacihnakaiḥ || 14||

चिह्नतांघ्रिकरः स्त्रीषु कामार्तो नैति तुष्टताम् ।
षण्णवत्यंगुलो दैर्घ्ये जलक्रीडारतः सुखी ॥ १५ ॥

cihnatāṁghrikaraḥ strīṣu kāmārto naiti tuṣṭatām |
ṣaṇṇvatyaṁgulo dairghye jalakrīḍārataḥ sukhī || 15||

गङ्गायमुनयोर्मध्यदेशं पाति शतं समाः ।
वनान्ते निधनं याति भुक्त्वा सर्वसुखं भुवि ॥ १६ ॥

gaṅgāyamunayormadhyadeśaṁ pāti śataṁ samāḥ |
vanānte nidhanaṁ yāti bhuktvā sarvasukhaṁ bhuvi || 16||

Fizičke odlike

Osobe sa Hamsa jogom imaju dubok zvonak glas, poput labuda. Osoba je zgodna i ima naglašen nos. Ima oči boje meda ili žutosmeđe boje, crvenkaste nokte i usne, oštre je inteligencije, čvrstih obraza, velikog čela i lepih stopala. Na rukama i nogama ima obeležja ribe, železne kuke (sa kojom se vode slonovi), luka, školjke i lotosa. Visok je 96 angula (oko 5'9" ako je hasta 17").

Temperament i priroda

Ima kraljevsko držanje i postojan temperament. On je strastven i njegova strast ostaje nezadovoljena. Uživa u plivanju i sportovima na vodi. U potpunosti uživa u životu i živi srećno i zadovoljno 100 godina. Vlada područijima koja se granične sa Gangom i Jamunom.

Komentari

Neispunjene žudnje podrazumevaju mnogo toga i priroda planetarnih uticaja na Jupitera težiće da ih modifikuje. Ako postoji guru-mangala joga između Jupitera i Marsa u Hamsa jogi, onda do ovoga može doći zbog svojevoljne odvojenosti od partnera, budući da Mars pokazuje celibat. Ovu jogu možemo videti u čartu Bhagavan Šri Rama (čart 5), a Gospod se odriče svoje supruge kako bi ispunio želju svog naroda. Istu jogu možemo pronaći i u čartu Šri Aurobinda koji se posle izlaska iz zatvora odriče svoje žene i odlazi kako bi osnovao ašram u Pondičeriju (Aurovil, čart 6). U oba navedena slučaja vladar sedme kuće, Saturn, nije pod Jupiterovim aspektom. Oštra inteligencija je markantno obeležje, a to se jasno može videti iz Šri Ramine interpretacije darma šastre, kao i iz Aurobindovog monumentalnog dela Savitri.

Usled manjkavosti u vezi sa mahapuruša jogom dugovečnost od 100 godina se retko dosegne, ipak Jupiter na lagni daje dug život i zaštitu. Osoba je istovremeno i pobednik u bitkama, ukoliko je Mars snažan i aspektuje Jupitera, kao što je to slučaj u čartu Šri Rama. U Aurobindovom čartu debilitirani Mars daje veoma loša politička iskustva.

Hamsa mahapuruša joga nije moguća kod fiksnih lagni, budući da Jupiter vlada dvojnim znacima a znak njegove egzaltacije je pokretni znak. Kod ovih osova mogu se videti oznake Jupitera, poput Pušparaga dragog kamena, žutog safir koji ima zrake ili sjaj jutarnjeg Sunca. Duhovnost je integralni aspekt njihovih života i, ukoliko je joga formirana na lagni, osoba će bez sumnje proučavati svete spise. Takav Jupiter će ih zaštititi od svih nevolja, uključujući i preranu smrt, budući da Jupiter (điva) može oterati Jamu, boga smrti.

Primeri Hamsa joge

Čart 57: Šri Rama

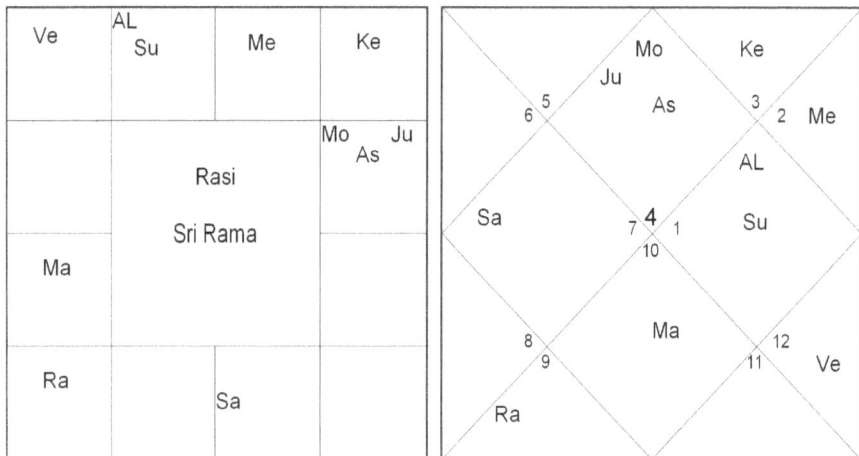

	AL		
Ve	Su	Me	Ke
	Rasi		Mo Ju
	Sri Rama		As
Ma			
Ra			
	Sa		

Mo
Ju
6 5
As
3 2 Me
Sa
7 4 1
Su
10
Ma
8
9
12 11 Ve
Ra
AL

Čart 58: Šri Aurobindo

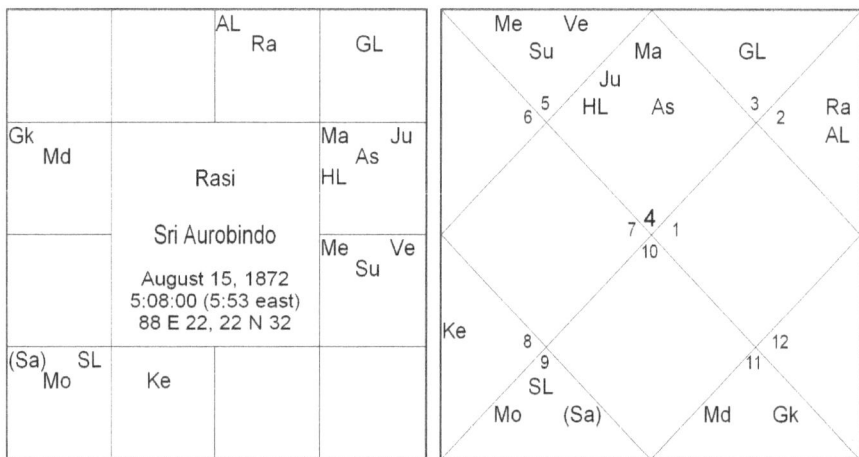

	AL Ra	GL	
Gk Md			Ma Ju
	Rasi		As HL
	Sri Aurobindo		Me Ve
	August 15, 1872		Su
	5:08:00 (5:53 east)		
	88 E 22, 22 N 32		
(Sa) SL Mo	Ke		

Me   Ve
Su   Ma
Ju
6 5 HL As
3 2 Ra
AL
GL
7 4 1
10
Ke
8
9
SL
Mo   (Sa)
12 11
Md   Gk

As:	23 Cn 12	Su:	0 Le 19 (DK)	Mo:	5 Sg 36 (PK)	Ma:	5 Cn 23 (GK)
Me:	23 Le 31 (AK)	Ju:	21 Cn 36 (BK)	Ve:	8 Le 32 (PiK)	Sa (R):	23 Sg 30 (AmK)
Ra:	16 Ta 37 (MK)	Ke:	16 Sc 37	HL:	15 Cn 25	GL:	24 Ge 29

Čart 59: Autor

Ju SL As		Md Ra
Mo	Rasi Sanjay Rath August 7, 1963 21:15:00 (5:30 east) 83 E 58, 21 N 27	Ve Gk Su
(Sa)		Me
AL Ke	GL HL	Ma

As:	14 Pi 05	Su:	21 Cn 05 (BK)	Mo:	19 Aq 59 (MK)	Ma:	13 Vi 41 (PK)
Me:	13 Le 23 (GK)	Ju:	26 Pi 08 (AmK)	Ve:	14 Cn 56 (PiK)	Sa (R):	26 Cp 50 (AK)
Ra:	25 Ge 46 (DK)	Ke:	25 Sg 46	HL:	13 Sc 21	GL:	2 Sc 42

Autor ove knjige (čart 7) ima Hamsa mahapuruša jogu, i od svoje 32. godine podučava đotiš i piše knjige.

Malavja mahapuruša

Opis

Parašara (BPHŠ)

समौष्ठः कृशमध्यश्च चन्द्रकान्तिरुचिः पुमान्।
सुगन्धो नातिरक्ताङ्गो न ह्रस्वो नातिदीर्घकः ॥ १७॥

samauṣṭhaḥ kṛśamadhyaśca candrakāntiruciḥ pumān |
sugandho nātiraktāṅgo na hrasvo nātidīrghakaḥ || 17||

समस्वच्छरदो हस्तिनाद आजानुबाहुधृक्।
मुखं विश्वांगुलं दैर्घ्ये विस्तारे च दशाङ्गुलम्॥ १८॥

samasvaccharado hastināda ājānubāhudhṛk |
mukhaṁ viśvāṁgulaṁ dairghye vistāre ca daśāṅgulam || 18||

मालव्यो मालवाख्यं च देशं पाति ससिन्धुकम्।
सुखं सप्ततिवर्षान्तं भुक्त्वा याति सुलालयम्॥ १९॥

mālavyo mālavākhyaṁ ca deśaṁ pāti sasindhukam |
sukhaṁ saptativarṣāntaṁ bhuktvā yāti sulālayam || 19||

Fizičke karakteristike

Osoba koja ima Malavja mahapuruša jogu ima lepe usne i tanak struk. Ona je blistava poput Meseca i lepo miriše. Ima svetlu i crvenkastu put, srednje je visine i ima čiste i lepo oblikovane zube. Njen glas je dubok poput slonovske rike i ima ruke dugačke sve do kolena. Lice je 13 angula dugo i 10 angula široko.

Temperament i priroda

Živeće srećno 70 godina pre nego što ode u svoje nebesko prebivalište. Upravlja provincijama Sidh i Malva.

Komentari

Iako naizgled mekan i blistav, dijamant je najtvrđi poznati material na Zemlji, i dobro simboliše prirodu Venere koja učestvuje u formiranju Malavja mahapuruše. Ta priroda se posebno ističe kada je mahapuruša joga u znaku Vage. Patriotizam i želja za društveno korisnim radom je naglašena odlika karaktera kada Venera dominira osobinom prirodom.

Ova joga je moguća za sve lagne budući da Venera vlada Bikom, koji je fiksni znak, ima multrikona znak u Vagi, koja je pokretni znak, i egzaltirana je u Ribama, koje su dvojni znak.

Primeri Malavja joge

Mahatma Gandhi i Džavaharlal Nehru čine glavni tim Malavja mahapuruše, rođeni su sa lagnom u pokretnim znacima, Gandi u znaku Vage a Nehru u znaku Raka (videti čartove 8. i 9).

U oba čarta, Venera je smeštena u svom multrikona znaku, u Vagi, sa Mesecom u Raku u Ašleša nakšatri, što je Indiji donelo nezavisnost. Sa umovima vođenim istrajnošću boga zmija, jer je Sarpa devata Ašleša nakšatre, i sa Venerinim patriotizmom koji im je goreo u srcima, oni su prokrčili put 'Satjagrahe' ili nenasilnog pokreta za oslobođenje.

Čart 60: *Mahatma Gandhi*

	(Ju)		
Gk Md	Rasi Gandhi, Mahatma October 2, 1869 7:31:00 (4:39 east) 69 E 49, 21 N 37		Ra AL Mo
GL Ke			SL
	HL Sa	Ma Me As Ve	Su

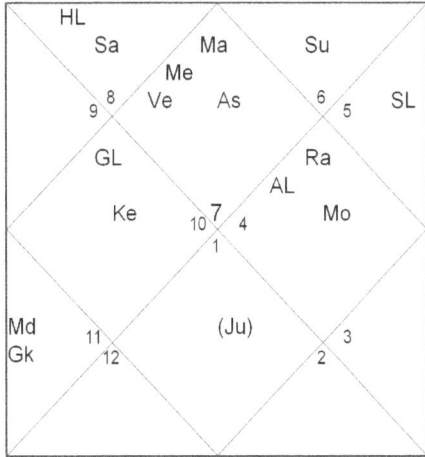

HL / Sa Ma Me 8 9 Ve As Su 6 5 SL / GL Ra / Ke AL 10 7 4 1 Mo / Md Gk 11 12 (Ju) 3 2

As:	9 Li 01	Su:	16 Vi 55 (GK)	Mo:	28 Cn 07 (AmK)	Ma:	26 Li 23 (BK)
Me:	11 Li 45 (DK)	Ju (R):	28 Ar 08 (AK)	Ve:	24 Li 25 (MK)	Sa:	20 Sc 20 (PiK)
Ra:	12 Cn 09 (PK)	Ke:	12 Cp 09	HL:	6 Sc 46	GL:	21 Cp 38

Čart 61: *Džavaharlal Nehru*

AL HL	GL		Ra
	Rasi Nehru, Jawaharlal November 14, 1889 23:21:00 (5:30 east) 81 E 52, 25 N 28		Mo As
			Md Gk Sa
Ke Ju	Su	Ve Me	SL Ma

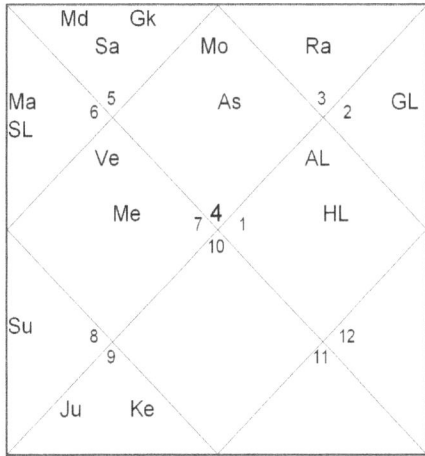

Md Gk / Sa Mo Ra / Ma SL 5 6 As 3 2 GL / Ve AL / Me 7 4 1 10 HL / Su 8 9 12 11 / Ju Ke

As:	26 Cn 21	Su:	0 Sc 17 (DK)	Mo:	18 Cn 00 (AK)	Ma:	9 Vi 60 (PK)
Me:	17 Li 10 (BK)	Ju:	15 Sg 11 (MK)	Ve:	7 Li 23 (GK)	Sa:	10 Le 48 (PiK)
Ra:	12 Ge 44 (AmK)	Ke:	12 Sg 44	HL:	0 Ar 23	GL:	16 Ta 36

Šaša mahapuruša

Opis

Parašara (BPHŠ)

तनुद्विजमुखः शूरो नातिह्रस्वः कृशोदरः ।
मध्ये क्षामः सुजंघश्च मतिमान् पररन्ध्रवित्॥ २० ॥

tanudvijamukhaḥ śūro nātihrasvaḥ kṛśodaraḥ |
madhye kṣāmaḥ sujaṁghaśca matimān pararandhravit || 20||

शक्तो वनाद्रिदुर्गेषु सेनानीर्दन्तुरः शशः ।
चंचलो धातुवादी च स्त्रीशक्तोऽन्यधानान्वितः ॥ २१ ॥

śakto vanādridurgeṣu senānīrdanturaḥ śaśaḥ |
caṁcalo dhātuvādī ca strīśakto'nyadhānānvitaḥ || 21||

मालावीणामृदङ्गा ऽस्त्ररेखाङ्कितकरांघ्रिकः ।
भूपोऽयं वसुधा पाति जीवन् खाद्रिसमाः सुखी॥ २२ ॥

mālāvīṇāmṛdaṅgā'strarekhāṅkitakarāṁghrikaḥ |
bhūpo'yaṁ vasudhā pāti jīvan khādrisamāḥ sukhī || 22||

Fizičke karakteristike

Šaša joga daje male zube i meko lice, ali ne i malo telo. Zubi mogu biti istureni. Ove osobe imaju vitak struk sa slabim slabinama, dok su butine su mišićave i lepe. Spretne su i vole pokret. Imaju obeležje venca, Vine, doboša (muzički instrument) i oružja na rukama i nogama.

Temperament i priroda

Osoba je hrabar i sposoban vojskovođa. Mudar je, zanimaju ga šume i brdski regioni. Ima znanje o metalurgiji i dobro poznaje slabosti drugih, posebno neprijatelja. On je živahan, muževan, privržen je ženama i prisvaja tuđe bogatstvo. On srećno vlada nad nekoliko delova zemlje sve do svoje 70. godine.

Komentari

Osobe sa Šaša jogom će imati naglašene odlike Saturna. Saturn vlada metalurgijom, konkretno gvožđem i čelikom. Ove osobe su uporne i veoma usmerene na svoj posao. Uglavnom su veliki radnici i postižu ciljeve kroz puko ulaganje napora.

Primeri Šaša joge

Čart 62: Endru Karnegi

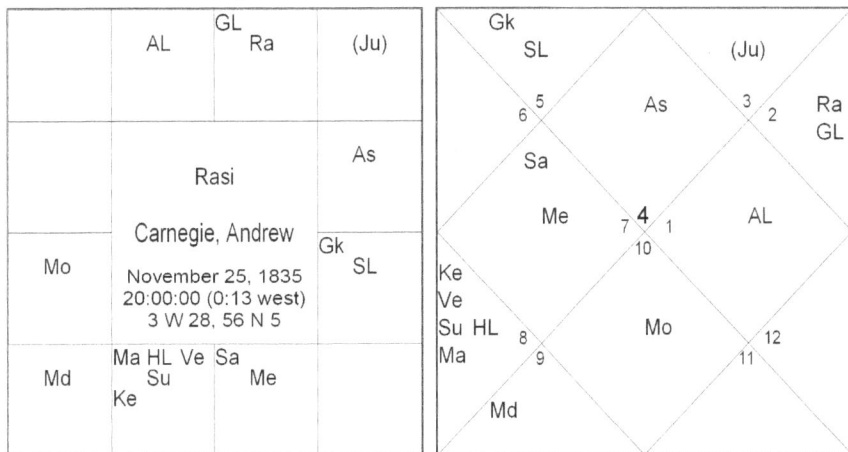

AL	GL Ra	(Ju)	
	Rasi		As
Mo	Carnegie, Andrew November 25, 1835 20:00:00 (0:13 west) 3 W 28, 56 N 5	Gk SL	
Md	Ma HL Ve Sa Su Me Ke		

Gk SL		(Ju)	
6 5	As	3 2	Ra GL
Sa			AL
Me	7 4 1 10		
Ke Ve Su HL Ma	8	Mo	12
9		11	
Md			

As:	11 Cn 48	Su:	11 Sc 20 (GK)	Mo:	25 Cp 06 (AK)	Ma:	18 Sc 01 (PK)
Me:	21 Li 33 (PiK)	Ju (R):	23 Ge 32 (BK)	Ve:	24 Sc 23 (AmK)	Sa:	8 Li 47 (DK)
Ra:	7 Ta 21 (MK)	Ke:	7 Sc 21	HL:	11 Sc 32	GL:	12 Ta 35

Čart 63: J. R. D Tata (Indijski kralj čelika)

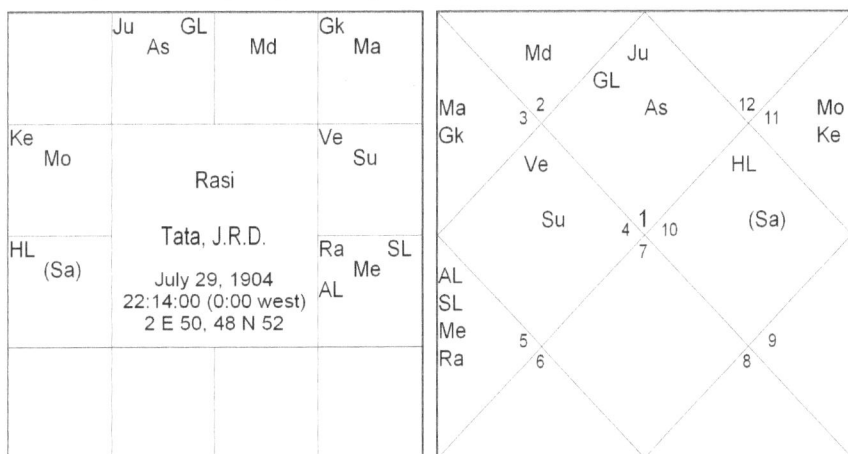

Ju GL As	Md	Gk Ma	
Ke Mo	Rasi	Ve Su	
HL (Sa)	Tata, J.R.D. July 29, 1904 22:14:00 (0:00 west) 2 E 50, 48 N 52	Ra SL Me AL	

	Md	Ju GL		
Ma Gk	3 2	As	12 11	Mo Ke
	Ve		HL	
	Su	4 1 10 7	(Sa)	
AL SL Me Ra	5 6		9 8	

As:	5 Ar 33	Su:	13 Cn 47 (MK)	Mo:	11 Aq 33 (PiK)	Ma:	26 Ge 57 (AK)
Me:	3 Le 14 (GK)	Ju:	6 Ar 57 (PK)	Ve:	19 Cn 46 (BK)	Sa (R):	26 Cp 00 (AmK)
Ra:	28 Le 09 (DK)	Ke:	28 Aq 09	HL:	10 Cp 58	GL:	7 Ar 48

Oba čarta (10. i 11) pokazuju osobe koje su imale presudnu ulogu u svetskoj industriji čelika. Endru Karnegi ima Saturna egzaltiranog u Vagi, u prirodnom znaku biznisa, dok JRD ima Saturna u Jarcu, znaku služenja, u desetoj kući koja označava posao. Dalje, Endru Karnegi ima Saturna kao čara darakaraku, a to je signifikator za bogatstvo i biznis, dok JRD ima Saturna kao čara amatjakaraku, a to je signifikator za profesiju/posao. Proizvodnja čelika je bila osnova poslovanja za Endrua Karnegija, dok je za JRD ovo bio glavni biznis, ali se bavio i drugim stvarima. Primetimo da je Šaša joga učinila da obe osobe rade sa metalima, posebno sa gvožđem i čelikom, zbog toga što Saturn vlada njihovim Mesečevim znakom (Karnegi ima Mesec u Jarcu, dok JRD ima Mesec u Vodoliji).

Dve ili više mahapuruša joga

Ponekad smo suočeni sa čartom u kom se u kendrama nalaze dve, ili više mahapuruša joga. Da li će sve joge učestvovati u definisanju te ličnosti? Odgovor je 'NE' jer, baš kao što je u Mahabharati Draupadi molila Gospoda Šivu za supruga koji će imati sve odlike koje pokazuju panča mahapuruše a Šiva ju je blagoslovio sa pet supruga koji su imali ove odlike, nijedno živo biće ne može imati svih pet pomenutih kvaliteta istovremeno. Ona se kasnije udala za petoricu Pandava braće koji simbolično predstavljaju panča mahapuruša joge. U čartovima u kojima su istovremeno prisutne dve ili više mahapuruša joga, neophodno je odrediti koja ima najjači uticaj u čartu.

Korak 1: Na osnovu broja planeta i sl. odredite najjaču kendru među onima u kojima se nalaze planete koje daju mahapuruša jogu.

Korak 2: Odredite najsnažniju od ovih planeta na osnovu egzaltacije, multrikona i svakšetre, ovim redom.

Korak 3: Ako su dve ili više kendra kuća jednake snage, tada je deseta kuća najjača, potom slede sedma kuća, četvrta kuća i konačno lagna.

Primeri

Čart 64: Šri Rama

Ve	AL Su	Me	Ke
			Mo Ju As
	Rasi Sri Rama		
Ma			
Ra	Sa		

	Mo Ju	Ke
Sa	As	Me AL Su
	Ma	Ve
Ra		

U čartu Šri Rama u sve četiri kendra kuće nalazi se po jedna egzaltirana planeta. Jupiter na lagni formira Hamsa mahapuruša jogu, Šaša mahapuruša jogu daje Saturn u četvrtoj kući i Ručaka mahapuruša daje Mars u sedmoj kući.

Korak 1: Na osnovu broja planeta i sl. odredite najjaču kendru među onima u kojima se nalaze planete koje daju mahapuruša jogu.. Od pomenute tri kuće (lagna, četvrta i sedma kuća) u kojima se nalaze planete u mahapuruša jogi lagna je, sa dve planete, snažnija od ostalih kuća koje imaju po jednu planetu.

Korak 2: Odredite najsnažniju od ovih planeta na osnovu egzaltacije, multrikona i svakšetre, tim redom. Jupiter je egzaltiran na lagni i najsnažnija je planeta, zato je dominantna joga Hamsa mahapuruša joga.

Ručaka joga svakako ne dominira ovim čartom jer je, pre bitke na Šri Lanki, Rama pružio Ravani dovoljno prilika da vrati njegovu ženu i bio je spreman da oprosti i zaboravi. Ručaka mahapuruša joga ovo nikad ne bi dozvolila i, naprotiv, ne bi propustila nijednu priliku da uđe u rat.

Čart 65: Car Akbar

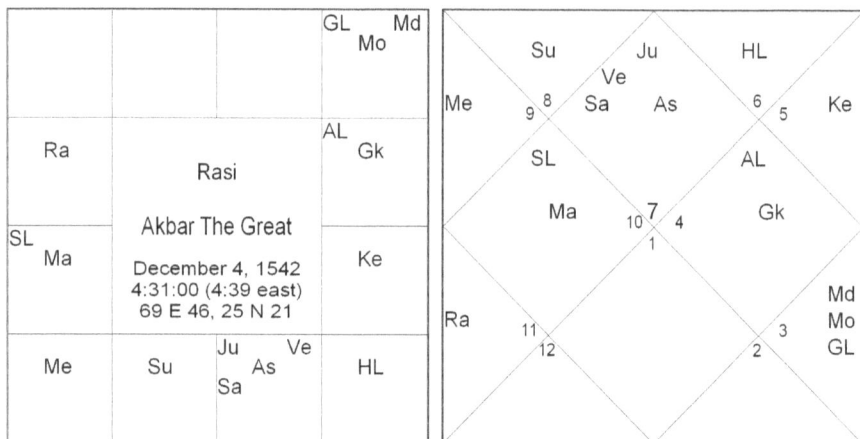

		GL Md Mo	
Ra	Rasi	AL Gk	
SL Ma	Akbar The Great December 4, 1542 4:31:00 (4:39 east) 69 E 46, 25 N 21	Ke	
Me	Su	Ju Ve As Sa	HL

South indian chart:

Su Ju Ve		HL	
Me 9 8 Sa As		6 5	Ke
SL		AL	
Ma 10 7 4		Gk	
Ra 11 1		3	Md Mo GL
12		2	

As:	26 Li 54	Su:	23 Sc 49 (BK)	Mo:	9 Ge 19 (GK)	Ma:	23 Cp 07 (MK)
Me:	10 Sg 13 (PK)	Ju:	5 Li 43 (DK)	Ve:	28 Li 13 (AK)	Sa:	27 Li 29 (AmK)
Ra:	7 Aq 57 (PiK)	Ke:	7 Le 57	HL:	23 Vi 02	GL:	23 Ge 15

Korak 1: Na osnovu broja planeta i sl. odredite najjaču kendru među onima u kojima se nalaze planete koje daju mahapuruša jogu.. U čartu cara Akbara Venera se nalazi na Vaga lagni i formira Malavja mahapuruša jogu, Saturn se nalazi u Vagi na lagni i formira Šaša mahapuruša jogu, a Mars je u Jarcu u četvrtoj kući i daje Ručaka mahapuruša jogu. Između Jarca i Vage, Vaga je snažnija, jer se ovde nalaze tri planete, dok se u Jarcu prisutna samo jedna planeta.

Korak 2:Saturn i Venera učestuvuju u stvaranju dve mahapuruša joge na lagni, a Saturn je egzaltiran i zbog toga je jači od Venere koja se nalazi u svom multrikona znaku.

Uporedite ovaj čart sa čartom Mahatme Gandhija (čart 8). Akbar je bio ratnik koji je bio bitke tokom celokupne svoje vladavine, što potvrđuje Šaša mahapuruša joga; dok je Mahatma Gandhi bio verni zagovornik ahimse (nenasilja) zbog snažne Malavja mahapuruša joge. Ovde postaje jasno da samo jedna mahapuruša joga može da dominira u čartovima ljudi, baš kao što je Gospod Šiva rekao.

Ispitajte druge aspekte Šaša joge:

(a) On je hrabar i veoma sposoban vojskovođa. Akbar je bio hrabar i bio je odličan borac. Pobedio je razne kraljeve Radžputa i poglavare severne Indije. Bio je prvi sa dovoljno čije je kraljevstvo bilo dovoljno veliko da bi se on nazvao carem Indije.

(b) On je mudar i zainteresovan za šume i brdske predele. On je bio mudar i zbog toga su ga zvali 'Mudri Akbar'. On je na svom dvoru imao sjajne dragulje poput mudrog ministra Birbala i talentovanog pevača Tansena.

(c) Dobar je znalac metalurgije i dobro su mu poznate slabosti drugih (neprijatelja). Zbog znanja o metalurgiji on je koristio najnovija oružja, poput topova. Vešto je otkrivao slabosti neprijatelja. On je veoma rano shvatio da su prinčevi Radžputa zavetovani da će štititi svoje sestre i zetove (suhag koncept). On je naterao pobeđene prinčeve Radžputa u rođačke odnose ženeći se njihovim sestrama ili kćerkama i tako je uništio bio kakvu šansu da do razdora dođe. Ovi prinčevi Radžputa, poput Rađa Man Singha, postaju njegovi najjači ratnici i temelji njegovog kraljevstva.

(d) On je vitalan, muževan i voli žene, te prisvaja tuđe bogatstvo: zbog tolikog broja brakova sa princezama Radžputa, on je imao ogroman harem kraljica. Prisvojio je bogatstvo poraženih kraljeva Radžputa kraljeva, a njihova zemlja je pripojena njegovom carstvu.

Čart 66: Oto fon Bizmark

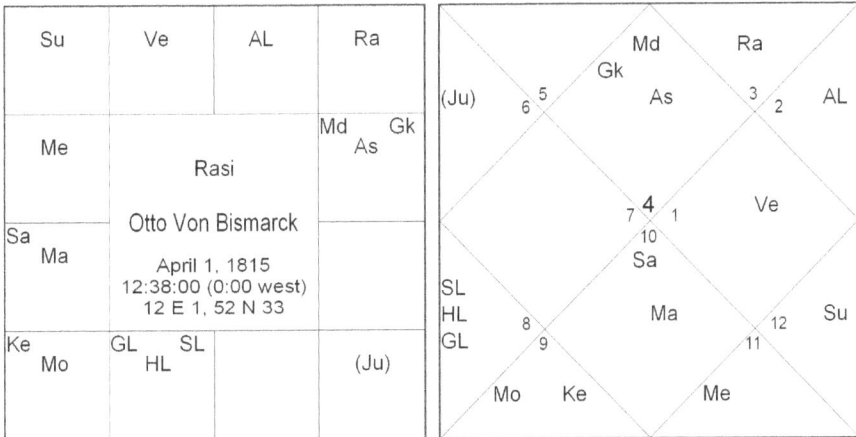

Su	Ve	AL	Ra
Me		Rasi	Md Gk As
Sa Ma		Otto Von Bismarck April 1, 1815 12:38:00 (0:00 west) 12 E 1, 52 N 33	
Ke Mo	GL SL HL		(Ju)

(Ju) 6 5	Md Gk As	Ra 3 2	AL
	7 4 1 10	Ve	
SL HL GL 8 9	Mo Ke	Sa Ma 11	Su 12

As:	27 Cn 34	Su:	19 Pi 39 (AmK)	Mo:	17 Sg 34 (MK)	Ma:	9 Cp 45 (DK)
Me:	25 Aq 39 (AK)	Ju (R):	13 Vi 18 (PiK)	Ve:	12 Ar 45 (GK)	Sa:	18 Cp 58 (BK)
Ra:	17 Ge 06 (PK)	Ke:	17 Sg 06	HL:	11 Sc 55	GL:	0 Sc 48

Korak 1 Na osnovu broja planeta i sl. odredite najjaču kendru među onima u kojima se nalaze planete koje daju mahapuruša jogu. U čartu Ota fon Bizmarka u sedmoj kući, u Jarcu, se nalaze dve planete, Saturn i Mars, koje formiraju Šaša i Ručaka jogu. U kendrama nema drugih mahapuruša joga.

Korak 2: Odredite snažniju od ovih planeta na osnovu egzaltacije, multrikona i svakšetre, ovim redom. Između Saturna i Marsa, koji formiraju dve mahapuruša joge u sedmoj kući, Mars je snažniji u znaku egzaltacije od Saturna u svakšetri i tako dominira čartom tj. ličnošću osobe.

Oto fon Bizmark je prvi ujedinio Nemačku i poveo svet u Prvi svetski rat. Baš kao i Hitler, i on ima dominantnu Ručaka mahapuruša jogu u sedmoj kući. Bio je ratni huškač i u početku je izlazio kao pobednik ispred svojih neprijatelja. Zajednička karakteristika koju dele Ručaka mahapuruša joge u čartovima Bizmarka i Hitlera (čart 1) jeste smeštenost Marsa u sedmoj kući, koja osobi na kraju donosi poraz u ratu. Jedini izuzetak za Marsa u sedmoj kući jeste prisustvo Jupitera na lagni (Šri Rama) zbog kojeg osoba pobeđuje nakon naočigled izgubljene bitke (i pored nemogućih izgleda).

Čart 67: Šri Aćjuta Das

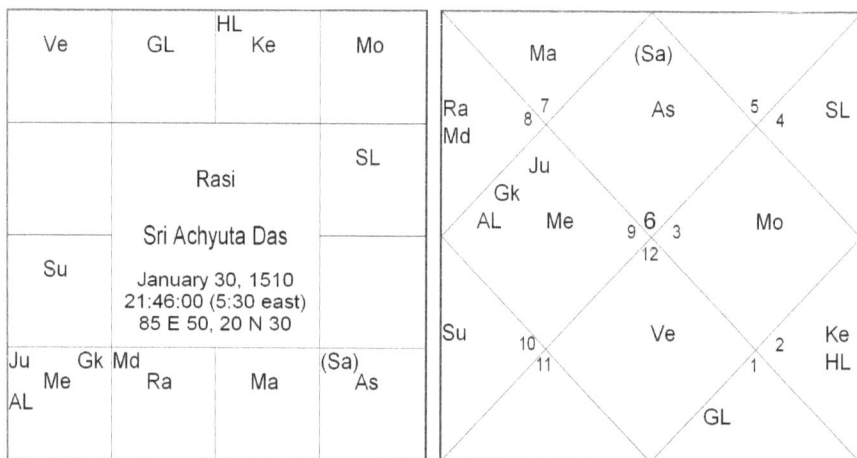

		HL			
Ve	GL	Ke	Mo	Ma	(Sa)

Rasi
Sri Achyuta Das
January 30, 1510
21:46:00 (5:30 east)
85 E 50, 20 N 30

As:	21 Vi 10	Su:	23 Cp 01 (AmK)	Mo:	4 Ge 17 (GK)	Ma:	12 Li 15 (PK)
Me:	28 Sg 08 (AK)	Ju:	22 Sg 05 (BK)	Ve:	2 Pi 23 (DK)	Sa (R):	20 Vi 60 (MK)
Ra:	13 Sc 37 (PiK)	Ke:	13 Ta 37	HL:	2 Ta 31	GL:	2 Ar 44

Korak 1: Na osnovu broja planeta i sl. odredite najjaču kendru među onima u kojima se nalaze planete koje daju mahapuruša jogu.. U čartu

Šri Aćjuta Dasa Venera je u Ribama, u sedmoj kući, i formira Malavja mahapuruša jogu, a Jupiter je u Strelcu, u četvrtoj kući, i formira Hamsa mahapuruša jogu. Između znakova Riba i Strelca, Strelac je snažniji jer se u njemu nalaze dve planete, Jupiter i Merkur, dok se u Ribama nalazi samo jedna planeta.

Korak 2: Odredite snažniju od pomenutih planeta na osnovu egzaltacije, multrikona i svakšetre, ovim redom. U znaku Strelca samo Jupiter ispunjava uslove za formiranje mahapuruša joge, budući da se nalazi u svom multrikona znaku. Dakle, Jupiter je snažnija planeta i pokazuje dominaciju Hamsa mahapuruša joge.

Šri Aćjuta je napisao nekoliko stotina knjigao različitim temama uključujući i Vedsku astrologiju i duhovnost, a pripisano mu je preko hiljadu knjiga. Osnovao je različite gurukule u Orisi i u Nepalu. Proveo je život studirajući svete spise i bio je veoma pobožan. Bio je oženjen princezom (Jupiter je vladar sedme kuće) a nije došlo do razdvajanja jer Jupiter nije povezan sa Marsom.

Zaključak

Panča mahapuruša joga nam daje metod za određivanje dominantnog uticaja u čartu, kao i način da utvrdimo do koje mere planetarne karakteristike utiču na ličnost i na sreću. Osim toga, van svake sumnje je pokazano da u čartovima ljudi može dominirati samo jedna mahapuruša joga.

Često nailazimo na mahapuruša joge u čartovima običnih ljudi i zato nam je potrebno merilo kojim možemo odrediti domet, potencijal, plodotvornosti joge, kao i okviran period njenog delovanja. SĐC nastavlja sa istraživačkim radom u tom pravcu i sve spoznaje će biti pravovremeno dostupne vedskim astrolozima.

OM TAT SAT

8

Nakšatra, bolesti i Šula čakra

Učenje Šri Krišne

Bolest i nakšatre

Šri Krišna je, podučavajući Judištiru, ispričao i diskusiju između Agnihotra Kaušika Munija i Maharišija Garge (Bhavišja purana). Mahariši Garga je pitao: "Brahma! Kako se bilo ko može prosvetliti pod patnjama ropstva, zatvora, u lancima i u teškim okolnostima, ili pod udarom i napadom neprijatelja ili divljih životinja? Osim u slučaju da se osoba oslobodi ovakvih poteškoća ili uslova, kako uopšte može da postoji nada za prosvetljenjem i izlazom iz ciklusa rađanja. Molim te, pokaži mi put do slobode." Kaušika Muni odgovara: "Znanje o smrti, bolestima ili oboljenjima se može dobiti kroz vreme začeća, vreme rođenja i đanma nakšatru. Ukoliko bolest počinje od ovih nakšatri (tj. nakšatre začeća ili Mesečeve natalne nakšatre) tada postoji opasnost po život. Na osnovu pozicije Meseca u trenutku nastanka bolesti možemo utvrditi i vremenski period patnje.

Tabela 16: Nakšatra i bolesti

		Period bolesti		
	Nakšatra	HariHara	Kaušika	Devatā
1	Ašvini	9 dana	1 dan	Dasra
2	Barani	11 dana	Životna opasnost	Jama
3	Kritika	9 dana	9 dana	Agni

4	Rohini	7 dana	3 dana	Prađapati
5	Mrigašira	1 mesec	5 dana	Ćandra
6	Ardra	Nemoguće	Životna opasnost	Rudra
7	Punarvasu	7 dana	7 dana	Aditi
8	Pušja	7 dana	7 dana	Brihaspati
9	Ašleša	Nemoguće	9 dana	Sarpa
10	Magha	20 dana	20 dana	
11	P. Falguni	Nemoguće	2 meseca	
12	U. Falguni	7 dana	3 pakše	
13	Hasta	15 dana	Kratko vreme	
14	Ćitra	11 dana	½ meseca	
15	Svati	Nemoguće	2 meseca	
16	Višaka	15 dana	20 dana	
17	Anurada	Dug period/ poteškoće	10 dana	
18	Đešta	Nemoguće	½ meseca	
19	Mula	9 dana	Životna opasnost	
20	P. Ašada	Nemoguće	15 dana	
21	Utara Ašada	1 mesec	20 dana	
22	Šravana	11 dana	2 meseca	
23	Danište	15 dana	½ meseca	
24	Satabišađ	11 dana	10 dana	Varuna
25	Purva badra	Nemoguće	9 dana	Ađaikapada
26	Utara badra	7 dana	15 dana	
27	Revati	Dug period/ poteškoće	10 dana	Pušan

Kaušika Muni dalje navodi da postoje određene nakšatre koje su nasilne i koje mogu pokazati smrt (Đotinirbanda navodi da nakšatre

6, 9, 11, 15, 18, 20, 25 pokazuju preranu smrt ili dugotrajnu patnju usled bolesti). On je ujedno rekao i da je obožavanje nakšatra devate remedijalna mera za izlečenje. Ako se mogu odrediti tačan datum i vreme nakšatre, tada treba umilostiviti devatu te nakšatre.

Ovo je najbolje rešenje. Ukoliko se ta devata umiri i zadovolji, tada će graha (vimšotari) koja vlada nakšatrom pokazati tačan period izlečenja. Na primer, obožavanje Ašvini Kumara ako se bolest nalazi u Ašvini nakšatri, ili Jame ako bolest počinje u Barani. Mantra može biti jednostavna poput yamadaivata yamäya svähä ili drugih mantri koje su naučene iz merodavnih izvora[1]. Ako nije moguće utvrditi koja je nakšatra u vezi sa nastankom bolesti, u tom slučaju treba svakodnevno sprovoditi remedijalne mere za devatu đanma nakšatre. Zapamtite da devate treba obožavati sa 'svaha', a pitrise sa 'svadha'.

Kaušika nastavlja: "Muni! Gospod Brahma nas je podučio da će, ukoliko je data samputa zajedno sa 1000 ponavljanja Gajatri mantre, sve bolesti biti izlečene". Sampute su biđakšare koje stoje kao prefiks gajatri mantri, a koje imaju različite svrhe.

UTVRĐIVANJE NASTANKA BOLESTI

Utvrđivanje početne nakšatre

Metod za utvrđivanja dana (vladajuće nakšatre) u vreme nastanka bolesti dao je HariHara.

(a)   Nakšatra koja preovladava u vreme nastanka bolesti može se utvrditi uz pomoć prašna čarta. U prašna čartu odredimo broj pređenih nakšatri od Lagna do đanma nakšatre, a potom odbrojimo jednak broj nakšatri od đanma nakšatre. Prašna Marga 13-01.

(b)   Longituda Gulike je pomnožena sa 9 ili 12. Uklonite umnoške od 360°. Nakšatra(e) koju dobijete pokazuje nakšatru koja preovladava u vreme nastanka bolesti. Prašna Marga 13-02.

Beleška 1: U tekstu koristimo 'Mandi' a možemo da primetimo da HariHara naizmenično koristi Mandi i Guliku. Ipak, ovo su dve različite tačke u Zodijaku. Mandi je srednja tačka Gulika kale, dok se Gulika uzima kao početak kale.

---

1   Različite nakšatra mantre mogu se naučiti iz autorove knjige Vedske remedijalne mere u astrologiji.

Tabela 17: Određivanje Gulike

Dan u nedelji	Deo Saturna	Kraj Saturnovog vremena za dan od 12h	Deo Saturna	Kraj Saturnovog vremena za noć od 12h
	Dan		Noć	
Nedelja	7	10:30'+SR	3	4:30'+SS
Ponedeljak	6	9:30'+SR	2	3:00'+SS
Utorak	5	7:30'+SR	1	1:30'+SS
Sreda	4	6:00'+SR	7	10:30'+SS
Četvrtak	3	4:30'+SR	6	9:00'+SS
Petak	2	3:00'+SR	5	7:30'+SS
Subota	1	1:30'+SR	4	6:00'+SS

Beleška 2: Od dve dobijene nakšatre jedna se množi sa '9' i ona pokazuje 'devadošu' ili gnev devate, i kao posledicu daje bolesti/patnju; dok se druga množi sa '12' i ona pokazuje tajne neprijatelje. U oba slučaja bolesti su dovoljno ozbiljne da bi opravdale upotrebu metoda Gulike i Mandija, i pokazuju ozbiljne i po život opasne probleme poput raka, HIV-a, itd.

a) Prašna akšara: Ovo je prvo slovo komunikacije. Iz ovog prvog slova možemo odrediti nakšatru na osnovu hoda čakre koja se može pronaći u dobrim efemeridama u kojima su prikazane foneme za svaku nakšatra padu, i na osnovu Parašarinih učenja (BPHŠ).

1. Ako se bolest pojavila u toku prethodnih mesec dana, tada je događaj vezan za Mesečev tranzit preko ove nakšatre.

2. Ako se bolest pojavila u toku prethodnih godinu dana, tada početk bolesti pokazuje Sunčev tranzit preko ove nakšatre.

3. Ako je bolest starija od godinu dana, tada treba videti Jupiterov i Saturnov tranzit preko ove nakšatre kako bi se odredilo tačno vreme.

Vreme nastanka bolesti

Ako postoji planeta u šestoj kući, treba je uzeti u obzir, u suprotnom treba uzeti vladara šeste kuće. Vreme u toku kog je planeta snažna pokazuje okvirno vreme nastanka bolesti. Primetimo da su Sunce, Jupiter i Venera snažni danju, dok su Mesec, Mars i Saturn snažni noću, i tako i pokazuju dan i noć, datim redom. Merkur je snažan kako danju tako i noću, i pokazuje sandju, prelazak iz dana u noć i obrnuto.

Vreme izlečenja

Longituda vladara šeste kuće u znaku u kom se nalazi pokazuje opseg i vremenski period bolesti. Pređeni deo pokazuje potrošeno vreme, dok ostatak pokazuje vremenski period do pronalaska leka. Bitno je primetiti da smo prethodnim metodama već utvrdili vreme nastanka bolesti. Vreme od ovog početnog datuma do datuma prašne je period pretrpljene patnje i pokazuje ga longituda koju je vladar šeste prešao. Preostali deo proporcionalno pokazuje broj dana do izlečenja.

Ukoliko je vladar šeste kuće već prešao pola znaka, tada možemo napraviti okvirnu predikciju da je najgore već prošlo (tj. pola patnje je već prošlo).

Vreme manifestacije

Vreme manifestacija bolesti je različito od vremena nastanka bolesti. Bolest obično nastaje dosta pre manifestacije prvih simptoma. Broj pređenih meseci od manifestacije bolesti možemo utvrditi na sledeći način:

1. Broj znakova, brojano od Aruda lagne od vladara šeste kuće, ili

2. Broj nakšatri od Prašna nakšatre do vladara šeste kuće, ili

3. Broj dobijen pod (b) pomnožen sa brojem navamši koje je prešao vladar šeste kuće.

Datum manifestacije bolesti je trenutak Mesečevog tranzita preko znaka vladara šeste kuće (prašna) u toku meseca u kome se manifestuje.

Natalni čart

1. Bolesti nastaju u vreme kada su Lagna, Paka Lagna i/ili Mesec pod tranzitom malefične planete, dok izlečenje počinje u vreme kada benefična planeta tranzitira preko pomenutih tačaka. Do kompletnog izlečenja dolazi u vreme kada su sva tri znaka povezana sa benefičnom planetom u tranzitu, ili su pod njenim aspektom.

2. Ukoliko je bolest nastala u znacima koji prethode ćandra aštami, tada oporavak počinje posle ćandra aštame.

3. Tranzit Meseca (dan), Sunca (mesec) i Jupitera (godina) preko znakova koji su povezani sa malefičnim planetama, ili koji su pod aspektom tih malefika, pokazuje početak bolesti, dok njihov tranzit preko znakova koji imaju vezu sa benefičnim planetama, ili su pod aspektom benefičnih planeta, pokazuje izlečenje (početak oporavka).

4. Putem mantre i ostalih remedijalnih mera treba potražiti pomoć devata u vezi sa natalnim beneficima. Tranziti Jupitera, Sunca i Meseca preko pomenutih benefika daju lek. Bitno je istaći da obožavanje dušta graha koje izazivaju bolesti, ili njihovih Devatā, neće doneti lek.

5. Ukoliko je bolest nastala u vreme Mesečevog tranzita preko vladara šeste kuće (bilo u prašni ili u natalnom čartu), tada će lek doći u vreme Mesečevog tranzita preko vladara četvrte kuće (znaka) u prašni ili u natalnom čartu.

6. Početna nakšatra: detalji u vezi sa rezultatima početne nakšatre objašnjeni su ranije. U dodatku, nakšatre Kritika, Daništa, Barani, Satabiša, kada su u podudarnosti sa nedeljom, utorkom i subotom, kao i sa Ćitra i Rikta tithijima, daju smrt. Uopšteno, počeci na aštami, purnima, rikta tithi i malefičan dan mogu doneti smrt.

Navatara čakra [čakra od 27. nakšatri]

Mesec u Triđanma nakšatri ili u vipat, pratjak ili naidana nakšatri, može dovesti do dugotrajne bolesti i smrti. Ovaj princip je posebno delotvoran u slučaju kada noćna planeta vrši najjači uticaj na treću kuću od aruda lagne. Ukoliko planete koje su snažne danju vrše uticaj na treću kuću od aruda lagne, dajte prednost Šula čakri.

Šula čakra

Šula je skraćeno od trišula, trozubac, i odnosi se na Šivino oružje, kao i na Rudrino oružje. Sunce predstavlja Šivu u svim znacima, dok Mars predstavlja nasilne Rudre poznate po svojoj snazi i junaštvu u bitkama. Snažnija planeta između vladara druge i osme kuće postaje prani rudra (primarna rudra), dok slabija planeta postaje aprani rudra. Smrt je moguća tokom Šula daše znaka u kome se nalazi Rudra ili njenih trigona/sedme kuće. Ovaj princip se koristi za određivanje tačne nakšatre posmatrajući trišulu (trozubac) koji ima dugačak stalak i tri kopljene glave. Čakra koju koristimo u ovu svrhu je Sarvatobadra čakra sa dvadeset osam nakšatri.

Nakšatra Sunca pokazuje dno ili kraj stalka, i ovim delom oružja se može ubiti. Tri šule, ili vrška, predstavljaju nakšatre u trigonu, a to su devete nakšatre brojano direktno i obrnuto od nakšatre u kojoj se nalazi Sunce, kao i nakšatru koja je nasuprot Suncu, a to je petnaesta nakšatra. Ove četiri nakšatre su šula nakšatre i nastanak bolesti u vreme Mesečevog tranzita preko njih pokazuje smrt, posebno ukoliko je u toku Šula daša jednog od pomenutih znakova.

Slika 19: Ilustracija Šula daše

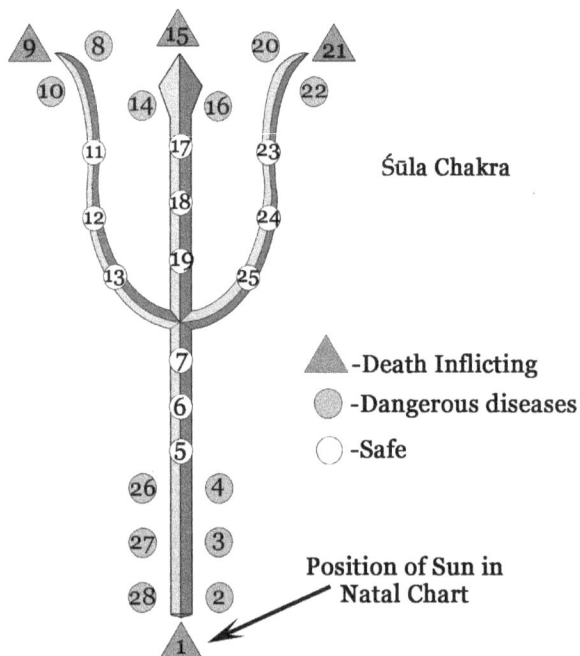

Šula čakra: trougao na slici pokazuje mesto smrti, obojeni krug pokazuje opasne bolesti dok prazan krug pokazuje tačke bez opasnosti.

Stalak trozupca se sastoji od sedam nakšatri, od kojih je jedna Sunčeva nakšatra a preostalih šest su po tri susedne nakšatre sa obe strane. Na sličan način, glave trozupca podržane su sa dve nakšatre, tj. sa po jednom nakšatrom sa obe strane vrška koji predstavlja izduženu bazu. Ove nakšatre mogu da donesu veliku patnju, ali ne i smrt. Preostalih dvanaest nakšatri se smatraju 'bezbednima' i pokazuju brz oporavak. Šula čakra se koristi za utvrđivanje tranzita koji su pogubni i opasni po život.

Primena Šula čakre: u slučaju lošeg zdravlja ili problematičnog putovanja, bitno je odrediti početak bolesti ili putovanja kako bismo mogli da predskažemo rezultate te bolesti ili putovanja. Ako su u pitanju oštre ivice trozubca rezultati će biti fatalni, ako je u pitanju deo u blizini trozubca rezultati će biti opasni, dok će telo trozubca dati blage rezultate.. Ukoliko ne postoje zdravstveni problemi, kao ni putovanja, tada će Šula čakra pokazati datum smrti. U suprotnom, koristite Šula čakru za utvrđivanje datuma nastanka bolesti ili početka putovanja, a navtara čakru za utvrđivanje datuma smrti.

Ukoliko Sunce ima bilo kakvu vezu sa kućama smrti, trećom i osmom od AL, AK ili Lagne, tada će Šula daša sigurno pokazati datum fatalne bolesti ili putovanja. Ukoliko je Rahu povezan sa ovim kućama smrti, tada će navtara čakra pokazati fatalni datum.

Čart 68: Mahatma Gandhi

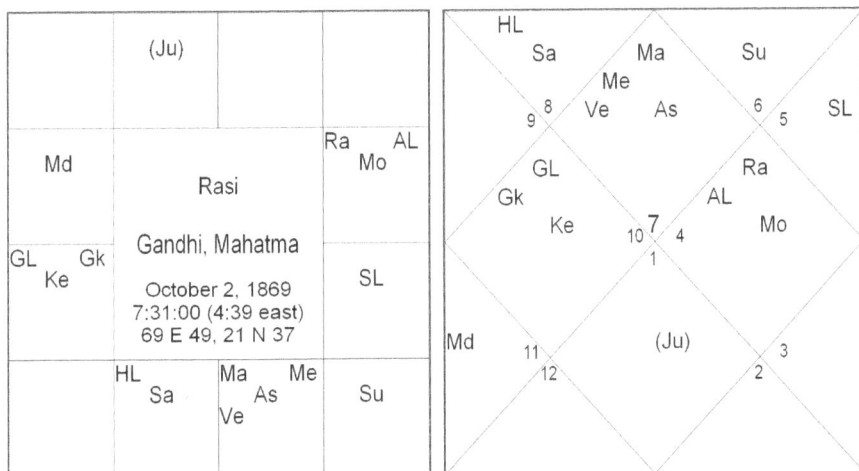

As:	9 Li 01	Su:	16 Vi 55 (GK)	Mo:	28 Cn 07 (AmK)	Ma:	26 Li 23 (BK)
Me:	11 Li 45 (DK)	Ju (R):	28 Ar 08 (AK)	Ve:	24 Li 25 (MK)	Sa:	20 Sc 20 (PiK)
Ra:	12 Cn 09 (PK)	Ke:	12 Cp 09	HL:	6 Sc 46	GL:	21 Cp 38

Šula daša (nevolje i smrt):

Li: 1869-10-02 - 1878-10-02

Sc: 1878-10-02 - 1887-10-02

Sg: 1887-10-02 - 1896-10-02

Cp: 1896-10-02 - 1905-10-03

Aq: 1905-10-03 - 1914-10-03

Pi: 1914-10-03 - 1923-10-04

Ar: 1923-10-04 - 1932-10-03

Ta: 1932-10-03 - 1941-10-03

Ge: 1941-10-03 - 1950-10-04

Cn: 1950-10-04 - 1959-10-04

Le: 1959-10-04 - 1968-10-03

Vi: 1968-10-03 - 1977-10-03

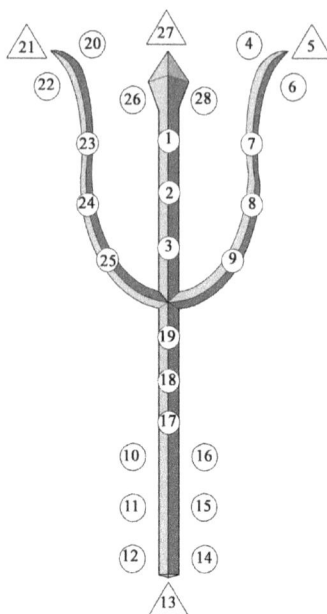

Mahatma Gandhi je bio zdrav i čio, i nije bolovao ni od jedne bolesti koja bi narušila zdravlje. Osma kuća od AL i od lagne su fiksni znaci i pokazuju smrt u mestu stanovanja, te odsustvo putovanja. U ovakvim situacijama datum smrti treba uzeti kao početak šule (trozubca) koja donosi smrt. Sunce se u Gandijevom čartu nalazi u Hasta nakšatri (nakšatra br. 13) a ova nakšatra je na samom dnu trozubca, u trouglu koji pokazuje smrtni tranzit. Tri nakšatre posle ove nakšatre (tj. 14, 15 i 16) i tri nakšatre pre nje (12, 11 i 10) se nalaze van tela i predstavljaju opasnosti koje nisu fatalne. Od ostalih nakšatri smeštenih na trozubcu nalazimo da su Hasta (13), Utarašada (21), Utardabadrapada (27) i Mrgašira (5) opasne po život.

Opasna Šula daša Blizanaca trajala je od 1941-50. Blizanci aspektuju treću kuću od Aruda lagne, a Sunce ovde donosi pretnju smrću od vatrenog oružja. Rahu aspektuje osmu kuću od lagne i AL (raši drišti) i pokazuje mogućnost za dušta-marana jogu (nasilnu smrt). Gandhi je ubijen 30. januara 1948. godine, u 17:17 h, u Delhiju. Ubica je Nathuram Godse (Blizanac lagna). U datom trenutku Mesec je tranzitirao preko Haste, nakšatre koja se nalazi na samom dnu trozubca.

Čart 69: Rađiv Gandhi

		AL	Sa
	Rasi		Ra
Md Ke	Gandhi, Rajiv August 20, 1944 7:20:00 (5:50 east) 72 E 49, 18 N 58		Su Ju Mo Ve As HL Me
Gk	SL		GL Ma

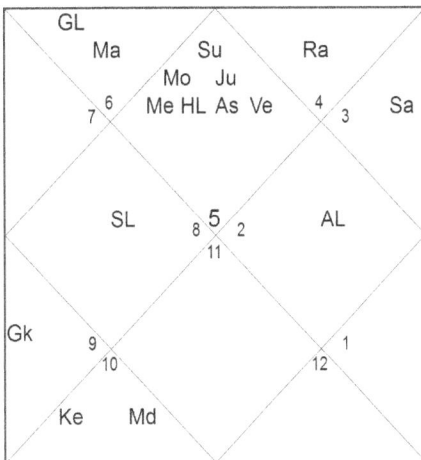

As:	12 Le 02	Su:	3 Le 50- GK	Mo:	17 Le 05- MK	Ma:	1 Vi 13- DK
Me:	28 Le 35- AK	Ju:	12 Le 14- PK	Ve:	18 Le 40- BK	Sa:	14 Ge 14- PiK
Ra:	2 Cn 50- AmK	Ke:	2 Cp 50	HL:	23 Le 17	GL:	22 Vi 28

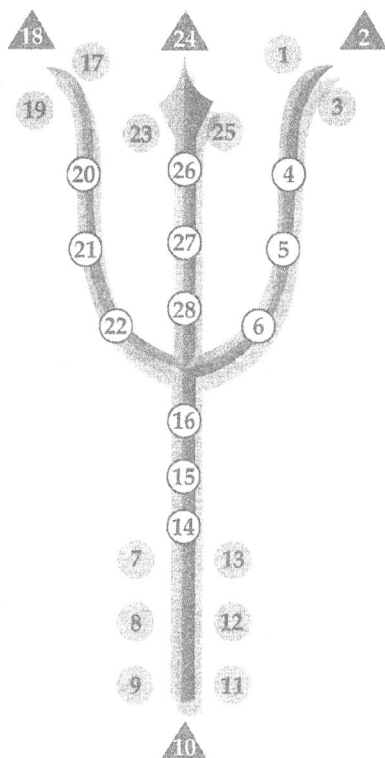

Rahu je odgovoran za uništenje loze Pt. Đavaharlal Nehrua. U skladu sa navodima od ranije, navtara čakra će pokazati fatalne datume, dok će Šula čakra pokazati početak kraja.

U čartu Rađiva Gandhija osma kuća od lagne i aruda lagne je dvojni znak i pokazuje smrt na putovanju. Zato Šula čakru koristimo za određivanje početka fatalnog putovanja, a navtara čakra će pokazati fatalni datum.

Rađiv Gandhi je ubijen u noći 21. maja 1991. godine, na predizbornom mitingu u Šriperumbuduru, u blizini Čenaja (Madras), a ubila ga je žena bombaš samoubica.

Ona je aktivirala eksplozivnu napravu sakrivenu u pojasu koji je nosila oko stomaka. Do eksplozije je došlo dok se spuštala da dotakne žrtvina stopala, i na licu mesta je usmrtila indijskog lidera, sebe samu i još šesnaest ljudi. Gandhi je stigao na to mesto u 22:00h, a raznesen je u komade svega dvadeset minuta kasnije.

OM TAT SAT

9

Nadiamša

Nadiamša

Uvod

Nadiamša se smatra najmanjom podelom Zodijaka i odnosi se na seme kreacije. Ovo je podela znaka na 150, pa zato u Zodijaku postoji 1800 nadiamši (150 x 12 = 1800).

Značenje reči

Nadi, kao i naadi – koje se izgovara sa dugim vokalom, odnosi se : (1) na cevaste strukture, poput vena, i (2) na suptilni puls koji meri stanje srca i tela. Nadi parikša se odnosi na ispitivanje pulsa opipavanjem vena ispod kože.

Nadika je (3) vremenska mera jednaka polovini muhurte, poput gathike, kao i (4) mera dužine jednaka polovini dande. Nadi patra je vrsta vodenog časovnika koji se koristi za vremensko merenje nadika uzimajući u obzir vreme koje je potrebno vodi da isteče.

Nadi mandala se odnosi na nebeski ekvator, dok se nadi valaja odnosi na ciklus ravnodnevice[1] i, kao imenica, na nebeski ekvator.

Nadi đnana se odnosi na znanje o nadijima. Nadi tarmga ujedno znači i nadi astrolog koji može biti vešt u rukovanju otrovnim supstancama i medikamentima.

Nadi nakšatra se okvirno odnosi na đanma nakšatru (tj. Mesečevu nakšatru) što ona nije. Ona je, naprotiv, povezana sa nakšatrom u kojoj se nalazi planeta.

Očigledno je da nadi astrologija povezuje suptilni puls sa horoskopom, kao i da je u pitanju najkompleksniji sistem vedske astrologije. Reč

---

1   U vezi sa (1) ravnodnevicom ili ravnodnevicama, ili u vezi sa jednakošću dana i noći, ili (2) u vezi sa nebeskim ekvatorom ili (3) dešavanjima u vreme ili oko vremena ravnodnevice.

nadi se odnosi na tube ili cevi u telu koje prenose vitalne tečnosti. To može samo metaforički da predstavlja i cevi poput kanala, poput nadija koji nose pranu ili vitalni životni dah. Kokos koji se nudi kao simbol uklanjanja greha nosi ime nadi-kela i predstavlja plod sa drveta karme koji postaje seme za drugi život, za rast novog drveta. Na sličan način je i nadiamša najmanja podela Zodijaka koja formira seme novog života za manifestaciju karme koja je plod prethodnog postojanja. Interpretacija čarta poprima novu nijansu, kao i daleko dublje značenje, ukoliko ga posmatramo sa nivoa nadiamše.

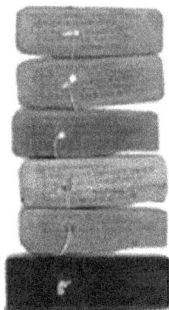

Nadi-ka je mera vremena (= ½ muhurte) ili dužine (= ½ dande) i koristi se u mundanoj astrologiji iako je njena stvarna primena izgubljena zbog manjka vrednovanja i razumevanja same nadiamše. Nadirtaga znači astrolog koji je upućen u nadi grantu i koji poseduje nadi dñanu (znanje o nadijima).

U ajurvedi nadi znači puls (puls vena), i nadi kuta se odnosi na poklapanje nadija u čartu mlade i mladoženje kojim se osigurava dobro zdravlje i dugovečnost.

Ako se nadiji ne slažu tada će jedno od njih, ili oboje, sa sigurnošću proći fizičku patnju pored toga što ovo pokazuje i opasnost od genetskih i drugih poremećaja potomstva.

Nadi astrolog Durai Suburathinam navodi: "Sama reč nadi u Tamil jeziku znači 'predodređen da dođe sam od sebe'". Ne postoji reč koja ima slično značenje reči nadi u sanskritu, kao ni u bilo kom drugom indiskom jeziku za koji znamo. U hindu jeziku nadi znači reka i odnosi se na tok tečnosti. Predlažemo čitaocima da uz pomoć eksperata provere tačnost tumačenje ove reči na tamil jeziku.

Najveći deo stvarnog znanja sakriven je u različitoj nadi literaturi, rasutoj širom cele Indije. U severnoj Indiji se popularno zove Brighu nadi, dok je na jugu daleko popularnija pod imenom Agastja nadi. Nadi su generalno pripisani mudracu koji je zajedno sa svojim učenicima bitno doprineo njegovom stvaranju. Postoje brojne nadi knjige koje se bave nadi literaturom, kao i pokušajima da istu konsoliduju. Najistaknutiji među njima je Ćandra-kala nadi (ili Deva Kerala).

Nadi granta[2]

Postoji različita đotiš literatura povezana sa nadijima poput Graha nadi (Surja nadi, Ćandra nadi, Kuđa nadi, Budha nadi, Guru nadi, Šukra nadi, Šani nadi), Lagna nadi, Lagnadipati nadi, Sarva nadi, Joga nadi, Ćandrakala nadi, Saptariši nadi, Agastja nadi, Brighu nadi, itd. Neke od njih, poput Saptariši nadi, se odnose na proučavanje horoskopa ili 'primera' koji izdvajaju principe i primenu hora šastre.

Druge, poput Ćandrakala nadi, proglašavaju principe kroz ilustraciju specifičnih kombinacija sa fokusom na nadiamši i sa ciljem da poduče upotrebu nadiamše pored ostalih đotiš principa poput aštakavarge, daša, tranzita, itd. Ipak, ovi principi nisu sami po sebi ograničeni na nadiamše već više služe kao ilustracije.

Agastja Nadi (Južna Indija) i Brighu Nadi su kompilacije horoskopa i životnih događaja, nešto poput datoteke podataka koja je prikupljena otprilike u vreme zapisivanja hora šastre.

Nastanak nadija

Durai Suburatinam, tradicionalni Nadirtaga stacioniran u Čenaju, poseduje 200 godina stare snopove palminog lišća ili Nadi Grantas, koje je sedam mudraca ispisalo i u kojima su do u minut rastumačili detalje života osobe i savetovali joj vedske remedijalne mere kako bi prebrodila grehe počinjene u prošlom životu.

Postoje dve teorije u vezi sa palminim lišćem – po jednoj, to su proročanstva napisana za one duše za koje se očekuje da dođu na čitanje, dok su, po drugoj teoriji, u njima zapisane sve moguće kombinacije. Drugu teoriju snažno osporavaju brojni vedski astrolozi. U agresivnom članku pod imenom 'U poteri za neuhvatljivim Nadi listom[3]' L. Avejkun govori o tome kako je druga teorija apsurdna, jer bi u tom slučaju datoteka bila predugačka i prenapredna, čak i za najrazvijenije kompjutere. Nadi astrolog Saburathinam navodi: "Mi posedujemo samo određeni broj listova. Osobe iz svih delova sveta čije lišće se ovde nalazi će na jedan ili drugi način doći do nas u odgovarajućem dobu koje je na listu navedeno. Lišće nije namenjeno samo Indijcima već i strancima, pripadnicima drugih religija. Kome god da je suđeno da pogleda u nadi lišće, on će to i uraditi u svoje vreme.

---

2   Knjige ili literatura koja sadrži zapise horoskopa i predikcija na palminom lišču.
3   Videti veb stranicu Šri Lanka astrologa Lakšamana Abejkun: http://jyotisha.00it.com/Nadi.thm

ČITANJE NADIJA

Vodeći astrolog u Kanadskoj tradiciji Đotiša (Kanada, Južna Indija), Dr. B. V. Raman, proveo je niz godina pokušavajući da otkrije misteriju Nadi granta. Njegova observacija je da je većina bila tačna u odnosu na dešavanja u prošlosti pa sve do sadašnjosti, ali i da su nadiji siromašniji po pitanju budućih događaja i datuma. On veruje da su najbolji među njima bili 36 Tantra nadija, koji sadrže 1.588 320 astroloških čartova koji se ponavljaju svakih 360 godina. Dr. Raman navodi primer čitanja nadi lista za Mahatmu Gandija: "Osoba će biti rođena u svetom gradu, na obali okeana. Sa dvadeset godina će otputovati u stranu zemlju. Njegova majka će umreti u njegovoj 22. godini, u njegovom odsustvu. Oženiće se sa trinaest godina. U trideset drugoj godini će postati advokat. Uvek će govoriti istinu i imaće čisto srce. Neće postojati odstupanja u njegovim mislima, rečima i delima. Pre njegove šezdeset pete godine upoznaće kralja bele rase. Odlučiće se na post zarad dobrobiti sveta, i živeće preko sedamdeset godina".

Procedura i praksa

U Hošiapuru, u Pandžabu, čitač Nadi lišća pravi čart za momenat u kome je osobe ušla kroz vrata a potom nastavlja sve dok ne pronađe adekvatan list, što može potrajati i satima.

U Nadi centru u Čenaju, koristi se isključivo otisak palca. U jednom intervjuu za Ekspes Startelar magazin Durai Suburathinam i predstavnik Kausika, Agastja Nadi, govore da su linije na palcu podeljene na 1008 tipova (za više informacija videti R. G. Raovu knjigu o otiscima palca). Detalji lista podeljeni su na dvanaest osnovnih poglavlja, delova, koji zapravo predstavljaju dvanaest kuća Zodijaka i dvanaest aspekata. U dodatku ovome postoje i četiri dodatna poglavlja. Poglavlja 13. i 14. se bave prethodnim životom i gresima koji su tada počinjeni. Date su i remedijalne mere pomoću kojih se možemo rešiti efekata greha iz prethodnih života. Poglavlje 15. propisuje i lekove za hronične bolesti, kao i načine na koji se oni uzimaju. U 16. poglavlju daju se detaljne predikcije za trenutne daša i antardaša periode. U dodatku svemu ovome postoji i posebno poglavlje (17. poglavlje) za prašnu pomoću koje se dobija odgovor na bilo koje pitanje. Sve ovo zapisao je naš Mahariši pre nekoliko stotina godina.

U Puriju, Orisa i Durga nadi praktikanti[4] crtaju čakru na podu, a klijent treba da postavi kamen na jednu od nacrtanih kutija. Na osnovu kalkulacija urađenih na osnovu pozicije kamena i pitanja koja osoba ima na umu, pronalazi se odgovarajući palmin list i glasno se čitaju odgovori na postavljena pitanja.

Aćjuta Gadi, sedište Mahapuruša Aćjutananda u Magala devi hramu u Puri okrugu, u Orisi, koristi bakarne ploče na kojima se ne nalazi apsolutno ništa. Klijent treba nasumice da izabere jedan od listova iz gomile posle čega se na ploči pojavljuje tekst napisan na drevnom orija jeziku koji ne samo da navodi sva pitanja koja klijent ima na umu, već daje i detaljne odgovore uključujući i remedijalne mere. Poseta ovom mestu, kao i nadi čitanje bio je deo Konferencije SĐC u Puriju, 2004. godine, i mnogi astrolozi, učesnici konferencije, imali su direktno iskustvo ovog čitanja.

Praksa crne magije

Dr. Raman je istraživao i otkrio da su "neki od nadi praktikanata obožavali kšudra devatu, što je poput crne magije, i korekcije proročanstava zavisile su od intenziteta obavljenih rituala i recitovanja mantri kojima bi se umirila Devatā". Iskreni nadirtage su retki i većina prevaranata ima detaljan upitnik kojim inteligentno utvrđuje detalje u vezi sa klijentom pre nego što mu se obrate!

Detalji u vezi sa ovom vrstom magijskih rituala koji služe da bi se dobile proročanske moći u vezi sa prošlošću pomenuti su u različitim delima o tantri, a jedan od dobro poznatih primera je obožavanje šakti koja se zove 'Karna Pišaćini' (Uho Ljudožderke) koja onome koji praktikuje okultno u uho šapuće informacije o klijentu.

Neki problemi i informacije

Nadi astrolog Suburatinam kaže: "Mi im pokažemo konkretan list sa predikcijama, i neki od naših klijenata mogu i samostalno da pročitaju sadržinu lista. Neki čak i kupe svoj list da bi ga sačuvali". Dozvoliti ljudima, klijentima, da kupuju svoje palmino lišće znači da će oni biti izgubljeni iz kompilacija, osim u slučaju da postoje mehanizmi da se oni ponovo naprave, ili da se naprave duplikati. Zapravo,

---

4   Autor je posmatrao Šri Bhagavan Mišru, nadi astrologa, bio

jednom selu u Tamil Nadu postoji čitava industrija koja je zasnovana na ovome, i koja proizvodi kopije palminog lišća za korist različitih sekcija nadi astrologa, što ostavlja prostor za opravdanu sumnju u originalnost te kopije, u sposobnost interpretacije samog nadi čitača, kao i u autentičnost kopija tj. pitanje je da li je dati list stvarna kopija ili nešto novostvoreno. Neselektivno kopiranje i stvaranjem rukopisa na palminom lišću do kraja će uništiti u ljudima i ono malo vere u Agastja nadi čitače.

RASPON NADIAMŠE

Dva sistema merenja nadiamša

Kao što je pomenuto, u Zodijaku postoji 1800 nadiamši, i svaki znak ima 150 nadiamši. Postoje dva metoda određivanja nadiamša – podela na jednake i podela na nejednake delove.

Nadiamša je podela znaka od 30° na 150 delova. Podela može biti uniformna gde svaka navamša iznosi 12' luka, što je 150. deo znaka. Ukoliko se određuju uniformno, tada svaka nadiamša ima raspon luka od 0°12' (30°4 150 = 0°12'). Santanam koristi fiksni raspon od 12' luka, i ovo je prikazano tabelarno u njegovom prevodu Deva Keralam, u prvom tomu.

Alternativno se znak može podeliti na različite delove na osnovu Parašarinih šesnaest podela, čime dobijamo 150. nejednakih delova tj. Šodasa varga, šesnaest fundamentalnih Parašarinih podela koje koristimo za konstrukciju podelnih čartova ili D-čartova, podelom znaka na različite delove. Kada se uzmu zajedno to daje 150. nejednakih delova znaka. Budući da Mesec ima šesnaest kala (zraka), ove nadiamše koje se baziraju na podeli znaka na nejednake delove korišćenjem Parašarine šodaša varge, zovemo Ćandra kala nadiamša.

Uniformna podela

Uniformna (prostorna) ardha-nadiamša

U ovom radu ispitujemo standardni sistem primene uniformne prostorne nadiamše tj. svaka nadiamša iznosi 12' luka, gde svaki znak od 30° ima 150 nadiamša i zodijak ima ukupno 1800 nadiamši. Autori nadija podelili su nadiamšu koja ima 12' na dva dela koji se nazivaju purva, zadnja nadiamša, i utara, prednja nadiamša, od kojih svaka meri 6' luka. Reč ardha znači polovina, i odnosi se na ovu podelu nadiamše na dva dela.

Uniformna podela nadiamše na osnovu vremena (vighati)

Iako lagna prelazi raši različitom brzinom, đotiš prati koncept jedinstvenog kružnog kretanja koje je ugrađeno u specijalne ascedente poput bava lagne, hora lagne i gatika lagne. Bava lagna se kreće brzinom od jednog znaka (30°) na svaka dva sata, hora lagna putuje dva puta brže, dok je gatika lagna pet puta brža od bava lagne. Ukoliko bava lagni treba 120 minuta da pređe 30° longitude, tada ona pokrije 15' luka u minuti, tj. 60 sekundi. Nadiamša, tj. 12' luka, se pređe za 48 sekundi, dok ardha-nadiamša, tj. 6' luka, se pređe za 24 sekunde. Ovih 24 sekunde je jedan vighati (šesnaesti deo ghatija).

Finije podele

Kada čitamo nadi, shvatamo da je nadiamša podeljena na još finije delove. Neke od nadiamši su Satjačarja (Satja Nadi), Aćjuta (Deva Keralam) i ostali autori dalje podelili na 2, 4 ili 6 delova zarad daljeg istraživanja. Rajudu5 veruje da danas ne postoji literatura koja pruža jasan uvid u zamršenost daljih podela nadiamše. U članku Astrologija i ljudski život data je ilustracija rezultata prve nadiamše.

Arda nadiamša je podela nadiamše na pola, i ona meri 6' luka u uniformnoj skali. Dalja podela nadiamše na dva dela zove se ardha-nadiamša ili pola nadiamše. Na sličan način možemo izvršiti dalju podelu ardha nadiamše ili pola nadiamše na dva ili tri dela, koja imaju dužine od 3' ili 2' luka, datim redom.

Podela na pola arda nadiamše je ujedno i podela na četvrti deo nadiamše i koristi se za četiri kaste (varne). Nadiamša je zbog toga podeljena na četiri dela od kojih svaki ima 3' luka, i ovo su četiri varna nadiamše – prva (0'-3') je brahmana; druga (3'-6') je kšatrija; treća (6'-9') je vaišja; četvrta (9'-12') je šudra. Varna nadiamša vrha lagne pokazuje tradiciju ili porodicu u kojoj je osoba rođena, dok nadiamša Meseca pokazuje ono što će osoba postati. Po ovom pitanju jednostavno pratimo upadešu Šri Aćjutanande i određujemo varnu na osnovu profesije oca (ili roditelja) i osobe, datim redom. Promena kaste je automatski povezana sa izabranom profesijom i ne odnosi se na kastu dobijenu na rođenju.

---

5   Pemaraću V. R. Rajudu; Astrologija i ljudski život, magazine Tajm of astrolodži, juli 1999., Delhi, Indija. http://webpages.charter.net/rayudu/rayudu/rayudu.thml

Podelom ardra nadiamše na tri dela dobijamo nadiamšu (12′) izdeljenu na šest delova od kojih svaki ima po 2′ luka ili arda nadiamšu podeljenu na tri dela od kojih svaki ima 2′ luka.

Ovo nam daje ideju o osetljivosti koncepta ardha nadiamše, kao i o potrebi za preciznom korekcijom vremena pre samog ulaska u nadiamšu. Čak i male promene u ajanamši daju kompletne promene u nadiamši planeta i ascedenta. U svrhu ispitivanja određenih koncepata uzećemo Lahiri, nelinearnu ajanamšu, umesto linearne ajanmaše, budući da je nauka sada dovoljno uznapredovala da nas može podučiti nelinearnom kretanju ajanamše.

Slika 20: Mapa nadiamše (pokretni znaci)

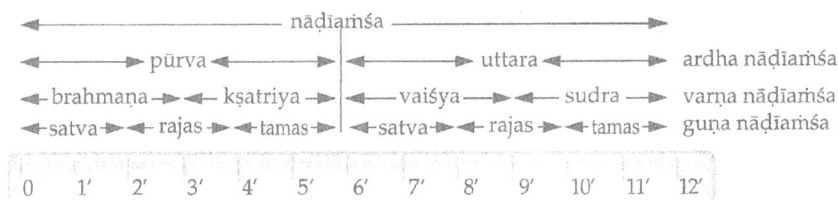

Mahariši Đaimini podučava da se vreme rođenja računa od izlaska ili zalaska Sunca, u zavisnosti od toga da li je rođenje dnevno ili noćno. Ovo vreme rođenja se potom pretvara u vigatike i raspodeljuje na devet planeta, od Sunca do Ketua. Planeta koja upravlja đanma vigatikom pokazuje pol ili prirodu osobe.

ĐANMA VIGHATI GRAHA

Mahariši Đaimini Upadeša Sutra[6]

Odlomak Adhjaja IV, pada 3

२। काल निर्णयादिभिः ॥

2। kāla nirṇayādibhiḥ ‖

Prevod: Vreme rođenja utvrđujemo na osnovu ascedenta itd. u vreme začeća.

---

6   Videti Đaimini Mahariši Upadeša Sutre Sanđaja Ratha.

Primer 1: Istraživanje pokojnog R. Santanama[7].

1. Natalni Mesec: Đataka Pariđata (III. 43) utvrđuje broj pređenih dvadašamši Meseca, kao i znak Meseca u dvadašamši u vreme začeća. Od dvadašamša znaka izbrojte onoliko znakova koliko ima dvadašamši Meseca kako biste dobili đanma raši (Mesec na rođenju). Mesec na rođenju se može naći i u trigonu od ovog znaka. Na primer, u čartu začeća Mesec je bio u Vodoliji na 29°15'36". Dakle, Mesec je prešao 12 dvadašamši, i u dvadašamša čartu se nalazi u znaku Jarca. Sada izbrojte 12 znakova od Jarca i doći ćete do Strelca koji pokazuje da će Mesec na rođenju biti u vatrenom znaku. Natalni Mesec je bio u znaku Lava. Postoje i druge metode za utvrđivanje Mesečevog znaka na osnovu kendri od Meseca na začeću, prema učenju Kaljanaverme u Saravaliju. Mesec na začeću je u Vodoliji, a natalni Mesec se nalazi u kendra znaku, Lavu. Ovaj metod podržava veća grupa astrologa.

2. Natalno Sunce: Đaimini sutra (strofa 4.2.20-4.23.). Odredite snažnijeg između ascedenta i sedme kuće. Ovome dodajte longitudu vladara šeste kuće (ili dvanaeste kuće). Znak koji dobijete je sodja raši. Na primer, ascedent na začeću je Jarac, na 10°20'37". Šesta i dvanaesta kuća su Blizanci i Strelac. Blizanac je snažniji, a njegov vladar, Merkur, je u Ovnu na 26°37'. Dakle, sodja raši je u Vodoliji (9z10o20' + 0z26o37' = 10z6o58') i natalno Sunce će biti u neparnom znaku, ili u znacima egzaltacije/debilitacije Saturna, u zavisnosti od toga koja planeta je snažnija na začeću. Natalno Sunce je bilo u Vodoliji.

३। अंशभेदेन लिप्त विलिप्ताः ॥
3| amśabhedena lipta viliptāḥ||

Prevod: Longituda (ascedenta na začeću) uzimajući u obzir minute (lipta) i sekunde (vilipta) luka pretvara se u vreme rođenja.

'Amša' u ovom kontekstu znači 'stepen' longitude Aruda lagne. Jednom kad smo utvrdili natalni Mesec i nakšatru, poznat je i datum rođenja. Sada Đaimini savetuje metod pomoću kojeg možemo da utvrdimo i vreme rođenja. Ako se Aruda lagna nalazi u dnevnim znacima (Lav, Devica, Vaga, Škorpija, Vodolija i Ribe), rođenje će se dogoditi u toku noći, a ako se nalazi u noćnim znacima, rođenje će se dogoditi u toku dana. Vaidjanata[8] vidi određivanje vremena rođenja

---

7   Navedeni primer se odnosi na stvarnu osobu i čitaoci ga mogu pronaći u knjizi R. Santanama Osnove indijske prediktivne astrologije, Sagar Publikacije.
8   Đataka Pariđata, Adjaja. III-43. Videti Đaimini Mahariši Upadeša Sutre Sanđaja Ratha. Navedeni primer se odnosi na stvarnu osobu i čitaoci ga mogu pronaći u knjizi R. Santanama Osnove indijske prediktivne astrologije, Sagar Publikacije. Đataka

na isti način.

४। कालकाः ॥

4| kālakāḥ||

Prevod: Vreme se računa od izlaska do zalaska sunca.

५। अनुलिप्ताश्च ॥

5| anuliptāśca||

Prevod: Stepeni, minute i sekunde ascedenta se pretvaraju u vremenski ekvivalent kako bismo dobili vreme rođenja.

Odredite dužinu dana/noći i pomnožite je sa razmerom longitude ascedenta (nezavisno od znaka) do 30°. Rezultat treba dodati na izlazak ili zalazak Sunca, u zavisnosti od primera, kako bismo dobili vreme rođenja. Primena reči 'kala' ukazuje na vreme izračunavanja u hori (satima), i zapravo je referenca za sledeću strofu.

६। द्विर्वारिधि चतुः संख्यादिः ॥

6| dvirvāridhi catuḥ saṁkhyādiḥ||

Prevod: 2, 4, itd. Parni brojevi se mogu oduzeti (ili dodati vremenu rođenja (u satima).

Ova strofa je izuzetak u određivanju vremena rođenja u vezi sa prethodnom strofom, i primenljiva je samo u slučaju kada je natalni ascedent određen pravilima iz strofe 4.2.31 - 4.2.35 i da je kalkulacija vremena rođenja (iz prethodne strofe) varijanta. Ako je vreme seksualnog odnosa tačno zabeleženo, izračunato vreme rođenja će biti ispravno. U suprotnom, vreme rođenja (u satima) treba uvećati/ umanjiti za 2, 4, itd. parnim brojevima kako bi se dobio ispravan ascedent. Ova ispravka vremena rođenja za 2, 4, 6 itd. ili umnošcima parnih brojeva je dozvoljena, budući da se svake dve hore prevode u jednu bhavu.

७। नव भाग शेषे ॥

7| nava bhāaga śeṣe||

Prevod: Podelite finalno vreme (dobijeno putem sutri 4.3.3- 4.3.6) sa devet, kako biste dobili ostatak.

Vreme rođenja o kojem govorimo u našim kalkulacijama je vreme posle izlaska ili zalaska Sunca (u zavisnosti od primera). Ovo vreme je pretvoreno u vigatije[9] i podeljeno sa devet. Ostatak treba uzeti u obzir.

८। आद्यांशके॥
8| ādyāṁśake||

Prevod: Ostatak (dobijen deljenjem vremena rođenja iz vigatija sa devet, u vezi sa prethodnom sutrom) treba zaokružiti na sledeći ceo broj.

Primer 2: Standardni primer iz strofe 4.3.2

U primeru iz strofe 4.3.2 vladar ascedenta upućuje na noćno rođenje svojom egzaltacijom u Vagi.

Dužina noći na dan rođenja je bila 12h: 50′: 48″   = 12.84667h… (A)

Longituda ascedenta (nevezana za znak) 10°20′37″ =10.343611 ste.

Longituda raspona (Asc.longi. / 30°) 10.343611/30° = 0.344787… (B)

Vreme rođenja (računato od zalaska Sunca za noćno rođenje) = dužina noći (A) X raspon longitude (B) = 12.84667 X 0.344787 = 4.429365 h = 4h: 25′: 46″ posle zalaska …(C)

Pretvorite vreme rođenja u vighatije

Vreme računato od zalaska Sunca = (C) X 2.5 gatija = 4.429365 X 2.5 gatija = 11.073413 gatija (11g: 04′: 24″) = 11.073413 X 60 vigatija = 664.4 vigatija… (D)

Podelite vreme rođenja (u vigatijima) sa 9 = (D) / 9 = 664.4 /9 = 73.8227

Ostatak = frakcija (73.8227) X 9 = 0.8227 X 9 = 7.4

Ostatak treba zaokružiti na sledeći ceo broj = 7.4 zaokruženo na 8

९। ग्रह क्रमेण वर्णम्॥
9| graha krameṇa varṇam||

Prevod: Brojeći planete (na osnovu dana u nedelji od Sunca do Saturna, praćeno Rahuom i Ketuom) saznajemo detetov pol, boju tena itd.

---

9   Dan od dvadeset četiri časa ima šezdeset gatija ili gatika, i svaki gati ima šezdeset vigatija.

Ova sutra daje osnovu za vladajuću planetu za svaku od polovina nadiamše. Nadiamša je sto pedeseti deo znaka, i iznosi 0°12' luka. Svaka nadiamša je dalje podeljena na dva dela od kojih svaki iznosi 0°6' luka, što čini temelj nadi grante (nadi literature). U kontekstu vremena, trajanje svake arda nadiamše koja iznosi 0°6' luka iznosi 1 vigati[10].

Planete od Sunca do Ketua upravljaju vigatijima, brojano od izlaska do zalaska Sunca.

Tabela 18: Vigatika graha

Ostatak	Graha (vladajuća planeta)	Pol
1	Sunce	Muško
2	Mesec	Žensko
3	Mars	Muško
4	Merkur	Evnuh
5	Jupiter	Muško
6	Venera	Žensko
7	Saturn	Evnuh
8	Rahu	Muško
9	Ketu	Žensko

Primer 3: Đanma vigati graha

Odredite ostatak posle podele vremena rođenja, računatog od izlaska do zalaska Sunca, sa devet. Zaokružite rezultat na sledeći ceo broj. Videti primer br. 2.

Ostatak u prethodnom primeru	= 7.4
Zaokružite na sledeći ceo broj	= 8
Đanma vigatika graha (vigatika planeta)	= Rahu

---

10   Bhava lagna prelazi 30° za 2 sata = 30 X 60 luka minta u 2 X 2.5 X 60 vigatija; ili 1800 minuta luka u 300 vigatija; ili 6 minuta luka u 1 vigatiju; 6 minuta luka kao raspon jedne adra nadiamše tj. polovine nadiamše.

१०। पुमान् पुं प्रजः ॥

10| pumān puṁ prajaḥ||

Prevod: Ako je planeta (u prethodnoj sutri 4.3.9) muška, rođen je dečak.

११। अन्ये स्त्रीयः ॥

11| anye strīyaḥ||

Prevod: Ako je planeta (u sutri 4.3.9) ženska, rođena je devojčica.

१२। कलीबे पुर्वापरम् ॥

12| kalībe purvāparam||

Prevod: Ako je planeta (u sutri 4.3.9) evnuh, rođen je transvestit ili osoba koja je zbunjena u vezi sa svojim polom.

Tabela 1: Vigatika graha daje listu planeta i njihov pol. Đaimini Mahariši ovo dalje kvalifikuje navodeći da egzaltirane[11] planete pokazuju mušku decu, dok debilitirane[12] planete pokazuju žensku decu. Neki posmatraju Rahua kao žensku planetu, ali je Parašara veoma jasan u svojoj tvrdnji da Rahu, Jupiter i Sunce daju slavne sinove.

Evnuh planete su Saturn i Merkur i, kada su egzaltirane pokazuju muški pol, a kada su u debilitaciji pokazuju ženski pol. Saturn, kao planeta koja pokazuje odricanje od seksa i materijalnog života, pokazuje odsustvo seksualnih organa i transvestite, dok Merkur, kao vladar Blizanaca, pokazuje hermafrodite[13]. Do određene mere će postojati konfuzija u slučajevima kada je ženska planeta egzaltirana ili kada je muška planeta debilitirana. Ipak, aspekt ili konjukcija planeta sličnog seksualnog opredeljenja ovo može u potpunosti prevazići.

Znaci koji pokazuju muški pol su neparni znaci, sa izuzetkom Blizanaca i Vodolije, dok su ženski znaci svi parni znaci osim plodnog Raka i Riba.

---

11   Kao takve su suštinski poput Višnua.
12   Planeta u debilitaciji može pokazati Lakšmi šrimantra jogu kroz diktum tasmin ucce nice va šrimanta. Garga muni smatra da će u Kali jugi rađajoge funkcionisati kada su planete u debilitaciji u rašiju ili navamši.
13   Osoba kod koje su prisutna oba polna organa (Vebster rečnik).

Tabela 19: Znaci i pol

Muški znaci	Ovan, Rak, Lav, Vaga, Strelac, Ribe
Ženski znaci	Bik, Blizanci, Devica, Škorpija, Jarac, Vodolija

Primer 4: Pol osobe iz prethodnog primera

U primeru 3. videli smo da je vigati graha Rāhu, što pokazuje osobu muškog pola. Rođen je sin.

PRIMERI

Čart 70: Saradit Podar, inženjer - astrolog

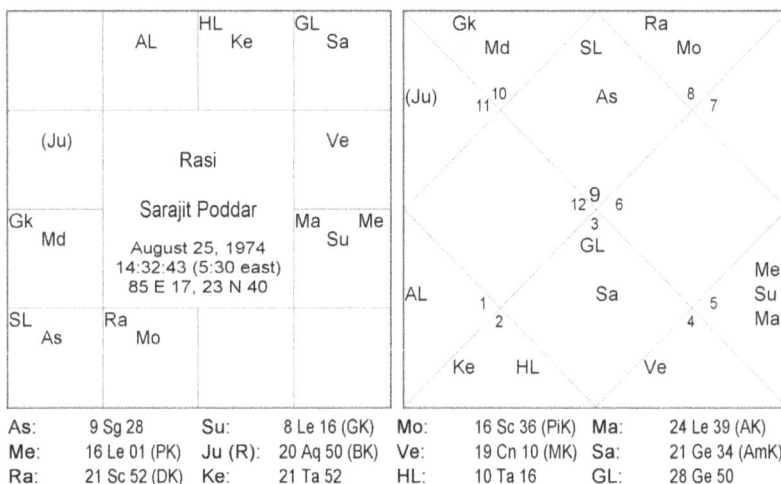

As:	9 Sg 28	Su:	8 Le 16 (GK)	Mo:	16 Sc 36 (PiK)	Ma:	24 Le 39 (AK)
Me:	16 Le 01 (PK)	Ju (R):	20 Aq 50 (BK)	Ve:	19 Cn 10 (MK)	Sa:	21 Ge 34 (AmK)
Ra:	21 Sc 52 (DK)	Ke:	21 Ta 52	HL:	10 Ta 16	GL:	28 Ge 50

Izlazak Sunca 05:27′:59″; Zalazak 18:12′:49″ Vreme rođenja = 14:32′:44″

Vreme rođenja od izlaska Sunca = 9:04:45 = 9.079167 sati

Vreme rođenja u vigatijima (BTV)= 9.079167 sati X 150 = 1361.875 [Formula: sati X 150 = vigati]

BTV podeljeno sa 9 = 151.3194

Ostatak = 0.3194 X 9 = 2.875   zaokružen na 3

Iz tabele – 1 dobijamo da je vigati graha Mars.

Mars je muška planeta smeštena u muškom znaku (Lav – videti tabelu 2, znaci i pol) i u jutiju je sa Suncem (muško) i Merkurom (evnuh) što pokazuje dominaciju muških faktora, i potvrđuje da je ovo čart muškarca.

Mars je atmakaraka u devetoj kući i deo je viparita ajus joge sa Suncem (otac) što pokazuje da će najdublji uticaj na njegov život imati rani gubitak oca. Mars, Sunce i Merkur formiraju darmakarmadipati i razne druge rađajoge poput nipuna joga itd. dok sve pomenute grahe čine osobu duhovnom i pravednom.

Ostale odlike, kao i prirodu osobe, možete pročitati kroz planete u Lavu. Tokom našeg istraživanja smo zaključili da će celokupan život ove osobe biti pod kontrolom ove planete koja će odrediti iskustva, i sve povoljne i nepovoljne događaje. Na primer, Mars je zajedno sa vladarom sedme kuće u devetoj kući sa vladarom devete i obećava brak, i zato se on oženio u toku Venerine daše i Marsove antardaše, iako su postojali planovi od povlačenje iz materijalnog života tokom Venerine daše (videti Veneru u osmoj kući i Saturna u sedmoj).

Definicija izlaska Sunca: primetimo da je ovde korištena definicija izlaska Sunca kao vidljivost vrha solarnog diska na horizontu, po savetu Varahamihire. Osim toga vidimo i da, kada su druge planete u konjukciji sa đanma vigatika planetom, tada one odlučuju o polu osobe.

Čart 71: Rađiv Gandi

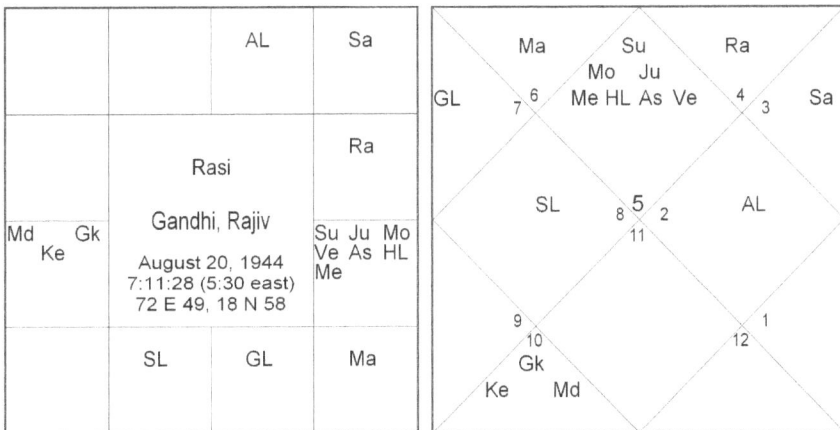

		AL	Sa
			Ra
Md Gk Ke	Rasi Gandhi, Rajiv August 20, 1944 7:11:28 (5:30 east) 72 E 49, 18 N 58		Su Ju Mo Ve As HL Me
	SL	GL	Ma

Ma	Su Mo Ju	Ra	
GL 7 6	Me HL As Ve	4 3	Sa
	SL 8 5 2		AL
	11		
9 10		12	1
Gk Ke Md			

As:	14 Le 40	Su:	3 Le 48 (GK)	Mo:	17 Le 08 (MK)	Ma:	1 Vi 11 (DK)
Me:	28 Le 33 (AK)	Ju:	12 Le 11 (PK)	Ve:	18 Le 38 (BK)	Sa:	14 Ge 12 (PiK)
Ra:	2 Cn 47 (AmK)	Ke:	2 Cp 47	HL:	29 Le 01	GL:	6 Li 52

Izlazak Sunca 6:20':59"; Zalazak 19:02':08" Vreme rođenja 7:11':28"

Vreme rođenja od izlaska = 0:50':29" = 0.841389 sati

BT vigati   = 0.841389 sati X 150   = 126.2083 vigati

BTV/9   = 14.02315

Ostatak   = 0.02315 X 9 = 0.208333 zaokruženo na 1

Đanma vigati planeta = Sunce

Utvrđivanje pola: Vigati graha Sunce se nalazi u Lavu (muško), ali u konjukciji sa planetama. Treba da ispitamo pol ovih planeta. Sunce je u jutiju sa Jupiterom (muško ++), Venerom (žensko), Mesecom (žensko) i Merkurom (evnuh) što daje dve muške i dve ženske grahe. U ovoj situaciji treba videti znak i, budući da je u pitanju muški znak, dobijamo da je osoba muškog pola.

Opis: U Lavu su prisutne brojne rađajoge, ali će đanma vigati graha, Sunce u Lavu, primarno pokazati ćelavost sa naglašenim crtama lica, lepu spoljašnjost i kraljevsko držanje. On je imao mek nastup uprkos uticajima brojnih muških planeta na lagnu, i to zbog jednake snage ženskih planeta u Lavu.

Ponekad su ove informacije korisne kod odabira daše koja je primenljiva u čartu. Sunce je lagneš na lagni i treba da pokaže Šasti hajani dašu, i ovo jasno potvrđuje i činjenica da je Sunce njegova đanma vigati graha.

Šasti hajani daša Sunca: 1984-03-14 - 1994-03-14: on ostaje premijer Indije (31.10.1984 – 2.12.1989) nakon smrti majke, Indire Gandi, u Sunčevoj daši i Sunčevoj antardaši. Primetimo i brojne rađajoge u vezi sa Suncem. Izgubio je poziciju u novembru 1989. u Sunčevoj daši i Venerinoj antardaši i V. P. Sing postaje premijer (2.12.1989 – 10.11.1990). Ubijen je 21.5.1991. u Sunčevoj daši, Saturnovoj antardaši i Merkurovoj pratiantari. Sunce je u konjukciji sa vladarom druge kuće, Merkurom, i pod aspektom Saturna, vladara sedme kuće, a i druga i sedma su maraka bave.

Čart 72: Sanđaj Rath

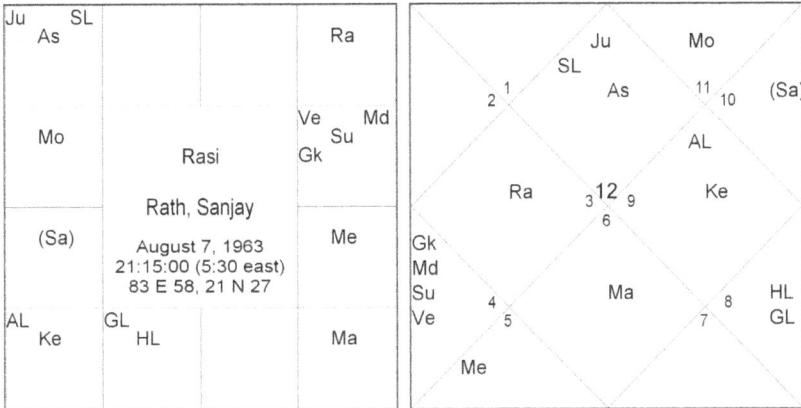

Ju SL As		Ra
Mo	Rasi	Ve Md Su Gk
(Sa)	Rath, Sanjay August 7, 1963 21:15:00 (5:30 east) 83 E 58, 21 N 27	Me
AL Ke	GL HL	Ma

Drugi grafikon (južnoindijski stil):

Ju Mo / SL / 2 ¹ / As / 11 ¹⁰ / (Sa) / AL / Ra ₃12 ₉ / 6 / Ke / Gk / Md / Su / 4 / Ma / 8 / HL / Ve / 5 / 7 / GL / Me

As:	14 Pi 03	Su:	21 Cn 03 (BK)	Mo:	19 Aq 57 (MK)	Ma:	13 Vi 39 (PK)
Me:	13 Le 21 (GK)	Ju:	26 Pi 06 (AmK)	Ve:	14 Cn 54 (PiK)	Sa (R):	26 Cp 48 (AK)
Ra:	25 Ge 44 (DK)	Ke:	25 Sg 44	HL:	13 Sc 19	GL:	2 Sc 40

Izlazak	5:29′:12″;	Zalazak	18:29′:37″
Vreme rođenja		= 21:15′:00″	

Vreme rođenja od izlaska sati	= 2:45′:23″	= 2.756389

Vreme rođenja u vigatijima (BTV) = 2.756389 sati X 150 = 413.4583

BTV/9	= 45.93981

Ostatak zaokruženo na '9'	= 0.93981 x 9	=	8.458333

Vigati graha	Ketu

Ketu je ženska planeta, ali je u egzaltaciji (Višnu avatar) i nema konjukcija sa drugim planetama i zato pokazuje muško rođenje. Ketu i Jupiter u međusobnom raši aspektu i u Jupiterovim znacima u desetoj i prvoj kući daju jogu za učenje ili podučavanje u vezi sa paramparom (tradicijom), prema učenju Parašare. Osoba podučava đotiš u tradiciji svog gurua.

Arda nadiamša graha

Zarad dekodiranja nadi literature neophodno je sprovesti obimno istraživanje i za pojedinca je gotovo nemoguće da postigne bitne rezultate u ovom pravcu, zato je neophodno oformiti đotiš grupe.

C. S. Patel je oformio jednu ovakvu grupu početkom osamdesetih godina prošlog veka. On je došao do zaključka da su rezultati dati za rođenje u purva (prva polovina) obično povoljni u čartu muškarca, dok utara (druga polovina) obično daje povoljne rezultate u čartu žene[14]. Ova informacija postaje bitna u čartovima osoba koje imaju npr. samo braću ili samo sestre, jer je tada verovatnoća za rođenje u prvoj ili drugoj polovini veća. Mesec se konkretno odnosi na primarnu porodicu, a Patel je u svojoj knjizi izneo razne šloke iz Deva Keralam.

Ono što je ovde navedeno jeste deo mog istraživanja u pravcu boljeg razumevanja i dekodiranja nadi literature. Možda trenutno nije od velikog značaja, ali postoji nada da će popločati put za istraživanja budućih generacija na temu nadi literature.

Hipoteza

Učenje Mahariši Đaiminija ukazuje na moguće izjednačenje vigatija sa arda nadiamšom tj. sa vremenom od 24 sekunde, kao i da devet planeta, od Sunca do Ketua, snažno utiču na biće rođeno u datom trenutku. Pretpostavljamo da se ovaj koncept može proširiti i na prostornu podelu tako što je raši podeljen na 150 nadiamši i 300 arda nadiamši. Devet planeta, od Sunca do Ketua, vladaju arda nadiamšama redosledom dana u nedelji (što je u skladu sa učenjem Đaiminija).

Vladavina devet planeta nad 300 arda nadiamši ukazuje na to da će se oni ponoviti 33 puta, dok će se tri planete ponoviti 34 puta. Tri planete koje će se ponoviti jedanput više od ostalih će biti različite za tri vrste znakova – za pokretne, fiksne i dvojne. Ovo će osigurati da svaka od devet planeta poseduje 100 arda nadiamši u tri uzastopna znaka. Ovo je u skladu sa nomenklaturom nadimaši gde se pokretni, fiksni i dvojni znaci broje od početka, kraja i sredine znaka, datim redom.

U skladu sa tim, predlažemo sledeću vladavinu nad arda nadiamšama:

(a) Za pokretne znake vladavinu treba računati od početka[15] nedelje, počevši od Sunca, tako da tri dodatne vladavine pripadnu Suncu, Mesecu i Marsu.

(b) Za fiksne znake planete treba računati sa kraja nedelje, počevši sa Saturnom, tako da tri dodatne vladavine pripadnu Saturnu, Rahuu i Ketu, i

---

14   Patel, Nadi astrologija, str. 34.
15   Nadiamše za pokretne rašija računaju se od 1 do 150, dok se za fiksne znakove isti broje obrnutim redom od 150 do 1, i za dvojne znakove se računaju od sredine redom od 76 do 150, i ponovo od 1 do 75.

(c)   Za dvojne znake planete treba računati od sredine[16] nedelje (sreda –
Merkur) tako da tri dodatne vladavine pripadnu Merkuru, Jupiteru i Veneri.

Tabela koja pokazuje vladavinu arda nadiamša data je u Prilogu 1. na
strani 10, za kasniju referencu.

Primeri

Da bismo ovo istraživanje učinili smislenim, pokušajmo da ispitamo
čartove konkretne grupe ljudi, kako bismo utvrdili da li arda nadiamša
graha otkriva zajedničku crtu u njihovim čartovima. Ukoliko otkriva,
tek tada možemo reći da se arda nadiamša graha može koristiti
za konkretnu svrhu ili da je primena ponovljena ili da je pravilo
univerzalno.

Autori vedske astrologije

Da bi osoba bila autor knjiga na temu vedske astrologije, treba da
poseduje određeno znanje o vedskoj astrologiji, a za tu svrhu tražimo
vezu između Jupitera i desete kuće. Ne uzimamo u obzir da li
osoba meša duhovnost sa đotišem (zbog toga ne proveravamo vezu
atmakarake sa jedanaestom kućom). Merkur, kao planeta sa Sarasvati
devatom koja predstavlja učenost, i kao vladar čaturti tithija na koji
se obožava Ganeša, bog učenja, mora biti bitan indikator u čartovima
ovih autora.

Čart 73: Autor, čart br. 3

Telo	Longituda					Arda nadi	
	D	Z	M	S	Stepen	Indeks[1]	Vladar
Lagna	14	Rib	4	55.9	14.08219	141	Ketu
Sunce - BK	21	Rak	4	32.78	21.07577	211	Merkur
Mesec - MK	19	Vod	59	4.44	19.98457	200	Rahu
Mars - PK	13	Dev	40	56.92	13.68248	137	Jupiter
Merkur - GK	13	Lav	23	16.36	13.38788	134	Jupiter
Jupiter - AmK	26	Rib	7	55.43	26.13206	262	Merkur
Venera- PiK	14	Rak	56	3.25	14.93424	150	Venera
Saturn (R) - AK	26	Jar	49	40.83	26.82801	269	Rahu

---

16   Nadiamša.

Rahu - DK	25	Bli	45	41.53	25.76154	258	Ketu
Ketu	25	Str	45	41.53	25.76154	258	Ketu

U čartu ovog autora koji je napisao sedam knjiga i nebrojeno članaka na temu vedske astrologije, Jupiter je vladar desete kuće i nalazi se u svom znaku u Ribama, u arda nadiamši kojom vlada Merkur. Merkur kao vladar arda nadiamše pokazuje da je fokus posla u vezi sa vedskom naukom 'Merkurovski' sa značajnim udelom podučavanja i pisanja. Da govorimo o radovima u vezi sa đotišom pokazano je Merkurovom pozicijom u Lavu (Sunce – đotiša) kao i njegovim udelom u rađajogi formiranoj međusobnim aspektom vladara četvrte i sedme Merkura sa vladarom pete Meseca. Rađajoga u kojoj učestvuju vladari četvrte i pete kuće pokazuje da će osoba posvetiti svoj rad Višnuu, dok veza sa vladarom sedme kuće pokazuje da je osoba bez predrasuda kao i da će poštovati sve duhovne pravce.

Fokus Jupitera kao vladara desete kuće može se videti kroz vladara njegove arda nadiamše Merkura, dok njegov udeo u darma-karmadipati jogi pokazuje da će osoba verovati da je đotiš vedanga te da će je tretirati kao ogranak duhovnosti tj. kao oko Veda. On je profesionalni vedski astrolog budući da je vladar desete kuće u Merkurovoj arda nadiamši.

Čart 74: Dr. B. V. Raman

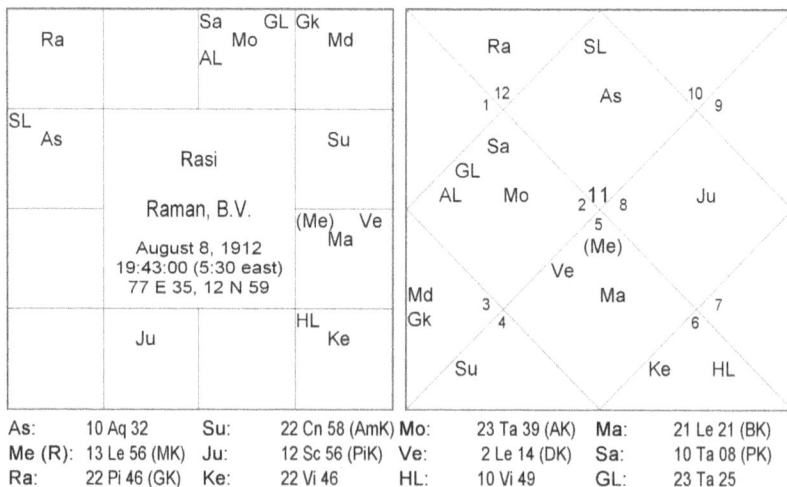

As:	10 Aq 32	Su:	22 Cn 58 (AmK)	Mo:	23 Ta 39 (AK)	Ma:	21 Le 21 (BK)
Me (R):	13 Le 56 (MK)	Ju:	12 Sc 56 (PiK)	Ve:	2 Le 14 (DK)	Sa:	10 Ta 08 (PK)
Ra:	22 Pi 46 (GK)	Ke:	22 Vi 46	HL:	10 Vi 49	GL:	23 Ta 25

Telo	Longituda					Arda nadiamša	
	D	Znak	M	S	Stepen	Indeks	Vladar
Lagna	10	Vod	34	1.39	10.56705	106	Merkur
Sunce - AmK	22	Rak	59	36.41	22.99345	230	Jupiter
Mesec - AK	23	Bik	41	5.52	23.68487	237	Ketu
Mars - BK	21	Lav	22	24.14	21.37337	214	Merkur
Merkur (R) - MK	13	Lav	57	24.07	13.95669	140	Mesec
Jupiter - PiK	12	Ško	58	4.09	12.9678	130	Sunce
Venera - DK	2	Lav	15	36.23	2.260064	23	Mesec
Saturn - PK	10	Bik	9	45.12	10.16253	102	Ketu
Rahu - GK	22	Rib	47	42.28	22.79508	228	Venera
Ketu	22	Dev	47	42.28	22.79508	228	Venera

U čartu Dr. B. V. Ramana Jupiter se nalazi u desetoj kući, dok je vladar desete, Mars, u Merkurovoj arda nadiamši. Dr. Raman je napisao brojne knjige o đotišu, i izdašno je pisao preko šest decenija kao urednik Astrološkog Magazina. Merkur se nalazi u Lavu (Sunce – đotiš) u konjukciji sa darma-karmadipati jogom Marsa i Venere, čime pokazuje da će osoba verovati da je đotiš vedanga i tretirati ga kao ogranak duhovnosti tj. kao oko Veda.

Postoje brojne rađajoge formirane konjukcijom vladara četvrte, pete, devete i desete kuće, uključujući i Merkura, i ovo se odrazilo i na njegov ugled neospornog lidera vedskih astrologa od 1936. sve do njegove smrti, u nedelju 20. decembra 1998. godine. Bio je profesionalni vedski astrolog, budući da se vladar desete nalazi u Merkurovoj arda nadiamši.

Čart 75: K. N. Rao

Ra			
Md Gk GL	Rasi KN Rao October 12, 1931 7:46:58 (5:30 east) 81 E 12, 16 N 13		SL AL Ju
Sa	HL	Mo Ma Me Ke As Su Ve	

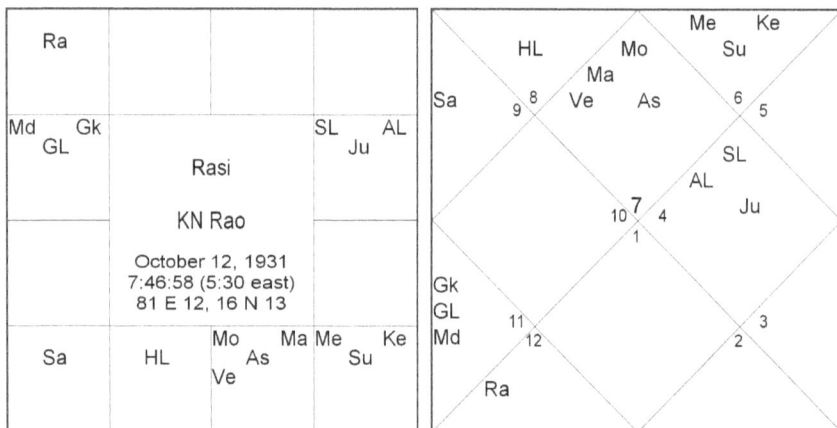

As:	19 Li 58	Su:	24 Vi 52 (AK)	Mo:	2 Li 39 (DK)	Ma:	24 Li 01 (MK)
Me:	20 Vi 03 (PiK)	Ju:	24 Cn 41 (AmK)	Ve:	3 Li 53 (GK)	Sa:	24 Sg 03 (BK)
Ra:	11 Pi 38 (PK)	Ke:	11 Vi 38	HL:	19 Sc 55	GL:	12 Aq 37

	Longituda					Arda nadi	
Telo	D	Znak	M	S	Stepen	Indeks	Vladar
Lagna	19	Vag	59	56.42	19.99901	200	Mesec
Sunce - AK	24	Dev	53	50	24.89722	249	Ketu
Mesec - DK	2	Vag	41	6.81	2.685225	27	Ketu
Mars - MK	24	Vag	2	17.24	24.03812	241	Saturn
Merkur - PiK	20	Dev	5	5.52	20.08487	201	Venera
Jupiter - AmK	24	Rak	42	58.55	24.71626	248	Jupiter
Venera - GK	3	Vag	54	43.41	3.912058	40	Merkur
Saturn - BK	24	Str	4	54.45	24.08179	241	Sunce
Rahu - PK	11	Rib	39	51.37	11.66427	117	Mars
Ketu	11	Dev	39	51.37	11.66427	117	Mars

U čartu vedskog astrologa K. N. Rao Jupiter je egzaltiran u desetoj kući i vladar desete, Mesec, se nalazi u Ketuovoj arda nadiamši. Merkur, kao vladar devete kuće, kuće višeg obrazovanja, je u konjukciji sa Ketuom, te će Ketu isporučiti njegove rezultate. Tako se podrazumeva da se

Ketu ponaša poput Merkura i pokazuje usmerenje na astrologiju, inače bi ova kombinacija pokazala misticizam ili čak rutinski državni posao, posebno zato što je Sunce u konjukciji sa egzaltiranim Merkurom i Ketuom u Devici. Zapravo, on je bio birokrata i po njegovim rečima[17], umešan u "održavanje sigurnog (mada dosadnog i rutinskog) posla". Ovo je evidentno i kroz intervju Mr. V. P. Manlija koji navodi: "On (K. N. Rao) je uvideo da se većina ljudi interesuje za svetovne stvari poput novca, posla, braka, itd. umesto da koriste astrologiju kako bi razumeli svoju karmu i duhovno napredovali. Tada je odlučio da se odrekne svega". 1980. godine je sreo velikog jogija, Jogi Morkanadđi (Svami Vidjaranija), koji ga je inspirisao da se posveti đotišu, a to pokazuje da je vladar devete (jogi/duhovni učitelj) Merkur u egzaltaciji uspeo da preinači Ketuov pravac, a Ketu je vladar arda nadiamše vladara desete kuće (Meseca). U astrologiji je dobro poznato pravilo da će čvorovi dati rezultate najsnažnije planete sa kojom su u jutiju, ili najsnažnije planete koja ih aspektuje.

Za razliku od čarta autora ove knjige kao i Dr. B. V. Ramana, planete koje utiču na Ketua nisu umešane u darma-karmadipati jogu, i umesto toga su u konjukciji sa čvorom i badakešom, Suncem. K. N. Rao veruje da je đotiš čista nauka, te da je odvojen od duhovnosti. U skorašnjem intervjuu za sulekha.com[18] rekao je: "Čak i ukoliko Nadi nije u potpunosti aktivan, u slučaju bilo kog iskrenog astrologa, on ima iskustvo kanala intuicije povremeno nadahnute božanskim. Ova iskustva su na granici sa mističnim i vode astrologa u više sfere postojanja – a sve to kako bismo saznali pravu svrhu našeg postojanja. Ovakva iskustva ponesu astrologa ka Bogu čineći da on prestane sa praksom astrologije, i posveti svoj život isključivo duhovnim aktivnostima".

---

17   Razgovori sa eminentnim indijskim astrolozima našeg doba; objavljeno u ponedeljak, 30.05.2005; na stranici http://www.sulekha.com/expressions/articledesc.asp?cid=307722
18   http://www.sulekha.com/expressions/articledesc.asp?cid=307722

Čart 76: P. V. R. Narasimha Rao

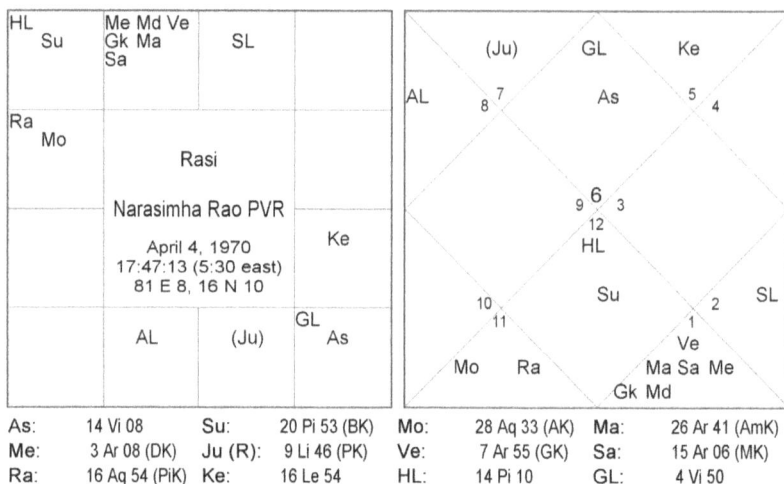

HL Su	Me Md Ve Gk Ma Sa	SL
Ra Mo	Rasi Narasimha Rao PVR April 4, 1970 17:47:13 (5:30 east) 81 E 8, 16 N 10	Ke
AL	(Ju)	GL As

Rasi
Narasimha Rao PVR
April 4, 1970
17:47:13 (5:30 east)
81 E 8, 16 N 10

(South Indian chart with: (Ju) GL Ke / AL 8 7 As 5 4 / 9 6 3 12 HL / 10 11 Su 2 1 SL / Ve / Mo Ra Ma Sa Me Gk Md)

As:	14 Vi 08	Su:	20 Pi 53 (BK)	Mo:	28 Aq 33 (AK)	Ma:	26 Ar 41 (AmK)
Me:	3 Ar 08 (DK)	Ju (R):	9 Li 46 (PK)	Ve:	7 Ar 55 (GK)	Sa:	15 Ar 06 (MK)
Ra:	16 Aq 54 (PiK)	Ke:	16 Le 54	HL:	14 Pi 10	GL:	4 Vi 50

Telo	Longituda					Arda nadi	
	D	Z	M	S	Stepen	Indeks	Vladar
Lagna	14	Vi	8	28.87	14.14135	142	Sunce
Sunce - BK	20	Pi	52	30.98	20.87527	209	Jupiter
Mesec - AK	28	Aq	33	23.76	28.5566	286	Merkur
Mars - AmK	26	Ar	40	35.97	26.67666	267	Venera
Merkur - DK	3	Ar	7	38.19	3.127275	32	Jupiter
Jupiter (R) – PK	9	Li	45	50.31	9.763975	98	Rahu
Venera - GK	7	Ar	54	57.47	7.915964	80	Rahu
Saturn - MK	15	Ar	6	12.47	15.10346	152	Rahu
Rahu - PiK	16	Aq	53	31.4	16.89206	169	Merkur
Ketu	16	Le	53	31.4	16.89206	169	Merkur

U čartu P. V. R. Narasimha Rao vladar desete, Merkur, se nalazi u arda nadiamši Jupitera i pokazuje veliki interes za sanskrit i vedske spise. Aspekt čvorova, posebno Ketuov raši drišti, ga čini kompijuterskim inženjerom, dok mu aspekt Merkura daje spisateljske i autorske veštine. Darma-karmadipati joga Venere i Merkura aspektuje Jupitera i pokazuje da on veruje da je đotiš vedanga i duhovni put. U ovom čartu vidimo da veza vladara pete, Saturna, i vladara devete, Venere, sa vladarom lagne i desete kuće, Merkurom, i vladarom četvrte i sedme kuće, Jupiterom, formira brojne rađa joge. On je napisao je knjigu o đotišu, kao i različite članke.

Vredno je pomena da je u čartovima Sanđaja Ratha (videti čart 3) i Narasimhe Rao (čart 7) Sunce u trećoj drekani vodenog znaka (duhovnost) kao čara bratrikaraka (guru/duhovni put) u Jarac navamši. Dok Sanđaj Rath ima Sunce u arda nadiamši vladara četvrte i sedme kuće, Merkura, Narsimha ima Sunce u arda nadiamši vladara četvrte i sedme, Jupitera. Narasimha nije profesionalni astrolog jer čvorovi vrše primarni uticaj na vladara arda nadiamše, i zbog toga je on softverski inženjer, dok je vladar arda nadiamše ono što njegovo srce želi, on voli Šankaračarjine radove na sanskritu itd.

Zaključak

Iz čartova koje smo do sada videli postaje evidentno da ne samo da možemo identifikovati njihovu usmerenost na vedsku astrologiju, već i njihov stav prema temi i njihova unutrašnja verovanja koja se manifestuju kroz njihov rad na polju đotiša.

Treba da uzmemo čartove i ostalih profesija poput plesača, pevača, birograta, političara, zanatlija, itd. i potom da vidimo kako će vladar arda nadiamše vladara desete kuće pokazati pravac njihove karijere, kao i razlike u prirodi njihovog posla.

Tabela 20: PRILOG - Tabela vladar arda nadiamša

	Ov, Ra, Va, Ja	Bi, La, Šk, Vo	Bl, De, St, Ri
1	Sunce	Saturn	Merkur
2	Mesec	Rahu	Jupiter
3	Mars	Ketu	Venera
4	Merkur	Sunce	Saturn
5	Jupiter	Mesec	Rāhu
6	Venera	Mars	Ketu
7	Saturn	Merkur	Sunce
8	Rahu	Jupiter	Mesec
9	Ketu	Venera	Mars
10	Sunce	Saturn	Merkur
11	Mesec	Rahu	Jupiter
12	Mars	Ketu	Venera
13	Merkur	Sunce	Saturn
14	Jupiter	Mesec	Rāhu
15	Venera	Mars	Ketu
16	Saturn	Merkur	Sunce
17	Rahu	Jupiter	Mesec
18	Ketu	Venera	Mars
19	Sunce	Saturn	Merkur
20	Mesec	Rahu	Jupiter
21	Mars	Ketu	Venera
22	Merkur	Sunce	Saturn
23	Jupiter	Mesec	Rāhu
24	Venera	Mars	Ketu
25	Saturn	Merkur	Sunce
26	Rahu	Jupiter	Mesec
27	Ketu	Venera	Mars
28	Sunce	Saturn	Merkur
29	Mesec	Rahu	Jupiter
30	Mars	Ketu	Venera
31	Merkur	Sunce	Saturn
32	Jupiter	Mesec	Rāhu
33	Venera	Mars	Ketu
34	Saturn	Merkur	Sunce
35	Rahu	Jupiter	Mesec
36	Ketu	Venera	Mars
37	Sunce	Saturn	Merkur
38	Mesec	Rahu	Jupiter
39	Mars	Ketu	Venera
40	Merkur	Sunce	Saturn
41	Jupiter	Mesec	Rāhu
42	Venera	Mars	Ketu
43	Saturn	Merkur	Sunce
44	Rahu	Jupiter	Mesec
45	Ketu	Venera	Mars
46	Sunce	Saturn	Merkur
47	Mesec	Rahu	Jupiter
48	Mars	Ketu	Venera
49	Merkur	Sunce	Saturn
50	Jupiter	Mesec	Rāhu
51	Venera	Mars	Ketu
52	Saturn	Merkur	Sunce
53	Rāhu	Jupiter	Mesec
54	Ketu	Venera	Mars
55	Sunce	Saturn	Merkur
56	Mesec	Rāhu	Jupiter
57	Mars	Ketu	Venera
58	Merkur	Sunce	Saturn
59	Jupiter	Mesec	Rāhu
60	Venera	Mars	Ketu
61	Saturn	Merkur	Sunce
62	Rāhu	Jupiter	Mesec
63	Ketu	Venera	Mars

	Ov, Ra, Va, Ja	Bi, La, Šk, Vo	Bl, De, St, Ri
64	Sunce	Saturn	Merkur
65	Mesec	Rāhu	Jupiter
66	Mars	Ketu	Venera
67	Merkur	Sunce	Saturn
68	Jupiter	Mesec	Rāhu
69	Venera	Mars	Ketu
70	Saturn	Merkur	Sunce
71	Rāhu	Jupiter	Mesec
72	Ketu	Venera	Mars
73	Sunce	Saturn	Merkur
74	Mesec	Rāhu	Jupiter
75	Mars	Ketu	Venera
76	Merkur	Sunce	Saturn
77	Jupiter	Mesec	Rāhu
78	Venera	Mars	Ketu
79	Saturn	Merkur	Sunce
80	Rāhu	Jupiter	Mesec
81	Ketu	Venera	Mars
82	Sunce	Saturn	Merkur
83	Mesec	Rāhu	Jupiter
84	Mars	Ketu	Venera
85	Merkur	Sunce	Saturn
86	Jupiter	Mesec	Rāhu
87	Venera	Mars	Ketu
88	Saturn	Merkur	Sunce
89	Rāhu	Jupiter	Mesec
90	Ketu	Venera	Mars
91	Sunce	Saturn	Merkur
92	Mesec	Rāhu	Jupiter
93	Mars	Ketu	Venera
94	Merkur	Sunce	Saturn
95	Jupiter	Mesec	Rāhu
96	Venera	Mars	Ketu
97	Saturn	Merkur	Sunce
98	Rāhu	Jupiter	Mesec
99	Ketu	Venera	Mars
100	Sunce	Saturn	Merkur
101	Mesec	Rāhu	Jupiter
102	Mars	Ketu	Venera
103	Merkur	Sunce	Saturn
104	Jupiter	Mesec	Rāhu
105	Venera	Mars	Ketu
106	Saturn	Merkur	Sunce
107	Rāhu	Jupiter	Mesec
108	Ketu	Venera	Mars
109	Sunce	Saturn	Merkur
110	Mesec	Rāhu	Jupiter
111	Mars	Ketu	Venera
112	Merkur	Sunce	Saturn
113	Jupiter	Mesec	Rāhu
114	Venera	Mars	Ketu
115	Saturn	Merkur	Sunce
116	Rāhu	Jupiter	Mesec
117	Ketu	Venera	Mars
118	Sunce	Saturn	Merkur
119	Mesec	Rāhu	Jupiter
120	Mars	Ketu	Venera
121	Merkur	Sunce	Saturn
122	Jupiter	Mesec	Rāhu
123	Venera	Mars	Ketu
124	Saturn	Merkur	Sunce
125	Rāhu	Jupiter	Mesec
126	Ketu	Venera	Mars
127	Sunce	Saturn	Merkur
128	Mesec	Rāhu	Jupiter

	Ov, Ra, Va, Ja	Bi, La, Šk, Vo	Bl, De, St, Ri
129	Mars	Ketu	Venera
130	Merkur	Sunce	Saturn
131	Jupiter	Mesec	Rāhu
132	Venera	Mars	Ketu
133	Saturn	Merkur	Sunce
134	Rāhu	Jupiter	Mesec
135	Ketu	Venera	Mars
136	Sunce	Saturn	Merkur
137	Mesec	Rāhu	Jupiter
138	Mars	Ketu	Venera
139	Merkur	Sunce	Saturn
140	Jupiter	Mesec	Rāhu
141	Venera	Mars	Ketu
142	Saturn	Merkur	Sunce
143	Rāhu	Jupiter	Mesec
144	Ketu	Venera	Mars
145	Sunce	Saturn	Merkur
146	Mesec	Rāhu	Jupiter
147	Mars	Ketu	Venera
148	Merkur	Sunce	Saturn
149	Jupiter	Mesec	Rāhu
150	Venera	Mars	Ketu
151	Saturn	Merkur	Sunce
152	Rāhu	Jupiter	Mesec
153	Ketu	Venera	Mars
154	Sunce	Saturn	Merkur
155	Mesec	Rāhu	Jupiter
156	Mars	Ketu	Venera
157	Merkur	Sunce	Saturn
158	Jupiter	Mesec	Rāhu
159	Venera	Mars	Ketu
160	Saturn	Merkur	Sunce
161	Rāhu	Jupiter	Mesec
162	Ketu	Venera	Mars
163	Sunce	Saturn	Merkur
164	Mesec	Rāhu	Jupiter
165	Mars	Ketu	Venera
166	Merkur	Sunce	Saturn
167	Jupiter	Mesec	Rāhu
168	Venera	Mars	Ketu
169	Saturn	Merkur	Sunce
170	Rāhu	Jupiter	Mesec
171	Ketu	Venera	Mars
172	Sunce	Saturn	Merkur
173	Mesec	Rāhu	Jupiter
174	Mars	Ketu	Venera
175	Merkur	Sunce	Saturn
176	Jupiter	Mesec	Rāhu
177	Venera	Mars	Ketu
178	Saturn	Merkur	Sunce
179	Rāhu	Jupiter	Mesec
180	Ketu	Venera	Mars
181	Sunce	Saturn	Merkur
182	Mesec	Rāhu	Jupiter
183	Mars	Ketu	Venera
184	Merkur	Sunce	Saturn
185	Jupiter	Mesec	Rāhu
186	Venera	Mars	Ketu
187	Saturn	Merkur	Sunce
188	Rāhu	Jupiter	Mesec
189	Ketu	Venera	Mars
190	Sunce	Saturn	Merkur
191	Mesec	Rāhu	Jupiter
192	Mars	Ketu	Venera
193	Merkur	Sunce	Saturn

	Ov, Ra, Va, Ja	Bi, La, Šk, Vo	Bl, De, St, Ri
194	Jupiter	Mesec	Rāhu
195	Venera	Mars	Ketu
196	Saturn	Merkur	Sunce
197	Rāhu	Jupiter	Mesec
198	Ketu	Venera	Mars
199	Sunce	Saturn	Merkur
200	Mesec	Rāhu	Jupiter
201	Mars	Ketu	Venera
202	Merkur	Sunce	Saturn
203	Jupiter	Mesec	Rāhu
204	Venera	Mars	Ketu
205	Saturn	Merkur	Sunce
206	Rāhu	Jupiter	Mesec
207	Ketu	Venera	Mars
208	Sunce	Saturn	Merkur
209	Mesec	Rāhu	Jupiter
210	Mars	Ketu	Venera
211	Merkur	Sunce	Saturn
212	Jupiter	Mesec	Rāhu
213	Venera	Mars	Ketu
214	Saturn	Merkur	Sunce
215	Rāhu	Jupiter	Mesec
216	Ketu	Venera	Mars
217	Sunce	Saturn	Merkur
218	Mesec	Rāhu	Jupiter
219	Mars	Ketu	Venera
220	Merkur	Sunce	Saturn
221	Jupiter	Mesec	Rāhu
222	Venera	Mars	Ketu
223	Saturn	Merkur	Sunce
224	Rāhu	Jupiter	Mesec
225	Ketu	Venera	Mars
226	Sunce	Saturn	Merkur
227	Mesec	Rāhu	Jupiter
228	Mars	Ketu	Venera
229	Merkur	Sunce	Saturn
230	Jupiter	Mesec	Rāhu
231	Venera	Mars	Ketu
232	Saturn	Merkur	Sunce
233	Rāhu	Jupiter	Mesec
234	Ketu	Venera	Mars
235	Sunce	Saturn	Merkur
236	Mesec	Rāhu	Jupiter
237	Mars	Ketu	Venera
238	Merkur	Sunce	Saturn
239	Jupiter	Mesec	Rāhu
240	Venera	Mars	Ketu
241	Saturn	Merkur	Sunce
242	Rāhu	Jupiter	Mesec
243	Ketu	Venera	Mars
244	Sunce	Saturn	Merkur
245	Mesec	Rāhu	Jupiter
246	Mars	Ketu	Venera
247	Merkur	Sunce	Saturn
248	Jupiter	Mesec	Rāhu
249	Venera	Mars	Ketu
250	Saturn	Merkur	Sunce
251	Rāhu	Jupiter	Mesec
252	Ketu	Venera	Mars
253	Sunce	Saturn	Merkur
254	Mesec	Rāhu	Jupiter
255	Mars	Ketu	Venera
256	Merkur	Sunce	Saturn
257	Jupiter	Mesec	Rāhu
258	Venera	Mars	Ketu

	Ov, Ra, Va, Ja	Bi, La, Šk, Vo	Bl, De, St, Ri
259	Saturn	Merkur	Sunce
260	Rāhu	Jupiter	Mesec
261	Ketu	Venera	Mars
262	Sunce	Saturn	Merkur
263	Mesec	Rāhu	Jupiter
264	Mars	Ketu	Venera
265	Merkur	Sunce	Saturn
266	Jupiter	Mesec	Rāhu
267	Venera	Mars	Ketu
268	Saturn	Merkur	Sunce
269	Rāhu	Jupiter	Mesec
270	Ketu	Venera	Mars
271	Sunce	Saturn	Merkur
272	Mesec	Rāhu	Jupiter
273	Mars	Ketu	Venera
274	Merkur	Sunce	Saturn
275	Jupiter	Mesec	Rāhu
276	Venera	Mars	Ketu
277	Saturn	Merkur	Sunce
278	Rāhu	Jupiter	Mesec
279	Ketu	Venera	Mars
280	Sunce	Saturn	Merkur
281	Mesec	Rāhu	Jupiter
282	Mars	Ketu	Venera
283	Merkur	Sunce	Saturn
284	Jupiter	Mesec	Rāhu
285	Venera	Mars	Ketu
286	Saturn	Merkur	Sunce
287	Rāhu	Jupiter	Mesec
288	Ketu	Venera	Mars
289	Sunce	Saturn	Merkur
290	Mesec	Rāhu	Jupiter
291	Mars	Ketu	Venera
292	Merkur	Sunce	Saturn
293	Jupiter	Mesec	Rāhu
294	Venera	Mars	Ketu
295	Saturn	Merkur	Sunce
296	Rāhu	Jupiter	Mesec
297	Ketu	Venera	Mars
298	Sunce	Saturn	Merkur
299	Mesec	Rāhu	Jupiter
300	Mars	Ketu	Venera

OM TAT SAT

10

Manduka daša i Rudramša

Definicije

Rudramša je izvedena iz reči Rudra[1] što znači 'jedanaest' i odnosi se na jedanaest Rudri; amša znači deo i odnosi se na jedanaesti deo znaka koji iznosi 2°43'38". Za podelni čart koji nastaje podelom znaka na jedanaest delova koristimo nomenklaturu 'D-11'.

Postoje dva načina konstrukcije D-11 čarta. Jedan se zove 'rudramša', a drugi se zove 'ekadašamša' i u daljem tekstu će se obeležavati kao D-11R i D-11E. U ovom članku ćemo se baviti D-11R čartom, ili rudramša čartom, koji se koristi za predikcije u vezi sa destrukcijom i sukobima.

Ovaj čart se bitno razlikuje od ekadašamša čarta koji se koristi u svrhu procene prihoda i ostvarenja ciljeva. Neki astrolozi veruju da se ovaj čart koristi za procenu "nezarađenog bogatstva koje je dobijeno bez uloženih napora" – K. B. Gopalkrišna[2]. Dr. B. V. Raman je pokazao metod crtanja ekadašamše, koju zovemo i labamša[3], u 'Varšpalu' ili knjizi Godišnji horoskop.

Jedanaest Rudri obuhvata deset Rudri i Mahešvaru. I dok se Rudre za različite kuće i znakove određuju preko vladara osme kuće, Mahešvara se određuje u odnosu na vladara osme kuće, i vladara

---

1   Značenja Rudre.
2   Horokop – pogled izbliza, K. B. Gopalkrišne, izdat 28.01.2003. „Ekadašamša (D-11): Ovaj podelni čart je poznat i kao Rudramša ili Labamša. Za razliku od D-10 čarta koji pokazuje zaradu osobe, D-11 čart pokazuje nezarađeno bogastvo, bogastvo bez uloženog napora. Ovaj čart je stoga veoma bitan za procenu finansijske stabilnosti osobe, najviše kroz nasleđe, zaostavštinu, kockanje, špekulacije, itd."
3   Labha znači dobitak ili prihod i obuhvata sve što vodi ka ostvarenju ciljeva i odnosi se na jedanaestu kuću ili prosto broj '11'. Amša znači podela i pod imenom labhamša podrazumevamo D-11E čart koji je povezan sa dobicima bogatstva i ostvarenja ciljeva.

osme kuće od karaka lagne[4] u raši čartu. Za svrhu ovog rada, treba da proučimo D-11R čart, kao i pravila koja je dao Mahariši Đaimini u svom monumentalnom klasiku Upadeša Sutra[5].

Značenja reči 'rudra' (prilog 1) pokazuju da se radi uopšteno o snazi i zaštiti koju pokazuje Mars, kao i o borbama i patnjama kroz koje osoba prolazi, u slučaju kada je pomenuta zaštita loša i slaba. Mars je vladar Škorpije, prirodne osme kuće u Zodijaku, i pokazuje sposobnost transformacije i rasta u cilju opstanka.

Jedanaesta kuća prirodnog Zodijaka je Vodolija čiji je suvladar Rahu. Upravo ova vladavina čini Vodoliju veoma zloćudnim znakom i prirodnom badak kućom, kućom opstrukcije. Rudramša se odnosi na delovanje badaka i pokazuje način na koji zla, pod imenom 'viša sila' u pravnoj terminologiji, nastaju.

Prirodni skok u treću ili jedanaestu kuću zovemo manduka gati, ili žablji skok. Ovo kretanje koristimo u manduka daši koja je specijalno primenljiva na rudramša čart. Ove kuće su trigon od sedme kuće i predstavljaju prošlost (treća kuća), i budućnost (jedanaesta kuća) naših unutrašnjih želja. Rahu upravlja svim željama kao korenski uzrok ponovnog rođenja. Kako bismo razumeli delovanje rudramše, treba da razumemo osobine pogrešne želje i opsesije, kao i mehanizme kojima one donose patnju i padove.

D-11R čart

Računanje rudramše je pokazano u tabeli ispod. Brojevi od jedan do dvanaest predstavljaju dvanaest znakova od Ovna do Riba.

	Long.	Ov	Bi	Bl	Ra	La	De	Va	Šk	St	Ja	Vo	Ri
1	2°43′38″	1	12	11	10	9	8	7	6	5	4	3	2
2	5°27′16″	2	1	12	11	10	7	8	7	6	5	4	3
3	8°10′55″	3	2	1	12	11	8	9	8	7	6	5	4
4	10°54′33″	4	3	2	1	12	9	10	9	8	7	6	5
5	13°38′10″	5	4	3	2	1	10	11	10	9	8	7	6
6	16°21′49″	6	5	4	3	2	11	12	11	10	9	8	7
7	19°05′27″	7	6	5	4	3	12	1	12	11	10	9	8
8	21°49′05″	8	7	6	5	4	1	2	1	12	11	10	9

---

4   Karaka lagna se odnosi na znak u kom je čara atmakaraka u raši čartu.
5   Mahariši Đaimini Upadeša Sutra, prevod Sanđaj Rath, Sagar Publikacije, Delhi.

9	24°32'44"	9	8	7	6	5	2	3	2	1	12	11	10
10	27°16'22"	10	9	8	7	6	3	4	3	2	1	12	11
11	30°00'00"	11	10	9	8	7	4	3	4	3	2	1	12

Postoji veoma jednostavan metod za pamćenje ove tabele tj. za računanja rudramše. Za svaki znak brojanje rudramše je zodijačko i počinje od broja znaka brojano unazad od Ovna.

Na primer, Bik je drugi znak, a drugi znak brojano unazad od Ovna je znak Ribe. Dakle rudramša za Bika se broji od Riba i to su Ribe, Ovan, Bik, Blizanci, Rak itd. Slično tome, Lav je peti znak prirodnog Zodijaka, a peti znak brojano unazad od Ovna je Strelac. Rudramša za Lava se broji od Strelca redom, Strelac, Jarac, Vodolija, Ribe, Ovan itd.

Planete, kao i lagna, u različitim znacima smeštaju se u različite rudramše na osnovu njihove longitude u znaku. Čart nacrtan za sve planete, kao i za poziciju lagne u različitim D-11R podelama je rudramša čakra, ili prosto D-11R čart.

Primer

Čart 77: Nezavisnost Indije

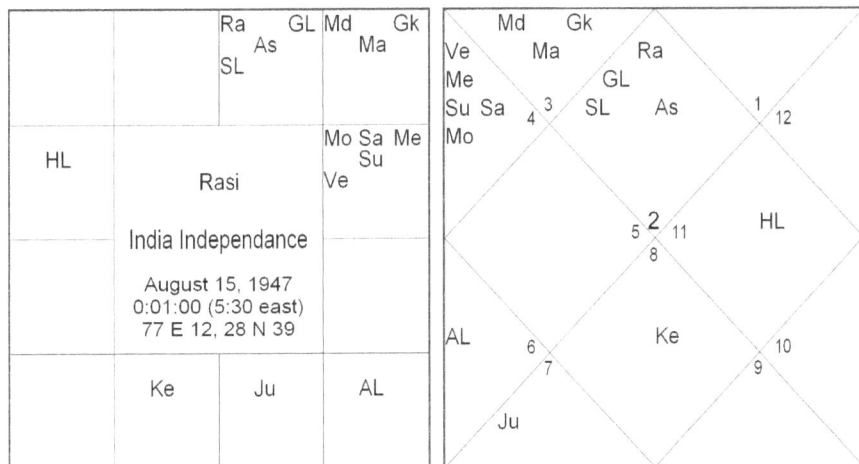

As:	8 Ta 01	Su:	27 Cn 60 (AK)	Mo:	3 Cn 60 (DK)	Ma:	7 Ge 28 (GK)
Me:	13 Cn 41 (PK)	Ju:	25 Li 53 (AmK)	Ve:	22 Cn 34 (MK)	Sa:	20 Cn 29 (PiK)
Ra:	5 Ta 04 (BK)	Ke:	5 Sc 04	HL:	3 Aq 11	GL:	12 Ta 02

Gk	Ra Ma	As	Me
Mo	D-11 Rudramsa August 15, 1947 0:01:00 (5:30 east) 77 E 12, 28 N 39	HL GL Ju Md	
AL		Sa	
SL	Su	Ke	Ve

As:	8 Ta 01	Su:	27 Cn 60 (AK)	Mo:	3 Cn 60 (DK)	Ma:	7 Ge 28 (GK)
Me:	13 Cn 41 (PK)	Ju:	25 Li 53 (AmK)	Ve:	22 Cn 34 (MK)	Sa:	20 Cn 29 (PiK)
Ra:	5 Ta 04 (BK)	Ke:	5 Sc 04	HL:	3 Aq 11	GL:	12 Ta 02

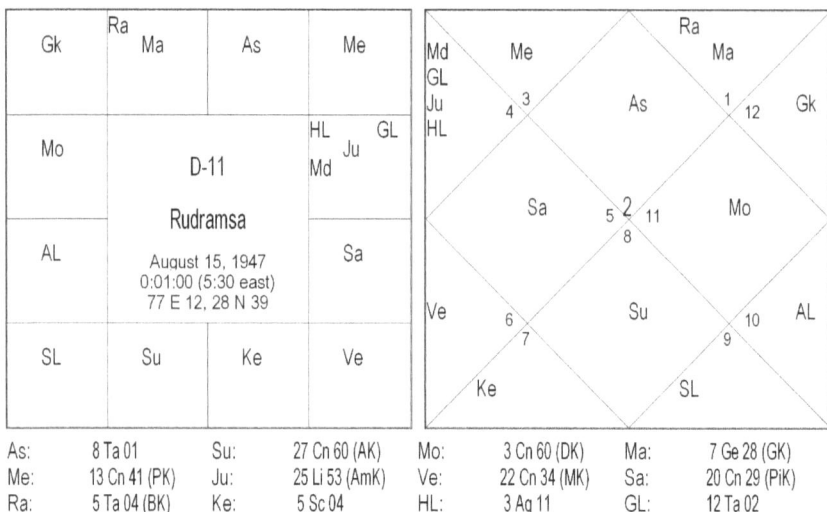

Pravila analize

Pravilo (1) Lagna i osma kuća pokazuju zdravlje i snagu osobe, pored desete kuće. Zapravo, prva, osma i deseta kuća pokazuju dugovečnost. Ukoliko se u ovim kućama nalaze muški znaci ili ako su ove kuće pod aflikcijama, tada date planete preuzimaju oblik malefične Rudre i donose haos u život.

Pravilo (2) Šesta, jedanaesta i treća kuća pokazuju zdravlje i snagu neprijatelja. Ukoliko su u ovim kućama muški znaci ili su one pod aflikcijama planeta, tada ove planete preuzimaju oblik malefične Rudre i uništavaju neprijatelje, baš kao što je Hanuman uništio Lanku.

Pravilo (3) Znaci i planete u vezi sa ovim kućama pokazuju verovatnoću i opseg problema.

Pravilo (4) Vreme događaja možemo predvideti uz pomoć Manduka daše rudramše. Manduka dašu možete naučiti iz Upadeša Sutri, a dostupna je i u Đaganat Hora softveru.

Pravilo (5) Rezultati planeta:

Sunce pokazuje opasnosti od požara i opasne temperature;

Mesec pokazuje opasnosti od vode i zarazne prenosive bolesti;

Mars pokazuje borbe, bitke, rat i slična zla;

Merkur pokazuje odrone i prirodne katastrofe;

Jupiter pokazuje versku netrepeljivost i socijalne probleme;

Venera pokazuje ljubavne katastrofe, probleme sa krvlju, itd;

Saturn pokazuje groznu nemaštinu i tugu i

Čvorovi Rahu i Ketu pokazuju velika zla poput onih na koje ukazuju Saturn i Mars, datim redom.

> *Pravilo (6)   Tačan vremenski period ovih neprilika može se utvrditi podelom Manduka daše na trećinu, kao i analizom antardaša.*

MANDUKA DAŠA

Manduka znači žaba i manduka gati, ili žablji skok definisan je u Brihat Parašara Hora Šatri kao preskakanje preko jednog znaka. Kretanje od Ovna ka Blizancima preskačući Bika, ili od Ovna do Vodolije preskačući znak Riba, zovemo manduka gati.

- Manduka daša uvek počinje od jedanaeste kuće. Na primer, ako je rudramša lagna znak Ovna, daša počinje od Vodolije, ili ako je lagna Bik tada počinje od Riba.

- U zavisnosti od toga da li je znak neparan ili paran, naredna daša prati zodijački ili anti-zodijački pravac. Na primer, ako daša počinje od Vodolije, sledeća daša se računa u pravcu Zodijaka, a ukoliko je početna daša Riba, tada naredna daša prati anti-zodijački pravac.

- Daša period dvojnih (promenljivih) znakova je devet godina, pokretnih znakova osam godina, a fiksnih znakova je sedam godina.

- Postoji dvanaest antardaša u svakoj daši i, u zavisnosti od toga da li je daša znak promenljiv (dvojni), pokretni ili fiksni znak, ove daše traju pod devet (9), osam (8) ili sedam (7) meseci, datim redom.

- Odredite snažnijeg između daša znaka i sedme kuće od njega. Znak u kom se nalazi vladar snažnije kuće pokreće prvu dašu.

- Antardaše su redovne i ne preskaču znakove poput daše, i prema nekim astrolozima, one su redovne (zodijačke) ako je prva daša daša neparnog znaka i anti-zodijačke ukoliko je prva daša daša parnog znaka. Generalno je prihvaćeno da se antardaše kreću zodijački.

Primeri

Tabela 21: Manduka daša Indije
Maha daše:

Pi: 1947-08-15 (12:01:00 am) - 1956-08-14 (7:20:57 am)

Cp: 1956-08-14 (7:20:57 am) - 1963-08-15 (2:23:01 am)

Sc: 1963-08-15 (2:23:01 am) - 1971-08-15 (3:38:56 am)

Vi: 1971-08-15 (3:38:56 am) - 1980-08-14 (10:59:60 am)

Cn: 1980-08-14 (10:59:60 am) - 1987-08-15 (5:59:52 am)

Ta: 1987-08-15 (5:59:52 am) - 1995-08-15 (7:14:35 am)

Aq: 1995-08-15 (7:14:35 am) - 2003-08-15 (8:24:41 am)

Sg: 2003-08-15 (8:24:41 am) - 2012-08-14 (3:47:37 pm)

Li: 2012-08-14 (3:47:37 pm) - 2019-08-15 (10:47:41 am)

Le: 2019-08-15 (10:47:41 am) - 2027-08-15 (11:59:32 am)

Ge: 2027-08-15 (11:59:32 am) - 2036-08-14 (7:21:49 pm)

Ar: 2036-08-14 (7:21:49 pm) - 2043-08-15 (2:22:09 pm)

U jedanaestoj kući je znak Riba, a jedanaesta kuća pokazuje nevolje od strane neprijatelja i budući da je u pitanju benefičan znak, ukazuju na to da one neće dominirati.

Njome vlada egzaltiran Jupiter što pokazuje da razlozi za nevolje mogu biti verska netolerancija ili ozbiljne društvene razmirice. Upravo tokom ovog perioda u Indiji su se pokrenuli hindu-muslimanski nemiri pošto su Britanci podelili Indijski podkontinent na različite nacionalne države na religijskoj osnovi. Zemlja je bila podeljena na različite države na osnovu jezičkih Celina, umesto socio-ekonomskih, posle čega je došlo do samoubistva štrajkom glađu.

Rat Indija – Pakistan

Ribe daša, Blizanci antardaša: početak rata

Prvi test za vojsku Indije došao je kratko posle proglašenja nezavisnosti, sa prvim indo-pakistanskim konfliktom (1947-48). Vojska je raspoređena da brani državne granice Đamu i Kašmira kada su plemena Patans napala sa severozapada i došla do Kašmira 22. oktobra 1947. Početkom novembra 1947. Indija sprovodi kontranapad i uspešno probija neprijateljsku odbranu. Uprkos prvobitnim uspesima vojska Indije doživljava neuspeh zbog logističkih problema. Problemi dozvoljavaju silama Azad Kašmira (Slobodni Kašmir, deo Kašmira pod Pakistanskom kontrolom) da preuzmu inicijativu i prisile indijske trupe na povlačenje sa pograničnih područija. Na proleće 1948., indijska strana sprovodi novu ofanzivu kako bi povratila deo zemlje koju su izgubili. Bez sumnje, usled straha da se rat može proširiti na Pakistan, vojska Pakistana postaje aktivni učesnik u sukobu. Sa eskalacijom konflikta, vođstvo Indije je brzo shvatilo da se rat ne može završiti ukoliko se ne zaustavi podrška Pakistana silama Azad Kašmira.

Ribe daša, Rak antardaša: kraj prvog rata

Shodno tome, po savetu glavnog generala Erl Luis Mauntbatena (britanskog poslednjeg namesnika u Indiji 1947. i guvernera Indije 1947-48), vlada Indije traži intervenciju Ujedinjenih nacija (UN) u konfliktu, 31. decembra 1947. U samom kabinetu postojao je otpor prema ovom koraku od strane onih koji se nisu slagali sa UN intervencijom u vezi sa kašmirskim problemom. Intervencija UN okončava rat 1. januara 1949. Tokom ovog rata, život je na obe strane izgubilo ukupno 1500 vojnika.

Škorpija daša, Blizanci antardaša: početak drugog rata

Do drugog indo-pakistanskog konflikta (1965) došlo je zbog Kašmira, i bez formalne objave rata. Počeo je u aprilu 1965. eskalacijom sukoba u Ranu Kači, slabo naseljenom regionu duž zapadne pakistansko-indijske granice. Praćeno infiltracijom 5. avgusta 1965, borbe se šire na Kašmir i Pundžab, i u septembru pakistanske i indijske trupe prelaze graničnu liniju između dve zemlje i pokreću međusobne avio napade na gradove.

Škorpija daša, Rak antardaša: kraj drugog rata

Posle kineske pretnje intervencijom kojoj su se uspešno usprotivile Amerika i Britanija, rat dolazi u ćorsokak, kada Savet bezbednosti UN donosi jednoglasnu odluku o rezoluciji 20. septembra koja poziva na prekid vatre. Delhi prihvata rezoluciju o prekidu vatre 21. septembra, a Islamabad 22. septembra, i rat se zaustavlja 23. septembra. Indijska strana je izgubila 3000, dok je Pakistan izgubio 3800 života. Uz posredovanje Sovjeta potpisana je Teškenska deklaracija, 10. januara 1966. Uslov je bio povlačenje obe strane do 26. februara 1966. na pozicije koju sa zauzimale pre 5. avgusta 1965. godine, kao i poštovanje dogovora o prekidu vatre od 30. juna 1965.

Devica daša, Blizanci antardaša: početak i kraj trećeg rata

3. decembra 1971., vazdušne sile Pakistana (PAF) pogađaju više aerodroma na severu Indije. Do ponoći, Indija zvanično ulazi u rat sa Pakistanom. Dve nedelje kasnije, rat je okončan. Indijska vojska osvaja nekadašnji Istočni Pakistan (Bangladeš) i uzima 93000 ratnih zarobljenika. Bila je to jedna od najbržih vojnih akcija u skorijoj istoriji…

Čart 78: Irak

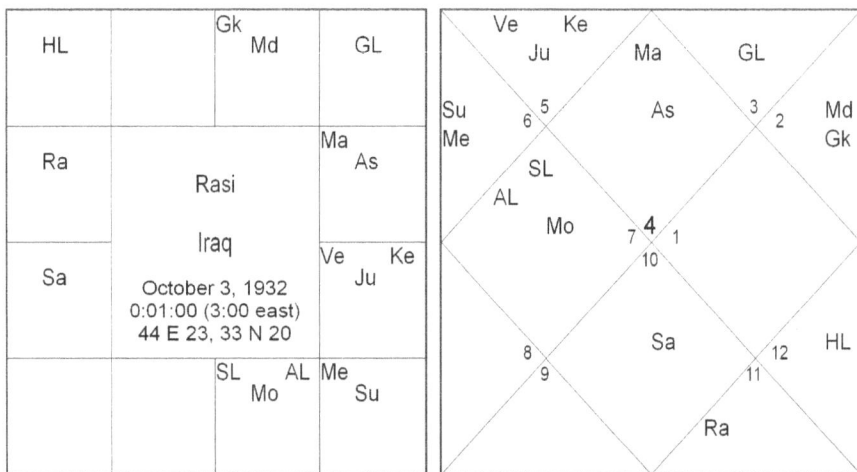

HL	Gk Md	GL		Ve Ke Ju	Ma	GL	
Ra	Rasi	Ma As	Su Me	6 5	As	3 2	Md Gk
	Iraq	Ve Ke		SL AL		4	
Sa	October 3, 1932 0:01:00 (3:00 east) 44 E 23, 33 N 20	Ju		Mo 7 10 1			
	SL AL Me Mo Su			8 9	Sa	12 11	HL
					Ra		

As:	1 Cn 04	Su:	16 Vi 32 (MK)	Mo:	23 Li 28 (AK)	Ma:	14 Cn 17 (PiK)
Me:	19 Vi 13 (AmK)	Ju:	18 Le 21 (BK)	Ve:	2 Le 14 (DK)	Sa:	5 Cp 12 (GK)
Ra:	22 Aq 45 (PK)	Ke:	22 Le 45	HL:	17 Pi 43	GL:	20 Ge 36

AL	Su	Ma Me Ju Mo	
Ra	D-11		
Md As	Rudramsa October 3, 1932 0:01:00 (3:00 east) 44 E 23, 33 N 20	Ke Sa	
Ve	SL HL	Gk GL	

As:	1 Cn 04	Su:	16 Vi 32 (MK)	Mo:	23 Li 28 (AK)	Ma:	14 Cn 17 (PiK)
Me:	19 Vi 13 (AmK)	Ju:	18 Le 21 (BK)	Ve:	2 Le 14 (DK)	Sa:	5 Cp 12 (GK)
Ra:	22 Aq 45 (PK)	Ke:	22 Le 45	HL:	17 Pi 43	GL:	20 Ge 36

Tabela 22: Manduka daša Iraka

Maha daše:

Sc: 1932-10-03 (12:01:00 am) - 1940-10-03 (1:16:21 am)

Vi: 1940-10-03 (1:16:21 am) - 1949-10-03 (8:40:00 am)

Cn: 1949-10-03 (8:40:00 am) - 1956-10-03 (3:41:16 am)

Ta: 1956-10-03 (3:41:16 am) - 1964-10-03 (4:56:11 am)

Pi: 1964-10-03 (4:56:11 am) - 1973-10-03 (12:15:22 pm)

Cp: 1973-10-03 (12:15:22 pm) - 1980-10-03 (7:21:25 am)

Li: 1980-10-03 (7:21:25 am) - 1987-10-04 (2:23:20 am)

Le: 1987-10-04 (2:23:20 am) - 1995-10-04 (3:37:44 am)

Ge: 1995-10-04 (3:37:44 am) - 2004-10-03 (10:58:46 am)

Ar: 2004-10-03 (10:58:46 am) - 2011-10-04 (6:00:20 am)

Aq: 2011-10-04 (6:00:20 am) - 2019-10-04 (7:16:49 am)

Sg: 2019-10-04 (7:16:49 am) - 2028-10-03 (2:35:01 pm)

Vaga Manduka daša i njen uticaj na rat Irak-Iran (1980-88)

Istorijska perspektiva: Istorijski, Irak je bio deo Otomanskog carstva pre nego što je postao britanski protektorat. Posle toga postaje kraljevstvo, da bi konačno postao totalitarna država. Sadam Husein postaje njen predsednik 1979. godine, i nemilosrdno drži moć uz političke čistke, ne štedeći čak ni članove svoje porodice.

Razdor koji se može bolje razumeti kroz efekte Kali je nasleđe Iraka, budući da su debilitirani Mars na lagni i Saturn u sedmoj kući klasična kombinacija za matibramana jogu (ludilo). Pod ovako zloćudnom kombinacijom zaraćenih Marsa i Saturna, mir postaje žrtva, dok neko čudno ludilo obuzima naciju čineći da lideri pozivaju na rat ili čine stvari koje dovode do rata, destrukcije i propasti naroda.

Četiri kendre pokazuju četiri glavna pravca ili regiona. Prva kuća, Rak, pokazuje sever i sa debilitiranim Marsom u matibramana jogi, ovo postaje glavno poprište nevolja koje uništava mir. Kurdi na severu žude za nezavisnošću i boriće se rukama i nogama da bi je dobili.

Deseta kuća, Ovan, pokazuje istočni pravac. Pošto je prazna ne pokazuje velike problem, iako će uticaj Kurda svakako biti jak jer je Mars vladar Ovna.

Sedma kuća, Jarac, pokazuje južni pravac. Saturn je snažan u Jarcu i pokazuje umešanost šiita u neki oblik masovnih pokreta (Saturn) i pogled usmeren na Iran (Saturn je vladar sedme i osme kuće – strani uticaji) za pomoć.

Četvrta kuća je znak Vage i pokazuje zapadni pravac. Ova kuća je snažna sa vladarom lagne, Mesecom, ovde pod aspektom vladara četvrte – Venere. Ovo govori da će Irak crpeti snagu iz zapadnog regiona. Konjukcija Venere, vladara četvrte i jedanaeste kuće, sa Jupiterom, vladarom devete, i griha karakom, Ketuom, obećava proširenje zemlje i imovine.

Ratna mašina

Rudramšu analiziramo (D-11 čart) kako bismo videli vojne aktivnosti, sukobe i uopšteno nemir i manduka daša pokazuje vremenski period ovih incidenata. U koju god kuću žaba uskoči (manduka), u datom području će biti sukoba i problema.

Vaga je deseta kuća u rudramša čartu i, baš kao i lagna i osma kuća, pokazuje Brahmu ili dugovečnost. Daša desete kuće nije povoljna po naciju, i kao i daše lagne i desete kuće, pokazuje poraz u ratu i ratne gubitke koji uzrokuju pogubnu štetu za razvoj mira u regionu.

I dok znak pokazuje gubitke za Irak, njegov vladar, Venera, pokazuje gubitke neprijatelju i tako donosi bezizlaznu situaciju.

Sa dolaskom daše Vage Irak ulazi u fazu rata sa komšijama. Sadamova ekspanzija državnog vojnog aparata i sve vesti o potencijalnom nuklearnom, hemijskom i biološkom oružju i razvoju sistema isporuka donose besane noći komšijskim zemljama. Ovi strahovi su potakli Izrael da napadne Irak 1981. godine u nastojanju da zaustave irački program razvoja oružja. Tokom osamdesetih Irak vodi dugu, gorku bitku sa Iranom koja rezultira besmislenim ćorskokakom, osiromašenom ekonomijom i stagnacijom rasta u regionu. I dok je ratni okršaj sa Iranom Iraku doneo ratnu dominaciju u regionu, takođe je stvorio i nekontrolisanu ratnu mašinu.

Proučite vojsku u raši čartu: vojska će konzumirati veliki deo ekonomskih resursa zemlje budući da je dvanaesta kuća od aruda lagne znak Vaga, zajedno sa egzaltiranim Merkurom što pokazuje snažnu vojsku, dok je Devica treća kuća u čartu i pokazuje odbrambene snage. Vođeni Republičkom gardom (Sunce je u konjukciji sa Merkurom) postaju najjači u regionu. Celokupno bogatstvo nacije (Sunce kao vladar druge kuće) odlazi na održavanje ove ogromne sile. Mritjupada (A8) se nalazi u Strelcu i prima aspekt Device (vojna mašina), dok je vladar Jupiter u drugoj kući, kući bogatstva, i pokazuje pozajmice i kredite u svrhu uvećanja bogatstva u vojne svrhe. Dakle, Irak se debelo zadužuje kod svojih komšija, naftnih proizvođača, poput Kuvajta, kako bi finansirao rat sa Iranom.

Zalivski rat

Godine 1987. počinje rudramša daša Lava, koji se nalazi u osmoj kući, koja je kuća dugova i bolesti, sa Saturnom, koji je vladar lagne i pokazuje osobu, i sa Ketuom koji je nekontrolisan i nepredvidljiv. Kuvajt posuđuje znatne sume Iraku tokom rata Iran – Irak. Zbog nemogućnosti da ispoštuje rokove isplate Irak iznosi tvrdnje da je spasio region iranske prevlasti i izražava želju za pregovaranjem i čak poništenjem pomenutog duga. Kuvajt ovo odbija i rat postaje neizbežan. Kuvajt je na različite načine bio prepreka na putu za Irak. Kuvajt snižava cene nafte tako što naglo uvećava proizvodnju preko 'dogovorenih' granica time ulazeći u naftne prihode Iraka čime izaziva preneraženost i bes. Ovaj događaj se dešava u toku antardaše Device.

U Devici se nalazi Gatika Lagna (GL: moć, pozicija, prevlast) i aspektuje šestu kuću sa četiri benefične planete u Blizancima. Devica će doneti šok neprijateljima, šok koji će ih ostaviti paralisanim. Primetimo da je manduka u prvoj, osmoj i desetoj kući nepovoljna za naciju, a ako se nalazi u šestoj, jedanaestoj i trećoj kući, postaje loša po neprijatelja. Kada se manduka nađe u znacima koji aspektuju ove kuće, data daša donosi nepovoljnosti naciji, u prvom slučaju, ili neprijateljima u drugom. Ovako avanturistička pozicija će trajati od 1. juna 1990. do 30. juna 1991. godine, jer je u pitanju period rudramša manduka daše Device.

Devica antardaša, Devica pratiantara počinje 2. avgusta 1990. i tačno na taj dan u 1:00h ujutro, Irak maršira na Kuvajt i osvaja zemlju za svega četiri i po sata! Incident je identičan Hitlerovom osvajanju Austrije, dok je ostatak sveta ostao u debati oko ispravnog i neispravnog. Kao što su sve planete u Blizancima u rudramši zajedno sa svojim liderom Merkurom, ostatak sveta se okupio iza Amerike, međutim, stvarna reakcija je izostala uprkos UN rezoluciji, prosto zato što je Devica antardaša i dalje bila na snazi (operacija Pustinjski štit je imala više zuba nego ujeda).

Antardaša Device se završava 30. juna 1991. i tačno na ovaj dan, Irak pravi grešku i napada Američkog saveznika – Saudijsku Arabiju. Antardaša se menja, počinje daša Vage, a to je deseta kuća u rudramš, i to pokazuje da je došlo vreme da Irak okusi poraz. Predsednik Buš donosi neke teške odluke. Pratianatar daša Device u toku daše Vage završava 19. februara 1991. i sledeća pratiantara daša Raka, od 19. februara 1991. inicira pravi rat. Vazdušni napadi sakate Irak, dok je kopneni rat koji je počeo 23. februara 1991. glatko dobijen svega četiri dana kasnije.

Sadašnji period: trenutni period manduka daše Blizanaca od 1995 – 2004. je veoma povoljan za Irak, kao što to možemo videti, svet se udružio u pravcu podrške Sadamu uprkos nekim dokazima iznetim od strane Sjedinjenih Američkih Država. Ova povoljna pozicija će potrajati samo do 31. marta 2003. godine kada ističe povoljna daša Riba, štetna po neprijatelje.

Ovan je na vratima i bog rata je željan krvi. Naša poruka Sadamu Huseinu u ovom scenariju može jedino biti 'Marsove ideje dolaze'6. Đaimini podučava da će prave prepreke zlu doći kroz saosećajni znak

---

6   Prorokova reči upućene diktatoru Julijusu Cezaru predskazujući smrt i destrukciju (Julijus Cezar; Šekspir).

Rak (sedište Šive koga obožavamo ponedeljkom). Baš kao i operacija Pustinjska oluja, ova operacija Pustinjski štit (vojna operacija nad Irakom) se očekuje u pot-potperiodu Raka između 23. aprila 2003. do 16. maja 2003. Uzgred, dana 23. aprila 2003. formirana je savršena Rudra joga, tada su Mesec i Mars u konjukciji i potvrđuju brzu akciju koja će se odviti ubrzo posle najtamnije noći.

Na forumu vedske astrologije pomenuli smo da će se ovo protegnuti preko svih očekivanja budući da je u toku manduka daša Blizanaca koja aspektuje šestu kuću, bar do oktobra 2004, iako se očekuje planirana brza akcija.

Brojke i činjenice

(1) Rat sa Irakom počinje 19. marta 2003, mesec dana pre procenjenog perioda manduka daše, ali na vreme na osnovu tranzita kao 'Martovske ideje' koje su 23. marta (pomeranje od četiri dana). (2) Irački rat se protegao daleko preko planiranog, kao što se moglo i očekivati na osnovu manduka daše rudramše.

Čart 79: Adolf Hitler

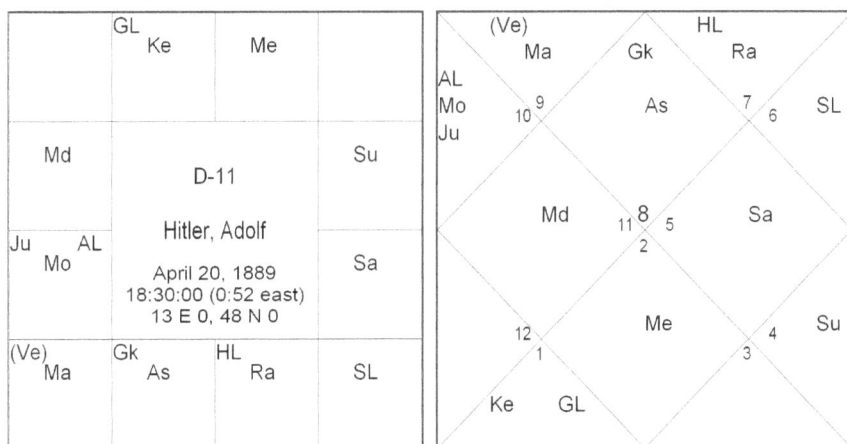

As:	4 Li 27	Su:	8 Ar 30 (PK)	Mo:	14 Sg 19 (PiK)	Ma:	24 Ar 05 (AmK)
Me:	3 Ar 23 (DK)	Ju:	15 Sg 56 (MK)	Ve (R):	24 Ar 23 (AK)	Sa:	21 Cn 09 (BK)
Ra:	23 Ge 45 (GK)	Ke:	23 Sg 45	HL:	20 Ta 42	GL:	24 Cp 49

Tabela 23: Manduka daša D-11 Adolfa Hitlera

Vi: 1889-04-20 (6:30:00 pm) - 1898-04-21 (1:57:28 am)

Cn: 1898-04-21 (1:57:28 am) - 1905-04-21 (9:00:47 pm)

Ta: 1905-04-21 (9:00:47 pm) - 1913-04-21 (10:07:31 pm)

Pi: 1913-04-21 (10:07:31 pm) - 1922-04-22 (5:38:51 am)

Cp: 1922-04-22 (5:38:51 am) - 1929-04-22 (12:39:05 am)

Sc: 1929-04-22 (12:39:05 am) - 1937-04-22 (1:45:22 am)

Le: 1937-04-22 (1:45:22 am) - 1945-04-22 (3:03:44 am)

Ge: 1945-04-22 (3:03:44 am) - 1954-04-22 (10:35:40 am)

Ar: 1954-04-22 (10:35:40 am) - 1961-04-22 (5:24:34 am)

Aq: 1961-04-22 (5:24:34 am) - 1969-04-22 (6:44:04 am)

Sg: 1969-04-22 (6:44:04 am) - 1978-04-22 (2:14:21 pm)

Li: 1978-04-22 (2:14:21 pm) - 1985-04-22 (9:06:39 am)

Iako nam je za detaljnu studiju svetskog rata neophodan čart Trećeg Rajha, mi možemo odgonetnuti bitne događaje u vezi sa ratom i smrću iz Hitlerovog čarta, posebno budući da su njegove lične odluke odigrale ključnu ulogu.

Specijalna devata ovog čarta: Brahma – Jupiter; Rudra – Mars; Mahešvara – Mars.

Manduka daša Lav – Lav: Sunce je u marana karaka stanu od Lava, dok je Saturn snažan u znaku Lava i kao vladar treće kuće obećava pobedu nad komšijama.

5. novembar 1937: Hitler otkriva ratni plan tokom Hosbah konferencije. Manduka daša Lava počinje, i već u toku prve antardaše Hitler predviđa i započinje pripreme za dug (Saturn) rat. U rudramši, Saturn je u Lavu i kao vladar treće kuće pokazuje vojnu nadmoć, posebno zato što je pod aspektom Jupitera. Kao znak u desetoj kući, Lav preti Nemačkoj, ali njegov aspekt na šestu kuću Ovna (sa Ketuom, vojska/ vojnici) postaje veoma opasan za sve zemlje Zapadne Evrope koje su neprijatelji Hitleru/Nemačkoj. Njegov aspekt na Jarca, na treću kuću koja pokazuje susede, sa Mesecom (dom) i Jupiterom (vlada) preti ovim zemljama gubitkom doma i vlade.

12. mart 1938: Nemačka proglašava 'Anšlus' (uniju) sa Austrijom. Manduka daša Lav-Lav-Škorpija: Škorpija je moć Bagalamuki koja ostavlja neprijatelje u šoku i pod hipnozom, nemoćne da reaguju. Nemačka je umaršira u Austriju dok je svet to posmatrao u stanju šoka i pod potpunom hipnozom.

Manduka daša Lav – Devica: Devica je jedanaesta kuća i obećava velike dobitke, posebno u slučaju aspekta Marsa i Venere iz Strelca, gde Mars pokazuje majmuna koji reži, a Venera voljenog prijatelja.

30. septembar 1938: Britanski premijer Nevil Čamberlin umiruje Hitlera u Minhenu. Manduka daša i Hitler su odigrali inteligentno, Hitler ciljano diže buku i Čemberlin priznaje, što Sloveni doživljavaju kao izdaju.

15. oktobra 1938: Nemačke trupe okupiraju Sudet; Češka vlada podnosi ostavku. Manduka daša Lav-Devica-Škorpija: i još jednom, konkretan potez se dešava u toku Škorpija pratiantare što šokira neprijatelja ostavivši ga bez poteza dok Nemačka ulazi u Sudetsku oblast.

Manduka daša Lav – Vaga: Vaga prima aspekt Lava i znak je Saturnove egzaltacije. Ovde se nalazi Rahu koji preti početkom rata. Hitler je održao dato obećanje (deseta kuća) o započinjanju dugog rata (Saturn) serijom napada na komšije (Jarac) kako bi ispunio svoj san o 'Evropskoj državi' pomenutoj u njegovoj knjizi Majn Kamf. Rahu je suvladar četvrte kuće, nalazi se u dvanaestoj kući i obećava dobitke stranih poseda prevarama i sujetom.

1. Septembra 1939: Nemačka okupira Poljsku i 3. septembra Britanija, Francuska, Australija i Novi Zeland progašavaju rat Nemačkoj i bitka oko Atlantika počinje.

2. 27. Septembar 1939: Varšava se predaje nacistima; Rejnhard Hejdrih postaje lider glavne sigurnosne kancelarije novog Rajha (RSHA).

3. 29. septembra 1939: Nacisti i Sovjeti dele Poljsku.

Manduka daša Blizanaca: Blizanci su osma kuća u rudramši i pokazuju grozne opasnosti zbog aspekta Marsa i Venere – Mars je u marana karaka stanu od Blizanaca. Aspekt Venere pokazuje opasnost iz braka ili veze. Saturn u trećoj kući od daša rašija predstavlja pretnju smrću ili smrtnim patnjama. Merkur pokazuje da prijatelji i partneri veoma pate, jer se nalazi u sedmoj kući, a pokazuje i opasnosti od prirodnih nepogoda. Mesec je u marana karaka stanu od daša rašija i opasan je po život osobe. U toku prve antardaše Jarca sa Mesecom i debilitiranim Jupiterom (vatra na sve strane i pad vere), desili su se sledeći događaji:

28. april 1945: Musolini je uhvaćen i obešen od strane talijanskih partizana; Saveznici zauzimaju Veneciju.

30. aprila 1945: Adolf Hitler je izvršio samoubistvo, istog dana kada se venčao sa Evom Braum.

OM TAT SAT

11

Dugovečnost i Smrt

Svetlost Deva

Reč Đotiša uključuje svetlo (đoti) i izvor prosvetljenja (iša). Izvor svetla se naziva Deva. Mnogi pogrešno tumače značenje reči 'Deva' kao 'Bog'. U stvari, postoje 33 deve sa negde oko 330 miliona oblika. Reč je izvedena od korena reči Divu koja ima deset značenja[1] koja definišu svrhu deva. Nirukta[2] definiše deve kao nešto što (a) potvrđuje dobrobiti (danada) (b) prosvjetljava (dipanad) ili (c) je izvor takvog znanja ili prosvjetljenja (djutanad). Dakle, prevoditi deva kao Bog je konceptualno netačno i prevod 'polu-bog' je više prihvatljiv. Ovo mišljenje je dalje potvrđeno bez ikakve sumnje u Aitereya Brahmani[3] kao i u Sathapatha Brahmani[4]. Prirodno se rađa pitanje "ako Deva nije Bog, onda ko ili šta su Deve i na koji način su povezani sa Đotišem"?

Sathapatha Brahmana 14.16:

katame te trayastriṁśat iti aṣṭau vasavaḥ| ekādaśa rudrā dvādaśādityāḥ ta ekatriṁśat indra'caiva prajāpatiśca trayastriṁśāviti| |

Prevod: (Mi) govorimo o 33 (deve) od kojih (a) osam vasua, (b) jedanaest rudri i (c) dvanaest aditja zajedno daju 31; sa (d) Indrom i (e) Prađapatijem dolazimo do broja 33.

---

1   *Dhatupatha- divu: kṛḍāvijigiṣā vyavahāra dyuti stuti moda mada svapna kānti gatiṣu|*
kṛḍā - sport
vijigiṣā - pobeda
vyavahāra – okupacija/posao
dyuti – intelektualna inspiracija ili brilijantnost
stuti – veličanje
moda – zadovoljstvo
mada – raspoloženje, intoksikacija
svapna – san
kānti – raskoš
gati – pravac, kretanje
2   ibid 7.16
3   śloka 1.6 satyasamhita vai deva
4   śloka 3.7.3.10 vidmanso hi deva

Imamo listu od 33 deve koje pokreću kompletan proces Kreacije, održavanja i destrukcije. Ona uključuje:

- Ašta Vasave ili osam izvora svetla, koji su povezani sa procesom održanja, iskustva i učenja za Atmu (dušu). Broj osam je značajan kao veza ovih svetala sa osam krakova Kala Čakre (takođe poznate pod imenom Kota Čakra) i osam Čara Karaka koje predstavljaju individualnu dušu i ostale duše koje interreaguju sa njom u procesu učenja. Na nivou Atme (duše) život nije ništa drugo do proces učenja gde svaka duša, u telu ljudskog bića, životinje i bilo kog drugog je u konstantnoj interreakciji i deljenju znanja u procesu učenja, što je pokazano odnosom Jupitera (učitelj) i Merkura (učenik).. Ovo je shvatanje koje spada u Varahamihirin virjotkata princip ili Đaiminijev drugi izvor snage.

- Dvadaša aditja ili dvanaest Sunčevih znakova su polje znanja i izvor materijalne dobrobiti za održavanje kreiranog bića

- Indra je kralj Deva isto kao što je Atma Karaka kralj horoskopa

- Prađapati je kreator i predstavlja Brahmu u njegovom kreativnom aspektu

- Ekadaša Rudra ili jedanaest uništitelja su povezani sa uništenjem kreacije i kreiranog bića. Od ovih jedan će biti Mahešvara (Šiva), odgovoran za odvođenje duše od ropstva uma (mane) dok ostalih deset će biti odgovorno za zaštitu tela.

Falita đotiš ima dva aspekta – (1) proučavanje stvarnog duhovnog bića i proces učenja gde su umešane asta vasave i indra, koji se smatra prvim principom đotiša šastre i (2) proučavanje polja gde se odvija kompletan proces učenja, opstanak i održavanje kreiranog bića, gde dvadaša aditja i ostale deve dolaze u plan. Ovo smatramo trećim aspektom đotiš šastre.

Ajur đotiš je proučavanje perioda održavanja u ovom materijalnom Univerzumu kao i period povratka individualne duše svom duhovnom učitelju. Prvi je kontrolisan Rudrama, dok je drugi kontrolisan specifično Mahešvarom (Šivom). Brahma (Prađapati) takođe dolazi na scenu i ovih dvanaest Deva (ekadaša Rudra i Prađapati) će imati svu kontrolu u ovom aspektu, što smatramo drugim principom đotiš šastre.

U ovom članku, pručavaćemo Rudru i Prađapatija da bi dobili dublje razumevanje života i procesa smrti.

Ekadaša Rudra

Sathapatha Brahmana 14.16:

katame rudrā itil daśeme puruṣe praṇā ātmaikādaśaḥ tekatame rudrā itil daśeme puruṣe praṇā ātmaikādaśaḥ te yadasmat martyāccarīradutkrāmanti atha rodantiyadasmat martyācca rīradutkrāmanti atha rodanti tad tad radayanti tasmād rudrā itil tad tad rodayanti tasmād rudrā itil

Jedanaest Rudri[5] se definišu kao Deve. Deset od njih su poput velikog bika ili slona, držeći ‚Pranu' (suštinsku životnu silu ili vazduh) unutar tela koji održavaju disanje i život. Njihova priroda je slična Marutu ili Bogu oluja i na neki način slična Vajuu (vazdušni element ili Bog vetra). Jedanaesta Rudra je Mahešvara i odgovoran je za Atmu (dušu). Ime Rudra dolazi iz korena reči Rud, što znači plakati, jer ‚njihov odlazak' rezultira smrću osobe i plačem bližnjih. Ovih jedanaest Rudri (uključujući Mahešvaru) su odgovorni za uništenje svega što je kreirano i formiraju drugi princip đotiša. Njihov odlazak dovodi do razdvajanja tatvi i telesne dezintegracije. U normalnim okolnostima, telo prvo napušta Vaju (disanje/vazduh/gas) kojim vlada Saturn. Dakle, Saturn postaje Ajus karaka ili signifikator dugovečnosti kao i signifikator duhovne discipline Pranajame (zadržavanje Prane) koja daje dug život i dobro zdravlje.

U prvoj fazi, nastaje destrukcija fizičkog tela ‚odlaskom' bilo koje od deset Rudri. U fizičkim terminima, ovo znači odvajanje Mane (i Atme) od tela. Posle toga se Atma (duša) odvaja od Mane (Um) Mahešvarom (Šivom), jedanaestom Rudrom. Dva Mesečev čvora, koji se nazivaju Rahu i Ketu, su uništitelji. Rahu je odgovoran za uništavanje svetala i znakova (Dvadaša Aditja). Ketu uništava materijalnqu kreaciju predstavljenu Panča Tatvama (u đotišu su to pet planeta: Mars, Merkur, Jupiter, Venera i Saturn) i nakšatre. Rudra se može posmatrati kao vezivna sila u bilo kojem kreiranom biću, bilo živom, bilo neživom. One simbolišu snagu Boga i snagu kreiranog jer usled njihovog odlaska, telo slabi i biva uništeno.

1.	Đaimini je dao jako puno detalja u vezi sa računanjem ovih jedanaest Rudra (zapravo deset Rudra i jedanaestu koju naziva Mahešvara ili Šiva koji je odgovoran za isporuku duše).

Kvalifikacija Rudra

Đaimini: ĐMUS tekst 2.1.35

पितृलाभ भावेश प्राणि रूद्रः ॥

pitṛlābha bhāveśa prāṇi rūdraḥ | |

Prevod: Snažniji između dva vladara, vladara osme kuće od ascedenta i osme kuće od sedme kuće, je Rudra (uništitelj).

Đaimini: ĐMUS tekst 2.1.36

अप्राण्यपि पापदृष्टः ॥

aprāṇyapi pāpadṛṣṭaḥ | |

Prevod: Između dva vladara (osme kuće) povezanost sa maleficima ili aspekt malefika može slabijeg učiniti Rudrom.

Vladar osme kuće od (a) Lagne ili (b) sedme bhave, koji god je snažniji, kvalifikuje se kao Rudra. Ovde nije najvažnija snaga ascedenta ili sedme kuće, nego vladara osme kuće od njih. Vladari osmih kuća su u stvari vladari druge i osme kuće. Koji god da je od pomenuta dva vladara snažniji, kvalifikovaće se kao Rudra. Đaimini kasnije dodaje šloku u kojoj nam savetuje da koristimo četvrti izvor snage znakova°, govoreći da ako je slabiji od ta dva, vladara druge ili osme kuće, afliktovan većim brojem prirodnih malefika, onda on može postati Rudra.

Maheśvara

Đaimini: ĐMUS tekst 2.1.46

स्वभावेशो महेश्वरः ॥

svabhāveśo maheśvaraḥ | |

Prevod:Vladar osme kuće od Atma Karake se naziva Maheśvara.

Sada, vladar osme kuće od znaka u kojem se nalazi Atmakaraka ima veći status od ostalih Rudri i naziva se Maheśvara. Bhagavat Gita takođe pokazuje ovu razliku, kada Šri Krišna kaže: "među Rudrama, Ja sam Šankara (ili Maheśvara)". Filozofska razlika je u tome što svaka od ostalih deset Rudri uništava telo, dok Mahešvara oslobađa dušu (atmu) odnoseći je iz kruga rađanja i umiranja na viši duhovni nivo.

Đaimini: ĐMUS tekst 2.1.47

स्वोच्चे स्वभे रिपुभावेश प्राणि॥

svocce svabhe ripubhāveśa prāṇi||

svocce svabhe ripu = 12; bh˜v= 44/12 = 8 rem; pr˜õi

Prevod: Ako je vladar osme kuće od Atmakarake egzaltiran ili u svom znaku, vladar osme ili dvanaeste od njega, koji god je snažniji, postaje Mahešvara.

Ovo je prvi iznimak za određivanje Mahešvare, od šloke 2.1.46 i zasnovan je na principu da egzaltiran vladar osme kuće ili vladar u svom znaku, gubi svoju moć da ubije i delegira moć na drugog tj. na vladara osme ili dvanaeste od znaka u kojem se nalazi.

Đaimini: ĐMUS tekst 2.1.48

पाताभ्यां योगे स्वस्य तयोर्वा रोगे ततः॥

pātābhyāṁ yoge svasya tayorvā roge tataḥ||

sya= 1; tayorv˜ roge32/12 = 8 rem; tata×

Prevod: Ako Rahu ili Ketu postanu Mahešvara ili ako su Rahu ili Ketu u prvoj ili osmoj kući od Atmakarake, šesta planeta ili šesti vladar datim redom postaje Mahešvara.

Drugi iznimak za određivanje Mahešvare je taj da ako Rahu ili Ketu postanu Mahešvara, šesta Graha od njih redosledom dana u nedelji postaje Mahešvara. Dakle, Budha će zameniti Rahua i Jupiter će zameniti Ketua, kao Mahešvara.

Treći iznimak za određivanje Mahešvare je da ako su Rahu ili Ketu sa Atmakarakom ili u osmom znaku od nje, vladar šestog znaka će postati Mahešvara (zato što je šesta kuća osma brojano unazad od Atmakarake usled uticaja Rahua i Ketua).

Dodatne napomene: Sa Atmakarakom u Mešu, Ketu kao suvladar Škorpije se može kvalifikovati za Mahešvaru i ako je Atmakaraka u Raku, Rahu kao suvladar Vodolije se može kvalifikovati za Mahešvaru. Takođe, ako su egzaltirana Venera ili snažan Jupiter kao privremena Mahešvara u Ribama, Rahu kao vladar dvanaeste može postati Mahešvara. Slično je i sa snažnim Mesecom ili egzatiranim Jupiterom u Raku kao privremenim Mahešvarama. Rahu će ući u trku ds postane Mahešvara. Ketu dolazi u obzir za Mahešvaru ako su egzaltirano Sunce ili snažan Mars u Ovnu kao privremene Mahešvare ili ako je egzatiran Ketu ili snažan Jupiter u Strelcu kao privremeni Mahešvara.

U trećem iznimku, Rahu sam može biti Atmakaraka ili bilo koji od čvorova može biti zajedno sa Atmakarakom ili se naći u osmoj od nje. Tada vladar osme od Atmakarake postaje Mahešvara. U suštini, brojimo osam znakova obrnutim smerom od Atmakarake zbog uticaja čvorova i dolazimo do šeste kuće, čiji vladar postaje Mahešvara.

Inteligentno pitanje u vezi sa ovim je šta se dešava kada je ovaj vladar šeste (vladar osme obrnutim brojanjem) egzaltiran ili u svom znaku? Onda snažniji među vladarima osme ili dvanaeste postaje Mahešvara. Sada, šta se dešava ako je dati vladar osme ili dvanaeste Rahu ili Ketu? U tom slučaju Merkur ili Jupiter zamjenjuju Rahua ili Ketua, datim redom kao Mahešvare.

Indra i Prađapati

Shatapatha Brahmana

katama indraḥ katama prajāpati| stanayitnurevendro yagya prajapatiriti|

Prađapati (Brahmin solarni avatar)

Jagjam je obožavanje ili slavljenje Prađapatija, praoca. Ovo je četvrti princip đotiša i naziva se Lagna ili ascendent, predstavljajući sedište Prađapatija, praoca 'hvale vrednog'. On je (fizički) kreator svih bića i oblik Brahme. On se slavi sa Gajatri mantrom za Njegovu izvrsnu službu celokupnoj kreaciji.

Brahma: Jedna od ovih šest planeta (od Sunca do Venere) će predstavljati Brahmu, kreatora u horoskopu. Saturn ne može postati Brahma planeta, pošto je Ayus karaka i pošto je Brahma njegovo Božanstvo ne može prestavljati Brahmu. Čvorovi nemaju fizičko telo i ne mogu ovde učestvovati, oni su u stvarnosti demonski i dobili su besmrtnost zbog 'ispijanja amrite' u tajnosti u vreme mućenja primodijalnog okeana.

Određivanje Brahme

Đaimini: ĐMUS tekst 2.1.49

प्रभुभाव वैरिश प्राणी पितृलाभप्रण्यनुचरो विषमस्थो ब्रह्मा॥

prabhubhāva vairiśa prāṇī pitṛlābhapraṇyanucaro viṣamastho brahmā||

Beleška: prabhu= 42/12 = 6 Rem; bhava= 44/12 = 8 Rem; vairi = 24/12 = 12 Rem; prani= ; pitri= 61/12 = 1 Rem ; labha = 43/12 = 7 Rem;

Parasara: praõyanucaro viÿamastho brahm˜

Prevod: Od snažnijeg između Lagne i sedme kuće, snažniji od vladara šeste, osme i dvanaeste, ako je postavljen u neparnom vidljivom znaku je Brahma (Kreator).

Đaimini: ĐMUS tekst 2.1.50

ब्रह्माणि शनौ पातयोर्वा ततः ॥

brahmāṇi śanau pātayorvā tataḥ||

Beleške: (Tatah = 66/12 = 6 ostatak) Parašara ima *slično mišljenje*: *śanau pāte ca brahmarve brahmā taṭṣaṭhakhecaraḥ.*

Prevod: Ako Šani, Rahu ili Ketu postanu Brahma, onda šesta planeta (brojano redosledom dana u nedelji) postaje Brahma.

Rahu i Ketu se broje kao osma i deveta planeta posle sedam planeta od Sunca do Saturna. Ako Saturn postane Brahma, onda ga zamenjuje Mars kao šesta planeta brojano od njega. Na isti način, Merkur zamjenjuje Rahua i Jupiter zamjenjuje Ketua kao Brahma.

Đaimini: ĐMUS tekst 2.1.51

बहूनां योगे स्वजातीयः ॥

bahūnāṁ yoge svajātīyaḥ||

Prevod: Ako se više od jedne planete kvalifikuje za Brahmu, onda planeta sa većom logitudom (u znaku) postaje Brahma.

Đaimini: ĐMUS tekst 2.1.53

ब्रह्मा स्वभावेशो भावस्थः ॥

brahmā svabhāveśo bhāvasthaḥ | |

Prevod: Ako je vladar osme od Atmakarake u osmoj kući, on se kvalifikuje kao Brahma.

Ako je, međutim, vladar osme od Atmakarake u nekom drugom znaku, postaje Mahešvara (pogledajte šloku 2.1.46), ali u samoj osmoj kući ne može biti Mahešvara (šloka 2.1.47) i postaje Brahma.

Đaimini: ĐMUS tekst 2.1.54

विवादे बली ॥

vivāde balī | |

Prevod: Ako dve ili više planeta teže da budu Brahma, treba uzeti najsnažniju.

Parašara ima slično mišljenje. Međutim takva situacija se retko dešava, da se među kvalifikovanim planetama nađu dve sa istom longitudom (nezavisno od znaka) stih 2.1.51.

Koraci za određivanje Brahme

Korak 1: Odredite snažniju između Lagne i sedme kuće prema izvorima snage i nazovite ovo satja pita. Izvori snage su dati na kraju teksta.

Korak 2: Pronađite vladare šeste, osme i dvanaeste kuće od satja pite. Zapamtite da uzimate u obzir i suvladarstvo Vodolije (Rahu) i Škorpije (Ketu), ako su ovi znakovi umešani.

Korak 3: Proverite da li je neki od ovih vladara (a) postavljen u parnom znaku i (b) u nevidljivoj polovini zodijaka. Nevidljivu polovinu zodijaka čine znakovi od prve do šeste kuće.

Korak 4: Sledeće situacije se mogu desiti:

(A) Samo jedna planeta zadovoljava oba kriterijuma. Uzmite je kao Brahmu i nastavite sa korakom 6, ako ne (B)

(B) Dve ili više planeta mogu ispuniti oba kriterijuma. Idite na korak 5A, ako ne onda (C)

(C) Nijedna od planeta ne ispunjava kriterijum. Uzmite slabiji znak između lagne i sedme kuće i odredite vladare šeste, osme i dvanaeste kuće od tog znaka. Onda pređite na korak 3, korak 4 i tako dalje. Idite na korak 5A ako se jedna ili više planeta kvalifikuje za Brahmu. Ako ne, pošto se razmotre oba kriterijuma, nastavite sa korakom (D) ili (E).

(D) Nijedna od planeta ne ispunjava oba kriterijuma, pređite na korak 5B ili 5C.

(E) Nijedna od planeta ne ispunjava ni jedan kriterijum, pređite na korak 5C.

Korak 5A: Od svih kvalifikovanih vladara, najsnažniji postaje Brahma.

Korak 5B: Od dva kriterijuma (a) i (b) datih u koraku 3, <u>odbacite kriterijum (b)</u> i razmotrite kriterijum (a) koji zahteva da je planeta smeštena u neparanom znaku. Počnite da vežbate određivanje Brahme počevši od koraka 1 ignorišući kriterijum (b) u koraku 3. Prema tome, u koraku 4, uslov o zadovoljavanju oba kriterijuma treba ignorisati i treba razmatrati zadovoljavanje jednog kriterijuma.

Korak 5C: Između dva kriterijuma (a) i (b) u koraku 3, odbacite kriterijum (b) i modifikujte kriterijum (a) koji zahteva da je planeta postavljena u neparnom znaku i čitajte kao ,neparna kuća' tj. kuće 1, 3, 5, 7, 9 i 11. Počnite da vežbate određivanje Brahme od koraka 1 ignorišući kriterijum (b) u koraku 3. Prema tome, u koraku 4, uslov o zadovoljavanju oba kriterijuma treba ignorisati i jedino treba razmatrati zadovoljenje jednog od kriterijuma.

Korak 5D: Preskočite kompletno korak 3 i kriterijum o smeštenosti u neparnom znaku kao i u nevidljivom delu zodijaka treba u potpunosti odbaciti. Nastavite sa korakom 1 i počnite sa vežbom utvrđivanja Brahme ignorišući kompletan korak 3. Prema tome, u koraku 4 (A) i (B), uslov o zadovoljavanju kriterijuma u koraku 3 treba ignorisati.

Korak 6: Ako je vladar osme kuće od Atmakarake postavljen u osmoj kući, to ga diskvalifikuje kao Mahešvaru i umesto toga automatski postaje Brahma preinačujući sve prethodne uslove za određivanje Brahme.

Korak 7: Ako se dve ili više planeta bore za poziciju Brahme, onda snažniju treba proglasiti Brahmom.

Korak 8: Ako se neka od ove tri planete Saturn, Rahu ili Ketu, kvalifikuju za poziciju Brahme, onda šesta planeta od njih, brojano redosledom dana u nedelji, postaje Brahma.

Ako se Saturn kvalifikuje kao Brahma, onda Satrun zamenite sa Marsom.

Ako se Rahu kvalifikuje kao Brahma, onda Rahu zamenite sa Merkurom.

Ako se Ketu kvalifikuje kao Brahma, onda Ketu zamenite sa Jupiterom.

Indra (Atmakaraka, Kralj)

Stanajitnu znači munja ili sevanje i odnosi se na električne impulse koji se koriste da bi mozak kontrolisao čula. Indra je Božanstvo koje kontroliše čula i rad mozga kao i inteligenciju kompletne kreacije. Parašara se odnosi prema njemu kao božanstvu Jupitera. To se čini jako logičnim jer Jupiter vlada 'dhi šaktijem' ili inteligencijom u biću, i Indra je krajnji autoritet koji kontroliše i vodi ovu inteligenciju koristeći svoje oružje, vađru (električne impulse prestavljene munjom).

On je predstavljen Atmakarakom u horoskopu jer je On kralj deva. Tokom Jupiterovog perioda, osoba počinje da dobija poštovanje i naklonost za Išta Devatu (Parašara). Njegov tron je deseta kuća u horoskopu, koja pokazuje nebo (Svargu). Indra je stvarna personifikacija same osobe, jer je on duša čarta.

Zaključak

Treba primetiti da postoji 12 znakova u zodijaku i prema Đaiminijevoj sutri 2.1.35, svaka će imati osmu kuću označenu kao Rudra Raši. Svi znaci, sa izuzetkom znaka koji određuje Brahmu, se nazivaju Rudra Raši i stoga dobijamo broj od 11 Rudri (Ekadaša Rudra). Dakle, isključujući znak koji definiše Brahmu, svaki od preostalih jedanaest znakova će biti Rudra Raši što daje jedanaest Rudri; i među njima, jedan će biti Mahešvara ili Šiva.

Remedijalne mjere

Remedijalne mere koje možemo preduzeti da bi ublažili patnju (kako fizičku tako i mentalnu) kao i remedijalne mjere za spašavanje života su jasno pokazane ovim učenjem. Iz ovih đotiš – duhovnih učenja, učimo remedijalne mere neophodne za izgradnju zdravog tela i sposobnost začeća.

1) Brahma donosi Kreaciju i za kreiranje fizičkog tela on uzima oblik koji se naziva Prađapati. Dakle, u svim Hindu brakovima Prađapati se obožava da bi se dobilo savršeno potomstvo kao plod braka.

2) Mahešvara ili Šiva se obožava za oprost grehova i vođstvo u pravcu oslobađanje od kruga rađanja sa pančakšari mantrom: **namah šivaja;** za zaštitu tokom loših daša uključujući rudre sa Mritjunđaja biđa mantrom **om đum sah** ili Mritjunđaja mantrom:

trayambakkam jađamahe sugandhimà puštivardhanam

urvaruhamiva bandhanan mritjormokšija mamritat

3) Zaštitu Jupitera sa Vjasa Mritjunđaja mantrom:

om đum sah vjam vedavjasaja namah sah đum om

4) Zaštitu od atmakarake (mahanarajana upanišad):

namo rudraja višnave mritjorme pahi

Primeri

Čart 80: Predsednik Džordž Buš, Junior

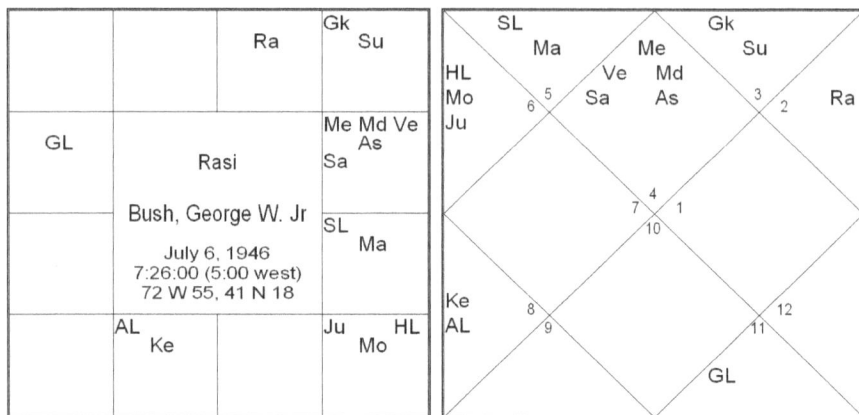

			Gk
		Ra	Su
GL	Rasi		Me Md Ve As Sa
	Bush, George W. Jr		SL Ma
	July 6, 1946		
	7:26:00 (5:00 west)		
	72 W 55, 41 N 18		
AL Ke		Ju Mo	HL

As:	25 Cn 43	Su:	20 Ge 43 (MK)	Mo:	24 Vi 07 (BK)	Ma:	16 Le 14 (PK)
Me:	16 Cn 46 (PiK)	Ju:	25 Vi 03 (AmK)	Ve:	28 Cn 27 (AK)	Sa:	3 Cn 25 (DK)
Ra:	26 Ta 30 (GK)	Ke:	26 Sc 30	HL:	20 Vi 42	GL:	5 Aq 51

Odredimo Brahma i Mahešvara planete u ovom čartu kao i Rudre za samu osobu, oca, majku, braću i sestre, decu i partnera.

Odgovor: <u>Određivanje Brahme</u> (ispratite korake date u paragrafu 1.2.3)

Korak 1: Lagna je snažnija od sedme kuće jer ima tri planete dok sedma kuća nema ni jednu. Rak je Satja pita.

Korak 2: Vladari šeste kuće (Strelac – Jupiter), osme kuće (Vodolija – Saturn i Rahu) i dvanaeste kuće (Blizanci – Merkur) od Satja pite su locirani.

Korak 3: (a) Nijedna od planeta određenih korakom 2 nije smeštena u neparanom znaku. (b) Saturn, Merkur i Jupiter su u nevidljivom znacima od Lagne. Rahu je u vidljivoj polovini.

Korak 4: (A) Izostaje

(B) Izostaje

(C) Proverimo da li je Lagna ili sedma kuća snažnija i uzimimo SLABIJU kuću. Lagna je snažnija, dakle razmatraćemo sedmu kuću Jarac i tretirati je kao prvu. Od Jarca, odredimo vladare šeste (Merkur), osme (Sunce) i dvanaeste kuće (Jupiter). Od ovih planeta, Sunce se nalazi u (a) neparnom znaku i (b) u nevidljivoj polovini (od Jarca do Blizanaca) brojano od Jarca.

Korak 5A: Sunce se kvalifikuje kao Brahma.

Korak 6: Venera je Atmakaraka i nalazi se u Raku i osma kuća odatle je Vodolija, u Vodoliji nema planeta.

Korak 7: Jedino se Sunce kvalifikuje za Brahmu.

Korak 8: Izostaje. Dakle, Sunce predstavlja Brahmu.

Utvrđivanje Mahešvare

Korak 1: Atmakaraka Venera je u Raku i osma kuća odatle je Vodolija.

Korak 2: Atmakaraka nije sa čvorovima, Rahuom i Ketuom.

Korak 3: Osma kuća ima dva vladara Saturna i Rahua od kojih je Rahu sam u Biku dok je Saturn u konjukciji sa Atmakarakom Venerom i Merkurom na Lagni. Saturn je snažniji. Nijedan od vladara nije egzaltiran ili u svom znaku.

Korak 4: Saturn se kvalifikuje za Mahešvaru.

Korak 5: Ni Rahu ni Ketu nisu Mahešvara. Dakle, pitanje zamene se izostavlja.

Određivanje Rudri:

Osoba: Lagna je Rak i vladari druge i osme kuće su Sunce (Lav) i Saturn i Rahu (Vodolija). Među njima, Rahu je egzaltiran u Biku (obično posmatramo Rahuovu egzaltaciju u Blizancima, ali za potrebe dugovečnosti, Parašara kaže da je Rahu debilitiran u Škorpiji). Rahu je Rudra jer nijedna od slabijih planeta, Sunce ili Saturn, nisu afliktovani malefičnim planetama, naprotv imaju konjukcije i aspekte prirodnih benefika.

Supruga: Venera je stira karaka za suprugu u čartu muškarca (Jupiter je stira karaka za supruga u ženskom čartu). Venera je u Raku na lagni, i već smo videli da tretirajući Rak kao prvu kuću, Rahu postaje Rudra. Dakle, Rahu je Rudra za suprugu.

Braća i sestre (mlađi): Mars je stira karaka za mlađu braću i sestre i nalazi se u Lavu. Između vladara druge (Devica) i osme kuće

(Ribe), Merkur je snažniji od Jupitera jer je zajedno sa Atmakarakom i Saturnom (dve planete) dok je Jupiter zajedno sa jednom planetom, Mesecom. Merkur se kvalifikuje kao Rudra za mlađu braću i sestre.

Braća i sestre (stariji): Saturn je stira karaka za stariju braću i sestre i uopšteno starije osobe. Saturn je u Raku u prvoj kući. Već smo videli da se za Rak kao prvu kuću Rahu kvalifikuje kao Rudra. Rahu je Rudra za stariju braću i sestre.

Majka: Odredimo snažnijeg između Marsa i Meseca (dve stira karake za majku). Mesec je sa Jupiterom i time je snažniji od Marsa koji je sam. Vladari druge i osme kuće od Meseca su Venera (Vaga) i Mars (Ovan). Od ovih, Venera je snažnija jer je zajedno sa dve planete dok je Mars sam. U dodatku, malefici ne aspektuju Mars. Venera se kvalifikuje kao Rudra za majku.

Otac: Odredimo snažnijeg između Sunca i Venere (dve stira karake za oca). Venera je sa Saturnom i Merkurom i snažnija je Sunca koji se nalazi sam u znaku. Već smo videli da tretirajući Rak kao prvu kuću, Rahu se kvalifikuje kao Rudra za oca.

Ujaci/stričevi: Merkur je stira karaka za ujake/stričeve i nalazi se u Raku u prvoj bhavi. Već smo odredili da tretirajući Rak kao prvu kuću, Rahu se kvalifikuje kao Rudra. Dakle, Rahu je Rudra za ujake/stričeve.

Tetke: Venera je stira karaka za tetke. Venera je u Raku na Lagni, i već smo videli da tretirajući Rak kao prvu kuću, Rahu postaje Rudra. Dakle, Rahu je Rudra za tetke.

Deda (sa očeve strane) i deca: Jupiter je stira karaka za očevog oca i decu. Jupiter se nalazi u Devici. Vladari druge i osme kuće od Jupitera su Venera (Vaga) i Mars (Ovan). Kao dodatak, malefične planete ne afliktuju Marsa. Dakle, Venera se kvalifikuje kao Rudra za očevog oca i decu.

Na ovaj način koristimo stira karake za različite rođake da bi odredili njihove Rudre u svrhu određivanja vremena njihove smrti, kao što od Lagne određujemo Rudru osobe u istu svrhu.

Dugovečnost

Razumevanje ajusa

Sva bića se inkarniraju da bi iskusili rezultate svojih akcija (karme) učinjenih u prošlim inkarnacijama. Na osnovu dela *sančita* karme (ukupnog bilansa karme), duhovno biće (atma) mora da se inkarnira u fizičkom telu da bi istu iskusilo. Događaji u životu određene inkarnacije, vreme događaja kao i priroda, su unaprijed odlučeni kao proces učenja Atme. Dakle, nije samo drama života unapred određena, već i dugovečnost potrebna da se iskuse svi događaji su takođe garatovani od strane Kreatora.

Kao dodatak, Atma je povezana sa aktivnom Manom (svešću ili umom) koja interreaguje sa čulima i okruženjem ili poljem karme. Ego uzrokuje da Mana zaboravi da je tihi posmatrač (Atma – stvarni mi) šef. Mana boravi u čulima i uzokuje da se želje manifestuju. Ove želje uzrokuju misli, koje vode do dalje karme, nekad dobre a nekad loše. Ako svaka Atma proživi jedino neizbežna iskustva na osnovu prošle karme i ne doda ništa na balans koji je dobila na početku svoje kreacije, onda bi brzo svi automatski dobili Mokšu. Nažalost, Mana boravi u čulima i želje uzrokuju novu karmu koju dodaju na bilans tokom života i stoga kreiraju krug ponovnog rođenja i umiranja koji neprekidno traje sve do stanja Mahapralaje (velikog razlaganja) gde se prinudno vraćaju Bogu.

Svaki, čak i najmanji detalj Sančíta karme se mora iskusiti kroz inkarnaciju ili ponovno rođenje. Jedini način da se prevaziđu efekti prošle karme je kroz samospoznaju ili duhovno buđenje, i ovde ne postoje prečice. Implikacije za dugovečnost su sledeće:

Da je individualna dugovečnost garantovana u vreme rođenja. *Ovo možemo proučiti iz Natalnog Čarta (u slučajevima onih koji su rođeni) ili iz čarta začeća (u slučajevima onih čija karma je zahtevala život od nekoliko meseci u materici).*

Dugovečnost se menja zbog karme počinjene tokom života i možda, kroz veoma komplikovan i prefinjen sistem zapisa u božijim rukama, dodaje na balans uzrokujući promene u dugovečnosti. *Karma dodana do određenog momenta u životu se određuje iz prašna čarta. Razlika u pokazateljima prašna čarta i natalnog čarta pokazuje zbir dobre i loše karme dodane između vremena rođenja i momenta prašne.*

Atma koja želi da napusti telo umesto da uveća teret greha uzrokuje Apamritju ili preuranjenu smrt. Mana, iako je glavni uzrok ovog dodatnog tereta greha, je prilično nesvesna rezultata svojih akcija. *Mana može i treba biti zaštićena od uzrokovanja takve neželjene štete kroz duhovnu disciplinu mantra đape, meditacije itd. Balans karme koja uzrokuje preuranjenu smrt se može promeniti u bilo kom momentu recitovanjem Mritjunđaja mantre i usled sličnih aktivnosti koji se klasifikuju kao dobra karma.*

Tako jedno povećanje dobre karme će postepeno neutralizovati teret greha i može garantovati produžetak dugovečnosti. *Čak i najbolji astrolozi mogu pogrešiti kod ovih procena i jedino trikalađnani može razumeti efekte ove karme kao i verovatne promene u danima koji dolaze. Definitivno je hazarderski predvideti dugovečnost sanjasija i svetaca jer ne znamo koliko su dobre karme svakodnevno dodali na svoj balans. U stvari, predviđanje smrti je prilično grešno jer ide u prilog sprečavanja obavljanja karme ovom životu. Ako bog želi da produži njihovu dugovečnost, mi treba da smo presrećni i da smatramo sebe blagoslovenim njihovim prisustvom. Dakle, dugovečnost svetaca nikada ne treba proricati.*

Očigledno je da računanje dugovečnosti podrazumeva određivanje (a) dugovečnosti garantovane na rođenju (Đataka) i (b) promene dugovečnost do određenog momenta usled karme počinjene u ovom životu (Prašna). U ovom članku ćemo razmatrati dugovečnost obećanu na rođenju i to samo za natalne čartove a ne i čartove začeća.

Klasifikacija dugovečnosti

Postoje dva pristupa računanja dugovečnosti koji se nazivaju joga ajus i daša ajus. Joga ajus je baziran na planetarnim kombinacijama i pozicijama u znacima i kućama dok je daša ajus zasnovana na dašama (periodima) koji doprinose plodonostnosti karma fale. U ovom članku ćemo se ograničiti na neke od metoda za računanja dugovečnosti koristeći joga ajus i koristićemo nekoliko ajur daša ali nećemo raditi sa daša ajusom.

Joga Ajus

Ovo je proces računanja dugovečnosti koristeći se sa sedam različitih metoda joga (odnosa među planetama, znacima i kućama) koje su prisutne u bilo kom horoskopu ili đotiš čartu.

Postoji sijaset joga ajus metoda pomenutih u dostupnoj đotiš literaturi. Neke od ovih, poput aštakavarga ajurdaje, badarajana ajurdaje, rašmikajurdaja, nakšatraju, gauri đataka nakšatraju, kendraju, kendratrikonaju, nakšatrajurdaja (kalidasa), pindaajurdaja, amsaajurdaja, itd. treba naučiti iz standardnih tekstova i sa određenom praksom đotiši će naučiti prednosti, primenjivost i tačnost svakog metoda.

Tipovi joga ajusa

Hariharin metod

Harihara je pomenuo šest vrsta joga ajusa u Prašna Margi. Bitno je napomenuti da je ova primarna klasifikacija zasnovana na naisargika daša periodima planeta:

(a)   *Sadhjorišta: smrt u roku od godinu dana (drugi: četiri godine)*

(b)   *Arišta ili balarišta: smrt do dvanaeste godine*

(c)   *Jogarišta: smrt do trideset druge godine*

(d)   *Madjaju: smrt do sedamdesete godine*

(e)   *Dirgaju: smrt do stote godine*

(f)   *Amitaju: smrt posle stote godine*

Sadhjorišta, balarišta i amritaju su nezavisni od bilo kojeg daša sistema i funkionišu isključivo na osnovu joga u čartu. Dugovečnost ispod dvanaest godina ili preko sto godina se ne može predvideti koristeći daša ajus metod i jedino je joga ajus primjenjiv.

Parašarino učenje

Parašara[6] sa druge strane pominje drugu šema i pristup koji uzima u obzir celokupnu kreaciju, i zbog toga je superiorniji u odnosu na Hariharu u svakom pogledu. Ova šema definiše sedam tipova joga ajusa i primenjiva je na sva bića sa određenom rektifikacijom zasnovanom na njihovom Param ajusu[7]

1. Arišta ili balarišta: smrt do osme godine

2. Jogarišta: smrt do dvadesete godine

6   BPHS 45.52-54
7   BPHS 45.23-29

3. *Alpaju: smrt do trideset druge godine*

4. *Madjaju: smrt do šezdeset četvrte godine*

5. *Dirgaju: smrt do stodvadesete godine*

6. *Divjaju: smrt do hiljadite godine*

7. *Amitaju: život preko hiljadu godina*

Tehnička perfekcija Parašare se vidi u tome da godine za Joga ajus primjenjivost preinačuju daša ajus što se poklapa sa Jogaarištama, dok u šemi Harihare postoji Arišta koja se poklapa sa ovom iznimkom. Ne zalazeći u dugovječnost institucija, nacija, mudraca i deva, koji mogu upasti u divjaju i amitaju kategorija, mi ćemo pokušati da sprovedemo sistematsko računanje dugovečnosti ljudskog bića (manušja 8 đatake).

Kakšja: Odeljci dugovečnosti

Odeljci su neophodni kao dodatak sistematičnom računanju dugovečnosti za bilo kog racionalnog đotišija. Postoje tri odeljka dobijena podelom raspona dugovečnosti na tri dela kao Alpa ajus (kratak život), Madja ajus (srednji život) i Purna ajus (dug život).

Tabela 24: Odeljak dugovečnosti

Ajus	Odeljak (na osnovu)		
	Stira daša	Aštotari daša	Vimšotari daša
Jedna trećina perioda	96/3 = 32 godine	108/3 = 36 godina	120/3 = 40 godina
Alpa ajus	0 – 32 godine	0 – 36 godine	0 – 40 godine
Madja ajus	32 – 64 godine	36 – 72 godine	40 – 80 godine
Purna ajus	64 – 96 godine	72 – 108 godine	80 – 120 godine

Prosečan odeljak dugovečnosti je zasnovan na Aštotari daša sistemu jer je ovo jednako broju navamši (108) u zodijaku. Kao dodatak za određivanje prosečnog opsega dugovečnosti, neophodno je da odredimo:

1. *Promene u samom odeljku dugovečnosti koji se naziva Kakšja vridhi*

8   m. potomci Manua (ljudska bića)

(povećanje) ili Kakšja hrasa (smanjenje). Dok ovo nije problem u opsezima gde su početna računanja pokazala srednji ili dug život, u slučaju opsega vezanih za kratak život, ovo može značiti promenu samog odeljka i treba ga pažljivo proučiti. Na primer, čart koji pokazuje Sadhjorištu može biti uvećan do Ariště ili Jogariště u slučaju vridhija (povećanja). Kakšja promene ne treba sprovesti ukoliko nisu jasno pokazane bilo atmakarakom, Jupiterom ili Saturnom.

2. Promene u opsezima dugovečnosti ograničene su na osnovu daša koje se nazivaju daša vridhi (uvećanje) ili daša hrasa (smanjenje) i uzrokovane su daša ajus računanjem. Obično kada koristimo raši daše poput Šula daše ove promene se zovu raši vridhi i raši hrasa i pominju se u slučaju blizine same granice odeljka.

3. Promene u opsegu odeljka[9] su zasnovane na jogama za uvećanje ili umanjenje. Uglavnom se koristi zajedno sa metodom tri para i sličnim metodama koji koriste višestruke faktore.

Mritju (smrt)

Smrt je samo jedan od događaja u konstantnom postojanju duhovnog bića. Obeležava kraj joge života[10] i odvajanje duše i svesti (Atme i Mane) od tela. Fizičko telo je sastavljeno od čvrstih (pritivi – Merkur), tečnih (đala – Venera) i gasovitih (vaju – Saturn) delova, koji su 'živi'i kreću se zbog energije (agnija – Mars). Ove tatve ostaju u balansu i rade u savršenoj harmoniji zbog inteligencije (akaš – Jupiter). Dakle, energija koju simboliše Mars je vidljivi znak života. Odsustvo energije je znak smrti. Takvo stanje tela ili bilo kojeg njegovog dela je takođe proizvod (dete) Marsa koji se naziva mritju ili apamritju datim redom. Istom analogijom, Mars vlada Bhu lokom, koja se takođe naziva i Mritju loka.

U slučaju normalne (medicinske) smrti, vidljivi znak smrti je zaustavljanje daha. Znak života, tj. energija (Marsa) je napustila vazduh (Saturn). Dok god osoba diše, smatra se živom i ovaj uslov za određivanje života ili dugovečnosti čini Saturn ajus karakom (signifikatorom dugovečnosti). Saturn kao darma rađa nosi odgovornost da svako biće dobije odgovarajuću kaznu za svoje grehe i njegov primarni motiv je da obezbedi dovoljno dug život kako bi se mogle iskusiti najviše karme kroz 'odgovarajuće' lekcije.

---

9   BPHS 45.41-44
10   Unija ili zajednica ašta vasava

Egzaltacija Marsa u Saturnovom znaku je pokazatelj ružne istine da će svako biće, bez obzira koliko je snažno i naizgled nepobedivo, umreti jednog dana jer će Mars sigurno poraziti Saturna. U prostim astrološkim terminima (u cilju boljeg razumevanja), smrt se može definisati kao egzaltacija Marsa i debilitacija Saturna.

Joga ajus

Postoje neki metodi koje Maharišiji smatraju lakšim i prikladnijim. Mi ćemo raspravljati o nekim od ovih metoda i opisati metod za sistematičnu procenu dugovečnosti u horoskopu.

Metod tri vladara

Posmatrajte prirodni zodijak: Saturn vlada desetom i jedanaestom kućom, karaka je za osmu kuću i debilitiran je u prvoj; Mars vlada prvom i osmom kućom i egzaltiran je u desetoj kući. Kuće koje dolaze u prvi plan računanja dugovečnosti su Lagna, osma i deseta kuća. *Prvi korak u izačunavanju dugovečnosti je procena lagne, osme i desete kuće i njihovih vladara. Ako su ovi vladari snažni i u kućama gde se nalaze vladaju benefici ili su u konjukciji sa beneficima, tada je pokazan dug život.* Hajde da proučimo nekoliko aforizama u svetlu ovog znanja. Sunce je prirodna Atmakaraka i davalac života za sva bića. Treba ispitati odnos ovih planeta sa Suncem. Sunce vlada petom kućom u prirodnom zodijaku. *Ovo uvodi petu kuću i njenog vladara u računanje dugovečnosti kao sekundarni korak pored tri kuće i vladare istih koje smo gore pomenuli.* Većina spisa vezanih za Balarišta Joge u klasičnoj literaturi je zasnovano na gornjem principu 'metod tri para' i neki menjaju vladara pete kuće sa vladarom desete, jasno ukazujući na važnost saveta Mahariši Đaiminija. Lista za proveru izgleda ovako:

Ako je vladar u kendri, panapari ili apoklimi, ovo će pokazati dug, srednji i kratak život datim redom.

Ako je vladar prijatelj, neutralan ili neprijatelj prema Suncu, ovo pokazuje dug, srednji i kratak život dati redom.

Ako je vladar u znaku prijatelja (ili u svom znaku), neutralnom ili znaku neprijatelja, ovo će pokazati dug, srednji i kratak život datim redom. Egzaltacija je znak snage a debilitacija je znak slabosti.

Ako je vladar u navamši prijatelja (ili u svom znaku), neutralnoj ili neprijateljskoj navamši, ovo će pokazati dug, srednji i kratak život datim redom. Ovde ponovo, egzaltacija je znak snage a debilitacija je znak slabosti.

Čart 81: Primer 1, raši čart - balarišta joga

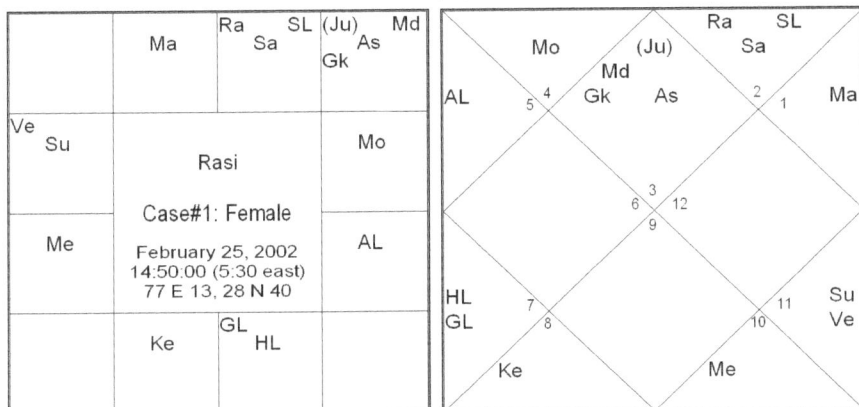

As:	29 Ge 01	Su:	12 Aq 43 (PiK)	Mo:	14 Cn 31 (BK)	Ma:	3 Ar 07 (GK)
Me:	16 Cp 25 (AmK)	Ju (R):	11 Ge 46 (PK)	Ve:	22 Aq 49 (AK)	Sa:	14 Ta 26 (MK)
Ra:	29 Ta 33 (DK)	Ke:	29 Sc 33	HL:	11 Li 17	GL:	9 Li 38

4. oktobra 2002, uznemirena majka ove devojčice je napisala: "Imam ćerku sa čijim čartom vas je jedan od naših prijatelja konsultovao pre nekoliko meseci. I dok su svi panditi predvideli veoma svetlu budućnost za nju, jedino ste vi rekli da postoje zdravstveni problemi. Rekli ste nam da ako preživi do 12. septembra 2002. godine, da vas ponovo kontaktiramo. Ona je morala na operaciju odmah posle rođenja ali smo istu odložili do 12 septembra. Sada je vreme za operaciju i mi smo u velikoj dilemi da li treba da ih uradimo jer su opasne i lekari ne predviđaju ništa dobro iako dete izgleda zdravo i sve lepo napreduje osim njenih nogu, koje izgledaju slabo (vi ste rekli da ćete dati savet šta treba da se uradi za to). Ja ću vam biti veoma zahvalna za bilo kakav odgovor vezan za to kakva će njena budućnost biti i šta još treba da se uradi. Savjetovali ste 'Maha Mritjunđaja Đapu, koju smo uradili! Da li će biti zdrava i samostalna? Veoma smo zabrinuti i prolazimo kroz jako težak period!"

Hajde da sumiramo početne analize. U prvom tumačenju čarta, pogledajte vladara Lagne. Vladar Lagne je u osmoj kući hroničnih bolesti i njen dispozitor, vladar osme Saturn je takođe u dustanu afliktovan Rahuom. Ako je dispozitor vladara Lagne u dustanu, loše zdravlje će se sigurno desiti tokom njegovog perioda. Dodajte ovome i činjenicu da su ovo dve od tri krucijalne planete vezano za dugovečnost. Pogledajte Vimšotari dašu od Meseca (za potrebe zdravlja, ona se savjetuje nezavisno od ostalih faktora).

Saturn MD: 1986-03-22 (14:46:08) - 2005-03-22 (11:42:29)

Antardaša u ovoj MD:

Rahu: 1999-11-06 (18:05:10) - 2002-09-12 (20:40:48);

Jupiter: 2002-09-12 (20:40:48) - 2005-03-22 (11:42:29)

Saturn daša Rahu antardaša je trajala do 12. septembra 2002 i ona se pokazala kao veoma težak i opasan period. Obe pomenute planete aspektuju treću kuću od arudha Lagne (uzrok smrti) i prete preranom smrću usled bolesti (Saturn). Rahu će sigurno uzrokovati pogrešnu dijagnozu, naročito kada se nalazi u dvanaestoj kući tajnih neprijatelja i propasti. Treća planeta u triju dugovečnosti, vladar desete Jupiter se nalazi na Lagni, u kendri, snažan i retrogradan i debilitiran u Navamši. Retrogradnost podrazumeva obrnute rezultate i debilitacija je poništena usled 'češta bala' planete. Parašara kaže da sam Jupiter na Lagni je najbolji protivuotrov protiv mnoštva zla isto kao što iskren naklon Gospodu Šivi, nosiocu trozupca, odnosi milion grehova u zaborav. Prema tome, njima su predočene opasnosti i predložene remedijalne mere. Roditelji su joj dali ime po Gospodu Šivi. Takođe, treba primetiti da je Lagna vargotama, pokazujući blagoslove Gospoda Šive i primenjivost Satabdika daše za životni pravac. Ovo potvrđuje blagoslove Šri Trajambakešvare (Šive). Iako postoji Šakata joga između Meseca i Jupitera, Jupiter na Lagni ovo razbija i pretvara u oblik Mukuta Yoge. Ona će izaći iz ovih problema, uzdići se i zasijati.

5. oktobra 2002 sam odgovorio: "Vreme najvećeg zla je prošlo i po mom računanju antardaša Jupitera je došla. Nezavisno od toga šta su doktori do sada govorili, mislim da su bili obmanuti zbog određenog 'lažnog nalaza' ili specifičnog načina na koji Rahu skrene um u pogrešnom pravcu. Izaberite sredu za posetu lekaru i zatražite novo mišljenje. Operacije takođe treba raditi jedino sredom11, između 4:30 i 6:0012 posle podne. Molim vas, nastavite sa recitovanjem Mritjunđaja Mantre svaki dan 108 puta. Mantra je jednostavna i neće oduzimati mnogo vremena. I ne brinite oko izgovora. Svi se mi usavršimo tokom praktikovanja, ne pre. Sada, zvijezde pokazuju da će bolesti/zdravlje

---

11   Dan kojim vlada vladar Lagne pošto je Jupiter na Lagni
12   Poslednjom dnevnom Kalom (1½ sat) sredom vlada Jupiter.

biti problematično do desete godine života13, i iz dana u dan snaga će se povećavati zbog blagoslova Gospoda Šive (Jupiter na lagni)".

28. oktobra 2002, veoma uznemirena majka je napisala: *„Operacija moje ćerke je bila 11. oktobra od 9:30 do 11:30 pre podne. Nismo mogli uticati na vreme, jer je državna bolnica sa jako puno zakazanih operacija i nisu bili u stanju da ovo omoguće. Posle nedelju dana, doktori su rekli da treba uraditi još jednu hitnu operaaciju glave, ovo je bilo 22. oktobra. Iz nekog nepoznatog razloga je odložena i sada kažu da je to bila neka bakterijska bolest i da verovatno neće biti potrebe za drugom operacijom, ali se za sada ništa sigurno ne može reći. Posle operacije su nastali različiti problemi i ove subote je jedna od njenih nogu, koja je već slaba, povređena (formirala se rana) od običnog fiziološkog rastvora. Nesreći izgleda nema kraja i doktori kažu da neće biti u stanju da hoda i da bude normalna iako nama ona izgleda savršeno normalno. Našoj nesreći izgleda nema kraja. Molim vas posavetujte nas ako možemo nešto uraditi po ovom pitanju. Duboko sam vam zahvalna za sve savete i pomoć".*

Nažalost, operacija nije mogla da se izvede u vreme i na dan koji su savetovani. Čart 2 nacrtan u momentu operacije jasno pokazuje problem. Saturn u osmoj kući daje kašnjenje i neke prepreke ali Jupiter na Lagni je veoma snažan. Nažalost, Mesec je takođe debilitiran, i to na Lagni (Škorpija) koja je šesta kuća od natalne Lagne, ali Jupiter aspektuje Mesec i lagnu. Gospod Šiva je bez sumnje štiti uprkos svim nepovoljnostima.

Čart 82: Slučaj br.1 Operacija

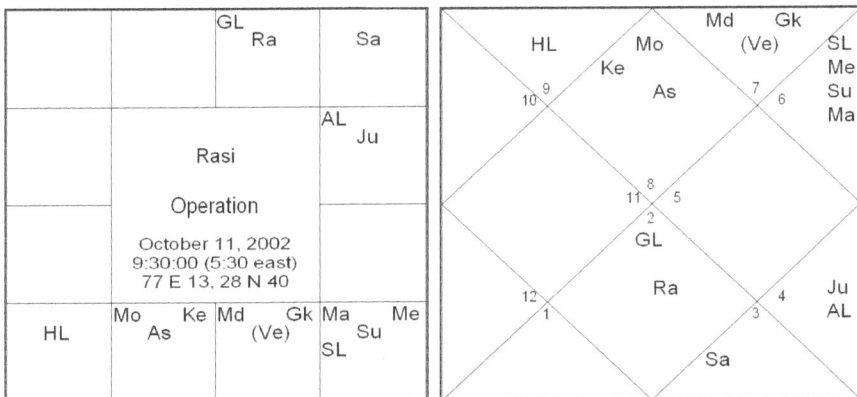

As:	3 Sc 54	Su:	23 Vi 47 (AmK)	Mo:	28 Sc 17 (AK)	Ma:	3 Vi 12 (DK)
Me:	6 Vi 03 (PK)	Ju:	19 Cn 50 (MK)	Ve (R):	21 Li 43 (BK)	Sa:	5 Ge 12 (GK)
Ra:	17 Ta 28 (PiK)	Ke:	17 Sc 28	HL:	28 Sg 58	GL:	21 Ta 55

---

13   Kada je vladar desete na lagni, problemi sa zdravljem su do desete godine.

Odgovorio sam: "Kao što sam vam rekao, ovo kroz šta sad prolazite je bez sumnje veoma teško, naročito za vas, i trajaće sve do četvrte godine vaše ćerke, ali imajte vjere u Gospoda Šivu. On je štiti sa trozubcem. Vaše molitve će biti uslišene i ona će izaći iz ovih problema, iako postepeno. Vreme leti i jedino je sadašnjost ona koja mučna, vi ćete se osvrnuti na ovaj dan i setiti Njegove zaštite. Ako treba da provedete neko vreme čekajući u bolnici, čak i tamo recitujte Mritjunđaja mantru. Tranziti pokazuju da će doktori vremenom doći do pravog leka i korena svih problema. Ona će morati da uzima lekove određeno vreme14, sve do ulaska u Merkurovu dašu. Saturnova daša je užasna. Želim sa vama da podelim da je vaša ćerka veoma duhovno zrela duša15. Ako ste, kao dodatak Mritjunđaja mantri, u stanju da izvedete puđu za njenu Išta Devatu (Maha Lakšmi Devi16), onda će se ćerka jako brzo vratiti kući, dobrog zdravlja. Molim vas, imajte u vidu da se Saturnova daša završava tek 22. marta 2005, i da je to njena 4 godina (Hindu računanje) i na osnovu drugih sistema računanje. Od tog doba, od četvrte do desete godine njeno zdravlje će se postepeno poboljšati. Vi treba da nastavite sa mantrom tokom čitavog perioda i da od ovog napravite vašu dnevnu duhovnu disciplinu. „

Zadatak

Čart 83: Slučaj br. 2 Raši čart

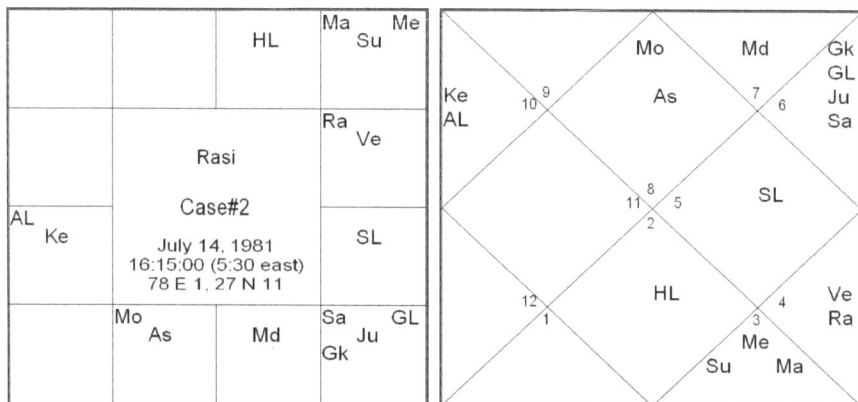

As:	17 Sc 25	Su:	28 Ge 18 (AK)	Mo:	26 Sc 59 (AmK)	Ma:	3 Ge 45 (DK)
Me:	7 Ge 45 (GK)	Ju:	10 Vi 02 (PK)	Ve:	24 Cn 09 (BK)	Sa:	10 Vi 40 (PiK)
Ra:	8 Cn 37 (MK)	Ke:	8 Cp 37	HL:	19 Ta 05	GL:	20 Vi 53

14   U natalnom čartu, Jupiter je zajedno sa Gulikom na Lagni. Dakle, iako je postepeni lek pokazan, konzumacija otrova koju pokazuje Gulika će se takođe desiti tokom Jupiterovog potperioda.

15   Atma Karaka je Venera koja takođe pokazuje Išta Devatu pošto je vladar dvanaeste kuće od Karakamše i nalazi se na Karakamši.

16   Venera pokazuje Mahalakšmi

Zadatak: Odredite dugovečnost ovog horoskopa. Odgovor se nalazi na kraju rada[5]

Postoje razne druge stvari poput Gandante, Dagdha Tithija i dagda rašija, Mritju Bhaga, itd, koje treba proučiti iz standardnih tekstova i koje imaju snažan uticaj na balarište i ostale apamritju joge.

Metod tri para

I Parašara i Đaimini su dali veliki značaj metodi tri para jer je univerzalno primenjiva za računanje dugovečnosti. U ovoj metodi, postoje tri para znakova –

Znaci u kojima se nalaze vladari Lagne i osme kuće

Znaci u kojima se nalaze lagna i Hora lagna (HL) i

Znaci u kojima se nalaze Saturn i Mesec

Posmatrajte prirodu znakova u svakom od ovih parova. Ako su OBA znaka slične prirode, onda su pokazatelji ovakvi-

Pokretni Dug život (Purna Ajus: 72 – 108 godina)

Fiksni Kratak život (Alpa Ajus 0 – 36 godine)

Dvojni Srednji život (Madja Ajus: 36 – 72 godine)

Ako je priroda znakova različita, onda izaberite prirodu koja nije uključena. Na primer, ako je jedan znak pokretni a drugi fiksni, onda je isključena priroda dvojna, i pokazatelj para sa jednim pokretnim i jednim fiksim znakom će biti onaj za dvojne znakove, tj. srednji život (36-72 godine).

Koraci obuhvaćenim ovom metodom

Korak 1: Odredite vladara osme kuće koristeći tabelu koju su savetovali Vride (stari mudri ljudi), koja se preporučuje, ili koristite regularnog vladara osme kuće. Odredite prirodu znaka u kom se nalazi ovaj vladar, da li je pokretni, fiksni ili dvojni.

Tabela 25: Računanje vladara osme kuće

Lagna	Osma kuća (Vriddhe)	Osma kuća (regularno)
Ovan	Škorpija*	Škorpija*
Bik	Blizanci	Strelac
Blizanci	Jarac	Jarac
Rak	Strelac	Vodolija
Lav	Rak	Ribe
Devica	Vodolija	Ovan
Vaga	Bik*	Bik*
Škorpija	Strelac	Blizanci
Strelac	Rak	Rak
Jarac	Blizanci	Lav
Vodolija	Jarac*	Devica
Ribe	Lav	Vaga

Za ove znakove (označene zvezdicom), uzima se osma kuća od vladara znaka, jer ista planeta vlada lagnom kao i osmom kućom. Ako je međutim, vladar osme i lagne i dalje isti, vladar osme kuće od ovih znakova će ga zameniti. Na primer, ako je Mars u Ovnu na ascedentu, osma kuća je Škorpija i njen vladar je Mars. Stoga treba uzeti vladara osme od Škorpije, tj. Strelac i njegov vladar Jupiter postaje vladar osme kuće.

Korak 2: Na sličan način odredite prirodu znaka u kojem se nalazi vladar Lagne, da li je pokretni, fiksni ili dvojni.

Korak 3: Pogledajte tabelu 3: prođite kroz kolonu A i odredite prirodu znaka koji se podudara sa onim u kojem se nalazi vladar Lagne. Slično ovome, odredite prirodu znaka vladara osme kuće u koloni B. Pređite kroz red i dobićete dugovečnost i opseg iz kolona C i D, datim redom. Na primer, ako je vladar ascedenta u pokretnom znaku, onda bilo koji od tri reda 1, 2, ili 3 pokazuje znak koji se podudara sa 'pokretnim' u koloni A. Ako je vladar osme kuće u fiksnom znaku, onda među tri reda 1, 2 i 3, jedino red 2 ima 'fiksni' pod kolonom B. Izaberite red 2 i on će vam pokazati prirodu znaka za oboje. Dugovečnost koja je pokazana je ‚srednja' i opseg je od 36 – 72 godine.

Tabela 26: Dugovečnost metodom tri para

	A	B	C	D
Par -1	Vladar Lagne	Vladar osme		
Par -2	Lagna	Hora Lagna		
Par-3	Saturn	Mesec		
1	Pokretni	Pokretni	Dug	72-108
2	Pokretni	Fiksni	Srednji	36-72
3	Pokretni	Dvojni	Kratak	0-36
4	Fiksni	Pokretni	Srednji	36-72
5	Fiksni	Fiksni	Kratak	0-36
6	Fiksni	Dvojni	Dug	72-108
7	Dvojni	Pokretni	Kratak	0-36
8	Dvojni	Fiksni	Dug	72-108
9	Dvojni	Dvojni	Srednji	36-72

Korak 4: Na isti način odredite prirodu znakova u kojima se nalaze Lagna i Hora lagna. Onda pređite na korak 3 i odredite opseg dugovečnosti koji pokazuje taj par.

Korak 5: Slično, odredite prirodu znakova u kojima se nalaze Saturn i Mesec. Ponovite korak 3 i odredite opseg dugovečnosti koji pokazuje ovaj par.

Korak 6: Pošto odredimo tri opsega dugovečnosti za sva tri para, utvrdite koji je od njih tačan pomoću tabele 4. Ovo će biti ukupna dugovečnosti utvrđena metodom tri para.

Tabela 27: Krajnji opseg dugovečnosti

	Dobijeni rezultati	Zbir dugovečnosti	Preporuke Parašara	Opseg	Đaimini
1	Sva tri para pokazuju kratak život	Kratak život	0-32 godine	32	0-36 godine
2	Dva para pokazuju kratak život i treći pokazuje srednji život	Kratak život	0-36 godine	36	0-36 godine
3	Dva para pokazuju kratak život i treći par pokazuje dug život	Kratak život	0 – 40 godine	40	0-36 godine
4	Sva tri para pokazuju srednji život	Srednji život	36 – 72 godine	36	36 – 72 godine
5	Dva para pokazuju srednji život i treći pokazuje kratak život	Srednji život	32 – 64 godine	32	36 – 72 godine
6	Dva para pokazuju srednji život i treći par pokazuje dug život	Srednji život	40 - 80 godine	40	36 – 72 godine
7	Sva tri para pokazuju dug život	Dug život	80 – 120 godine	40	72 – 108 godine
8	Dva para pokazuju dug život i treći pokazuje kratak život	Dug život	64 – 96 godine	32	72 – 108 godine
9	Dva para pokazuju dug život i treći pokazuje srednji život	Dug život	72 – 108 godine	36	72 – 108 godine
10	Sva tri para pokazuje različite opsege dugovečnosti – kratak, srednji i dug život	Korak 6.1. Provjerite da li je Mesec u prvoj ili sedmoj kući. Ako jeste, onda je primenjiva dugovečnost pokazana Saturn i Mesec parom. Korak 6.2. Ako se Mesec ne nalazi u prvoj ili sedmoj kući, onda je primenjiva dugovečnost koju pokazuju Lagna i Hora Lagna par.			

Korak 7: Smanjenje ili uvećanje se dešava na osnovu Jupiterove i

Saturnove povezanosti i pozicije, kao što je dato u standardnim tekstovima.

Korak 8: Proverite da li je Atmakaraka u prvoj, trećoj, sedmoj ili devetoj kući. Ako jeste, opseg dugovečnosti će se promeniti preko procesa Viparita Ajus Joge. Ovo čini da se opseg dugovečnosti poveća ili smanji.

Korak 9: Na osnovu opsega dugovečnosti, Parašara savetuje da se krajnja dugovečnost može dobiti sabiranjem longituda planeta (izuzimajući znakove) umešanih u konačnu kalkulaciju dugovečnosti i određivanjem njihove prosečne longitude. Ovo se oduzima od 300 i dobijena longituda se deli sa 30 i pomnoži sa opsegom dugovečnosti. Rezultat se doda na početne godine opsega dugovečnosti da bi utvrdili dugovečnost metodom tri para.

Primeri

Čart 84: Dirubaji Ambani

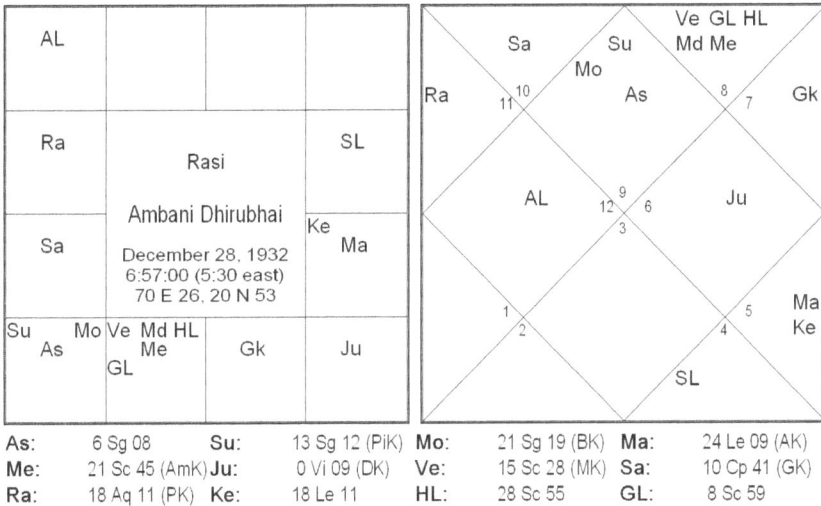

As:	6 Sg 08	Su:	13 Sg 12 (PiK)	Mo:	21 Sg 19 (BK)	Ma:	24 Le 09 (AK)
Me:	21 Sc 45 (AmK)	Ju:	0 Vi 09 (DK)	Ve:	15 Sc 28 (MK)	Sa:	10 Cp 41 (GK)
Ra:	18 Aq 11 (PK)	Ke:	18 Le 11	HL:	28 Sc 55	GL:	8 Sc 59

Korak 1: Lagna je Strelac i vladar osme (Vrida karika) je Mesec (vladar osme kuće – Rak). Mesec se nalazi u Strelcu, dvojnom znaku.

Korak 2: Vladar lagne je Jupiter u Devici, dvojnom znaku.

Korak 3: Tabela 3 pokazuje da je sa oba dvojna znaka, pokazana dugovečnost madja ajus (srednji život).

Korak 4: Lagna je Strelac, dvojni znak i Hora Lagna je u Škorpiji, fiksnom znaku. Tabela 3 pokazuje da je za dvojni i fiksni znak dugovečnost purna ajus (dug život).

Korak 5: Saturn je u Jarcu, pokretnom znaku i Mesec je u Strelcu, dvojnom znaku. Tabela 3 pokazuje da je za pokretni i dvojni znak, opseg dugovečnosti alpa ayus (kratak život).

Korak 6: Dobili smo da sva tri para pokazuju različite opsege dugovečnosti kao u desetom redu Tabele 4.

Korak 6.1: Mesec je u prvoj kući i prevladava dugovečnost koja je pokazana trećim parom Saturnom i Mesecom. Ovaj par pokazuje alpa ajus (kratak život), kao što je dato u petom koraku. Dakle, prva procena opsega dugovečnosti pokazuje kratak život.

Korak 7: Izostaje.

Korak 8: Mars je atmakaraka i nalazi se u devetoj kući. Proces Viparita ajus joge menja opseg dugovečnosti. Pošto je ovo kratak život (Korak 6.1.), doći će do uvećanja do sledećeg višeg opsega i to je srednji život (36-72) [Istina]

Korak 9: Hajde da probamo da odredimo tačan datum uz pomoć longituda. Jedine planete umešane u konačnu procenu dugovečnosti su Saturn i Mesec (treći par).

(A) Longituda Saturna (isključujući znakove)   = 10:40:50

(B) Longituda Meseca (isključujući znakove)   = 21:19:13

(C) Posečna longituda = {(A) + (B)} /2   = 16:00:02

(D) Proporcija = $\{30^0 -$ Posečna longituda $\}$ $/30^0$ = 1 $-$ {(C)/30} = 1 - {16:00:02/30} = 0.46667

(E) Opseg dugovečnosti = Proporcija X Opseg = 0.46667 X 36 = 16.8 ili 16 god. 9 mjeseci 18 dana

Krajnja dugovečnost = Donji limit + (E) = 36 godina + 16 god 9 mjeseci 18 d = 52 god 9 mjeseci 18 dana.

Ovo je činjenično netačno jer je Dirubaji živeo do 70 godine. Možemo zaključiti da ovaj matematički metod (korak 9) za računanje finalne dugovečnosti mora imati i druge uslove koji su nepoznati, i do otkrića tog znanja, ovaj metod na sadašnjem nivou razumevanja ne treba koristiti za prognoziranje. Nasuprot tome, metod tri para je prilično precizan i pomaže da dođemo do opsega dugovečnosti.

Zadatak

Čart 85: Šri Čaran Singh (nekadašnji premijer)

Gk Md	Ke		
AL	Rasi		
Sa Ju	Singh, Charan December 23, 1902 7:23:00 (5:30 east) 77 E 42, 28 N 59		
Su HL Me GL As Ve	SL	Ra	Ma Mo

Sa · Ju · Su · SL · AL · 11 · 10 · Me · HL · Ve · As · GL · 8 · 7 · Ra · Gk · Ma · Md · 12 · 9 · 6 · Mo · 3 · Ke · 1 · 2 · 5 · 4

As:	10 Sg 01	**Su:**	7 Sg 49 (GK)	**Mo:**	22 Vi 33 (BK)	**Ma:** 8 Vi 48 (PK)
Me:	13 Sg 48 (MK)	**Ju:**	23 Cp 60 (AmK)	**Ve:**	13 Sg 36 (PiK)	**Sa:** 4 Cp 16 (DK)
Ra:	0 Li 24 (AK)	**Ke:**	0 Ar 24	**HL:**	14 Sg 24	**GL:** 24 Sg 17

Pitanje 1: Odredite opseg dugovečnosti za Čart 6 koristeći metod tri para. (Odgovor[6])

Pitanje 2: Odredite opseg dugovečnosti za Čart 4 koristeći metod tri para. (Odgovor[7])

Priroda smrti

Smrt (osobe ili nekog drugog) se vidi iz prve i osme kuće od (datog) ascendenta ili kuće i karake (signifikatora). Osma kuća i osma od nje (tj. treća kuća) od aruda lagne određuje period, mesto i prirodu smrti.

Uzrok smrti

Planete u trećoj kući od aruda lagne pokazuje uzrok smrti.

Efekti planeta

1) Sunce (kada utiče na treću kuću) daje smrt zbog kralja (Vlade).

Ovo može biti usled političkih nesuglasica ili državne kazne, itd. Indikacije kojima planeta upravlja pokazuje vrstu aktivnosti. Sunce takođe pokazuje lako naoružanje, neprijatelje, pištolje, vatru itd. kao uzrok smrti.

2) Mesec (kada utiče na treću kuću) uzrokuje tuberkulozu (ili druge probleme grudnog koša) kao uzrok smrti ili pak smrt davljenjem. Deo tela kojim upravlja prirodni znak kojim data planeta vlada je pokazatelj. Rakom vlada Mesec i pokazuje pluća i grudni koš.

Priroda znaka određuje smrt kada je Mesec u trećoj ili osmoj kući. Pošto je Mesec prirodni signifikator četvrte kuće, jedan od bitnih principa je posmatranje četvrtog znaka od Meseca.

U Vagi, osoba je prebijena na smrt (Jarac/Saturn su povezani jer je u pitanju četvrta kuća od Vage).

U Lavu, osoba umire zbog zmije otrovnice, gmizavaca (Škorpija je četvrta od Lava).

3) Mars (kada utiče na treću kuću) pokazuje smrt od oružja (ili rezova/hirurgije), vatre, rana, opekotina itd. Oružje i instrumenti kojima planeta upravlja su još jedan od pokazatelja. Mars pokazuje teško vatreno oružje, bodeže i koplja. Ako Mars ima vezu sa (trećom ili osmom kućom) u znacima osim Bika i Raka, osoba pati od zauški, boginja i drugih zaraznih bolesti i upala. Uopšteno rezovi, rane, operacije (hirurgija), čirevi i druge upale (male boginje) mogu izazvati smrt.

4) Merkur pokazuje pad drveta ili pad sa drveta, klizišta i slične prirodne katastrofe poput zemljotresa i sl. koji mogu biti uzrok smrti. U pokretnim navamšama ili zajedno sa Marsom/Saturnom ukazuje na klizišta i zemljotrese; dok sa Mesecom pokazuje smrt usled vode, snega, leda, glečera i sl. U fiksnim navamšama pokazuje drveće kao uzrok smrti (mula podela). U Strelac navamši osoba može poginuti usled pada sa drveta (pad sa visine).

5) Venera pokazuje spermatorrheu i urinarne probleme (ili bolesti genitalija). Spermatorrheu uzrokuje Saturnova aflikcija (trošenje) Venere dok Marsova aflikcija daje rane i čireve u predelu genitalija (sifilis, gonoreja, itd.). Rahuova aflikcija daje opasne bolesti poput SIDE dok Ketu uništava skrotum. Aflikcija Sunca pokazuje gubitak sreće zbog ispada. Na ovaj način inteligentni astrolog može doći do

tačnih rezultata uz pomoće položaja i uticaja na Veneru.

6) Saturn (kada utiče na treću kuću) pokazuje nadimanja, lošu probavu, i ostale slične bolesti kao uzrok smrti. Saturnova prirodna signifikacija za bolesti može da pokaže uzrok smrti. Saturn pokazuje oružje popu luka ili štapa. Pokazuje da osoba konzumira otrov (otrovne supstance) ili drogu.

a) Saturn i Mandi pokazuju ujed zmije, otrov, vodu ili zatvoreništvo kao uzrok smrti.

b) Kada sa Ketuom utiče na treću kuću, pokazuje male boginje i slične zarazne bolesti ili tifus i druge slične bolesti.

c) Mesec i Mandi kada utiču na treću kuću pokazuju gušenje sistema za varenje/jednjaka ili trovanje hranom.

d) Jupiter kada utiče na treću kuću pokazuje povraćanje i osoba ne može jesti kao uzrok smrti. Jupiter i Saturn pod nasilnim uticajem će pokazati smrt za oboje, kako zlu osobu (napadača) tako i samu osobu.

e) Venera, kada utiče na treću kuću daje urinarne probleme, oštećenje bubrega i sl. što rezultira smrću.

f) Mnoge planete pokazuju mešovite rezultate. Moguće je da osoba ima različite bolesti ili će najjača među planetama pokazati bolest.

7) Rahu u trećoj ili osmoj kući od arudha lagne i/ili Atmakarake uzrokuje dušta marana jogu. Ovo može pokazati ubistvo i druga slična zla koja uzrokuju smrt. Uopšteno, malefici u osmoj kući (od aruda lagne ili atmakarake) dok je treća kuća malefičan znak pokazuju lošu/neprirodnu smrt. Za zmijski ujed Rahu mora biti povezan sa Suncem dok Mars pokazuje strelu, koplje, harpun. Sunce pokazuje mač i lako vatreno oružje, dok Saturn pokazuje luk, otrov i slično. Ako Rahu šalje aspekt, zlo je garantovano. Samo prisustvo malefika u trećoj ili osmoj kući nije dovoljno da pokaže lošu smrt. Po ovom pitanju su važne osma od atmakarake i lagne i treća od arudha lagne dok Rahu povezan sa ovim znacima garantuje lošu smrt.

a) Ako su Saturn ili Rahu u trećoj/osmoj kući, osoba je nadvladana i potom nemilosrdno ubijena. Prisustvo Jupitera na arudha lagni, petoj kući ili Venera sa maleficima može u potpunosti promeniti pokazatelje, jer oni obećavaju miran kraj. U datom slučaju, pod dominacijom Jupitera na arudha lagni, Saturn i Rahu u trećoj/osmoj će uzrokovati poremećaj jetre/bubrega ili pod uticajem Venere će pokazati urinarne poremećaje.

b) Ako su Jupiter i Rahu zajedno ili vrše uticaj, smrt je zbog crne magije, veštičarenja i slično.

8) Ketu (u trećoj ili Ketuov aspket na treću kuću) pokazuje smrt usled greške. Ketu pokazuje slučajnu smrt kao kada pištolj opali u toku čišćenja ili slične greške od strane drugih ili same osobe. Aspekt benefika sprečava ovakve greške dok malefici pokazuju greške drugih, način smrt i slično.

a) Ako su Mars i Ketu u trećoj i osmoj kući, osoba je ubijena kopljem ili sjekirom (datim redom).

b) Rahu ili Ketu generalno pokazuju otrov, zmije, letelice, zatvoreništvo itd. kao uzrok smrti. Povezanost i/ili aspekt Saturna ili Gulike potvrđuje otrov kao uzrok smrti dok veza ili aspekt Sunca potvrđuje ujed zmije. Marsova veza ili aspekt pokazuje nesreće (sa objektima u pokretu poput vozila ili projektila i sl.).

Efekti navamši

9) Smrt može biti uzrokovana navamšom planete (u trećoj ili osmoj kući).

a) Princip (drugi) je da treba uzeti u obzir navamša znak u kom se nalazi Mesec. Na primer, ako je Mesec (u trećoj/osmoj kući) u navamši Raka ili Škorpije, uzroci smrti mogu biti ujed insekta, otrovnih stvorenja i sl.

b) U Rak navamši, male boginje, tifus, kolera i druge zarazne bolesti (gde je voda prenosnik) mogu uzrokovati smrt.

10) Smrt može doneti znak u drugoj ili šestoj kući od navamše planete (u trećoj/osmoj od arudha lagne).

U Ovan navamši, uzrok smrti su prirodni elementi. Druga i šesta od Ovna (navamša u kojoj se nalazi planeta iz osme kuće u raši čartu) su Bik i Devica (benefični i ženski rašiji) pokazujući smrt zbog prirodnih elemenata/bolesti.

U Bik navamši osoba ima smrtnu kaznu. Druga od Bika je milostiv znak Blizanac. Međutim, šesta kuća je Vaga i pokazuje smrt zbog batine i štapa.

U Blizanac navamši smrt je uzrokovana konzumacijom otrova. Šesti znak je Škorpija koja vlada otrovnim stvorenjima i generalno otrovima i stoga osoba konzumira otrov/otrovne supstance.

U Rak navamši uzrok smrti može biti opasna groznica. Drugi znak je Lav kojim vlada vatreno Sunce pokazujući groznice, insomniju i sl., šesti znak je Jupiterov.

U Lav navamši smrt donose neprijatelji. Šesti znak je Jarac, kojim vlada Saturn pokazujući aflikcije zbog neprijatelja. Druga kuća je Merkurov znak.

U Devica navamši osoba umire zbog neprijatelja ili svojih ispada/ slabosti. Šesta kuća od Device je Vodolija kojom vlada Saturn (dajući smrt zbog neprijatelja) i Rahu (daje smrt usled ,šad ripua'). Šad ripu znači šest zala ili seks, ljutnju, pohlepu, strast, alkohol (i droge) i žudnje.

U Vaga navamši lepra je uzrok smrti. Šesta kuća od Vage su znak Riba koji pokazuje lepru.

U Škorpija navamši smrt uzrokuje koplje, harpun i sl. Šesta od Škorpije je Ovan kojim vlada Mars (koplja, harpuni i slična oružja).

U Strelac navamši strele (ili meci) i ostalo oštro oružje poput mačeva i strela su uzrok smrti. Pokazani su efekti iz drugog znaka (Jarac – Saturn vlada strelama).

Jarac navamša pokazuje nasilnu i ružnu smrt. Druga je Vodolija kojom vladaju Rahu i Saturn, dok Saturn vlada i samim navamša znakom. Sve ovo pokazuje veliko zlo.

U Vodolija navamši, snežna lavina, grad ili druge nepogode mogu uzrokovati smrt. Drugi znak je Jupiterov (Ribe) dok je šesta Rak koji vlada padavinama i pokazuje lavine snega, grad i grmljavinu. Ovom se mogu dodati i poplave i bujice.

Ribe navamša pokazuje mirnu i prirodnu smrt. Šesta kuća je Lav kojim vlada Sunce. Sunce (ukoliko nije debilitiran) je retko malefik za pitanja povezana sa Upapadom (brak, deca) i ajusom (dugovecnost, zdravlje). Osim toga, Ribe pokazuje oslobođenje.

Mesto smrti

1) Ako je osma kuća (ili njen vladar) od aruda lagne ili darapade pokretni znak, smrt će se desiti na udaljenom mestu.

2) Znak u trećoj kući od aruda lagne opisuje mesto gdje će se smrt desiti. Ako je u trećoj kući (od aruda lagne/darapade) malefičan znak, loša i neprirodna smrt se može desiti.

Životinje povezane sa znakom mogu pokazati mesto smrti. Đaimini daje obilje nagoveštaja poput pacovi (Barani) i mačke (Kritika) u vezi sa Ovnom.; krave (Rohini) u vezi sa Bikom; velike mačke poput lavova i tigrova ili čak veliki psi u vezi sa Lavom; gmizavci i zmije u vezi sa Škorpijom; Jarac pokazuje opasnost od vodenih stvorenja, ptica i duhova pored kožnih problema i/ili psihičkog poremećaja;

Aktivnosti povezane sa znakom mogu pokazati mesto smrti. Đaimini povezuje mesta biznisa sa Vagom; rezervoare, bunare i javna mesta sa Vodolijom; mesta duhovnih aktivnosti za Ribe ili pak pad tokom putovanja sa Strelcom.

Umešanost Jupitera ili Venere pokazuje predznanje o smrti. I dok Jupiter pokazuje informacije od strane astrologa ili sličnih povoljnih izvora, Venera pokazuje događaje poput kome gde su svi svesni izvesnosti smrti. Jupiter daje mirnu smrt kada je povezan sa prvom, trećom ili petom kućom od aruda lagne.

Vladar osme kuće od lagne ili Saturn u pokretnom znaku/navamši pokazuju smrt u udaljenom mestu. Ako je položaj u fiksnom znaku/navamši, smrt je u kući, dok dvojni znak pokazuje smrt van kuće ili na putovanju.

Prirodu mesta kojima vladaju znaci treba naučiti iz standardnih tekstova.

Ajur daša

Postoje različite daše za određivanje trenutka smrti i patnje poput brahma daše, parjaja daše (gočara daše), nirjana šula daše, šula daše, navamša daše, stira daše, kala čakra daše, manduka daše i sl. Sa nešto prakse, smrt i patnja se mogu predvideti sa Udu dašama poput Vimšotari jer pokazuje mentalnu patnju ili odvajanje Mane od tela (smrt).

U stvari, daša ajus je specifičan metod određivanja dugovečnosti i vremena smrti. U ovom radu ćemo se fokusirati na proučavanje i korišćenje Šula daše, koja pokazuje snagu Rudre.

Šula daša

Rudra posjeduje oružje koje se naziva tri-šula (trozubac) i Mritju, Marsov sin nosi šulu (koplje). Ovo oružje simboliše nasilje i patnju povezane sa smrću i patnjom. Šula daša je zasnovana na (a) prosečnom periodu trudnoće bilo kojeg živog bića pomnoženog sa 108 da bi se dobio pun životni opseg. ili (b) gde je pun životni opseg poznat, isto delimo na 12 daša od po devet antardaša ili ukupno 108 antardaša. Prosečan period trudnoće kod ljudi je devet meseci i ovo se uzima kao period jedne antardaše.

Šula daša ima daše svakog od dvanaest znakova i svaka daša ima jednak period antardaša svakog od 12 znakova (uključujući znak i te daše) . Period daše svakog znaka u Šula daša šemi za ljudsko rođenje je 9 godina (9 meseci X 12 = 108 meseci = 9 godina). Ukupna dugovečnost ljudskog bića se uzima kao 108 godina (9 godina po daši X 12 znakova = 108 godina).

Koraci za računanje Šula daše

Korak 1: Odredite snažnijeg između Lagne i sedme kuće prema izvorima snage (Prilog 1).

Šula daša počinje od snažnijeg znaka i nastavlja u zodijačkom pravcu.

Sledeća daša je regularna i svaka daša ima fiksni period od devet godina.

Korak 2: Svaka antardaša je fiksni period od devet meseci. Odredite snažnijeg između daša znaka i njegove sedme kuće. Snažniji znak će pokrenuti prvu antardašu (ostali koriste znak u kojem se nalazi vladar snažnijeg znaka). Sledeća antardaša će biti daša znaka prema ustaljenom redosledu.

Šula daša za ostale

Korak 1: Odredite kuću koja upravlja aferama u vezi sa bliskim osobama, poput sedme za partnera, treća kuća za mlađu braću i sestre, peta kuća za decu, četvrta kuća za majku, deveta kuća za oca, šesta kuća za sluge, jedanaesta za prijatelje i stariju braću i sestre.

Step 2: Odredite Šula dašu na osnovu pravila u paragrafu 5.1.1. Lagna u takvim slučajevima će biti kuća koju posmatramo. Na primer, za oca će to biti deveta kuća i sedma odatle je treća kuća. Treba odrediti snažnijeg između ova dva znaka.

Procena rezultata

1) Znak u kojem se nalazi stira karaka ili njegova osma kuća ili vladari ovih znakova će odrediti Šula dašu koja može doneti smrt za datog bližnjeg ili smrt same osobe.

2) (Šula) daša koja donosi smrt će biti u trigonu od fiksnog signifikatora (karake) ili Rudre (vladara osme). Trigoni od znaka u kojem se nalazi Rudra mogu takođe doneti smrt.

3) Ako su Rahu i Mesec povezani sa trećom i/ili osmom kućom od arudha lagne ili atmakarake, (malefična) smrt se može desiti (tokom perioda tog znaka).

4) Važnost čarakaraka (privremenih signifikatora) je veoma naglašena u sprečavanju smrti tokom perioda znaka u kom se nalaze ili znakova koje aspektuju. Dakle, tokom Šula daša za samu osobu, znak u kojem se nalazi atmakaraka neće ubiti osobu. Na sličan način, znak u kojem se nalazi čara darakaraka neće ubiti partnera. Namesto toga, fiksni signifikatori (stira karake) mogu doneti smrt tokom svojih perioda.

5) Period smrti se može videti iz trigona (prva, peta i deveta) od osme kuće (ili vladara osme) ili od trigona od arudha lagne. Za druge, osma kuća od kuće koja ih predstavlja kao i arude tih kuća donose smrt tokom svojih daša.

6) Četvrti izvor snage treba primeniti kako bi utvrdili znak koji će doneti smrt..

U poređenju između neparnih i parnih znakova, neparni znaci su znatno snažniji.

Znaci koji su zajedno sa više malefika ili primaju aspekt većeg broja malefičnih planeta su snažniji.

Znaci kojima vladaju benefik planete su slabiji od onih kojima vladaju malefik planete.

7) Antardaša šestog, osmog i dvanaestog znaka od znaka i navamše u kojem se nalazi planeta u trećoj kući od arudha lagne ili ako malefici aspektuju ili su u daša znaku mogu uzrokovati smrt.

Primer računanja dugovečnosti

Čart 86: Autor

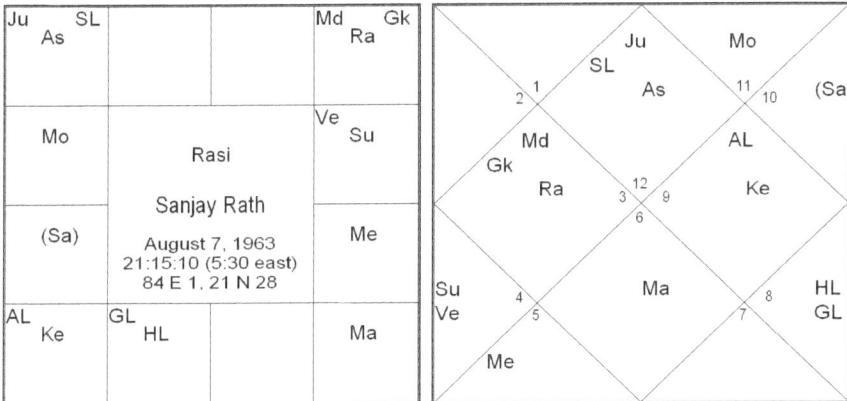

As:	14 Pi 12	Su:	21 Cn 05 (BK)	Mo:	19 Aq 59 (MK)	Ma:	13 Vi 41 (PK)
Me:	13 Le 23 (GK)	Ju:	26 Pi 08 (AmK)	Ve:	14 Cn 56 (PiK)	Sa (R):	26 Cp 50 (AK)
Ra:	25 Ge 46 (DK)	Ke:	25 Sg 46	HL:	13 Sc 33	GL:	3 Sc 12

Ascedent je u znaku Riba u kom se nalazi i njegov vladar Jupiter i time je snažniji od sedme kuće. Šula daša će početi od Lagne.

Tabela 28: Šula daša

Šula daša (problemi i smrt): Maha Daše:

Ribe: 1963-08-07 (21:15:10) - 1972-08-07 (04:40:57)

Ovan: 1972-08-07 (04:40:57) - 1981-08-07 (12:05:36)

Bik: 1981-08-07 (12:05:36) - 1990-08-07 (19:14:35)

Blizanci: 1990-08-07 (19:14:35) - 1999-08-08 (02:41:07)

Rak: 1999-08-08 (02:41:07) - 2008-08-07 (10:02:01)

Lav: 2008-08-07 (10:02:01) - 2017-08-07 (17:25:50)

Punja tithi

Punja tithi je vedski datum smrti. Da bi došli do datuma, moraćemo da svedemo period smrti na najbližu šula dašu i antardašu.

Najbliža antardaša (9 meseci)

1) Na početku odredimo opseg dugovečnost kao kratak, srednji ili dug život pomoću metoda tri vladara i tri para.

2) Odredite početni daša znak i podelite život na tri odeljka dugovečnosti: na kratak život (0-36 godina) od prvog do četvrtog daša znaka, srednji život (36-72 godine) od petog do osmog znaka i dug život (72-108 godine) od devetog do dvanaestog znaka.

Sada treba da proučimo četiri znaka i da odredimo znak koji donosi smrt. Mala je verovatnoća da će znaci u kojima se nalazi ili koje aspektuje atmakaraka i/ili Jupiter da ubiju(zbog zaštite Višnua i Šive). Odredite najafliktovaniji znak i ovo će svesti opseg dugovečnosti na raspon od devet meseci..

Punja masa

Posle određivanja antardaše smrti, period može biti sužen na mesec posmatrajući Sunčev tranzit koristeći Rathovo pravilo L01.

Rathovo Pravilo#L01: "Punja masa (tranzit Sunca) će biti u trigonu sa Mritju padom ili sedmom kućom od nje, koja god da je snažnija ili znak u kojem se nalazi njegov vladar".

Odredite snažniju između Mritju pade (A8) i njene sedme kuće. Pronađite znak u trigonu ili onaj u kojem se nalazi vladar, koji je najmalefičniji za tranzit Sunca. Smrt će se dogoditi u vreme Sunčevog tranzita preko tog znaka.

Punja tithi

Rathovo pravilo#L03: "Punja Tithi će biti onaj kojim vlada najsnažnija planeta povezana sa petom kućom ili vladarem pete kuće".

Odredite najsnažniju planetu koja aspektuje ili je povezana sa petom kućom ili vladarom pete kuće. Jutiji su ovde bitniji od aspekata.

Odredite tithi kojim vladaju planete na osnovu Kala čakre. Ispitajte lunarni tranzit u punja masi i odaberite najverovatniji datum između nekoliko opcija.

Punja lagna

Rathovo pravilo#L04: "Punja lagna (tranzit lagne ili lagna u vreme smrti) će biti u trigonu sa arudha lagnom ili u sedmoj kući od nje, koja god da je snažnija, ili u znaku u kojem se nalazi njen vladar."

Odredite snažnijeg između arudha lagne (AL) i sedme kuće od AL. Pronađite znak u trigonu ili znak u kojem se nalazi njen vladar i utvrdite znak sa najviše malefičnih uticaja. Smrt će se desiti sa lagnom u ovom znaku.

Analizirani primeri

M. K. Gandhi (Mahatma)

Čart 87: Mahatma Gandhi

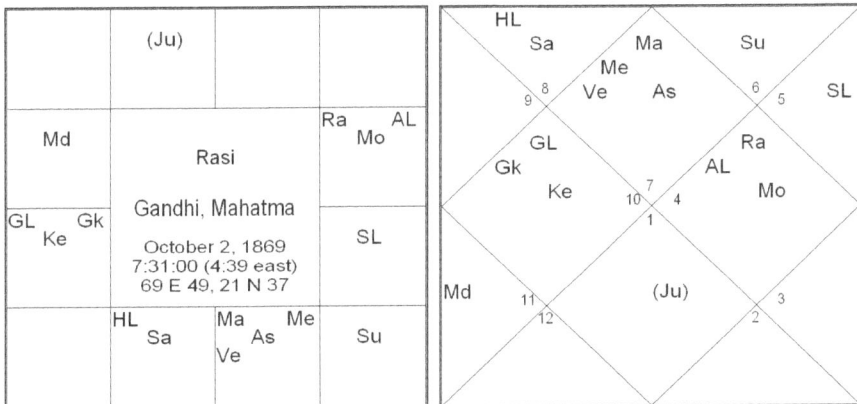

As:	9 Li 01	Su:	16 Vi 55 (GK)	Mo:	28 Cn 07 (AmK)	Ma:	26 Li 23 (BK)
Me:	11 Li 45 (DK)	Ju (R):	28 Ar 08 (AK)	Ve:	24 Li 25 (MK)	Sa:	20 Sc 20 (PiK)
Ra:	12 Cn 09 (PK)	Ke:	12 Cp 09	HL:	6 Sc 46	GL:	21 Cp 38

Već smo videli da je dugovečnost horoskopa Purna ajus. Lagna sa tri planete je snažnija nego sedma kuća sa jednom planetom. Šula daša će početi od lagne.

Šula daša (problemi i smrt): Maha Daše:

Vaga: 1869-10-02 (07:31:00) - 1878-10-02 (14:41:40)

Škorpija: 1878-10-02 (14:41:40) - 1887-10-02 (22:10:12)

Strelac: 1887-10-02 (22:10:12) - 1896-10-02 (05:32:43)

Jarac: 1896-10-02 (05:32:43) - 1905-10-03 (12:49:25)

Vodolija: 1905-10-03 (12:49:25) - 1914-10-03 (20:11:30)

Ribe: 1914-10-03 (20:11:30) - 1923-10-04 (03:42:19)

Ovan: 1923-10-04 (03:42:19) - 1932-10-03 (10:55:14)

Bik: 1932-10-03 (10:55:14) - 1941-10-03 (18:19:53)

Blizanci: 1941-10-03 (18:19:53) - 1950-10-04 (01:41:22)

Rak: 1950-10-04 (01:41:22) - 1959-10-04 (09:03:30)

Lav: 1959-10-04 (09:03:30) - 1968-10-03 (16:25:45)

Devica: 1968-10-03 (16:25:45) - 1977-10-03 (23:44:03)

Poslednje četiri šula daše od Blizanaca do Device spadaju u dug život (72-108 godine). Hajde da ispitamo ove znakove imajući u vidu da je (a) Brahma – Jupiter (b) Rudra – Venera (c) Mahešvara – Mars.

Lav prima aspekt Jupitera (atmakaraka) i benefika Merkura i Venere i mala je verovatoća da će ubiti.

U Raku je vladar desete kuće Mesec koji daje dugovečnost iako je na (1) arudha lagni i (2) zajedno sa Rahuom. Mesec ujedno prima i aspekt Saturna (3). Tri malefična uticaja ukazuju na smrt dok jedan snažan benefik uticaj ukazuje na spas.

Devica je (1) treća od aruda lagne, (2) zajedno sa Suncem i pokazuje da smrt može biti iz političkih razloga. Sunce je ujedno i (3) đnati karaka i prirodni malefik. Tri tačke, bez olakšica, ukazuju na to da je veća verovatnoća da Devica, a ne Rak, donese smrt.

Blizanci šalju aspekt na (1) Devicu, treću od aruda lagne. Znak prima aspekt (2) Sunca, prirodnog malefika i (3) đnati karake. Osim toga, Blizanac je u (4) trigonu sa Rudra planetom Venerom u Vagi. Takođe je (5) u trigonu sa Mahešvarom u Vagi. Pet malefičnih uticaja, i odsustvo benefičnih uticaja, ukazuje na to da je Blizanac najvjerovatnija Šula daša.

Tabela 29: Šula antardaše u Blizanac maha daši

Blizanac: 1941-10-03 (18:19:53) - 1942-07-02 (16:35:12)

Rak: 1942-07-02 (16:35:12) - 1943-03-31 (18:20:43)

Lav: 1943-03-31 (18:20:43) - 1944-01-01 (17:01:27)

Devica: 1944-01-01 (17:01:27) - 1944-10-03 (12:47:10)

Vaga: 1944-10-03 (12:47:10) - 1945-07-02 (11:10:38)

Škorpija: 1945-07-02 (11:10:38) - 1946-03-31 (12:46:32)

Strelac: 1946-03-31 (12:46:32) - 1947-01-01 (11:25:28)

Jarac: 1947-01-01 (11:25:28) - 1947-10-04 (07:18:50)

Vodolija: 1947-10-04 (07:18:50) - 1948-07-02 (05:33:53)

Ribe: 1948-07-02 (05:33:53) - 1949-03-31 (07:04:02)

Ovan: 1949-03-31 (07:04:02) - 1950-01-01 (06:01:41)

Bik: 1950-01-01 (06:01:41) - 1950-10-04 (01:41:22)

30. januara 1948. godine Naturam Godse je ubio Mahatma Gandija. Vodolija antardaša je šesti znak od Sunca (u trećoj kući od AL). To je najmalefičnija osma kuća od aruda lagne pod aspektima Meseca i Rahua. Treba napomenuti da konjukcija Meseca i Rahua u Raku aspektuje osmu kuću od lagne (Bik), osmu kuću od aruda lagne (Vodolija) i osmu kuću od atmakarake (Škorpija) potvrđujući dušta marana jogu (užasnu smrt). Pošto je smrt izazvao Rudra, lagna ubice Nathuram Godsea je pokazana znakom šula daše – Blizanci (pogledajte sledeći čart).

Mesto smrti: Treći znak od aruda lagne je Devica. Vrtovi, polja, igrališta itd. su pokazani znakom. Smrt se desila u bašti u vreme Gandijeve večernje šetnje.

Vreme smrti

Punja masa: Period smrti je određen kao period od oktobra 1947 do jula 1948. Tokom ovog perioda Sunce će tranzitirati znakove od Vage do Blizanaca (devet znakova – devet meseci). Mritju pada je u Ribama. Uporedite Ribe i Devicu – Devica sa Suncem je snažnija; izaberimo Devicu. Trigoni od Device su zemljani znaci i njen vladar Merkur je u Vagi. Treba da izaberemo između – Vage, Jarca, Riba i Bika (u opsegu od devet meseci). Vaga i Jarac sa planetama su snažnije. Jarac nema nikakvih dobrih aspekata ni konjukcija i umesto toga ima Ketua koji prima aspekt Saturna. Izaberimo Jarac kao punja masu i smrt će se desiti u Jarac masi.

Punja tithi: Peta kuća je Vodolija bez planeta. Znak aspektuju oba vladara - Rahu i Saturn. Rahu je zajedno sa Mesecom, koji aspektuje i petu kuću. Saturn i peta kuća primaju i aspekt Jupitera. Aspekti ostale tri planete na petu kuću od Vage ćemo ignorisati jer Trio (Venera, Merkur, Mars), ne utiču na vladara pete kuće. Između Meseca i Jupitera, Jupiter kao atmakaraka je snažniji. Jupiter vlada pančami (5) i trajodaši (13) tithijem.

Makara sankratni je bio 14. januara 1948 i četiri moguća datuma su:

16. januara 1948: Šukla pančami – Mesec u Vodoliji/P.Badrapada (Mitra tara)

24. januara 1948: Šukla trajodaši – Mesec u Blizancima/Ardra (Naidana tara)

30. januara 1948: Krišna pančami – Mesec u Devici/Hasta (Pratjak tara)

7. februar: Krišna trajodaši – Mesec u Strelcu/P.Ašadha (Vipat tara)

Koristeći Navtara čakru, 16. januar je eliminisan zbog mitra tare. Koristeći tranzit Meseca, 24. januara i 7. februara su manja vjerovatnoća nego 30. januar 1948. Poslednji datum ima Mesec u Devici, znak u sedmoj od Mritju pade i trećoj kući od aruda lagne. Izaberemo datum 30. januar, 1948. godine.

Punja Lagna: Aruda lagna u Raku je snažnija sa dve planete, nego sedma kuća od nje, koja ima jednu planetu (Ketua). Među trigonima od Raka (đala znaci), Rak je snažniji sa Mesec Rahu jogom i isporučiće punja lagnu ili ascedent u vreme smrti. Sada nacrtajmo čart za ovaj datum i sa datom lagnom. Ovo će biti punja čakra, čart koja se proučava za život posle smrti.

Čart 88: Gandhi – punja čakra

	GL Ra		
Ve Me			(Sa) As
	Rasi MG: Punya January 30, 1948 18:00:00 (5:30 east) 77 E 13, 28 N 40		
Su			(Ma)
SL HL	AL Ju	Md Gk Ke	Mo

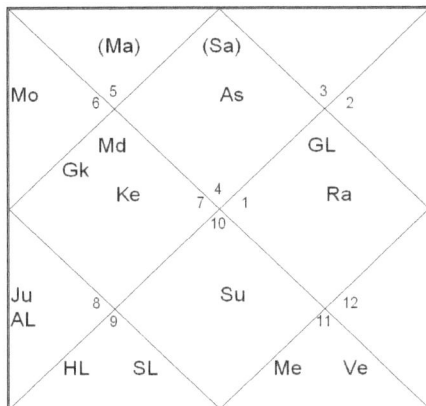

As:	17 Cn 44	Su:	16 Cp 25 (MK)	Mo:	15 Vi 11 (PiK)	Ma (R):	11 Le 19 (PK)
Me:	3 Aq 26 (DK)	Ju:	27 Sc 58 (AK)	Ve:	22 Aq 04 (BK)	Sa (R):	26 Cn 53 (AmK)
Ra:	26 Ar 08 (GK)	Ke:	26 Li 08	HL:	9 Sg 46	GL:	15 Ar 29

Mahatma Gandhi je umro 30. januara 1948 u večernjim satima posle molitve, kada je krenuo u baštu da se sretne sa posetiocima. Nathuram Godse je ispalio hitac (Sunce – lako vatreno oružje) pištoljem sa male udaljenosti. Poslednje reči na njegovim usnama su bile 'he rama' i dobro je poznato da će onaj ko izgovori Njegovo ime u poslednjem trenutku, dobiti mokšu. Bilo bi značajno ispitati Punja čakru za ovo, ali je to van opsega ovog rada.

Nathuram Vinajak Godse

Nathuram Godse je bio učen čovek i njegov čin ubistva Mahatme je šokirao svet. Atmakaraka Rahu pokazuje duhovnu i pobožnu osobu. Zašto bi takva osoba uradila ovakav kriminal? Atmakaraka Rahu je u bliskom jutiju sa Suncem u Biku. Sunce nije prešao longitudu Rahua i efekat 'eklipse' je potpun.

Sunce je param atma i predstavlja samsaru ili svet globalno i od Surja joga saznajemo šta će osoba dati ili uzeti od sveta. Sunce je pod eklipsom Rahua pokazujući da će u određenom trenutku ova eklipsa učiniti da osoba šokira (Rahu - eklipsa) svet (Sunce). Da li će to osoba uraditi ili će još neko biti umešan? Veza vladara lagne Merkura sa eklipsom pokazuje da ubistvo nije sprovela poremećena osoba, nego da je ono staloženo i smišljeno sprovedeno i u svrhu određenih ideala (vladar lagne pokazuje korišćenje inteligencije, idealizam i principe). Treba primetiti da je lagna Nathuram Godsea Blizanac, znak šula daše (u trigonu sa natalnim Rudrom) u čartu Mahatme Gandhija čime potvrđuje da je on ubica koji je došao da sprovede posao Rudre. Da li je ovo bilo moguće izbjeći? Definitivno ne – povoljan (punja znači povoljnost) poslednji momenat za Mahatmu je došao i bio je to deo božanskog plana da se ova drama odigra i omogući Mahatma Gandhiju da izgovori svoju poslednju molitvu "he rama" da bi dobio mokšu.

Čart 89: Naturam Vinajak Godse

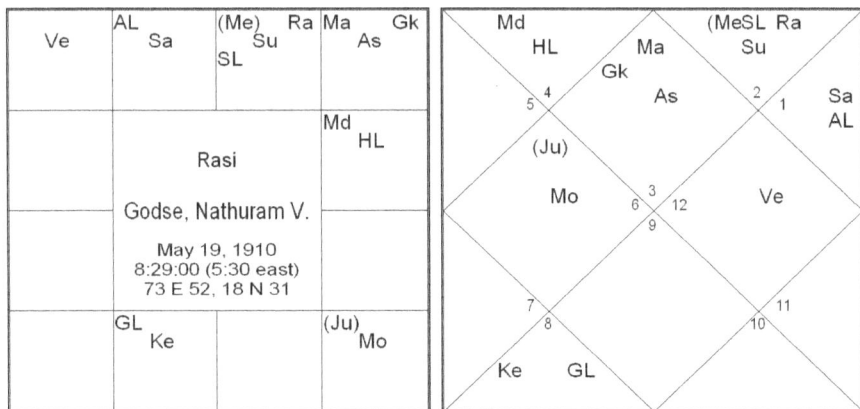

	AL	(Me) Ra	Ma Gk
Ve	Sa	Su SL	As
			Md HL
	Rasi Godse, Nathuram V. May 19, 1910 8:29:00 (5:30 east) 73 E 52, 18 N 31		
GL Ke		(Ju) Mo	

As:	10 Ge 02	**Su:**	4 Ta 40 (DK)
Me (R):	14 Ta 14 (MK)	**Ju (R):**	12 Vi 18 (PiK)
Ra:	5 Ta 51 (AK)	**Ke:**	5 Sc 51

Mo:	9 Vi 00 (PK)	**Ma:**	18 Ge 07 (BK)
Ve:	20 Pi 15 (AmK)	**Sa:**	7 Ar 37 (GK)
HL:	18 Cn 53	**GL:**	10 Sc 21

Čart 90: Nathuram Godse – Navamša

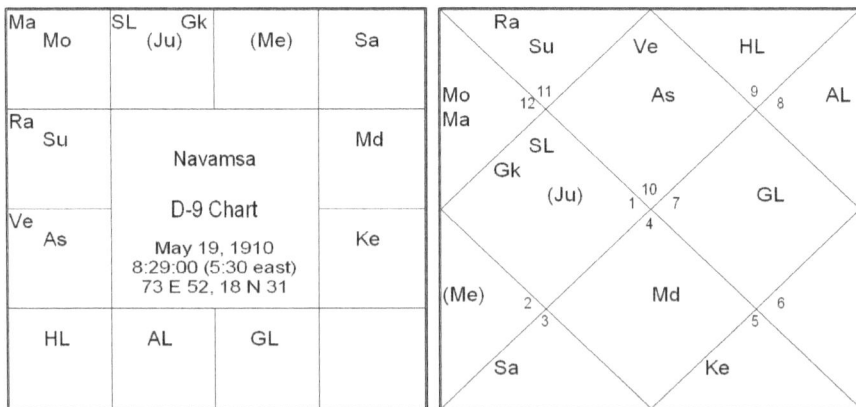

Ma Mo	SL Gk (Ju)	(Me)	Sa
Ra Su			Md
Ve As	Navamsa D-9 Chart May 19, 1910 8:29:00 (5:30 east) 73 E 52, 18 N 31		Ke
HL	AL	GL	

As:	10 Ge 02	**Su:**	4 Ta 40 (DK)
Me (R):	14 Ta 14 (MK)	**Ju (R):**	12 Vi 18 (PiK)
Ra:	5 Ta 51 (AK)	**Ke:**	5 Sc 51

Mo:	9 Vi 00 (PK)	**Ma:**	18 Ge 07 (BK)
Ve:	20 Pi 15 (AmK)	**Sa:**	7 Ar 37 (GK)
HL:	18 Cn 53	**GL:**	10 Sc 21

Utvrđivanje vremena događaja se može uraditi uz pomoć narajana daše. Očigledno je da znak Bik u kojem se nalazi kombinacija eklipse treba da bude umešana. Osim toga, znak u kojem je Mandi treba da bude umešan. Gulika pokazuje otrov (i zlo) koje osoba dobija od sveta dok Mandi pokazuje otrov (i lošu karmu) koju osoba daje svetu. Ubistvo Mahatme se desilo u Bik Narajana daši, Rak antardaši (od septembra 1947 do avgusta 1948.). Mandi se nalazi u Raku.

Tabela 30: Šula daša (Godse)
Maha daše:

Blizanci: 1910-05-19 (08:29:00) - 1919-05-19 (15:59:28)

Rak: 1919-05-19 (15:59:28) - 1928-05-18 (23:09:46)

Lav: 1928-05-18 (23:09:46) - 1937-05-19 (06:33:53)

Devica: 1937-05-19 (06:33:53) - 1946-05-19 (14:05:04)

Vaga: 1946-05-19 (14:05:04) - 1955-05-19 (21:19:58)

Škorpija: 1955-05-19 (21:19:58) - 1964-05-19 (04:37:41)

Strelac: 1964-05-19 (04:37:41) - 1973-05-19 (12:03:32)

Jarac: 1973-05-19 (12:03:32) - 1982-05-19 (19:28:38)

Vodolija: 1982-05-19 (19:28:38) - 1991-05-20 (02:46:57)

Ribe: 1991-05-20 (02:46:57) - 2000-05-19 (10:10:29)

Ovan: 2000-05-19 (10:10:29) - 2009-05-19 (17:33:45)

Bik: 2009-05-19 (17:33:45) - 2018-05-20 (00:53:44)

Određivanje dugovečnosti

1. Metod tri vladara: Vladar lagne Merkur je loše postavljen ali nije slab jer je vargotama. Vladar osme kuće Saturn je veoma slab u debilitaciji i vladar desete kuće Jupiter je snažan u kendri sa Mesecom. Pokazan je kratak do srednji životni vek.

2. Metod tri para:

Vladar lagne + vladar osme kuće = Fiksni + Pokretni = Srednji život

Lagna + Hora lagna = Dvojni + Pokretni = Kratak život

Saturn + Mesec = Pokretni + Dvojni = Kratak život

Ukupna dugovečnost je pokazana kao kratak život (0-36 godine). Mesec u Gađakešari jogi sa Jupiterom i egzaltiranom Venerom aspektuje ascedent. Ovo daje raši vridi (Đaimini) i odeljak dugovečnosti je 'uslovno' povećan na Srednji život (36-72 godine) za trajanje jedne raši daše. Dakle, krajnja dugovečnost je od 36 – 45 godina (36 + 9 = 45 godina, ako se koristi Šula daša). Ovo je Šula daša Vage, koja je aspektovana eklipsom iz Bika.

Razlog smrti: Osma kuća od aruda lagne je Škorpija sa Ketuom pokazujući naslini incident koji je bio greška (Ketu) jer ga aspektuje debilitirani Saturn, koje se nalazi na aruda lagni pokazujući da imidž osobe može biti uništen zbog ove greške.

Uzrok smrti: Aruda lagna je u Ovnu sa debilitiranim Saturnom i Mars je u trećoj kući od AL, što pokazuje nasilnu smrt. Lagna je u drugoj drekani Blizanaca i prema tome, osma kuća[8] je u drugoj drekani Jarca. Ovo je Paša (omča) drekana i preti smrću putem omče (vešala). Kombinacija eklipse, Rahu i Sunce, koji je primarni uzrok za smrt je u prvoj drekani Bika. Ovo je takođe paša drekana potvrđujući smrt vešanjem (omča).

Antardaša: Mars je u Blizanac znaku i Ribe navamši. Mars prima aspekt Meseca u raši čartu pokazujući da treba staviti akcenat na navamšu. Šesti (Lav), osmi (Vaga) i dvanaesti (Vodolija) znak od Marsa (navamša Ribe) će pokazati smrt. U raši čartu, Lav prima aspekt Saturna i njegov vladar je poražen Rahuom; Vaga prima aspekte Rahua i Sunca ali njen vladar je egzatiran; Vodolija prima aspekt Saturna (debilitiran) i njom vlada Rahu (Atmakaraka koja kažnjava) što daje eklipsu i lošu smrt. On je obešen u Vaga šula daši, Voodlija antardaši (od maja 1949 do februara 1950).

Punja masa: Između mritju pade (A8 – Ovan) i njene sedme kuće, A8 je snažnija. Mogući solarni meseci unutar opsega antardaše su Blizanci, Lav, Vaga i Strelac. Blizanac (masa) je malo verovatno jer je ovo deseta kuća od đanma znaka kao i đanma lagne. Vaga je nesumnjivo najafliktovanija pošto je afliktovana kombinacijom eklipse i isporučiće punja masu (Vaga masa ili tranizit Sunca će biti u Vagi).

Punja tithi: Peta kuća je Vaga i njen vladar je u Ribama. Jedna planeta ne može aspektovati oba mesta, osim možda Jupitera koji je vladar Riba, ali Jupiter ne aspektuje petu kuću. Među planetama koje aspektuju petu kuću (Rahu, Merkur i Sunce), Sunce je najviše afliktovan pošto je pod eklipsom, iako je Rahu najsnažniji pošto je egzaltiran (za pitanje dugovečnosti). Izabraćemo Sunce jer kada su dve planete tako blizu, one će obavljati posao one druge planete i Sunce će obaviti posao Rahua. Sunce vlada pratipadom i navami tithijima.

16. oktobar 1949 – Krišna navami; Mesec u Raku/Pušja

22. oktobar 1949 – Šukla patipad; Mesec u Vagi/Svati

30. oktobar 1949 – Šukla navami; Mesec u Jarcu/Daništa

6. novembaf 1949 – Krišna pratipad; Mesec u Ovnu/Barani

15. novembar 1949 – Krišna navami; Mesec u Lavu/P. Falguni

Nathuram Godse je obešen 15. novembra 1949 na Krišna Navami.

Punja lagna: Aruda lagna je u Ovnu i razmatranja u vezi sa mritju padom (videti punja masa od ranije) i dalje važe. Lagna će biti Vaga. Prema tome, punja čakra (čart za trenutak smrti) je prikazan ispod.

Čart 91: N. V. Godse – Punja čakra

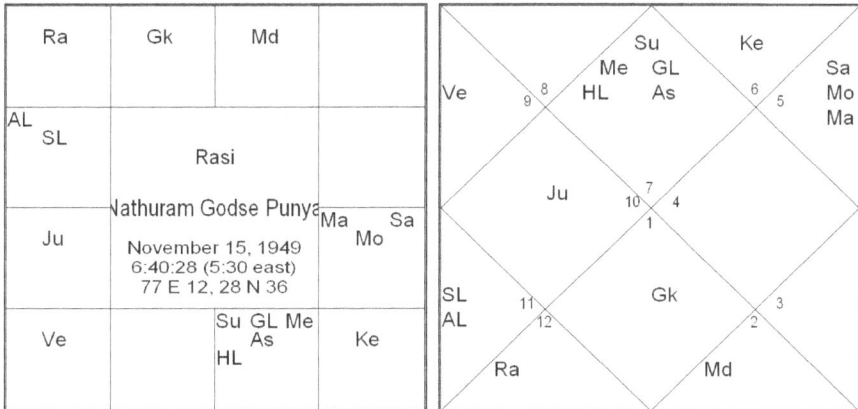

As:	27 Li 42	Su:	29 Li 11 (AK)	Mo:	16 Le 58 (PiK)	Ma:	17 Le 20 (MK)
Me:	25 Li 11 (AmK)	Ju:	4 Cp 06 (DK)	Ve:	16 Sg 15 (PK)	Sa:	24 Le 29 (BK)
Ra:	21 Pi 27 (GK)	Ke:	21 Vi 27	HL:	27 Li 04	GL:	25 Li 23

Zadatak

Odredite mesto, vreme i prirodu smrti sledećih političkih vođa: (a) Rađiv Gandhi (Premijer Indije), (b) Indira Gandhi (Premijer Indije), i (c) Džon F. Kenedi (Predsednik Sjedinjenih Država)

Čart 92: Rađiv Gandhi

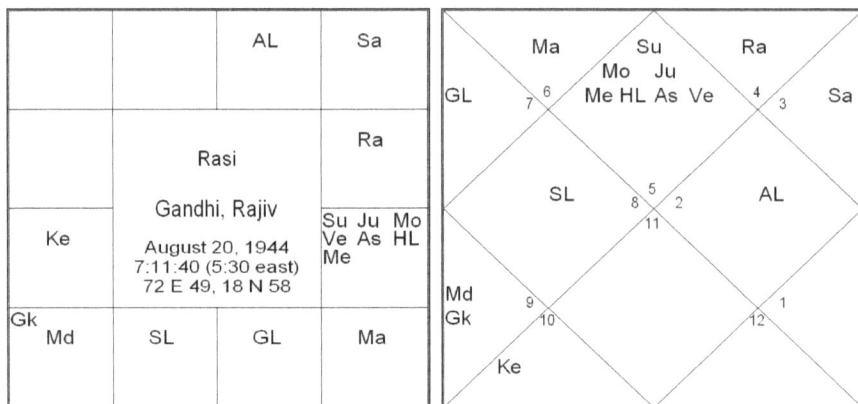

		AL	Sa
	Rasi Gandhi, Rajiv August 20, 1944 7:11:40 (5:30 east) 72 E 49, 18 N 58		Ra
Ke			Su Ju Mo Ve As HL Me
Gk Md	SL	GL	Ma

As:	14 Le 45	**Su:**	3 Le 50 (GK)	**Mo:**	17 Le 10 (MK)
Me:	28 Le 34 (AK)	**Ju:**	12 Le 13 (PK)	**Ve:**	18 Le 40 (BK)
Ra:	2 Cn 49 (AmK)	**Ke:**	2 Cp 49	**HL:**	29 Le 08

Ma:	1 Vi 13 (DK)	
Sa:	14 Ge 14 (PiK)	
GL:	7 Li 09	

Čart 93: Indira Gandhi

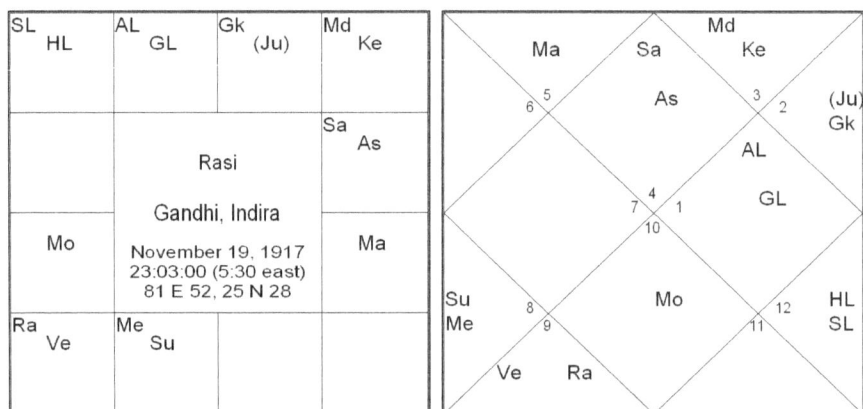

SL HL	AL GL	Gk (Ju)	Md Ke
	Rasi Gandhi, Indira November 19, 1917 23:03:00 (5:30 east) 81 E 52, 25 N 28		Sa As
Mo			Ma
Ra Ve	Me Su		

As:	25 Cn 38	**Su:**	4 Sc 07 (DK)	**Mo:**	5 Cp 31 (GK)
Me:	13 Sc 14 (PK)	**Ju (R):**	14 Ta 60 (PiK)	**Ve:**	21 Sg 00 (AmK)
Ra:	10 Sg 34 (BK)	**Ke:**	10 Ge 34	**HL:**	23 Pi 44

Ma:	16 Le 23 (MK)	
Sa:	21 Cn 47 (AK)	
GL:	24 Ar 12	

Čart 94: John F. Kennedy

	Me HL Ju Ve Ma Su	Ke
		SL Sa
Rasi		
Kennedy, John F	GL Md Mo
May 29, 1917 15:00:00 (5:00 west) 71 W 7, 42 N 20	Gk
Ra	AL	As

As:	27 Vi 17
Me:	27 Ar 53 (AK)
Ra:	19 Sg 47 (PK)

Su:	15 Ta 08 (PiK)
Ju:	0 Ta 21 (DK)
Ke:	19 Ge 47

Mo:	24 Le 30 (BK)
Ve:	24 Ta 03 (MK)
HL:	7 Ar 33

Ma:	25 Ar 44 (AmK)
Sa:	4 Cn 27 (GK)
GL:	11 Le 47

A-1: Snage znakova

Snage znakova

Iako postoje različiti matematički modeli za računanje snage znakova i planeta, Mahariši Parašara podučava različit metod u Brihat Parašara Hora Šastri (Poglavlje 46 šloka 161 do 164) [17] Ovo je podučio i Mahariši Đaimini kao prvi izvor snage. Postoje četiri različita izvora snage znakova. Oni su međusobno komparativni i koriste se za različite svrhe. Ovi izvori snage su međusobno isključivi i jedino ako jedan ne uspe pokazati snažniji znak, prelazimo na drugi izvor snage. U Narajana daši koristimo samo dva izvora snage i oni su dati ovde.

Svaki izvor snage sadrži određena pravila za procenu snage između dva znaka. Ako posle primene prvog pravila snage uspemo da identifikujemo snažniji znak, onda se ignorišu ostala pravila. Ako su znaci podjednako snažni posle primene prvog pravila, onda prelazimo na drugo pravilo. Ako su i dalje jednaki, onda prelazimo na treće pravilo i tako redom. Dakle, ova pravila su poređana u hijerarhiji i niže pravilo se koristi jedino ako prethodno ne uspe da identifikuje snažniji znak.

---

17   Dostupna verzija Brihat Parasara Hora Šastre ima jedino jedan izvor snage i i to izgleda oštećeno jer dve šloke nedostaju. Međutim, dali smo ova finalna pravila izvedena iz BPHŠ i Mahariši Đaimini Upadeša Sutri (prevod: Sanđaj Rath)..

Prvi izvor snage

1)   Znak sa atmakarakom se smatra najsnažniji.

2)   Znak sa planetom (ili više planeta) se smatra snažnijim nego znak koji nema u sebi planetu (ili sa manjim brojem planeta).

3)   Ako znaci imaju jednak broj planeta, onda status planete, poput egzaltacije, mulatrikona, svakšetre i sl, treba uzeti u obzir da bi se pronašao snažniji znak.

4)   Ako su i dalje iste snage, ili bez planeta, onda je prirodna snaga dvojnih znakova snažnija nego fiksnih a fiksnih je snažnija od pokretnih.

5)   Znak čiji je vladar Atmakaraka je snažniji.

6)   U slučaju da nijedan od znakova koji se razmatraju nema Atmakaraku za vladara, onda stepeni njihovih vladara se posmatraju. Vladar na većem stepenu (koji se koristi u čara karakama) će pokazati snažniji znak.

7)   Ako dva znaka imaju iste vladare ili njihovi vladari imaju istu longitudu (nezavisno od znaka), onda za parne znakove, položaj vladara u muškom znaku ili za neparne položaj vladara u ženskom znaku je izvor snage.

8)   Znak koji daje duži daša period je snažniji.[18]

Iako prvi izvor snage ima osam pravila za procenu snage znaka, pravila (1) i (5), se ne mogu posmatrati za narajana i slične daše koje počinju od lagne a ne od atmakarake. Na osnovu ovog, Parašara daje preostala pravila jedino za falita daša periode.

Dakle, pravila (2), (3), (4), (6) i (7) ili (8) se razmatraju za narajana dašu.

Drugi izvor snage

Postoji samo jedno pravilo u ovom izvoru snage i ovo pravilo treba primeniti za čara dašu, narajana dašu, navamša dašu itd.

1)   Znak koji prima aspekte Merkura, Jupitera ili svog vladara je snažniji.

---

18   Ovaj izvor snage nije dat u dostupnoj verziji Đaimini Sutri, nego u Brihat Parašara Hora Šastri.

Na osnovu iskustva i učenja[19], dajem prioritet korišćenju ovih pravila koji su mi uvek davali uspeh pri korišćenju narajana daše.

Prvi pokušaj: Pravilo (2) Prvog izvora snage

Sledeći pokušaj: Pravilo (1) Drugog izvora snage

Sledeći pokušaj: Pravilo (3) je Prvog izvora snage

Posle toga pokušajte: Pravilo (4) i redom Prvog izvora snage

Primer

1. Odredite snažnijeg između lagne i sedme kuće u čartu

Čart 95: Autor

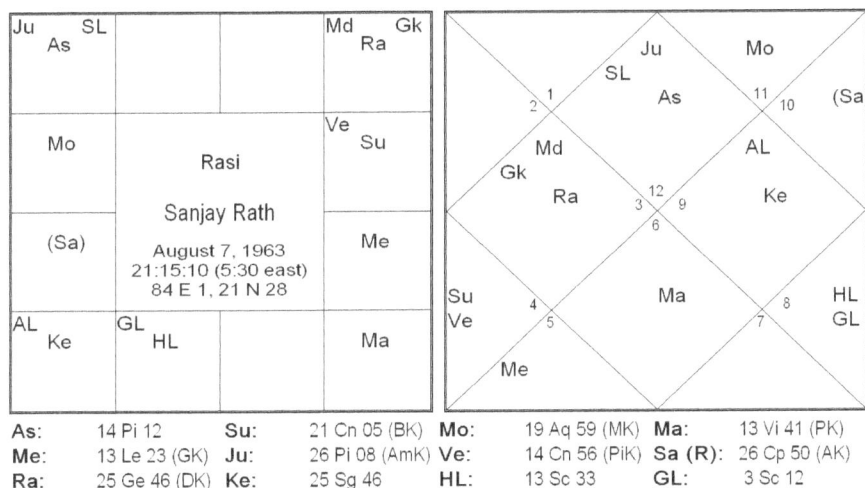

As:	14 Pi 12	Su:	21 Cn 05 (BK)	Mo:	19 Aq 59 (MK)	Ma:	13 Vi 41 (PK)
Me:	13 Le 23 (GK)	Ju:	26 Pi 08 (AmK)	Ve:	14 Cn 56 (PiK)	Sa (R):	26 Cp 50 (AK)
Ra:	25 Ge 46 (DK)	Ke:	25 Sg 46	HL:	13 Sc 33	GL:	3 Sc 12

Primenite pravilo (2) prvog izvora snage, lagna i sedma kuća imaju jednak broj planeta.

Primenjujući pravilo (1) drugog izvora snage. Ascedent je znak Riba sa

---

19   Parašara objašnjava suštinu prvog izvora snage znakova u šlokama 46.161-164. Dakle, za potrebe računanja snage za potrebe narajana daša, pravila (2), (3), (4) prvog izvora treba razmatrati jedino kao dodatak drugom izvoru snage. Zašto je Parašara izostavio ovo pravilo (1)? Ovo se odnosi na poziciju Atmakarake i 'Veto' moć koji su primenjivi jedino u dašama koje se računaju od Atmakarake poput Atmakarake i Kendradi raši daše, itd. U narajana daši, lagna je tačka fokusa umesto atmakarake i ovo su falita daše pokazujući više mundane stvari i život osobe umesto njigovog duhovnog razvoja. Da bi izračunali duhovni razvoj i psihički razvoj, računanje od atmakarake ili devete kuće poput drig daše su važniji.

Jupiterom kao vladarom ascedenta (dva od ukupno tri faktora). Sedma kuća je Devica i prima aspekt samo jedne planete Jupitera (jedan od ukupno tri faktora). Lagna je snažnija i nema potrebe razmatrati ostala pravila.

OM TAT SAT

12

Tumačenje snova

Lekcije pandita Ratha o Jami i Kali

Naredna lekcija je odlomak iz lekcije prezentovane na SJC Delhi od strane Šri Sanđaj Ratha. Da bi razumeli snove, neophodno je razumeti podelu vremena. Postoje različite podele vremena. Prva ovakva podela se zove Juga. Upoznati smo sa različitim podelama vremena poput veka, decenija, godine, meseca, dvonedeljni period, nedelja, dan, sat, itd. Neke od ovih podela koristimo i u svakodnevnom životu a postoje i određene podele vremena koje su jedinstvene za Vedsku astrologiju. Jedna takva podela se zove Jama. Dok druga bitna podela u Hindu astrologiji nosi ime Kala.

Jama (tročasovni prirodni ciklus)

U kontekstu analize snova Jama postaje neophodan koncept. Jedan ceo dan se sastoji od 24 časa. Postoji osam Jama u toku dana. Njima upravlja sedam planeta i Rāhu (uključujući i Ketua). Sunce je vladar svih dana i time je generalni vladar vremena. Jedna jama je jednaka tri časa. Od osam Jama, četiri pripadaju danu dok preosale četiri pripadaju noći. Ova podela na osam delova bazirana je na Ašta dala padmi i prati sledeći redosled: Sunce – Mars – Jupiter – Merkur – Venera – Saturn – Mesec – Rāhu.

1. Sunce – prvom Jamom vlada Sunce (E). Ova Jama okvirno traje između 6:00 i 9:00 ujutro. Prvi sati su dodeljeni Suncu, kao generalnom vladaru svih dana. On je signifikator za lagnu i devetu kuću. Prva Jama je vreme za molitvu kao i za početak dnevnih aktivnosti. Sve molitve treba da su završene do 9:00 ujutro.

2. Mars – SI – upravlja drugom Jamom dana i ona okvirno traje između 9:00 i 12:00h. U toku ovog perioda osoba ima maksimalnu fizičku energiju. Ovo je vreme kada treba da se pripremimo za dnevne zadatke. Ovo je vreme Bagalamuki Mata puđe.

3. Jupiter – J – upravlja trećom Jamom u toku dana i ona traje od podneva do 15:00h. Ovo se zove Hari Samaja (vreme za Harija). U toku ovog perioda možemo uraditi Hari daršan (posetu Gospodu Hariju). U ovo vreme je Sunce u desetoj kući. Recitujte Hari Om kako bi uništili sve grehe. U ovo doba dana osoba ima balansiran nivo energije. U ovo doba osoba treba dobro jesti. Konzumiranje pirinča u ovo doba dana je odlično jer je pirinač Mesec i u kombinaciji sa Jupiterom (vreme) formira Gađakešari jogu.

4. Merkur – JZ – upravlja četvrtom Jamom dana i traje od 15:00 do 18:00h. Ovo je vreme za učenje. Ovo je ujedno i vreme kada osoba pravi greške. Merkur se ponaša poput deteta. Osoba se izigrala i u ovom delu dana je umorna. Ovo je dobro vreme za kominikaciju kao i vreme da se osoba vrati kući.

5. Venera – Z – upravlja prvom Jamom koja pripada noći i traje od 18:00 do 21:00h. Ovo je vreme za sve vrste zabave. Osoba se priprema za noć. Svo iće i piće se obavlja u ovoj Jami. Osobe rođene sa Venerinom lagnom ili osobe koje imaju Veneru u devetoj kući treba da obožavaju boga u ovoj Jami i njihova bagja (sudbina) će se promeniti. Sandja puđa (večernja molitva) ili Tulsi (Venera) puđa je veoma povoljna jer je Tulsi vatra, bes, itd. Osoba koja praktikuje Sandja puđu ostaje čist i crna magija ga ne može dotaći. Osoba može uraditi sve vrste planiranja u toku Venera jame.

6. Saturn – SZ – od 21:00h do ponoći. Sva crna magija se radi u ovo vreme. Znak u kom se nalazi vladar osme kuće pokazuje predmete korištene za crnu magiju. Šudra su stvari koje se daju kao piće ili hrana u svrhu crne magije. Ako je u pitanju vatreni znak onda pokazuje hranu u vezi sa ovom praksom. Obratite pažnu na prirodu planeta koje vladaju znakom (u kom se nalazi vladar osme kuće). Jupiter pokazuje satvične stvari poput prasada, itd. Zarad zaštite treba da recitujete Višnu, Višnu, Višnu pre nego što bilo šta pojedete ili popijete. Osma kuća pokazuje mrtve, dugove, duhove, itd. Šiva je vladar ovog sveta. Šiva kao Rudra uništava telo. Postoji deset Rudra poput Dasavatara. Jedan Šiva, koji vladar osmom kućom od AK (tj. Atme) uništava telo. Od 21:00h do ponoći je najbolje vreme za tantra puđe. Ovo je ujedno i vreme za odlazak u krevet I odmor. Ne treba konzumirati hranu u ovom periodu. Osoba koja jede hranu u ovoj Jami počinje pratiti Saturna i dobija siromaštvo kao rezultat.

7. Mesec – S – upravlja trećom Jamom u toku noći. Ona traje od ponoći do 3:00h ujutro. Ovo je vreme za san. Majka daje mir u ovo vreme. Um dobija mir i odmor. Ako um ne odmara osoba postaje rađasična i tamasična.

8. Rahu – SI – upravlja četvrtom Jamom u toku noći. Ova Jama traje od 3:00 do 6:00 ujutro. Ovo je vreme privremene smrti. Osoba je oživljena u ovom period od strane boga Sunca. Ovo je stvarno vreme Rahua (zove se Rāhu kala). U ovom periodu su lopovi veoma aktivni. Ako lopov nekog probudi, osoba reaguje kao mrtvo telo (tj. ne može da se probudi). Obožavajte Dakšinamurti kako bi prevazišli efekte Rahua.

Različite uloge Jame i Kale

Sve planete imaju tendenciju da isprate darmu u toku svoje Jame. Sve planete imaju tendenciju da donesu patnju tokom svoje Kale. Planeta koja vlada Kalom opsedne osobu u toku svoje kale i čini da osoba radi stvari koje ne želi. Remedijalne mere za grahu bazirane su na Nadi učenju. Uzmite znak u kojem se planeta nalazi i odaberite dan vladara znaka. Potom, pronađite Kalu date planete, pronađite devatu u vezi sa Kalom date planete i obožavajte je. Na primer, za Ribe lagnu, Rahu je u Blizancima u četvrtoj kući. Osoba treba da obožava božanstvo Durgu, sredom u toku Rahu Kala.

Remedijalna mera za miran znak – recitujte Hari Om za miran život. Ovo je mantra paka lagne. Paka lagna je znak u kom se nalazi vladar lagne. Jupiter je signifikator za paka lagnu. Obožavajte Šivu, Sadašivu, Hari, Hajagriva, Datatreja, Parašara, Narajana, Đaganat itd. kako bi se zaštitili od zla. Signifikator za lagnu je Sunce (atma – avatar) i signifikator za AL je Mesec (um – Krišna avatar).

Snovi

Inicijalna pitanja

1. Da li je osoba sanjala? Ako je Sunce na lagni ili Mesec aspektuje lagnu ili je sedma kuća od lagne Lav, osoba je imala san. Druga verzija kaže da Sunce treba da je na lagni i pod aspektom Meseca.

2. Trajanje sna: odgovara pređenom delu lagne ili vladara lagne. Ako je lagna pokretni znak, u pitanju je dug san. Ako je dvojni znak, san je srednje dužine. Ako je lagne fiksni znak, u pitanju je kratak san.

3. Ako je vladar lagne Mesec, trajanje sna je trenutno. Za utvrđivanje trajanja sna na osnovu drugih planeta treba primeniti Naisargika dašu.

Vrste snova – na osnovu planeta

Ako je Sunce na lagni, AL, osoba je videla u snu buktenje vatre, crvenu odeću, crvene ogrlice, itd.

Ako je Mesec na lagni ili Mesec aspektuje lagnu, san je imao ženu, belu cveće, belu odeću i sl.

Ako je Mars na lagni ili aspektuje lagnu, predmeti u snu su zlato, korali, krvavljenje, meso pokriveno krvlju, itd.

Ako je Merkur na lagni ili aspektuje lagnu, osoba je lebdila u vazduhu.

Ako je Jupiter na lagni ili aspektuje lagnu, sigurno je video svoju porodicu i rođake.

Ako je Venera na lagni ili aspektuje lagnu, san je u vezi sa vodom, plivanje u vodi, prelaženje potoka, itd.

Ako je Saturn na lagni ili aspektuje lagnu, osoba je iskusila penjanje po visokom drveću ili planinama ili bitnu administrativnu poziciju.

Neke bitne stavke

Ako se na lagni nalazi više planeta, snovi se mogu odviti na smenu. Ako su planete u neprijateljskom ili znaku debilitacije, snovi su loši. Ako su planete spaljenje, snovi će biti nepovezani.

Ako je znak lagne neprijateljski ili znak debilitacije za planete koje se ovde nalaze, prekinuće se loš san. Iste rezultate treba proglasiti za planetu koja je pobeđena u planetarnom ratu; ili će osoba videti u snu pozorišnu predstavu.

Druge bitna razmatranja u vezi sa snovima

Kod analize pitanja u vezi sa snom treba imati na umu sledeće faktore:

- Lagna, AL, CR i četvrta kuća kao i planete na datim mestima.

- Kada osoba vidi nepovolan san, mora iskreno uložiti trud u pravcu okajanja svojih greha putem Dane (milosrdna dela), home (žrtve), đape (recitovanja svetih mantri). Ukoliko je ovo sprovedeno, nevolje će biti umanjene.

- Ako osoba, nakon što je imala loša san, sanja nešto veoma povoljno, loša značenja prethodnog sna su poništena. Sa druge strane, ako je loš san usledio posle povoljnog sna, efekti su loši.

- San koji se poslednji desi od ova dva (jedan dobar i drugi loš) će prevladati.

Loši snovi

Za loš san nije neophodno da se Sunce nalazi na lagni, dovoljno je da se nalazi na navamša lagni.

Za Mesec, predmeti iz sna su beli konj, drago kamenje, cveće, dijamanti i šarmantne devojke. Za Merkur: zmije, uzdizanje u nebo i vesti o zaslugama. Za Jupitera: viđenje boga, sport, veza sa asketama i slušanje duhovnih diskusija. Za Veneru: prelaženje mora, božanski blagoslovi i seksualni čin. Za Saturn, Rahu i Ketu, putovanje preko planina i šuma i povezanost sa lošim društvom.

Seksualni čin u snu – ako se Mesec nalazi u 3, 5, 6, 7 ili 11. kući i prima aspekt Jupitera, Sunca i Venere i ukoliko su benefici u 9. kući ili kendrama (uglovima), osoba je sigurno u snu uživala u intimi sa šarmantnom ženom ili muškarcem.

Snovi i znakovi

1. Ako je aruda u Ovnu, osoba će u snu videti hram i njegove delove poput tornja.

2. Ako je u Biku, osoba će videti slike boga.

3. Ako je u Blizancima, osoba će videti bramine, pustinjake i različite duhovne prakse.

4. Ako u Raku, osoba će videti useve, travu, vodena polja i nanošenje vode na polja.

5. Ako u Lavu, osoba će videti lovce i bivole.

6. Ako je u Devici, osoba će videti prizore mladih devojaka.

7. Ako je u Vagi, trgovci, tržnice, robu, kralja i njegovu pratnju, krunisanje i zlatni nakit.

8. Ako je u Škorpiji, pčele, ose, otrovne stvari, konje, konjanike, utrke, itd.

9. Ako je u Strelcu, koža i proizvodi od kože, cvetni vrtovi, hrpe voća i cveća, itd.

10. Ako je u Jarcu, parovi u razgovoru.

11. Ako je u Vodoliji, veliko ogledalo i odraz osobe u ogledalu.

12. Ako je u Ribama, okena, talasi, kupanje u okeanu, zlato, sakupljanje nakita, itd.

Psihološki razlozi za san i snove

Prema Ajurvedi, sva čula se nalaze se pod kontrolom uma. Tokom budnog stanja, oboje um i čula neprestano obavljaju funkcije. Na kraju dana, sva čula, uključujući um, su umorna i trebaju odmor. Ovo se zove duboki san. Ali ponekad, čak i kada čula uživaju u odmoru, um luta u svetu čiji je tvorac. Kada se ovo stanje dostigne, zovemo ga stanje sanjanja. Ova tri stanja su prirodna za dušu na ovozemaljskom putovanju.

Tipovi snova

Postoji sedam vrsta snova:

Viđeni snovi.

Čuti

Doživljeni

Željeni

Izmišljeni

Precursor

Nastali usled poremećenih doša

Za prvih pet tipova se kaže da nemaju efekte. Na sličan način, svi snovi viđeni u toku dana, ili svi snovi koji su veoma kratki ili dugi a nastali su u toku noći, imaju jako malo efekta. Osoba će videti užasne snove pred kraj života. Ovo nastaje usled poremećaja svih doša. Podelite raspon ljudskog života na tri jednaka dela. Snovi koji se dogode u prvom delu života ili u toku detinjstva se zovu Anuka – ili snovi koji su pod uticajem prošlog života. Snovi iz preostala dva dela se zovu Gatija – ili snovi koji nastaju pod uticajem akcija iz ovog života.

U dodatku, postoje snovi koji su pod uticajem (a) tri döše, (b) planetarnih tranzita, (c) oni koji nastaju usled planetarne döše, (d) snovi nastali usled želja uma, (e) prisećanja, (f) oni nastali usled magije neprijatelja i (g) oni nastali zbog zlih duhova koji donose patnju osobi.

U snovima pod imenom Gatija uključeni su i događaji iz budućnosti. Snovi koji nastaju usled poremećaja vate markirani su kao događaji poput penjanja na drveće ili planine, skakanja u nebo, itd. U pita snovima prisutni su objekti poput zlata, dragulja, ogrlica i sl, Sunce, vatre i drugi sjajni predmeti. U kafa vrsti snova prisutni su Mesec, zvezde, belo cveće, lotos, reka, plivanje u vodi, itd.

Sezone i snovi

1. U toku kišne sezone ljudi sanjaju u poslednjem delu noći kao rezultat raspoloženja pod imenom Vata ili vetar.

2. U toku jeseni, snovi se dešavaju u srednjem delu noći što odgovara raspoloženju pite ili žuči.

3. U proleće, snovi se dešavaju u prvom delu noći što odgovara raspoloženju kafe ili sluzi.

4. Ipak, sa tiroidnom temperaturom usled koje su sva tri raspoloženja (gune) poremećena, osoba sanja u sva tri dela noći jer je u stanju delirijuma.

5. Efekti snova koji nastaju uticajem vladara daše kao i planetarnih tranzita, ne pokazuju ništa drugo do efekte daša i tranzita.

6. Slično, snovi viđeni kao rezultat priželjkivanja kao i ponovljeni snovi nemaju veći značaj od misli u toku budnog stanja.

7. Ipak, snovi rođeni usled gneva bogova ili crne magije od strane neprijatelja imaju pogubne posledice. U tom slučaju su neophodne remedijalne mere i treba se obratiti za medicinski tretman.

8. Postoje i snovi koji su toliko živopisni i ostavljaju tako snažnu impresiju na um da se dugo pamte. Njihovi efekti se osete u očekivanom

vremenskom okviru. Efekti snova doživljenih u toku četiri sata (pod imenom prahara) noći (četiri Jame) će se manifestovati u toku od godinu dana, u šeste/osam meseci, u tri meseca i u toku mesec dana ili deset dana datim redom. Ako je san viđen pred samo buđenje doneće rezultate gotovo istovremeno.

Povoljni snovi

Vizija boga, bramina, krava, volova, kraljeva, živih prijatelja, mudraca ili pustinjaka, uvaženih ličnosti, bukteće vatre, jezera sa čistom vodom, veselih mladih devojaka i momaka, osoba svetle puti, onih obučenih u belu odeću, fascinantnih osoba, demona prekrivenih krvlju i demona koji jedu ljudsko meso, ogledala, kišobran, meso, posude u kojima se nalazi otrov, belo cveće, osoba prekrivena prljavštinom i izmetom, voće, brda, hramovi, drveće sa plodovima, lav, slon, čovek, brdski konj ili vo, prelaženje jezera, reka i mora, odlazak u severo-istočnom pravcu, odlazak na nedostupna mesta, smrt, odlazak osobe, čestitke od strane bogova i ljudi, naricanje, padanje i ustajanje te batinanje neprijatelja.

Efekti povoljnih snova:

- Ozdravljenje, napredovanje i prosperitet

- Dobitak bogatstva i leka za bolesti

- Postizanje povoljnih rezultata i oporavak od tegoba

Sušruta dodaje sledeće među povoljnim snovima: prelazak preko turbulentne reke sa mutnom vodom, ujed pčele ili ujed zmije ili pijavice. Ovakvi snove nagoveštavaju dobro zdravlje i prosperitet.

Remedijalne mere za loše snove

Posle jutarnjeg ustajanja (oni koji su videli nepovoljan san) treba da naprave poklone od sezama, železa i zlata braminima kao i da pored Gajatri mantre, urade đapu svetih Vedskih mantri. Ukoliko se loš san dogodi u prvom delu noći, osoba treba da uradi đapu svete mantre i potom ponovo ode spavati, posmatrajući telesne funkcije čistog srca. Ne treba da deli sadržaj svojih loših snova sa bilo kim. Treba da provede tri noći u hramu, posmatrajući zavet i obožavajući Vipre. Ovo će neutralisati nepovoljne efekte loših snova.

Povoljni specijalni snovi

1) Ukoliko bramin sanja da ispija krv ili alkohol, on će imati odličan napredak na polju svog obrazovanja. Drugi će dobiti veliko bogastvo. Osoba koja sanja kralja, slonove, konja, vola, kravu, zlato ili bolesnu osobu, će ispuniti sve svoje želje. Ukoliko je osoba koja sanja kralj, on će naslediti dugotrajnu suverenost nad kraljevstvom.

2) Pogled na puževu kućicu, sandalovu pastu, školjku, biser, lišće betela (vrsta bibera), jasmin (đati) cveće, novac i ljiljane donosi profit.

3) Ukoliko osoba sanja da mu krv piju pijavice ili sanja ujed pčele, rezultat je bogatstvo kao i rođenje sina.

4) Ukoliko osoba sanja uspon na toranj hrama ili sprat palate, dobiće blagoslov vladavine nad zemljom iako po rođenju može poticati iz nižeg društvenog sloja.

5) Ukoliko osoba sanja konzumiranje mlečne kaše pomešane sa ghijem na uprljanom listu lotosa, na sred jezera, dobiće jedinstveno znanje o uglednom predanju koje je izuzetno uvaženo od svih.

6) Ukoliko osoba sanja da su mu drugi zavezali stopala okovima ili užetom, uskoro će doživeti veliku radost, trajnu poziciju moći i dobitak sina.

7) San u kom osoba vidi svoje telo, kuću, vozila, nameštaj itd. u vatri, će gotovo momentalno dobiti obilje.

8) Ukoliko se osoba probudi neposredno posle sna o Keraubna (barska šljuka, ptica), petlu ili ždralu, dobiće slatkorečivu ženu ili devojku za suprugu.

9) Vizija Sunca ili Meseca u snu donosi oporavak bolesnoj osobi do normalnog stanja i u slučaju drugih postaje vesnik dobre sreće. Isti rezultati prate viziju pobožnih dela u toku nuđenja, voće, cveće, ogledala, drago kamenje, jogurt, posude, pirinač, mleko itd.

Primeri

San u vezi sa učiteljem

Čart 96: Pitanje postavljeno 11. januara 2003. godine, u 00:25h u Delhiju..

Mo	Ra HL (Sa)		
		GL (Ju)	
	Rasi		
	Chart-1	SL	
	January 11, 2003 0:25:00 (5:30 east) 77 E 13, 28 N 40		
(Me) AL Ve Ke Su Ma	Gk Md	Gk As	

	Md	Gk	SL	
Ke Ma Ve	8 7	As	5 4	(Ju) GL
	(Me) AL	Su	9 6 3 12	
	10 11	Mo	2 1	HL (Sa) Ra

As:	24 Vi 25	Su:	26 Sg 14 (MK)	Mo:	28 Pi 47 (AmK)	Ma:	1 Sc 59 (DK)
Me (R):	28 Sg 40 (BK)	Ju (R):	22 Cn 02 (PiK)	Ve:	9 Sc 22 (GK)	Sa (R):	29 Ta 50 (AK)
Ra:	12 Ta 37 (PK)	Ke:	12 Sc 37	HL:	29 Ta 52	GL:	21 Cn 26

Ascedent u usponu je Devica. Time je ascedent lagne Bik sa retrogradnim Saturnom i Rahuom. Prisustvo ove dve planete na ascedentu sna može ukazanti na izmišljen san, ukoliko je Rāhu dominantan faktor. U ovom slučaju Rāhu zaista dominira u poređenju sa Saturnom budući da je Rāhu egzaltiran. U slučaju da je Saturn dominantan faktor, rezultati snova mogu doneti rezultat posle dugog vremenskog perioda.

Međutim, ovaj san ne mora biti izmišljen budući da ascedent sna prima aspekt (raši aspekt) Jupitera.

Žena je videla religioznu ceremoniju urađenu u prisustvu njenog Gurua (učitelja). Ceremonije je bila ometana usled velikog broja insekata. Ona je tvrdila da je ceremonija urađenu u svrhu rešenja problema sa kojima se učitelj suočavao.

Tumačenja čarta sna

Čart 97: Pitanje postavljeno 11. Januara 2003. u 17:06h u Delhiju

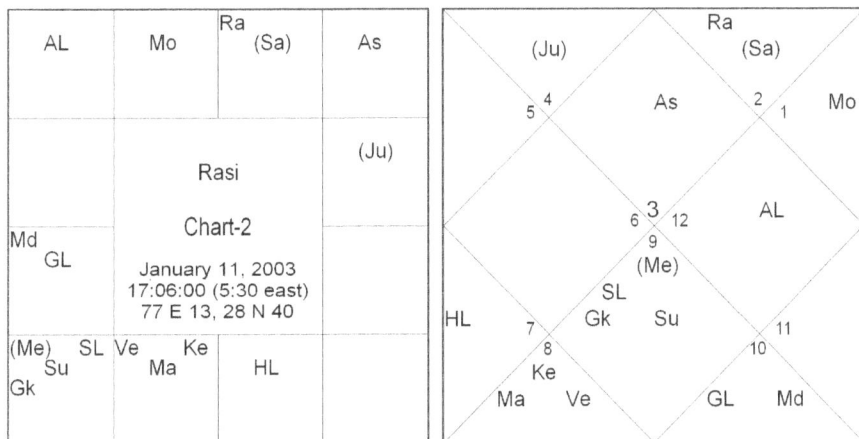

AL	Mo	Ra (Sa)	As
Md GL	Rasi Chart-2 January 11, 2003 17:06:00 (5:30 east) 77 E 13, 28 N 40		(Ju)
(Me) Su Gk	SL Ve Su	Ke Ma	HL

	Ra	
(Ju)		(Sa)
5 4	As	2 1 Mo
6 3 12		AL
	9 (Me)	
HL	SL Gk Su	11
7 8		10
Ke		
Ma Ve		GL Md

As:	19 Ge 56	Su:	26 Sg 56 (BK)	Mo:	6 Ar 60 (GK)	Ma:	2 Sc 26 (DK)
Me (R):	27 Sg 45 (AmK)	Ju (R):	21 Cn 57 (MK)	Ve:	10 Sc 04 (PK)	Sa (R):	29 Ta 47 (AK)
Ra:	12 Ta 35 (PiK)	Ke:	12 Sc 35	HL:	21 Li 22	GL:	13 Cp 39

Ascedent u usponu je znak Blizanci. Ascedent sna je Vodolija. Sunce i Merkur u Strelcu aspektuju aruda padu osme kuće (A8). Merkur je ujedno vladar A8. Pomenute dve planete su u jedanaestoj kući od ascedenta sna i pokazuju dobitke. Pošto je Merkur ujedno vladar i A8, pokazuje dobitke kroz porodične dugove (Merkur je vladar četvrte i pokazuje porodicu).

Kada je osobi koja je došla sa pitanjem, rečeno za mogućnost dobitka od starog porodičnog duga, osoba je rekla da mu nije poznato da postoji porodični dug. Na potpuno zaprepašćenje, otac ga je informisao o dugovanju njegovog strica od pre mnogo godina. Njegov stric je vratio posuđeni iznos u vremenskom periodu od mesec dana od datuma upita.

Čart 3: Pitanje postavljeno 11. januara 2003, u 15:04:39h u Delhiju.

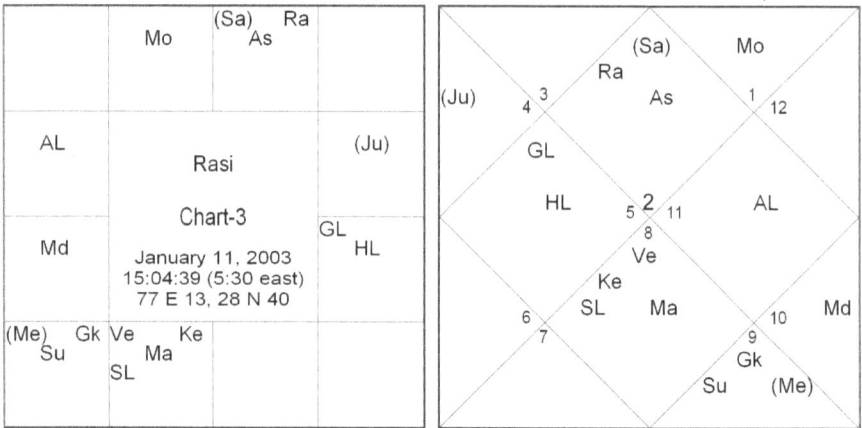

	(Sa) Ra Mo As	
AL	Rasi	(Ju)
Md	Chart-3 January 11, 2003 15:04:39 (5:30 east) 77 E 13, 28 N 40	GL HL

(Me)   Gk Ve   Ke
    Su   Ma
        SL		

As:	21 Ta 54	Su:	26 Sg 51 (BK)	Mo:	5 Ar 60 (GK)	Ma:	2 Sc 23 (DK)
Me (R):	27 Sg 52 (AmK)	Ju (R):	21 Cn 58 (MK)	Ve:	9 Sc 59 (PK)	Sa (R):	29 Ta 47 (AK)
Ra:	12 Ta 35 (PiK)	Ke:	12 Sc 35	HL:	20 Le 42	GL:	11 Le 58

Ascedent u usponu je znak Bika zajedno sa Rahuom i Saturnom. Ascedent sna je Jarac. Žena je došla sa pitanjem o snu u kom je videla boga Šivu. Kaže se da vizija devate u snu najavljuje veoma povoljne događaje. Osoba je videla boga Šivu koji je glasno ponavljao 'Ja sam Šiva'.

Sedma kuća je kuća Gospoda Šive. U ovoj kući se nalaze tri planete i primaju aspekt Jupitera (raši drišti). U dodatku, Saturn kao vladar ascedenta sna takođe prima aspekt Jupitera (ponovo raši drištijem).

Sve tri planete u sedmoj kući aspektuju ascedent sna raši aspektom. Dakle sedma kuća je potpuni fokus i mogu se predvideti pozitivni rezultati usled Jupiterovog raši drišija.

OM TAT SAT

13

Prognoziranje padavina

Ravi Rohini praveša čakra

Prognoziranje padavina je bila jedna od primarnih funkcija đotiša. U drevno doba kada je ekonomija bila primarno poljoprivreda, planiranje je zavisilo od tačnih prognoza padavina i useva. U đotišu su dostupne različite metode u ovu svrhu i one uključuju (1) Ravi Rohini praveša čakra[1], (2) Rohini čakra, (3) Saptanadi vedha čakra, (4) Đala Nadi čakra, (5) Trinadi čakra, itd.

Ravi Rohini praveša čakra je data ispod:

Dan	1	2	3	4	5	6	7	8	9	10	11	12	13
Kiša	72	50	45	42	39	34	21	30	28	24	21	16	12

Pravilo 1: Rohini nakšatra je četvrta nakšatra brojano od Ašvini i proteže se od 10^0-$23^020'$ Bika. Sunce tranzitira preko ove nakšatre 13 dana, brojano od dana njegovog ulaska u nakšatru (dan 1). U zavisnosti od dana ulaska u Rohini, ako je primećano čak i malo kiše, datum početka kiše (sezona monsuna) se predviđa uz pomoć Rohini praveša čakre.

Primer 1: Ove godine (2002)

Nacrtajmo Sunčev čart za ulazak Sunca u Rohini nakšatru. Ako na dan ulaska Sunca u Rohini nakšatru (dan 1), kratki pljusak ili kiša su primećeni u bilo kom regionu, tada možete dati predikciju da će monsun početi 72 dana kasnije. Budući da je datum ulaska u znak bio 25. maj 2003. godine, tada će 72. dan biti 27. avgusta 2002[2]. evidentno je da ovo zahteva iskrenu obzervaciju kiše kao i da se ovo mora zabeležiti u glavnim selima regiona pre konačnog zaključka izvedenog za ceo region. Ovo je kasni monsun i farmere treba posavetovati u pravcu

---

1   Doslovno Solarni ulazak u Rohini nakšatra čart.
2   Maj 6 dana + jun 30 dana + avgust 25 = 72 dana.

korištenja sistema za navodnjavanje u skladu sa time u vreme setve.

Čart 98: Rohini praveš 2002

		(MeMd Sa Gk Su Ra	Ju Ve Ma
		Rasi	
	Rohini Pravesha 2002		As
	May 25, 2002 11:52:33 (5:30 east) 77 E 13, 28 N 40		
HL SL Ke AL	Mo		GL

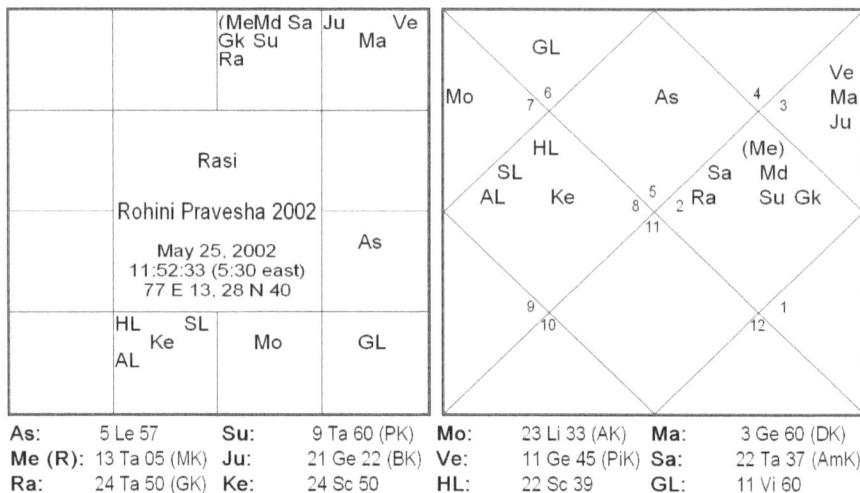

As:	5 Le 57	Su:	9 Ta 60 (PK)	Mo:	23 Li 33 (AK)	Ma:	3 Ge 60 (DK)
Me (R):	13 Ta 05 (MK)	Ju:	21 Ge 22 (BK)	Ve:	11 Ge 45 (PiK)	Sa:	22 Ta 37 (AmK)
Ra:	24 Ta 50 (GK)	Ke:	24 Sc 50	HL:	22 Sc 39	GL:	11 Vi 60

Primer 2: Ako je kiša primećena deveti dan od dana Rohini praveša, tada treba predskazaiti kišu 28 dana kasnije. Deveti dan brojano od 25. maja 2002. Godine je 2. Jun 2002. Dvadesetosmi da brojano od ovog datume je 29. Jun 2002. i ovo je dan početka monsuna. Ovo je rani monsun i poljoprivrednicima treba savetovati da se pripreme za ranu setvu.

Pravilo 2: Ako je u toku Sunčevog prolaska kroz Rohini nakšatru, primećena preterana toplota, tada treba predskazati da će tokom nadolazećeg monsuna/kišne sezone doći do velikih padavina.

Pravilo 3: Ako se velike padavine (poput onih koje donose trenutne poplave) dogode tokom Sunčevog prolaska kroz Rohini nakšatru, tada će se tokom narednog monsuna ili kišne sezone dogoditi odlična ili odgovarajuća kiša.

Pravilo 4: Ako je u pitanju malo kiše ili pak oskudni pljuskovi sa umerenim temperaturama tokom Sunčevog prolaska kroz Rohini nakštru, tada će se tokom narednog monsuna ili kišne sezone preovladavati sušni uslovi u regionu sa malo kiše ili oskudnim pljuskovima. Treba inicirati odgovarajuće navodnjavanje i treba pažljivo postupati sa potrošnjim vode.

Zadatak:

1. Pronađite meteorološke podatke za (a) bilo koju stanicu, (b) bilo koji okrug i (c) bilo koju zemlju tokom perioda Rohini tranzita i proverite validnost ovih pravila.

2. Koji je značaj Rohini nakšatre i šta to povezuje ovu nakšatru sa padavinama?

Rohini čakra

Ova čakra se zasniva na faktoru plime. Dobro je poznata činjenica da plima prati Mesec kao i da je visina plime proporcionalna gravitacionoj sili Meseca. Na dane punog Meseca plima je najviša jer Mesec ima ogromnu silu. Mesec pokazuje plimu i u skladu sa tim i padavine. Njegova omiljena nakšatra je Rohini, to je i njegov multrikon (kancelarija), iako se egzaltacija Meseca dešava u Kritika nakšatri (na 2° Bika).

Longituda Meseca (ili jednostavno znak ili nakšatra u kom se Mesec nalazi) u bilo kom trenutku pokazuje tačku visoke plime i u skladu sa tim, i tačka (znak ili nakšatru) u sedmoj kući odatle pokazuje nisku plimu. Ako visoka plima Meseca pokazuje obilne padavine, tada niska plima znakova i nakšatri pokazuje oskudne padavine.

Crtanje Rohini čakre

Dve nakšatre od nakšatre u kojoj se nalazi Mesec nose ime Samudra (more), sledeće dve su Tata (obala), sledeće dve su Parvata (planina) i naredne dve se zovu Sandhi (spajanje). Na ovaj način je 28. nakšatri (uključujući i umetnutu Abiđit nakšatru) podeljeno na četiri kategorije: samudra, tata, parvata i Sandhi.

Procena rezultata

Nacrtajte čart za Ovan sankranti (solarni ulazak u sideralni Ovan – koristi se kod određivanja samvatsare). Prebrojite nakšatre od đanma do Rohini nakšatre. Ako je Rohini nakšatra u samudra grupi, možete predskazati odličnu i odgovarajuću kišu kao i višak žetve i žitarica. Ako je Rohini u tata grupi, možete predskazati dovoljno padavina kao i dovoljno žetve i žitarica. Ako je Rohini u parvati, možete predskazati sporadičnu i oskudnu kišu sa slabim usevima, malo prinosa i manjak hrane. Ako je Rohini nakšatra u sandi grupi, tada možete predvideti suše ili poplave čiji rezultat će biti loša žetva i manjak hrane. Regionalna odstupanja se mogu odrediti u odnosu na lagnu nakšatru i njenog vladara.

Primer 3: Delhi, samvatsara čakra (tokom 2002 AK). Samvatsara čakra se koristi u mundanoj astrologiji uključujući i predikcije o padavinama, sušama, zemljotresima itd. U primeru, Mesec se nalazi na 13°17' Ovna u Ašvini nakšatri. Nacrtajte Rohini čakru za ovu nakšatru.

Čart 99: Delhi, samvatsara čakra

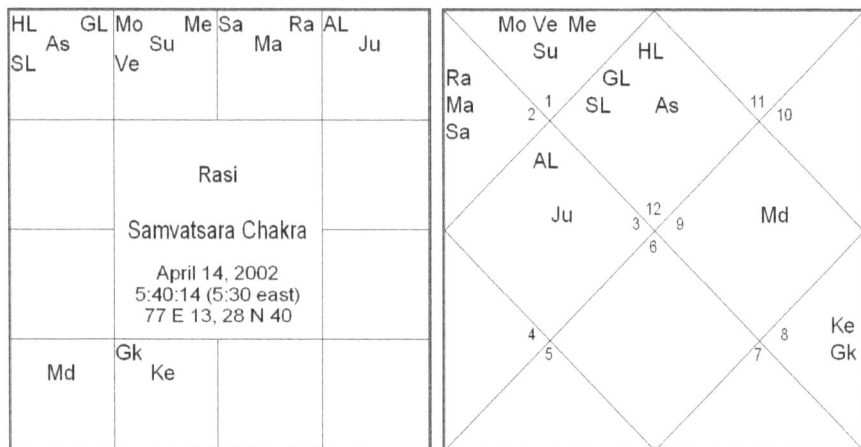

HL GL	Mo Me	Sa Ra	AL
As	Su	Ma	Ju
SL		Ve		

Rasi

Samvatsara Chakra

April 14, 2002
5:40:14 (5:30 east)
77 E 13, 28 N 40

Md | Gk Ke

As:	22 Pi 49	Su:	0 Ar 00 (DK)	Mo:	13 Ar 17 (MK)	Ma:	6 Ta 19 (PK)
Me:	7 Ar 21 (PiK)	Ju:	14 Ge 37 (BK)	Ve:	21 Ar 47 (AK)	Sa:	17 Ta 46 (AmK)
Ra:	27 Ta 01 (GK)	Ke:	27 Sc 01	HL:	19 Pi 18	GL:	4 Pi 42

Tabela 31: Rohini čakra primer 3.

Samudra	Tata	Parvata	Sandhi
More	Obala	Planina	Prelaz
2	2	1	2
Ašini, Barini	Kritika, Rohini	Margašira	Ardra, Punarvasu
Pušja, Ašleša	Maga, P. Falguni	U. Falguni	Hasta, Čitra
Svati, Višaka	Anurada, Đešta	Mula	P. Šada, U. Šada
Abiđit, Šravana	Daništa, Satabišađ	P. Badra	U. Badra, Revati

Rohini je u drugoj koloni u Tata grupi (obala) i pokazuje dovoljno padavina kao i odgovarajuću količinu padavina u svetu.

Jednostavno pravilo: istu kalkulaciju možemo uraditi jednostavnije, brojanjem od đanma nakšatre do Rohini, brisanjem umnožaka od 7 i potom brojanjem do Rohini. Ukoliko je ostatak 1-2 rezultat pokazuje Samudra grupu; 3-4 Tata; 5 Parvata i ukoliko je rezultat 6, 7 ili 0, u pitanju je Sandhi grupa.

Primer 4: Utvrdite vreme padavina za Indiju za 2002. godinu. Koristimo isti čart br. 2. Đanma nakšatra je Ašvini (1). Brojanjem od Ašvini do Rohini (4), dobijemo četiri (4) uključujući obe pomenute nakšatre. Ovo pokazuje Tata (obala) i time ukazuje na dovoljno padavina kao i na zadovoljavajuću kišu i žetva će biti zadovoljavajuća.

Za Indiju kao region, uzmite u obzir lagna nakšatru. Lagna je u znaku Riba, ubajodaja znak, dok je njen vladar Jupiter u znaku Blizanaca. Rezultati lagne će se osetiti u sredini (ili na početku) dok će se rezultati vladara lagne osetiti kasnije. Lagna se nalazi na 22°49′ Riba u Revati (28) nakšatri. Brojanjem od Revati do Rohini (4), uključujući obe nakšatre, dobijamo broj pet (5) što pokazuje Parvata grupu i predikciju da period će biti sušan. Vladar lagne Jupiter se nalazi na 14°37′ u Ardra (6) nakšatri. Brojeći od Ardre do Rohini (4), dobijamo dvadeset sedam (27). Brišući umnoške od sedam, dobijamo ostatak šest (6) i Sandi grupu, što potvrđuje sušne uslove kao i trenutne poplave u nekim regijama.

Bitno je primetiti da je sredinom godine bilo različitih objava o sušama i svaki deo Indije se pribojavao bilo suše dok su neki delovi Bihara imali naprasne poplave i usled toga i gubitke ljudskih života! Ipak, monsun je kasnije preuzeo i doneo taman dovoljno padavina za odgovarajuću žetvu i hranu.

Zadatak

1. Odredite Meša sankranti za bilo koju zemlju kao i njegove rezultate za prethodnu godinu. Uporedite ovo sa stvarnim padavina za datu godinu.

2. Napravite prognozu padavina za sledeću godinu (2003) za tri države i uporedite ovo sa padavinama koje će se desiti sledeće godine.

Tabela 32: Saptanadi Vedha čakra

	Saturn	Sunce	Mars	Jupiter	Venera	Merkur	Mesec
	Kritika (3)	Rohini (4)	Mrigašira (5)	Ardra (6)	Punarvasu (7)	Pušja (8)	Ašleša (9)
	Višaka (16)	Svati (15)	Ćitra (14)	Hasta (13)	U. Falguni (12)	P.Falguni (11)	Maga (10)
Nakšatra	Anurada (17)	Đešta (18)	Mula (19)	P. Šada (20)	U. Šada (21)	Abiđit (22)	Šravana (23)
	Barani (2)	Ašvini (1)	Revati (28)	U. Badra (27)	P. Badra (26)	Šatabišađ (25)	Daništa (24)
Nadi	Ćanda	Vata	Dahana	Saumja	Nira	Đala	Amrita
Bhaga	Jama			Madja	Saumja		

Počevši od Kritika nakšatre, dvadeset osam nakšatri (uključujući i Abiđit) se nalazi u sedam nadija zmijskim redosledom (Sarpa gati) krećući se unapred i unazad. Grupa od četiri nakšatre formira jedan nadi.

Ćanda (ćandra) nadi: grupa od četiri nakšatre, Kritika, Višaka, Anurada i Barani deo su ove kategorije. Saturn predstavlja ovaj nadi. Ćanda znači žestok, nasilan, okrutan, nagao, usijan i ljut. Harihara o njemu piše kao o demonu koji uzrokuje bolesti dok Matsja purana ovo koristi kako bi opisala oblake koji donose potop (poplave) na zemlji. Devi Mahatmja govori o ovom kao jednoj od osam šakti Durge kao i primeni iste kod ubistva Mahiša asure. Kao takav, ovo je veoma destruktivan nadi koji donosi ekstremne vrućine i vetar.

Vata (vata) nadi: ovo je grupa od četiri nakšatre Rohini, Svati, Đešta i Ašvini upadaju u ovu kategoriju koja je predstavljena Suncem. Vata se odnosi na boga vetra (vaju) i pokazuje snažne vetrove koji mogu oduvati kišne oblake. Dakle, ovo je takođe nasilan nadi koji donosi jake vetrove.

Dahana (dahana) nadi: grupa od četiri nakšatre Mrigašira, Ćitra, Mula i Revati upadaju u ovu kategoriju koju predstavlja planeta Mars.

Dahana znači goreti, biti u plamenu, spaljenost, uništenje i konkretno se odnosi na boga vatru (agni). Ovo je nasilan i destruktivan nadi koji donosi preteranu vrućinu.

Saumja (saumja) nadi: grupa od četiri nakšatre Ardra, Hasta, Purvašada i Utarašada deo su ove kategorije. Jupiter predstavlja ovaj nadi. Saumja znači miran, nežan i blag i odnosi se na Soma nektar. Kao vid raspoloženja pokazuje sreću, ugodu, veselje kao i obožavanje ili sleđenje. Ovo je ugodan, ne-agresavan nadi koji donosi blage temperature i umeren vetar.

Nira (nira) nadi: grupa od četiri nakšatre Punarvasu, Utara Falguni, Utarašada i Purva Badrapada upadaju u ovu kategoriju, koja je predstavljena Venerom. Nira znači sok ili tečnost i odnosi se na vodu. Ovo je povoljan nadi koji donosi vodu i tečnosti (vlagu) u atmosferi.

Đala (jala) nadi: grupa od četiri nakšatre Pušja, Purva Falguni, Abiđit i Satabišađ upadaju u ovu kategodiju koja je predstavljena Merkurom. Đala konkretno znači voda. Ovo je povoljan nadi koji donosi kišu i distribuira vodu na celoj planeti čime potpomaže rast zeleniša.

Amrita (amrita) nadi: grupa od četiri nakšatre Ašleša, Maga, Šravana i Daništa upadaju u ovu kategoriju, koja je predstavljena Mesecom. Amrita znači 'nektar besmrtnosti' i odnosi se na vodu za ljudska bića i kao takav i na tečnosti i sokove koji oživljavaju ili održavaju u životu. Ovo je veoma povoljan nadi koji donosi vodu.

Nadi se dalje grupišu na tri dela pod imenom Bhaga. Srednji Soumja nadi se zove Madja (u prevodu 'srednji'), dok se tri prethodna nadija zovu Jama bhaga i tri nadija koja slede se zovu Saumja bhaga. Jama je bog smrti i tri nadija, Ćanda, Vata i Dahana, pripadaju delu kojim predsedava Jama (predstavljena Saturnom). Saumja je bog Mesec koji podmlađuje i održava živote i Nira, Đala i Amrita nadi pripadaju delu kojim predsedava Sauma (predstavljena Mesecom).

Procena rezultata

1. Ako su malefične planete u Jama delu i benefične planete u Saumja delu, tada će tokom godine vladati osrednji rezultati.

2. Ako su bilo benefične ili malefične planete u Madja (srednjem) delu, tada će priroda planeta diktirati rezultate.

3. *Planete u Ćanda nadiju pokazuju ekstremne vetrove i toplotu.*

4. *Planete u Vata nadiju pokazuju snažne vetrove, uragane, itd. ali ne i vrućine.*

5. *Planete u Dahana nadiju pokazuju ogromnu vrućinu ali i slab vetar.*

6. *Planete u Saumja nadiju pokazuju ugodne vremenske prilike.*

7. *Planete u Nira nadiju pokazuju određenu vlagu i blagu do umerenu kišu.*

8. *Planete u Đala nadiju konkretno pokazuju kišu, posebno ako je u pitanju Mesec.*

9. *Čak i samo jedna planeta u Amrita nadiju daje doboljno kiše za celu godinu.*

10. *Planete u nadijima kojima vladaju bitnije naglase indikacije datog nadija. Na primer, ako se Mars nalazi u Dahana (vrućina) nadiju, možemo očekivati preteranu vrućinu sa slabim ili stagnantnim vetrom.*

11. *Odredite nakšatru u kojoj se nalazi Mesec kao i nadi u kom se nalazi ova nakšatra. Ukoliko je Mesec u konjukciji ili prima aspekt vladara nadija, tada će biti kiše. Ovo će se garantovano dogoditi tokom punog Meseca.*

12. *Mesec u Amrita nadiju i tri druge planete u Amrita nadiju pokazuju kišu tokom celog dena; četiri planete u Amrita nadiju pokazuju kišu tokom tri uzastopna dana, pet planeta u Amrita nadiju pokazuju kišu tokom sedam uzastopnih dana i ukoliko su sve planete u Amrita nadiju, cela zemlja će imati padavine i izgledaće poput okeana!*

13. *Mesec u Đala nadiju zajedno sa još tri planete pokazuje kišu koja će trajati pola dana; pet planete u Đala nadiju pokazuju kišu tokom pet dana.*

14. *Mesec u Nira nadiju zajedno sa tri druge planete ovde, pokazuje kišu tokom jedne Prahare (3 sata); četiri planete daju kišu tokom pola dana; pet planete u Nira nadiju daju kišu tokom tri dana.*

15. *Ako su sve planete sa izuzetkom Meseca u Amrita nadiju, tada će kiša padati tokom 18 uzastopnih dana; ako su u Đala nadiju, kiša će padati 12 dana dok u Nira nadiju donose padavine tokom šest dana.*

16. *Ako su sve planete u Saumja Bhaga tada se može primetiti kiša tokom najmanje tri dana dok u slučaju malefičnih planeta u Jama bhaga, dolazi do manjka padavina.*

17. Ako su sve planete, sa izuzetkom Meseca, u Dahana, Vata ili Ćanda nadiju, tada dolazi do preterane vrućine, jakih vetrova koji isušuju zemlju.

18. Ako su malefične planete u konjukciji/povezane sa Mesecom i Venerom, čak i ukoliko ima drugih indikacija poput njihovog prisustva u Saumja delu (Nira, Đala ili Amrita nadijima) koje su povoljne za padavine, rezultat je manjak kiše. Sa druge strane, benefične planete koje utiču na Veneru i Mesec pokazuju padavine čak i ukoliko se nađu u Jama delu (Ćanda, Vata i Dahana nadi).

19. Potrebno je primeniti različite tradicionalne tehnike u svrhu predikcije vremena događaja. Ovo uključuje (a) trenutak ulaska u retrogradno i direktno kretanje (posebno u slučaju Saturna i Jupitera) ili (b) vreme izlaska sunca (udaja kala) u datom danu ili (c) trenutak ulaska sunca u znak koji poznajemo kao sankranti a koji može biti koristan kod predikcije meseca, dok se Meša sankranti može primeniti za samu godinu, ili (d) prirodne sezone kojima vlada šest planeta sa Suncem koji konkretno pokazuje godinu, itd.

Primer 4: Predskazivanje sezona uz pomoć Samvatsara čakre

Samvatsara čakra će uvek imati Sunce na nultom stepenu u Ovnu u Ašvini nakšatri i stoga se njegov rezultat ignoriše. Preostalih šest planeta prema tački 19 (d) od ranije, koristimo za predikcije u vezi sa sezonama.

Videti čart 2: Saptanadi Vedha čakra je data ispod

Vladar	Saturn	Sunce	Mars	Jupiter	Venera	Merkur	Mesec
	Kritika (3) MARS	Rohini (4) SATURN	Mrigašira(5) RAHU	Ardra (6) JUPITER	Punarvasu (7)	Pušja (8)	Ašleša (9)
	Višaka (16)	Svati (15)	Citra (14)	Hasta (13)	U. Falguni(12)	P. Falguni(11)	Maga (10)
	Anurada (17)	Đešta(18) KETU	Mula (19)	P. Šada (20)	U. Sada (21)	Abidit (22)	Sravana (23)
Planeta	Barani (2) VENERA	Ašvini (1) MESEC, MERK, SUN	Revati (28) LAGNA	U. Badra(27)	P. Badra (26)	Satabišad (25)	Danište (24)
Nadi	Ćanda	Vata	Dahana	Saumja	Nira	Đala	Amrita
Bhaga	Yama			Madja	Soumja		

Aspekti planeta se računaju na osnovu pravila Sarvatobadra čakre. Na primer, pogledajmo Mesec kako bi došli do predikcija u vezi sa sezonom kiše.

Slika 21: Sarvatobadra čakra pokazuje aspekte na Ašvini

	Dhan	Sata	PBha	UBha	Reva	Aswi	Bhar	
ii					As	Me Su Mo	Ve	a
Srav	rii	g	s	d	ch	I	u	Krit Ma
Abhi	kh	ai	Aq	Pi	Ar	lu	a	Rohi Sa
USha	j	Cp	ah	Rikta Fn	o	Ta	v	Mrig Ra
PSha	bh	Sg	Jaya Thu	Poorna Sat	Nanda Sun Tue	Ge	k	Ardr Ju
Mool	y	Sc	am	Bhadra Mon Wed	au	Cn	h	Puna
Jye Ke	n	e	Li	Vi	Le	luu	d	Push
Anu	ri	t	r	p	t~	m	uu	Asre
i	Visa	Swat	Chit	Hast	UPha	PPha	Makh	aa

Mesec se nalazi u Vata nadiju, što obično pokazuje mestimične padavine. Vladar Vata nadija je Sunce koji je u konjukciji sa Mesecom i pokazuje odlične padavine tokom date godine (videti pravo br. 11).

Mesec se nalazi pod nepovoljnim aspektima Saturna i Ketua iz Rohini i Đešta nakšatre, datim redom, i time pokazuje strahove i manjak padavine u početku tj. kašnjenje kišne sezone (Saturn). Međutim, Mesec se nalazi u povoljnoj konjukciji sa prirodno benefičnom planetom Merkur, što pokazuje dovoljno vode za useve. Venera je loše postavljena u Dahana nadiju pod nepovoljnim aspektima Marsa čime pokazuje određene nevolje za seme i useve usled preterane vrućine i vetrova tokom početnih meseci monsuna (videti pravilo br. 18 od ranije).

Zadatak

1. Ispitajte i druge metode prognosticiranja i procenite kako se ovo znanje može primeniti na svaku sezonu, mesec i dan.

2. Pokušajte predvideti sutrašnje vreme i napravite liste tačnih i netačnih predikcija. Pohvalite sebe za dobre predikcije i pokušajte pronaći greške koje ste napravili u pogrešnim predikcijama. Pokušajte predvideti tačno vreme početka kiše na određeni dan. Pokojni Pt. Rameš Batačarja je uspevao u ovom, pa tako možete i vi uz određenu praksu.

3. Koje su druge metode za predskazivanje padavine? Da li ste se uopšte bavili ovim znanjem? Pogledajte u klasične spise i možda ćete pronaći neke smernice i alat.

OM TAT SAT

Prilog 1

Ovde mozete pronaći svih 111. šloka u vezi sa Sarvatobadra čakrom. U poglavlju posvećenom Sarvatobadra čakri navedeno je svega nekoliko šloka zarad bolje ilustracije, dok bi kompletan prevod doneo dovoljno materijala za posve novu knjigu.

अथ सर्वतोभद्रचक्रप्रकरणम्।

atha sarvatobhadracakraprakaraṇam।

अर्थातः सम्प्रवक्ष्यामि चक्रं त्रैलोक्यदीपकम्। विख्यातं सर्वतोभद्रं सद्यः
प्रत्ययकारकम्॥ १॥

arthātaḥ sampravakṣyāmi cakraṁ trailokyadīpakam। vikhyātaṁ
sarvatobhadraṁ sadyaḥ pratyayakārakam॥1॥

ऊर्ध्वगा दश विन्यस्य तिर्यग्रेखास्तथा दश। एकाशीतिपदं चक्रं जायते नात्र संशयः॥ २॥

ūrdhvagā daśa vinyasya tiryagrekhāstathā daśa। ekāśītipadaṁ
cakraṁ jāyate nātra saṁśayaḥ॥2॥

अकारादिस्वराः कोष्टेष्वीशादिविदिशि क्रमात्। सृष्टिमार्गेण दातव्याः षोडशैवं
चतुर्भ्रमम्॥ ३॥

akārādisvarāḥ koṣṭeṣvīśādividiśi kramāt। sṛṣṭimārgeṇa dātavyāḥ
ṣoḍaśaivaṁ caturbhramam॥3॥

कृत्तिकादीनि धिष्ण्यानि पुर्दाशादि लिखेत् क्रमात्। सप्त सप्त क्रमादेतान्यष्टार्विंशतिसंख्याया
॥ ४॥

kṛttikādīni dhiṣṇyāni purdāśādi likhet kramāt। sapta sapta
kramādetānyaṣṭārviṁśatisaṁkhyāyā॥4॥

अवकहडादिषु प्राच्या मटपरताश्च दक्षिणे। नयभजखाश्च वारुण्यां
गसदचलास्तथोत्तरे॥ ५॥

avakahaḍādiṣu prācyā maṭaparatāśca dakṣiṇe। nayabhajakhāśca
vāruṇyāṁ gasadacalāstathottare॥5॥

त्रयस्त्रयो वृषाद्याश्च पुर्वाशादिक्रमादुधैः। राशयो द्वादशैवं तु मेषान्ताः सृष्टिभार्गतः॥ ६॥

trayastrayo vṛṣādyāśca purvāśādikramādvudhaiḥ| rāśayo
dvādaśaivaṁ tu meṣāntāḥ sṛṣṭibhārgataḥ||6||

शेषेषु कोछकेष्वेवं नन्दादितिथिपञ्चकम्। वाराणां सप्तकं लेख्यं भौमाद्यं च क्रमेण वै॥७॥

śeṣeṣu koṣṭhakeṣvevaṁ nandāditithipañcakam| vārāṇāṁ saptakaṁ
lekhyaṁ bhaumādyaṁ ca krameṇa vai||7||

भौमादित्यौ च नन्दायां भद्रायां बुधशीतगु। जयायां च गुरुः प्रोक्तो रिक्तायां
भार्गवस्तथा॥८॥

bhaumādityau ca nandāyāṁ bhadrāyāṁ budhaśītagu| jayāyāṁ ca
guruḥ prokto riktāyāṁ bhārgavastathā||8||

पुर्णायां शनिवारश्च लेख्यं चक्रेऽत्र निशित्तम्। इत्येष सर्वतोभद्रविस्तारः कीर्तीतो
मया॥९॥

purṇāyāṁ śanivāraśca lekhyaṁ cakre'tra niśittam| ityeṣa
sarvatobhadravistāraḥ kīrtīto mayā||9||

ऊर्ध्वदृष्टी च भौमार्को केकरौ बुधभार्गवौ। समदृष्ठी च जीवेन्दु शनिराहु रघोदृशौ॥१०॥

ūrdhvadṛṣṭī ca bhaumārko kekarau budhabhārgavau| samadṛṣṭhī ca
jīvendu śanirāhu radhodṛṣau||10||

नीचस्थितोर्ध्वदृष्टिश्च उच्चैरधो निरीक्षयेत्। समश्च पार्श्वतो दृष्टिस्त्रिधा दृष्टिः प्रकथ्यते॥११॥

nīcasthitordhvadṛṣṭiśca uccairadho nirīkṣayet| samaśca pārśvato
dṛṣṭistridhā dṛṣṭiḥ prakathyate||11||

शन्यर्कराहुकेत्वाराः क्रुराः शेषाः शुभग्रहाः। क्रुरयुक्तौ बुधः क्रुरः क्षीणचन्द्रस्तथैव
च॥१२॥

śanyarkarāhuketvārāḥ krurāḥ śeṣāḥ śubhagrahāḥ| krurayuktau
vudhaḥ kruraḥ kṣīṇacandrastathaiva ca||12||

यस्मिन्नृक्षे स्थितः खेटस्ततो वेधत्रयं भवेत्। ग्रहदृष्टिवशेनात्र वामसम्मुखदक्षिणे॥१३॥

yasminnṛkṣe sthitaḥ kheṭastato vedhatrayaṁ bhavet|
grahadṛṣṭivaśenātra vāmasammukhadakṣiṇe||13||

भुक्तं भोग्यं तथा क्रान्तं विद्धं कुरग्रहेण च। शुभाशुभेषु कार्येषु वर्जनीयं प्रयत्नतः ॥१४॥

bhuktaṁ bhogyaṁ tathā krāntaṁ viddhaṁ kruragraheṇa ca|
śubhāśubheṣu kāaryeṣu varjanīyaṁ prayatnataḥ||14||

वक्रगेदक्षिणा दृष्टिर्वामदृष्टिश्च शीघ्रगे। मध्यचारे तथा मध्या ज्ञेया भौमादिपञ्चके ॥१५॥

vakragedakṣiṇā dṛṣṭirvāmadṛṣṭiśca śīghrage| madhyacāre tathā
madhyā jñeyā bhaumādipañcake||15||

सुर्यमुक्ता उदीयन्ते सुर्यग्रस्तास्तगामिनः। ग्रहाद्द्वितीयगे सुर्ये स्फुरद्विम्वाः
कुजादयः ॥१६॥

suryamuktā udīyante suryagrastāstagāminaḥ| grahādvitīyage surye
sphuradvimvāḥ kujādayaḥ||16||

समा तृतीयगे ज्ञेया मन्दा भानौ चतुर्थगे। वक्रा स्यात्पञ्चषष्ठेर्के त्वतिवक्राष्टसप्तमे ॥१७॥

samā tṛtīyage jñeyā mandā bhānau caturthage| vakrā
syātpañcaṣaṣṭherke tvativakrāṣṭasaptame||17||

नवमे दशमे भानौ जायते कुटिला गतिः। द्वादशैकादशे सुर्ये भजते शीघ्रतां पुनः।
अदृश्यतां पुनर्लोके व्रजन्त्येकगताः ग्रहाः ॥१८॥

navame daśame bhānau jāyate kuṭilā gatiḥ| dvādaśaikādaśe surye
bhajate śīghratāṁ punaḥ| adṛśyatāṁ punarloke vrajantyerkagatāḥ
grahāḥ||18||

राहुकेतु सदा वक्रौ शीघ्रगौ चन्द्रभास्करौ। गतेरेकस्वभावत्वादेषां दृष्टित्रयं सदा ॥१९॥

rāhuketu sadā vakrau śīghragau candrabhāskarau|
gaterekasvabhāvatvādeṣāṁ dṛṣṭītrayaṁ sadā||19||

कुरा वक्रा महाकुरा सौम्या वक्रा महाशुभाः। स्युः सहजस्वभावस्थाः सौम्याः कुराश्च
शीघ्रगाः। २०॥

krurā vakrā mahākrurā saumyā vakrā mahāśubhāḥ| syuḥ
sahajasvabhāvasthāḥ saumyāḥ krurāśca śīghragāḥ| 20||

अवर्णादिस्वरौ द्वौ द्वावेकवेधे द्वयोर्व्यधः। स्वरयुक्तात्मनोर्वेधश्चानुस्वारविसर्गयोः ॥२१॥

avarṇādisvarau dvau dvāvekavedhe dvayorvyadhaḥ।
svarayuktātmanorvedhaścānusvāravisargayoḥ।।21।।

बवौ शशौ षखौ चौव ज्ञेयौड़ञौ परस्परम्। एकेन द्वितयं ज्ञेयं शुभाशुभखगव्यधे॥२२॥

bavau śaśau ṣakhau cauva jñeyauṅañau parasparam। ekena
dvitayaṁ jñeyaṁ śubhāśubhakhagavyadhe।।22।।

घङचाः रौद्रगे वेधे षणथा हस्तगे ग्रहे। धफढाः पुर्वाषाढायां थझजा भाद्र उत्तरे॥२४॥

ghaṅacāḥ raudrage vedhe ṣaṇathā hastage grahe। dhaphaḍhāḥ
purvāṣāḍhāyāṁ thajhañā bhādra uttare।।24।।

अवर्णादिस्वरद्वन्द्वेण्वेकवेधे द्वयोर्व्यधः। युक्तस्वरात्मके वेधे त्वनुस्वारविसर्गयोः॥२५॥

avarṇādisvaradvandveṇvekavedhe dvayorvyadhaḥ।
yuktasvarātmake vedhe tvanusvāravisargayoḥ।।25।।

कोणस्थधिष्ण्ययोर्मध्ये अन्त्यादिपादगे ग्रहे। अस्वरादिचतुष्कस्य वेधः पुर्णातिथेः क्रमात्॥२६॥

koṇasthadhiṣṇyayormadhye antyādipādage grahe।
asvarādicatuṣkasya vedhaḥ purṇātitheḥ kramāt।।26।।

एकादिकुरवेधेन फलं पुंसां प्रजायते। उद्वेगश्च भयं हानी रोगो मृत्युः क्रमेण च॥२७॥

ekādikruravedhena phalaṁ puṁsāṁ prajāyate। udvegaśca bhayaṁ
hānī rogo mṛtyuḥ kramena ca।।27।।

ऋक्षे भ्रमोऽक्षरे हानिः स्वरे व्याधिर्भयं तिथौ। राशौ विद्धे महाविध्नं पञ्चविद्धो न जीवति॥२८॥

ṛkṣe bhramo'kṣare hāniḥ svare vyādhirbhayaṁ tithau। rāśau viddhe
mahāvidhnam pañcaviddho na jīvati।।28।।

एकं वेधे भयं युद्धे युग्मवेधे धनक्षयः। त्रिवेधेन भवेद्वझ्ज्ञे मृत्युर्वेधश्चतुष्टये॥२९॥

ekaṁ vedhe bhayaṁ yuddhe yugmavedhe dhanakṣayaḥ। trivedhena

bhaveddraṅgo mṛtyurvedhaścatuṣṭaye||29||

यथा दुष्फलाः कुरास्तथा सौम्याः शुभप्रदाः। कुरयुक्ताः पुनः सौम्या ज्ञेयाः
कुरफलप्रदाः ॥ ३० ॥

yathā duṣṭaphalāḥ krurāstathā saumyāḥ śubhapradāḥ| krurayuktāḥ
punaḥ saumyā jñeyāḥ kruraphalapradāḥ||30||

अर्कवेधे मनस्तापो द्रव्यहानिश्च भुसुते। रोगपीडाकरः सौरि राहुकेतु च विघ्नदौ॥३१॥

arkavedhe manastāpo dravyahāniśca bhusute| rogapīḍhākaraḥ sauri
rāhuketu ca vighnadau||31||

चन्द्रे मिश्रफलं पुंसां रतिलाभश्चर भार्गवे। बुधवेधे भवेत्प्रज्ञा जीवः सर्वफलप्रदः॥ ३२॥

candre miśraphalaṁ puṁsāṁ ratilābhaścara bhārgave| budhavedhe
bhavetprajñā jīvaḥ sarvaphalapradaḥ||32||

सौम्यपापग्रहो हन्यान्नाम्नो व्याधिधनक्षयः। वेधे वैनाशिकर्क्षस्य त्रिवेधे चायुषो
भयम्॥ ३३॥

saumyapāpagraho hanyānnāmno vyādhidhanakṣayaḥ| vedhe
vaināśikarkṣasya trivedhe cāyuṣo bhayam||33||

स्वक्षेत्रस्थे वलं पुर्ण पादोनं मित्रभे गृहे। अर्द्ध समगृहे ज्ञेयं पादं शत्रुगृहे स्तिथे॥ ३४॥

svakṣetrasthe valaṁ purṇa pādonaṁ mitrabhe gṛhe| arddha
samagṛhe jñeyaṁ pādaṁ śatrugṛhe stithe||34||

इदं च सौम्यकुराणां बलं स्थानवशात्मकम्। एतदेव बलं बोध्यं सौम्ये कुरे
विपर्यवात्॥ ३५॥

idaṁ ca saumyakrurāṇāṁ balaṁ sthānavaśātmakam| etadeva balaṁ
bodhyaṁ saumye krure viparyavāt||35||

स्थानवेधसमायोगे यत्संख्यं जायते बलम्। तत्संख्यं वेध्यवस्तुनां फलं ज्ञेयं
विचक्षनैः॥ ३६॥

sthānavedhasamāyoge yatsaṁkhyaṁ jāyate balam| tatsaṁkhyaṁ
vedhyavastunāṁ phalaṁ jñeyaṁ vicakṣanaiḥ||36||

ग्रहाः कुरास्तथा सौम्या वक्रमार्गोच्चनिचगाः। स्थानं च वेध्यमित्येवं बलं ज्ञात्वा फलं
वदेत्॥ ३७॥

grahāḥ krurāstathā saumyā vakramārgoccanicagāḥ| sthānaṁ ca
vedhyamityevaṁ balaṁ jñātvā phalaṁ vadet||37||

वक्रग्रहेफलं द्विघ्नं त्रिगुणं स्वोच्चसंस्थिते। स्वभावजं फलं शीघ्रे नीचस्थो निष्फलो
ग्रहः॥ ३८॥

vakragrahephalaṁ dvighnaṁ triguṇaṁ svoccasaṁsthite|
svabhāvajaṁ phalaṁ śīghre nīcastho niṣphalo grahaḥ||38||

तिथिराश्यंशनक्षत्रं विद्धं कुरग्रहेण यत्। सर्वेषु शुभकार्येषु वर्जयेत्तत्प्रयत्नतः॥ ३९॥

tithirāśyaṁśanakṣatraṁ viddhaṁ kruragraheṇa yat| sarveṣu
śubhakāryeṣu varjayettatprayatnataḥ||39||

न नन्दति विवाहे च यात्रयां न निवर्तते। न रोगान्मुच्यते रोगी वेधवेलाकृतोद्यमः॥ ४०॥

na nandati vivāhe ca yātrayāṁ na nivartate| na rogānmucyate rogī
vedhavelākṛtodyamaḥ||40||

रोगकाले भवेद्वेधः कुरखेचरसम्भवः। वक्रगत्या भवेन्मृत्युः शीघ्रे याप्या रुजान्वितः।
४१॥

rogakāle bhavedvedhaḥ krurakhecarasambhavaḥ| vakragatyā
bhavenmṛtyuḥ śīghre yāpyā rujānvitaḥ| 41||

वेधस्थाने रणो भङ्गो दुर्गे खण्डिः प्रजायते। कविप्रवेशनं तत्र योधघातश्च तत्र वै॥४२॥

vedhasthāne raṇo bhaṅgo durge khaṇḍiḥ prajāyate| kavipraveśanaṁ
tatra yodhadhātaśca tatra vai||42||

यत्र पुर्वादिकाष्ठायां वृषराश्यादिगो रविः। सा दिगस्तमिता ज्ञेया तित्रः शोषाः सदोदिताः।
४३॥

yatra purvādikāṣṭhāyāṁ vṛṣarāśyādigo raviḥ| sā digastamitā jñeyā
titraḥ śoṣāḥ sadoditāḥ| 43||

ईशानस्थाः स्वराः प्राच्यां ज्ञेया आग्नेयगा यमे। नैर्ऋत्यस्थास्तु वारुण्यां वायाव्यां सौम्यगा

मताः ॥४४॥

īśānasthāḥ svarāḥ prācyāṁ jñeyā āgneyagā yame। nairṛtyasthāstu
vāruṇyāṁ vāyāvyāṁ saumyagā matāḥ॥44॥

नक्षत्राणि स्वरा वर्णा राश्यस्तिथयो दिशः। ते सर्वेऽस्तं गता ज्ञेया यत्र
भानुस्त्रिमासिकः॥४५॥

nakṣatrāṇi svarā varṇā rāśyastithayo diśaḥ। te sarve'staṁ gatā jñeyā
yatra bhānustrimāsikaḥ॥45॥

नक्षत्रेऽस्ते रुजो वर्णे हानिःशोकः स्वरेऽस्तगे। राशौ विघ्नं तिथौ भीतिः पञ्चास्ते मरणं
ध्रुवम्॥४६॥

nakṣatre'ste rujo varṇe hāniḥśokaḥ svare'stage। rāśau vighnaṁ
tithau bhītiḥ pañcāste maraṇaṁ dhruvam॥46॥

यत्रायुद्धं विवादश्च द्वारं प्रासादहर्म्ययोः। न कर्तव्यं शुभं चान्यदस्ताशाभिमुखं नरैः॥४७॥

yatrāyuddhaṁ vivādaśca dvāraṁ prāsādaharmyayoḥ। na kartavyaṁ
śubhaṁ cānyadastāśābhimukhaṁ naraiḥ॥47॥

अस्ताशायां स्थितं यस्य यदा नामाद्यमक्षरमु। तदा तु सर्वकार्येषु ज्ञेयो दैवहतो नरः॥४८॥

astāśāyāṁ sthitaṁ yasya yadā nāmādyamakṣaramu। tadā tu
sarvakāryeṣu jñeyo daivahato naraḥ॥48॥

कवो कोते तथा द्वन्द्वे चातुरङ्गे महाहवे। उद्यमोस्तङ्गतैर्योधैर्वर्जनीयो जयार्थिभिः॥४९॥

kavo kote tathā dvandve cāturaṅge mahāhave।
udyamostaṅgatairyodhairvarjanīyo jayārthibhiḥ॥49॥

नक्षत्राभ्युदिते पुष्टिर्वर्गे लाभः स्वरे सुखम्। राशौ जयस्तिथौ तेजः पदाप्तिः
पञ्चकोदये॥५०॥

nakṣatrābhyudite puṣṭirvarge lābhaḥ svare sukham। rāśau
jayastithau tejaḥ padāptiḥ pañcakodaye॥50॥

प्रश्नकाले भवेद्विद्धं यल्लग्न कुरखेचरौः। तद्दुष्टः शोभननं सौम्यैर्मिश्रफलम् मतम्॥५१॥

praśnakāle bhavedviddhaṁ yallagna kurakhecarauḥ। tadduṣṭaḥ

śobhananam saumyairmiśraphalam matam||51||

ग्रहाभिन्नं तु यल्लग्नं फलं लग्नस्वभावतः। ज्ञातव्यं देशिकेन्द्रेण भाषितं यच्चरादिकम्॥५२॥

grahābhinnam tu yallagnam phalam lagnasvabhāvataḥ | jñātavyam
deśikendreṇa bhāṣitam yaccarādikam||52||

क्रूरैरुभयतो विद्धा यस्याऽक्षरतिथिस्वराः। राशिर्धिष्ण्यं च पञ्चापि तस्य मृत्युर्न
संशयः॥५३॥

krurairubhayato viddhā yasyā'kṣaratithisvarāḥ | rāśirdhiṣṇyam ca
pañcāpi tasya mṛtyurna samśayaḥ||53||

मण्डलं नगरं ग्रामो दुर्गं देवालयं पुरम्। क्रूरैरुभयतो विद्धं विनशयति न संशयः॥५४॥

maṇḍalam nagaram grāmo durga devālayam puram |
krurairubhayato viddham vinaśayati na samśayaḥ||54||

कृत्तिकादित्रिकाद्ये भे क्रूरविद्धे च कूर्मतः। देशा नाभिस्थदेशाद्या विनशन्ति
यथाक्रमम्॥५५॥

kṛttikāditrikādye bhe kruraviddhe ca kurmataḥ | deśā
nābhisthadeśādyā vinaśanti yathākramam||55||

कृतिकायां तथ पुष्ये रेवत्यां च पुनर्वसौ। विद्धे सति क्रमाद्वेधो वर्णेषु ब्राह्मणादिषु॥५६॥

kṛtikāyām tatha puṣye revatyām ca punarvasau | viddhe sati
kramādvedho varṇeṣu brāhmaṇādiṣu||56||

तैलं भाण्डं रसौ धान्यं गजाश्वादिचतुष्पदम्। सर्वं महर्घतां याति यत्र क्रूरो
व्यवस्थितः॥५७॥

tailam bhāṇḍam rasau dhānyam gajāśvādicatuṣpadam | sarva
maharghatām yāti yatra kruro vyavasthitaḥ||57||

क्रूरवेधसमायोगे यस्योपग्रहसम्भवः। तस्य मृत्युर्न सन्देहु रोगाद्वाथ रणेऽपि व॥५८॥

kruravedhasamāyoge yasyopagrahasambhavaḥ | tasya mṛtyurna
sandehu rogādvātha raṇe'pi va||58||

सुर्य भात्पञ्चमं धिष्ण्यं ज्ञेयं विद्युन्मुखाभिधम्। शुलं चाष्टमभं प्रोक्तं सन्निपातं
चतुर्दशम्॥५९॥

surya bhātpañcamaṁ dhiṣṇyaṁ jñeyaṁ vidyunmukhābhidham।
śulaṁ cāṣṭamabhaṁ proktaṁ sannipātaṁ caturdaśam।।59।।

केतुरष्टादशे प्रोक्त उल्का स्यादेकर्विंशतौ। द्वार्विंशतितमे कम्पस्त्रयोर्विंशो च
वज्त्रकम्॥६०॥

keturaṣṭādaśe prokta ulkā syādekarviṁśatau। dvārviṣatitame
kampastrayorviṁśo ca vajtrakam।।60।।

निर्धातश्च चतुर्विंशे उक्ता अष्टावुपग्रहाः। स्वस्थाने विघ्नदाः प्रोक्ताः सर्वकार्येषु सर्वदा॥६१॥

nirdhātaśca caturviśe uktā aṣṭāvupagrahāḥ। svasthāne vighnadāḥ
proktāḥ sarvakāryeṣu sarvadā।।61।।

जन्मभं कर्म आधानं विनाशं सामुदायिकम्। साङ्घातिकमिदं धिष्ण्यं षट्ऽकं
सर्वजनीनकम्॥६२॥

janmabhaṁ karma ādhānaṁ vināśaṁ sāmudāyikam।
sāṅghātikamidaṁ dhiṣṇyaṁ ṣaṭ'kaṁ sarvajanīinakam।।62।।

ज्ञातिदेशाभिषेकैश्च नवधिष्ण्यानि भुपतेः। वेधं ज्ञात्वा फलं ब्रुहि सौम्यैः क्रुरैः
शुभाशुभं॥६३॥

jñātideśābhiṣekaiśca navadhiṣṇyāni bhupateḥ। vedhaṁ jñātvā
phalaṁ bruhi saumyaiḥ kruraiḥ śubhāśubham।।63।।

जन्मभं जन्मनक्षत्रं दशमं कर्मसंज्ञकम्। एकोनर्विंशमाधातं त्रयोर्विंशं विनाशभम्॥६४॥

janmabhaṁ janmanakṣatraṁ daśamaṁ karmasaṁjñakam।
ekonarviśamādhātaṁ trayorviśaṁ vināśabham।।64।।

अष्टादशं च नक्षत्रं सामुदायिकसंज्ञकम्। साङ्घातिकं च विज्ञेयमृक्षं षोढशमत्र हि॥६५॥

aṣṭādaśaṁ ca nakṣatraṁ sāmudāyikasaṁjñakam। sāṅghātikaṁ ca
vijñeyamṛkṣaṁ ṣoḍhaśamatra hi।।65।।

षड्ढि भंराज्यभम्प्रोक्तं जातिनामस्वजातिभम्। देशभं देशानामृक्षं राज्यक्षमभिषेकभम्॥६६॥

ṣattri bhaṁrājyabhamproktaṁ jātināmasvajātibham| deśabhaṁ
deśanāmarkṣaṁ rājyarkṣamabhiṣokabham||66||

मृत्युः स्याज्जन्मभे विद्धे कर्मभे क्लेश एव च। आधानर्क्षे प्रवासः स्याद्विनाशे
बन्धुविरहः॥ ६७॥

mṛtyuḥ syājjanmabhe viddhe karmabhe kleśa eva ca| ādhānarkṣe
pravāsaḥ syādvināśe bandhuvirahaḥ||67||

सामुदायिकभेऽनिष्टं हानिः साङ्घतिके तथा। जातिभे कुलनाशश्च बन्धनं चाभिषेकभे॥६८॥

sāmudāyikabhe'niṣṭaṁ hāniḥ sāṅghatike tathā| jātibhe kulanāśaśca
bandhanaṁ cābhiṣekabhe||68||

देशर्क्षे देशभङ्गश्च क्रुरैरेवं शुभैः शुभं। उपग्रहसमायोगान्मृत्युर्भवति नान्यथा। ६९॥

deśarkṣe deśabhaṅgaśca krurairevaṁ śubhaiḥ śubham|
upagrahasamāyogānmṛtyurbhavati nānyathā| 69||

भयं भङ्ग घातश्च मृत्युन्भङ्गः पुरःस्थितेः। क्रुरैरेकादिपाञ्चान्तैर्युधि वेधे फलं भवेत्॥७०॥

bhayaṁ bhaṅga ghātaśca mṛtyunbhaṅgaḥ puraḥsthiteḥ|
krurairekādipāñcāntairyudhi vedhe phalaṁ bhavet||70||

तिथिमृक्षं स्वरं राशिं वर्ण चैव तु पञ्चकम्। यद्दिने विध्यते चन्द्रस्तद्दिने
स्याच्छ्रभाशुभम्॥७१॥

tithimṛkṣaṁ svaraṁ rāśiṁ varṇa caiva tu pañcakam| yaddine
vidhyate candrastaddine syācchṛbhāśubham||71||

अथार्ध्य सम्प्रवक्ष्यामि यदुक्तं ब्रह्मायामले। एकाशीतिपदे चक्रे ग्रहवेधाच्छुभाशुभम्॥७२॥

athārdhya sampravakṣyāmi yaduktaṁ brahmāyāmale| ekāśītipade
cakre grahavedhācchubhāśubham||72||

देशः कालस्ततः पण्यमिति त्रीण्यर्धनिर्णय। चिन्तनोयानि वेध्यानि सर्वकालं
विचक्षनैः॥७३॥

deśaḥ kālastataḥ paṇyamiti trīṇyardhanirṇaya| cintanoyāni
vedhyāni sarvakālaṁ vicakṣanaiḥ||73||

देशोऽथ मण्डलं स्थानमिति देशस्त्रिधोच्यते। वर्ष मासो दिनं त्रिधा कालोपि कथ्यते॥ ७४ ॥

deśo'tha maṇḍalaṁ sthānamiti deśastridhocyate| varṣa māso dinaṁ
tridhā kālopi kathyate||74||

धातुर्मुलं च जीवस्च इति पण्यं त्रिधा मतत्। अथ त्रिकस्त्रिकस्यास्य वक्ष्यामि
स्वामिखेचरान्॥ ७५ ॥

dhāturmulaṁ ca jīvasca iti paṇyaṁ tridhā matat| atha
trikastrikasyāsya vakṣyāmi svāmikhecarān||75||

देशोशा राहुमन्देज्या मण्डलस्वमिनः पुनः। केतुसुर्यसिताः स्थाननाथाश्चन्द्रारचन्द्र
जाः ॥ ७६ ॥

deśośā rāhumandejyā maṇḍalasvaminaḥ punaḥ| ketusuryasitāḥ
sthānanāthāścandrāracandrajāḥ||76||

वर्षेशा राहुकेत्वार्की जीवो मासाधिपः पुनः। भौमार्कंज्ञसिता ज्ञेयाश्चन्द्रः
स्यादिस्दवसाधिपः॥ ७७ ॥

varṣeśā rāhuketvārkī jīvo māsādhipaḥ punaḥ| bhaumārkajñasitā
jñeyāścandraḥ syādisdavasādhipaḥ||77||

धात्वीशाः सौरिपातारा जीवेशा ज्ञेन्दुसुरयः। मुलेशाः केतुशुक्रार्की इति पण्याधिपा
ग्रहाः॥ ७८ ॥

dhātvīśāḥ sauripātārā jīveśā jñendusurayaḥ| muleśāḥ ketuśukrārkī
iti paṇyādhipā grahāḥ||78||

पुंग्रहा राहुकेत्वर्कंजीवभुमिसुता मताः। स्त्रीग्रहौ शुक्रशशिनौ सौरिसौम्यौ नपुंसकौ॥ ७९ ॥

puṁgrahā rāhuketvarkajīvabhumisutā matāḥ| strīgrahau
śukraśaśinau saurisaumyau napuṁsakau||79||

सितेन्दु सितवर्णेशौ रक्तेशौ भौमभास्करौ। पीतौ सौम्यगुरु कृष्णा राहुकेत्वर्कजा
मताः॥ ८० ॥

sitendu sitavarṇeśau rakteśau bhaumabhāskarau| pītau saumyaguru
kṛṣṇā rāhuketvarkajā matāḥ||80||

ग्रहो वर्कोदये स्वाम्शे उदये च बलाधिकः। देशादीनां स एकैकः स्वामी खेटस्तदा
मतः॥८१॥

graho varkodaye svāmśe udaye ca balādhikaḥ| deśādīnāṁ sa
ekaikaḥ svāmī kheṭastadā mataḥ||81||

वक्रोच्चगः स्वहम्र्येषु पुर्णवीर्यो ग्रहो भवेत्। मेषो वृषो मृगः कन्या
ककर्मीनतुलाधराः॥८२॥

vakroccagaḥ svaharmyeṣu purṇavīryo graho bhavet| meṣo vṛṣo
mṛgaḥ kanyā karkamīnatulādharāḥ||82||

आदित्यादिग्रहौच्चाः स्युर्निचं यत्तस्त्य सप्तमम्। परमोच्चा दिशो रामा
अष्टार्विम्शस्तिथीन्द्रियाः॥८३॥

ādityādigrahauccāḥ syurnicaṁ yattastya saptamam| paramoccā diśo
rāmā aṣṭārvimśastithīndriyāḥ||83||

सप्तर्विंशास्तथार्विंशाः सुर्यादीनां तथांशकाः। परमोच्चात्परं
नीचमर्धचक्रान्तसंख्यया॥८४॥।

saptarvimśāstathārvimśāḥ suryādīnāṁ tathāṁśakāḥ|
paramoccātparaṁ nīcamardhacakrāntasaṁkhyayā||84|||

उचान्नीचाच्च यत्तुर्य समं स्थानं तदुच्यते। तदग्रपृष्ठगे खेटे बलं त्रैराशिकं मतम्॥८५॥

ucānnīcācca yatturya samaṁ sthānaṁ taducyate| tadagrapṛṣṭhage
kheṭe balaṁ trairāśikaṁ matam||85||

उच्चस्थे च बलं पुर्ण नीचांशस्थे बलं दलम्। स्वक्षेत्रस्थे बलं पुर्ण पादोनं मित्रभे गृहे॥८६॥

uccasthe ca balaṁ purṇa nīcāṁśasthe balaṁ dalam| svakṣetrasthe
balaṁ purṇa pādonaṁ mitrabhe gṛhe||86||

अर्ध समगृहे ज्ञेयं पादं शत्रुगृहस्थिते। त्रैराशिकशाज्ज्ञेयमन्तरे तु बलं बुधैः॥८७॥

ardha samagṛhe jñeyaṁṁ pādaṁ śatrugṛhasthite|
trairāśikaśājjñeyamantare tu balaṁ budhaiḥ||87||

एवं देशादिनाथा ये ग्रहवेधे व्यवस्थिताः। सुहृदः शत्रवो मध्याश्चिन्तनीयाः प्रयत्नतः॥८८॥

evaṁ deśādināthā ye grahavedhe vyavasthitāḥ। suhṛdaḥ śatravo
madhyāścintanīyāḥ prayatnataḥ।।88।।

स्वमित्रसमशत्रुणां वेधे देशादिषु क्रमात्। शुभग्रहः शुभं धत्ते चतुस्त्रिद्वयेकपादकैः ॥८९॥

svamitrasamaśatruṇāṁ vedhe deśādiṣu kramāt। śubhagrahaḥ
śubhaṁ dhatte catustridvayekapādakaiḥ।।89।।

स्वमित्रसमशत्रुणां वेधे देशादिषु क्रमात्। दुष्टं दुष्टग्रहः कुर्यादेकद्वित्रिचतुःपदैः ॥९०॥

svamitrasamaśatruṇāṁ vedhe deśādiṣu kramāt। duṣṭaṁ
duṣṭagrahaḥ kuryādekadvitricatuhpadaiḥ।।90।।

विद्धं पुर्णदृशा पश्यंस्तत्पादेन फलं ग्रहः। विदधात्यन्यथा ज्ञेयं फलं दृष्ट्यानुमानतः ॥९१॥

viddhaṁ purṇadṛśā paśyaṁstatpāden phalaṁ grahaḥ।
vidadhātyanyathā jñeyaṁ phalaṁ dṛṣṭyānumānataḥ।।91।।

वर्णादिस्वरराशीनां मेषाद्ये राशिमण्डले। ग्रहदृष्टिवशात्सोपि वेधो वर्णादिके मतः ॥९२॥

varṇādisvararāśīnāṁ meṣādye rāśimaṇḍale। grahadṛṣṭivaśātsopi
vedho varṇādike mataḥ।।92।।

स्वरवर्णाः स्वचक्रोतास्थिथिवेधे च पीढिताः। तिथौ वर्णे च राशौ च स्वदृष्ट्या दृष्टिजं फलं॥९३॥

svaravarṇāḥ svacakrotāsthithivedhe ca pīḍhitāḥ। tithau varṇe ca
rāśau ca svadṛṣṭyā dṛṣṭijaṁ phalaṁ।।93।।

अशुभो वा शुभो आपि शुक्ले विध्येत्तितिथिं ग्रहः। सर्व निजफलं दत्ते कृष्णपक्षे तु तद्दलम्॥९४॥

aśubho vā śubho āpi śukle vidhyettitithiṁ grahaḥ। sarva nijaphalaṁ
datte kṛṣṇapakṣe tu taddalam।।94।।

खेटस्य स्वंशके ज्ञेया पुर्ना दृष्टिः सदा बुधैः। दृष्टिहीने पुनर्वेधे न स्यात्किञ्चिच्छुभाशुभम्॥९५॥

kheṭasya svaṁśake jñeyā purṇā dṛṣṭiḥ sadā budhaiḥ। dṛṣṭihīne
punarvedhe na syātkiñcicchubhāśubham।।95।।

इत्येवं दृष्टिभेदेन निर्दिष्टं सकलं फलम्। वर्णादिपञ्चके विद्धग्रहो दत्ते शुभाशुभम्॥९६॥

ityevaṁ dṛṣṭibhedena nirddiṣṭaṁ sakalaṁ phalam| varṇādipañcake
viddhagraho datte śubhāśubham||96||

सौम्यः पुर्णदृषा पश्यन्विध्यन्वर्णादिपञ्चकम्। फलं विंशोपकाः पञ्च कुरस्तु चतुरो
दिशेत्॥९७॥

saumyaḥ purṇadṛṣā paśyanvidhyanvarṇādipañcakam| phalaṁ
viṁśopakāḥ pañca krurastu caturo diśet||97||

वेधो वर्णादिके यावत् स्थानवेधे च यावती। दृष्टिस्तदनुमानेन वाच्या विंशोपका
बुधैः॥९८॥

vedho varṇādike yāvat sthānavedhe ca yāvatī| dṛṣṭistadanumānena
vācyā viṁśopakā budhaiḥ||98||

एवं विंशोपकायत्र सम्भवन्ति शुभाशुभाः। अन्योऽन्यं शोधयेत्तेषां शोषं ज्ञेयं
शुभाशुभम्॥९९॥

evaṁ viṁśopakāyatra sambhavanti śubhāśubhāḥ| anyo'nyaṁ
śodhayetteṣāṁ śoṣaṁ jñeyaṁ śubhāśubham||99||

वर्त्तमानार्घविंशांशकल्पनास्तेषु च क्रमात्। वर्तमानार्घके देया पात्या चैव
शुभाशुभे॥१००॥

varttamānārghaviṁśāṁśakalpanāsteṣu ca kramāt| vartamānārghake
deyā pātyā caiva śubhāśubhe||100||

देशार्ध्वसः प्रजापीढआ नृपतिप्रवधस्तथा। यत्र दृष्टिश्च तत्र स्यादुर्भिक्षं मण्डले
स्फुतम्॥१०१॥

deśardhvasaḥ prajāpīḍhāā nṛpatipravadhastathā| yatra dṛṣṭiśca tatra
syādurbhikṣaṁ maṇḍale sphutam||101||

अकालेपि फलं पुस्पं वृक्षाणां यत्रजायते। स्वजातिमांसभुक्तिश्च दुर्भिक्षं तत्र रौरवम्॥१०२॥

akālepi phalaṁ puspaṁ vṛkṣāṇāṁ yatrajāyate|
svajātimāṁsabhuktiśca durbhikṣaṁ tatra rauravam||102||

परचक्रागमस्तत्र विग्रहश्च स्वराजके। ऋतोविम्पर्ययो यत्र दुर्भिक्षं मण्डले भवेत्॥ १०३॥

paracakrāgamastatra vigrahaśca svarājake| ṛtovimparyayo yatra
durbhikṣaṁ maṇḍale bhavet||103||

भुमिकम्पो रजःपातो रक्तवृष्टिश्च जायते। देशे सर्वसुखोपेते वेधादेवं वदेदवुधः॥ १०४॥

bhumikampo rajaḥpāto raktavṛṣṭiśca jāyate| deśe sarvasukhopete
vedhādevaṁ vadedavudhaḥ||104||

वृक्षाणां जयते वृद्धिः स्वकाले फलपुष्पयोः। सुभिक्षं क्षेमारोग्यं च प्रजानां तत्र
जायते॥ १०५॥

vṛkṣāṇāṁ jayate vṛddhiḥ svakāle phalapuṣpayoḥ| subhikṣaṁ
kṣemārogyaṁ ca prajānāṁ tatra jāyate||105||

स्वचक्रं परचक्रं च नकदाचित्प्रजायते। बान्धवाः सुहृदस्तत्र शुभानाँ वेधसम्भवे॥ १०६॥

svacakraṁ paracakraṁ ca nakadācitprajāyate| bāndhavāḥ
suhṛdastatra śubhānāṁ vedhasambhave||106||

दीपो यथा गृहस्यान्तरुद्द्योतयति सर्वतः। तथैदं सर्वतोभद्रं चक्रं ज्ञानप्रकाशकम्॥ १०७॥

dīpo yathā gṛhasyāntaruddyotayati sarvataḥ| tathaidaṁ
sarvatobhadraṁ cakraṁ jñānaprakāśakam||107||

बिना बलिं विना होमं कुमारिपुजनं विना। शुभग्रहं विना देवि चक्रराजं न विक्षयेत्॥ १०८॥

binā baliṁ vinā homaṁ kumāripujanaṁ vinā| śubhagrahaṁ vinā
devi cakrarājaṁ na vikṣayet||108||

आविचार्यतया पृञ्छेत्पृच्छकः कथकस्तथा। द्वाविमौ विघ्नदौ प्रोक्तवत्र देवि न संशयः॥
१०९॥

āvicāryatayā pṛñcchetpṛcchakaḥ kathakastathā| dvāvimau
vighnadau proktavatra devi na saṁśayaḥ|| 109||

जतकं च तिथि राशिं विज्ञेयं नामतोज्ज्वलौ। अज्ञातजातकानां तु
समस्तमभिधानतः॥ ११०॥

jatakaṁ ca tithi rāśiṁ vijñeyaṁ nāmatojjvalau| ajñātajātakānāṁ tu samastamabhidhānataḥ।।110।।

विस्तारेण मयाख्यातं यथोक्तं ब्रह्मायामले। न देयं यस्य कस्यापि
चक्रमेतत्सुनिश्चितम्॥ १११ ॥

vistāreṇa mayākhyātaṁ yathoktaṁ brahmāyāmale। na deyaṁ yasya
kasyāpi cakrametatsuniścitam।।111।।

इति ब्रह्मायामले नरपतिजयर्यां स्वरोदये सर्वतोभद्राचक्रं समाप्तम्।

iti brahmāyāmale narapatijayaryāṁ svarodaye sarvatobhadrācakraṁ
samāptam।

www.ingramcontent.com/pod-product-compliance
Lightning Source LLC
Chambersburg PA
CBHW031939080426
42735CB00007B/195